U0535194

THE ORIGIN
OF THINGS

事物的起源

简明人类文化史

[德] 尤里乌斯·E. 利普斯 著

汪宁生 译

图书在版编目（CIP）数据

事物的起源：简明人类文化史 / （德）尤里乌斯·E·利普斯著；汪宁生译. -- 北京：北京联合出版公司，2025.9. -- ISBN 978-7-5596-8408-0

Ⅰ. C912.4-49

中国国家版本馆 CIP 数据核字第 2025MV3614 号

事物的起源：简明人类文化史

著　　者：[德] 尤里乌斯·E. 利普斯
译　　者：汪宁生
出 品 人：赵红仕
选题策划：后浪出版公司
出版统筹：吴兴元
编辑统筹：梅天明　宋希於
责任编辑：肖　桓
特约编辑：李子谦
营销推广：ONEBOOK
装帧设计：墨白空间·曾艺豪

北京联合出版公司出版
（北京市西城区德外大街 83 号楼 9 层　100088）
小森印刷（天津）有限公司印刷　新华书店经销
字数 346 千字　889 毫米 × 1194 毫米　1/32　14.5 印张
2025 年 9 月第 1 版　2025 年 9 月第 1 次印刷
ISBN 978-7-5596-8408-0
定价：99.80 元

后浪出版咨询（北京）有限责任公司　版权所有，侵权必究
投诉信箱：editor@hinabook.com　　fawu@hinabook.com
未经书面许可，不得以任何方式转载、复制、翻印本书部分或全部内容。
本书若有印、装质量问题，请与本公司联系调换，电话 010-64072833

译者的话

此书征引了大量民族志和考古学的材料，探索各种生产活动、日用器具、社会制度和习俗的起源问题，内容涉及远古人类物质文化和精神文化诸多方面。它也可以说是一本简明的远古文化史。此书原来有一个副题，就称为"人类文化史"。

此书不仅对研究民族学、历史学和考古学的人来说，有可供参考之处；从事其他工作的人，若能在百忙之中看它一遍，亦能增长知识，大开眼界。例如，建筑工作者可以了解到最早的房屋是什么样子；机械师们可以了解到早在数万年前原始猎人已知利用各种机械原理来捕捉野兽；一个新闻工作者或通讯工作者，当看到原始人也会巧妙地传递消息或发布新闻，一定会感到惊异；一个教育工作者当看到所谓"野蛮人"教育孩子的方法会有许多可取之处，不能不引起深思。此外，要了解某种农作物开始种植和某种家畜开始驯养的地区，某些金属开始冶炼的时间，道路、桥梁、车辆、船只等的起源，政治、法律、宗教等的早期形态，此书也能为你提供答案，虽然是极为简单的答案。

人们有一种历史的兴趣，对任何事物总爱问一个从何而来，何时开始。朋友们，当你点燃一支烟卷、喝一杯酒、呷一口茶、观看一场戏剧表演或参加一场体育比赛的时候，你也想知道这些生活中的常见事物是如何起源的吗？这本书的有关章节同样能给你有趣的解答。据作者自称，这本书就是为了满足一般人对各种事物起源问题的兴趣和好奇心而写的（参见《序言》）。

本书的作者利普斯（Julius E. Lips），是著名的德国人类学家，生于萨尔地区，曾长期在科隆大学担任人类学系主任和教授，并是科隆民族学博物馆的负责人。自希特勒上台后，他为了表示反对和抗议，自动辞去上述职务到巴黎教书。1934年他应美国著名人类学家弗朗士·鲍亚士（Frantz Boas）的邀请，到美国哥伦比亚大学任教，从此定居美国。他一方面在美国一些大学教人类学，一方面又受英美学术团体的委托，从事实地调查。他曾对加拿大拉布拉多地区的印第安人进行过长期调查，发表了一系列著作。

这本《事物的起源》是他写的一本关于文化人类学的综合性著作，自出版后，很受读者欢迎。不仅出了英文版、德文版，并被译为俄文。在中国，友人李毅夫先生曾据俄文版译出几章，发表在《民族问题译丛》上，而全书内容始终未与广大读者见面。

此书有许多优点。首先，作者公正地指出，世界各民族对人类文化都做过贡献。他列举说明美洲印第安人一系列发现和发明（见第五章），称赞"中国是许多伟大而奇妙的发明的发源地"（见第七章），并进一步肯定了冶铁术的故乡是在非洲（见第五章）。他认为，即使最原始的民族也有自己的创造，如帐篷就是在靠狩猎或放牧为生的印第安部落中首先发展起来的，而在狩猎、旅行或行军中，"白人尽其一切才智也未能发明……较之帐篷更为实用的东西"（第一章）。与此同时，他又通过歌颂原始民族的一些美德，来谴责"现代文明"的弊病。例如，他指出原始人的"住房是不成问题的,从不知道有收租金的房产主和诉苦的房客。与痛苦的、无保障的所谓'文明'生活相反,这里支配生活的是和善和快乐、满足和互助"(第一章)。又说,原始人的教育"与钱财无关,所有人生来都有受教育的权利。……孩子是在父母面前生长起来的,因此丛林和草原中不知'青少年犯罪'为何物。……这里的父亲们不会面临着没有力量为孩子们'购买'教育的问题"(第十章)。

其次,有些人类学著作,为了证实自己的理论和学说,充满了冗长的说教和无休止的争辩,而此书绝大部分篇幅都在介绍材料,而且按照各个问题的历史顺序来叙述这些材料。作者的某些看法和观点,我们即使不同意,但他所引用的材料,对我们却是有用的。

当然,这本书也有它的缺点。例如,作者常把原始社会一些现象与当代问题做不恰当的联系,如说后进民族之中也有"经济危机",甚至说"对钱币的崇敬……深入原始人的灵魂,比起现代人尽可能攫取大量必不可缺的美元的愿望更为强烈"(第八章),这不能认为是普遍存在的事实。又如,作者自称全书十五章是选择了"和当代的问题最有直接关系"的题目(见《序言》),实际上,他以大量篇幅讲述胡须、发式和唇膏的历史,讲述各种巫术仪式的细节,却未提及人类家族婚姻的问题,这不能不说是一个重大的缺陷。最后,从所引材料来看,由于本书涉及太广,有时也不免有失误之处。如谈到中国对丝、纸、印刷术、瓷器的发明时,他引用的几乎都是不正确的或过时的说法。对中国一些习俗的描述,也颇有曲解之处。当然,由于文字的隔阂,这方面是不应苛求于他的。

此书文字生动有趣,又带有德国人那种深奥的文风。个别地方我只能采取意译法,因为如逐字逐句照译,中国读者不仅不能体会原书的风趣和幽默，甚至可能莫知所云。但译者各方面知识浅薄，语言水平不高，不一定能完全无误地转述作者的原意，请读者给予批评指正。

这个译本是根据英国乔治·G. 哈拉普（George G. Harrap）公司1949年出版的英文本翻译的。为了帮助读者更好地理解全书，我写了一些注释。大体上涉及以下几方面的内容：一、本书惯用语和翻译中遇到的一些问题的解释；二、纠正原书一些错误，特别是涉及中国材料时的错误；三、一些特殊的习俗和事物的解释；四、对一些地名、人名（特别是著名的人类学家）的介绍。此外，本书包括大量民族名称，现择其重要者另编一表附于书后，不再一一注释。[1]

此书的素描插图是作者夫人爱娃·利普斯（Eva Lips）亲手所绘，饶有趣味。译本收入时其顺序已按内容重新编排。

我译此书开始于1963年，到今已有十几年了。当时我在中央民族学院历史系工作，林耀华教授首先向我介绍此书。已故的傅乐焕教授又慨然把他珍藏的原书赠我，并劝我把它全部译出。我有感于这两位学术界前辈的深厚情谊和鼓励，便着手翻译此书。但开始不久即因忙于下去调查而搁置。1965—1966年，在从事素非所愿的工作中又忙里偷闲地译了一小部分。一直到了"文革"时期，当时我和千百万人一样被剥夺了从事自己专业工作的权利，下放劳动，便蛰伏于云南泸西县农村一间破屋中继续翻译此书，聊以遣岁，竟把它最后译完了。

最近两年，我们的国家发生了可喜的变化。广大群众不甘心落后，如饥似渴地学习知识，了解世界。我每当看到图书馆门外排列着等待开放的队伍，书店柜台前挤满了争购新书的人群，不

---

[1] 此表内容今已化入全书正文，民族名称原文均在首次出现时括注，特此说明。——编者

禁大为感动。我想,这本《事物的起源》讲述的虽是古老的事情,对人们扩大知识面,打开思路,也许是有帮助的,遂将译稿加以整理、修订,将它呈献给广大读者。

汪宁生
1980年2月全部译稿誊清之夜

序　言

写这本书的动机或许是简单的。在我看来，一个人类学家比起其他科学家来，其社会生活和专业的关系似乎更为密切。在宴会和鸡尾酒会上，经常有人问我："你是人类学家吗？现在告诉我关于人类学的一切！"

这样空泛的要求自然难于满足，但询问者在茶余酒后至少可以知道，碟子和叉子、椅子和化妆品、戒指和手镯、饮料和酒，均非近世所发明，而可上溯到黎明时期[1]。

更常遇到的问题并不都具有这样空泛的性质。不仅妇女还有男子，都想知道发式、唇膏和我们摩登妇女用的许多美丽的装饰，是不是近世的卓越发明。当人们了解到这些东西实际上已经存在几千年之久，所谓的"野蛮人"所使用的物件和设备甚至更灵巧，或感到失望，或感到新奇和满足。

由日常之事引起的谈话，也曾转入到较为严肃的问题，例如社会保障，特别是含义不清的"民主"问题。这些看来似乎只是近代的成就，实际上却是对几千年前人类建立的同类制度

---

[1] 黎明时期（the dawn of time），是本书常见的术语，泛指人类历史上古老的时期，相当于考古学上的旧石器时代和新石器时代。——译者

不恰当的模仿。报纸和无线电的通讯专家们，在听到人类早已找到一些巧妙的方法能把重要消息有效而迅速地通知公众后，很感兴趣。

我真为人们对这些新鲜材料所表现出的强烈兴趣所震惊。在我的人类学同行和教师同事之中，这种兴趣甚至更为浓厚。我自己的感受，再加上他们的大力鼓励，促使我想把现代的工具、习惯、传统和信仰的起源，告诉一般公众。而我和学生及青年人多次谈话后，又使我注意到这些人的特殊兴趣。当然，我试图找出人类文化中究竟哪些方面和当代的问题最有直接关系，我对各行各业男女的特殊兴趣和好奇心进行选择以后，才确定了这本书的内容。

但是，所有这些鼓励本身还不会引导我写这本书，假如我没有强烈地感到这是一个人类学家的任务的话。在我们的时代，人类学家应在自己的领域中为促使各个民族和文化之间更好了解而工作。我们从原始人[1]那里得来的遗产，是所有种族和民族所共有的。由人类学材料所揭示出所有民族的共性，最终将为世界大同的实现做出贡献。人类文化的最早发明者和赐予者不能用肤色、民族或宗教来区分——他们是无名的。但他们很多人献给人类的幸福，远比许多现代政治家为多。

第二次世界大战使我们和地球上几乎所有民族发生联系，新的"大发现时代"唤起了对于外国人和外国文化新的兴趣。另一

---

[1] 本书常以"primitive"和"the primitive"来形容和泛指一切尚未进入文明的社会或民族。我们当然知道这些词在现代人类学书刊中被视为含有贬义，已很少使用，但只能尊重原文，译为"原始的"或"原始人"，别无他法。实际上，利普斯对世界后进民族之同情和尊重，在本书中有充分的表露；他的人道主义精神和对世界各文化的正确认识和一视同仁的态度，比起当今只知大做表面文章，标榜自己尊重并要帮助后进民族实为骗取项目经费的中外时髦人类学家要高尚得多。——译者

方面，核物理学的发明又威迫着人类进化的道路，或者可能导致所有人类文明的毁灭。写这本书是为了有助于了解人类文化的发展，努力增进民族和文化之间的相互合作，是希望它对我们为实现世界大同而奋斗也能有所贡献。

尤里乌斯·E. 利普斯

目　录

译者的话　/ i

序　言　/ vii

第一章　家和家具　/ 1

第二章　迷人的装饰　/ 33

第三章　最早的机器人　/ 61

第四章　友好的大地　/ 76

第五章　发明和早期手工业　/ 99

第六章　生活愉快　/ 140

第七章　陆路和水路交通　/ 167

第八章　丛林中的华尔街　/ 190

第九章　从信号鼓到报纸　/ 214

第十章　无书的教育　/ 238

第十一章　表演开始　/ 262

第十二章　生命、自由和追求幸福　/ 291

第十三章　巫术和不可知的力量　/　319

第十四章　每件事物都有自己的故事　/　346

第十五章　人生旅途的终结　/　378

参考文献　/　401

再版后记　/　433

第三版后记　/　442

新版后记　/　444

出版后记　/　446

第一章　家和家具[1]

"我们回家吧",在任何语言中这都是一句神圣的话。在外部世界,人们为生存而斗争,为保卫亲人免于雨水、寒冷、炎热的侵袭和发生不测之祸而奋斗;而在家中,则可感到亲人的庇护以及火塘周围的亲切轻松气氛。人类没有不珍惜家的幸福的,而不管其形式如何。当夜幕降临,地球上所有人类,尽管各有特殊信仰,都喜欢在英国科尼什(Cornish)"公祷"所说的那样一种精神状态下闭眼休息:

　　主呀!拯救我们,
　　躲开阴魂和魔鬼,
　　以及长腿的野兽,
　　还有那些夜间游荡的东西。

原始人认为自己生活在一个万物有灵和到处都是鬼魂的世界

---

[1] 本章标题原文是"Of Home and Hearth and Pots and Pans",直译应为"家、炉灶、罐和锅"。实际上,本章除讲述房屋、用火、日用器皿的起源外,还谈到各种卧具、坐具等的由来,故概括地译为今名。——译者

中，暴露在大自然的直接威胁之下，对家的这种渴望的感觉较之对大自然已有充分认识的文明人更为强烈。

愈是古老和原始的人类，对家的范围便考虑得愈加广阔。对于最原始的人来说，家的基本概念不是可蔽风雨和遮盖家庭过夜的较长久的或临时性的建筑，而是部落的土地整体。任何入侵者敢于踏上这神圣的土地，都将为此付出生命。单个家庭建立过夜住所的那一小块地方是无关紧要的，土地才是他们的家。土地属于所有人，所有人属于部落宣布作为己有的土地。

最古老的人类居住的形式是什么？报纸上漫画描绘的"洞穴人"，是否即是最早的家的主人？完全不是。科学家在洞穴中发现了经过漫长岁月后依然保存得很好的许多古人类遗物，这一事实使一般人误信洞穴是原始人首先解决住房问题的地方。这种看法低估了人类的才能，没有考虑到气候和地理条件对选择住所的影响。

某一地区存在洞穴，绝非人们居住的先决条件。更多的史前家族生活遗物是发现在平地，而不是发现在洞穴之中。洞穴或崖洞被选作住所总是有其适合于居住的特殊原因，例如冰川时期莫斯特阶段（Mousterian epoch）的严寒气候，或者猎取高山地区所盛产的猎物的需要。欧洲"骨文化"人们的猎物是洞熊，他们追随洞熊进入高山（阿梅尔高阿尔卑斯山脉），故以那里为家。这类住宅中最高的是靠近瑞士维梯斯（Vättis）的所谓"龙洞"，海拔达2438米。但是，与这些高山狩猎者同时存在而以低地动物作为猎取对象的人，则不住洞穴。例如，没有材料表明旧石器时代的前舍利文化（pre-Chellean culture）的人们曾生活在洞穴之中。洞穴生活或是出于一时的需要，或者更经常的是仅仅作为人造的经常居住的住宅的附属物。现代科学家们发现和描述的史前洞穴——法国维塞河流域的莫斯特洞穴、多尔道尼的芳德哥姆

（Font-de-Gaume）洞穴、阿里埃日河的马德齐尔（Mas d'Azil）洞穴、上加龙的奥瑞纳（Aurignac）崖洞以及意大利和西班牙的许多古老洞穴——揭示了很有趣的事实，即这些洞穴主要不是作为家族的住宅，而是作为公房，或作为教堂（假如在这阶段可以使用这个名词的话）。虽然这些洞穴入口处偶尔为世俗的目的而使用，而其内部却存在具有宗教和巫术意义的神秘绘画，以及陈列着动物头骨的祭坛遗存，显示出内部是祭祀用的厅堂。仅仅洞穴前部偶尔用于居住。人们甚至宁愿以洞口的突出崖石之下，作为半露天住所。

在现代仍处于石器时代文化水平的很原始的部落（这样的部落很多）之中，仅有锡兰[1]的维达人（Vedda）和印尼西里伯斯岛[2]的托拉人（Toala），表现出对洞穴的喜爱，因为他们的所在地区遍布洞穴。许多同样古老的部落，则比较喜欢风篱（windbreak）。这是温暖气候下最古老的"房屋"。与旧石器时代"洞穴人"同时的人，使用风篱也很普遍。由于它的材料易朽，不可能长久保存，只有弗雷（R. Forrer）曾在法国阿尔萨斯的斯皮乔（Spichern）附近发现过这样一个洪积的"房屋"遗存。

图 1　塔斯马尼亚人的风篱　　图 2　安达曼岛的风篱

1　斯里兰卡的旧称。——编者
2　即苏拉威西岛。——译者

风篱结构简单，以树或树枝插入土中，形成一道垂直的墙或半圆形的围墙，其上覆盖着短枝、树叶、树皮或草，就能提供一个可防风雨的初步住所。那些游徙部落[1]，像澳大利亚人（Australian）、现已灭绝的塔斯马尼亚人（Tasmanian）、锡兰的维达人、菲律宾和马来亚[2]的尼格利陀人（Negrito）、非洲的布须曼人（Bushman）和许多美洲印第安人（American Indian），其经济方式迫使他们在广大区域内不断迁徙，故选用风篱为家。这些人随着要猎取的动物群移动，经常寻找草、根、浆果作为食物的补充，要能迅速地建造或拆毁他们的住处。假如几个家族一起狩猎，他们的风篱便紧挨在一起。布须曼人在狩猎行程中，能很快把灌木的枝简单地捆扎起来，造成所谓"波斯节斯"（bosjes），作为蔽身之处。非洲卡拉哈里沙漠地带的风篱，则是较坚固的建筑物。玻利维亚的查科人（Chaco）有时将防护自己的风篱顶部编成长排，其上覆盖着灯芯草，而尼格利陀人的风篱上则覆盖青草。印度安达曼人（Andamanese）的住所不过是一个有四根柱子的风篱。美洲印第安人中像阿佩切人（Apache），用细枝间以粗枝建造一种名叫"魏喀额朴斯"（wicki-ups）的风篱，作为他们喜爱的夏季住宅。

　　风篱这种最古老的人造住所，甚至可以视为房屋的两种基本类型——圆形小屋和方形房屋的先型。最原始的部落喜欢圆形小屋，这在澳大利亚和美洲、非洲许多民族之中均有发现。从建筑上看，圆形小屋不过是两个半圆形风篱编在一起，方形房屋则是在两个互相平行的直立风篱之上加一个顶部发展而来的。

　　风篱和由它引导出的房屋形式，在比较温暖的气候下是令

---

[1] 本文常用"游徙部落"（nomadic tribe）一词，泛指一切以狩猎、采集或游牧为生的部落。——译者

[2] 马来西亚半岛的旧称。——编者

人满意的。在较寒冷的地区，住所就必须用宜于避风和防御寒冷的材料来建造，这类材料仍是可迅速组装的。爱斯基摩人[1]（Eskimo）的雪屋（igloo），只不过是一个用雪和冰砖建成的圆形小屋，有一道敞开的长廊通往外面，以提供足够的空气，同时隔绝入口处的冷风。爱斯基摩人住宅的温暖和舒适是著名的。但正如斯蒂芬森[2]所报道的——"新营房较老营房要温暖些，因为新盖的是雪房子，而老的雪屋则成为冰的房子了"。虽然建造一座雪屋比起建造一座热带圆顶小屋来，需要较多的时间，但它还只是猎人临时的家。春天房顶的雪就开始融化，地面都是水坑，弄得"整个夏天爱斯基摩人房屋内部像一个湖"，此时便要放弃雪屋了。秋天雪开始结冰，这一住房又可重新使用。但这样的事仅在以前的占有者又回到原来地区时才会发生。

爱斯基摩人和其他原始部落常被贪婪的白人引诱去矿山做工，作为奖励，结果是采用了文明人用木头或铝板造成的小屋，这种居住设备的好处是值得怀疑的。例如，在美国的温赖特海口，

图3 "蜂房"
（圆形小屋）

图4 夸丘特-印第安人四方形房屋

---

1 今称"因纽特人"。——编者
2 斯蒂芬森（V. Stefansson, 1879—1962），加拿大人，著名的北极探险家，著有《我和爱斯基摩人在一起》（1913）、《友好的北极》（1921）、《伟大北方地区的猎人》（1922）等。——译者

它严重损害了土著居民的健康,以致白人自己不得不劝说他们返回古老的雪屋。其他许多受文明影响的地区(南非是其中之一)也做过同样的试验,后果总是有害的。

我们看到,人类最古老的人造风篱是两种主要房屋类型——圆形小屋和方形房屋的开端。但另外还有一种易于移动的住所——帐篷,也是源于风篱。原始人以及后来的模仿者所使用的各种不同的帐篷,是游徙民族的文化特征。这些人靠狩猎或放牧为生,必须能迅速地拆散或组装他们的房屋。

北极和亚北极有关部落的帐篷,是一种圆锥形结构,木柱插成一圈,其上根据气候和季节的情况,覆盖着树皮或兽皮。我们很多人从儿童时代即熟知平原印第安人的圆锥形帐篷——"梯皮"(tipi 或 teepee),它的形式富有特色,制作精致。哪一篇完整的"西部冒险故事"能不提到"梯皮"呢?虽然这种帐篷的一般面貌已众所周知,但它的建造方法大家并不熟悉,故有必要把华特曼(T. T. Waterman)的描述摘引如下:

安置"梯皮",是将两根柱子放在一起成 V 形,其交叉处用绳子的一端捆绑起来,绳子其他部分任其悬挂着,再将第三根柱子系在 V 形的顶端,把三根柱子竖举起来,形成一个三足器形。这就是帐篷的基架。次要的柱子按其位置小心放好,妇女们(搭帐篷是妇女的主要工作)将绳子绕来绕去套住每一根柱子,并牢固地捆在一起。然后再将覆盖物高举就位拉紧,并用木钉钉在柱架周围的地上。覆盖物特意在顶部留下一孔以便出烟,并在烟孔之侧围上两片称为"耳朵"的东西,以覆盖烟孔。这类住所的分布,根据野牛群的分布而定。有时整个部落紧随在野牛群的侧翼,随它们的移动而移动。

这里叙述的每一个细节都是非常仔细的。印第安人的帐篷虽以移动为主要特征，但在装配时各个部位的精确性却不会受到影响。

一般人有时把"梯皮"和北美大西洋沿岸操阿尔衮琴语（Algonquian-speaking）的印第安人的棚屋（wigwam）混同起来。棚屋并非帐篷，此词仅仅意为"住所"。它是一种带有拱顶的圆锥形房屋，萨克人（Sac）、佛克斯人（Fox）和其他印第安部落直到今天还在使用。

图5 平原印第安人的帐篷

加拿大拉布拉多半岛腹地的印第安人（如纳斯科皮人）的帐篷，颇不如平原印第安人的"梯皮"精致，而平面布局却是相同的。在这些几世纪来没有变化的部落作为狩猎地带的荒野中，现在许多老猎人覆盖帐篷仍然是冬天用北美驯鹿的皮，夏天用桦树皮。把这些东西用骨锥一片片地串缀起来，缝制得适合帐篷的柱架。但近代印第安人也从哈得孙海湾公司[1]收购站用珍贵的毛皮换回白人沉重的帆布来覆盖帐篷，其帐篷主要结构仍沿袭古代，仅仅加上一个横梁。这样的帐篷缺少古老帐篷上兽皮和树皮自然形成的美观外表，但当下雪时就不再显示出机器制品的低劣了。

1　哈得孙海湾公司（Hudson's Bay Company），1670年由英国鲁珀特亲王（Prince Rupert）等17人所始创，原是在加拿大收购印第安人毛皮输进英国的一个贸易机构。——译者

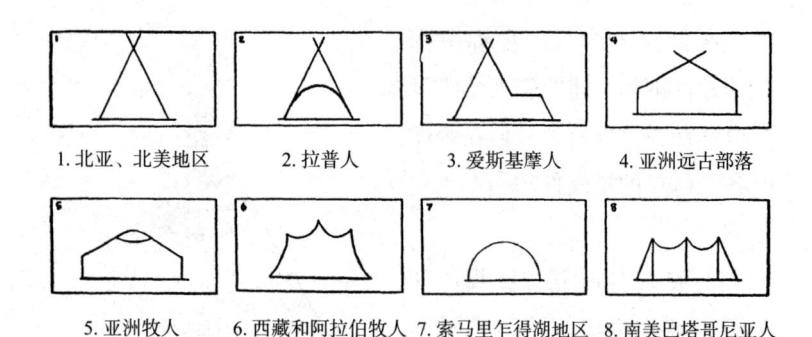

1. 北亚、北美地区　2. 拉普人　3. 爱斯基摩人　4. 亚洲远古部落

5. 亚洲牧人　6. 西藏和阿拉伯牧人　7. 索马里乍得湖地区　8. 南美巴塔哥尼亚人

图 6　帐篷的主要类型

欧洲仅有的北极部落拉普人（Lapp）的帐篷——"哥塔斯"（goattas），与北美的帐篷非常相似。夏季，"哥塔斯"便被较方便的构造轻巧的木屋所代替，这些木屋保持了帐篷结构的许多特色。芬兰的俄罗斯族人（the Russian Finn）和阿姆河地区的民族，仍把两个风篱合在一起，形成一个鞍形屋顶。中亚的牧人用毡子和皮革盖成的帐篷"由尔塔斯"（yourtas）是低矮的，通常罩在地穴之上。这些住所被从中亚到西藏边境许多部落所使用。西藏的黑色帐篷用牦牛毛粗松地编成，很像面纱，却完全可以防水。北非沙漠游徙者的帐篷，平面为长方形，覆盖以棕榈叶或动物的皮。南美巴塔哥尼亚高原（Patagonian Plateau）的游徙者——特胡尔切人（Tehuelche）和佐尼卡人（Tsoneca），也同样使用很方便的覆盖毛皮的帐篷。

就是在现今机械化时代，白人尽其一切才智也未能发明一种在狩猎、旅行或行军中较之帐篷更为实用的东西。男女童子军在帐篷中露营，学习欣赏大自然；我们许多人迅速地建造风篱，以保护野餐地点或营火，然而却不了解帐篷、风篱有悠久的历史。熟练的北极猎人（无论其为印第安人还是白人），仍然知道建造遮蔽所过夜的技术，他们用草和树枝编织成拱形，然后盖上一层层厚的冰雪。

所有这些临时住所的古老类型，有着共同的性质，即可以迅速地用手边的材料来建造，或用可以搬运的材料来安装和拆卸。但是，最早的坚固建筑物是什么呢？什么是我们所说的房屋的先驱呢？似乎奇怪而颇有意义的是，最早的坚固建筑物不是为人遮风避雨的，而是为了保护和保存人们靠以为生的收集来的野生植物产品。很多部落（特别如澳大利亚和美洲的一些部落），部分地或完全地依靠一种或多种野生植物的种子、根、鳞茎、块茎作为全年食物。他们虽然不知农业耕作，仍从其住地大自然所提供的丰富的野生植物中取得生活必需品。那里生长的野生植物的根成千上万，野生稻田或橡树林也可以提供有用的食物，而对采集它们的人来说，最要紧的却是它们的储藏问题。这些部落不能总是以随摘随吃为生活手段，他们要储藏野生产品作为未来的经济保障。他们紧挨着收获地带建立起坚固的储藏室或仓房，足以保护珍贵的野生收获物，而他们自己继续住在易于朽坏的建筑物中。例如，加利福尼亚的橡子收获者的仓房，就是一种坚固的有着圆锥形草顶的建筑物。

图7　加利福尼亚的米沃克－印第安人储存橡子的仓库

对早期居民来说，一个持久的家是奢侈品，只有像农民那样定居者才能有之，只有他们才能造就符合我们概念的舒适住宅。从简单的方形或长方形房屋，陆续引导出很多种住所，特别是坚固的茅草房，有着双斜面屋顶，比古老类型的住所有较大的容积。这种"固定"房屋最早出现于新石器时代所谓的"坎皮利[1]时期"。在现存"活的文化"[2]中，它是那些简单农业社会人们的家，他们由于需要等待收割自己种植的作物，不得不过定居生活。在受混合文化影响的地区，农民的房屋采取变化多端的各种形式，平面作椭圆形或方形，方形房屋偶尔有一个金字塔形的屋顶；或者把房屋建造在树上或柱子上。人们开始重视家的内部和外貌的美化了。为了保证建筑物的坚固，使用很多种建筑材料。建造一个房屋，少量的树枝或木柱不再够用了，将土、黏土、粪和稻草、青草或其他黏合材料，巧妙地混合起来，用来筑墙，使其能经受气候的变化。房屋不再是偶然供护身之用的临时性遮蔽所了，开始填入更大量的财富，并且房屋的居住者和所有者的日益固定，又为社会生活创造了机会。大群的人第一次固定地住在一起，共同的兴趣和普遍的喜爱社交，产生了对公共集会场所的需要，由此引导出公房建筑。在公房里，人们举行会议，歌手和说故事者使整个部落得到欢娱。

西非潘格威人（Pangwe）在男子结婚后，立即建造两座房屋，一座作为妻子儿女的主要居室，另一座较大的作为集会房屋。他除去吃饭和晚上与其家人在一起外，大部分时间是在集会房屋中度过的。住宅随着家族的增多而增加，其外貌整齐划一，以致特斯曼（G. Tessmann）把这一个个的家比喻为"新从盒子里

---

[1] 坎皮利（Compigny）是法国塞纳河流域一个村庄名，该地曾发现新石器文化遗存。——译者
[2] 此处原文是"living culture"，本书常用此词泛指世界上的后进民族。——译者

取出的房屋模型玩具"。

木结构房屋覆盖以黏土和类似材料,形状颇富有吸引力,特别是在非洲更是如此。坦桑尼亚梅鲁北部的穆斯古人(Musgu)就是这样房屋的建造者。在尼日尔地区,房屋平面为方形,并采取平顶的形式。这些都几乎毫无改变地为土耳其的安纳托里亚、波斯、印度中部和西北部各邦文化发达民族所采用。[1]虽然原始农民知道烧陶技术,并未获得烧砖的知识,但很早就使用了日光砖(sun-dried brick)。在中美和北美印第安人(如纳弗和人[Navaho]和普埃布洛人[Pueblo])的房屋建筑方面,黏土也作为一种建筑材料起着重要的作用。

为了适应气候和地理因素,农民房屋的种类多得不

图8 喀麦隆的穆斯古人黏土房屋

图9 上尼罗河的住宅——"图库尔"

图10 苏门答腊巴塔克人的草顶房屋

---

[1] 这种平顶土房,中国西北和西南很多少数民族多有。在云南,当地人称其为"土固房"或"土掌房"。——译者

可胜数。在靠近湖岸或沼泽地带定居，促成桩上房屋的建造。桩上房屋也有建造在干燥地区的，在这样情况下都是用来防御敌人的入侵。新几内亚桩上房屋，距地面 1—3 米或更高，建成一种和谐而宽敞的形式。

史前"湖居文化"居住遗存表明，从黎明时期起桩上建筑即为人们所知。在欧洲，当洞穴还偶尔被用作临时住处的时候，就建造了桩上建筑。这些古老住宅中最著名的，是包括今天瑞士、德国和意大利各一部分地区的新石器时代的"湖居文化"之家。这些家中甚至已养有看家的狗。也曾发现坚固的木头地板上有桦树皮镶成的装饰，有用植物韧皮编的席子。经过几千年由于有利环境而保存下来的许多奢侈品，证明这些人有较高的生活水平。欧洲以外的史前建筑者，在东亚和印度支那[1]地区也建造桩上房屋。这些房屋成群地排列在一起，经常是排成一行，正像今天南海地区[2]的村落一样。婆罗洲[3]偶尔有整个农村公社住在一座房屋之中的，房屋可长达 100 码[4]以上。史前时期同样的"大房子"，曾在欧洲特别是乌克兰地区被发掘出来。在印尼和南美许多部落之中，流行长方形的公共住宅，时常是一个氏族全部住在其中，多达一百人；或者整个农村公社住在两座或三座大房子之中，房屋排列在一个中心广场的周围。新几内亚巴布亚人（Papuan）的房屋有 200 英尺[5]长和 40 英尺宽，设有"一个中间厅堂，与房屋等长[6]，专供男子使用。两边隔成房间，每个房间有三层，下层为

---

1 今称中南半岛。——编者

2 南海地区（the South Seas），一般指今南太平洋诸岛而言。——译者

3 即加里曼丹岛。今该岛全境由印度尼西亚、马来西亚及文莱三国管辖。——编者

4 1 码约合 0.914 米。——编者

5 1 英尺约合 0.3 米。——编者

6 巴布亚人这种大房子的内部布局，与中国云南基诺族的略同。所谓"与房屋等长"的"中间厅堂"，实是在房间隔成一道长的走廊，兼作集会之用，并非真正的大厅。——译者

炊爨之处，中层住妇女和小孩，上层住男子"。

美国阿拉斯加和加拿大的不列颠哥伦比亚的印第安部落，住的房子"大得足以住下两三代人，或包括两个或两个以上的社会阶级，房屋地面上排列着一层层的平台，每层之间相距2—3英尺，用砍出来的长而厚的杉木板做成平台的隔墙"。在特林吉特人（Tlingit）之中，这样的房屋有美好的名称，如"好看的地点""你能游泳而过的地方""熊人之屋"等。这令人想起中世纪法国的房屋，它们因招贴画而得名，例如"可笑的小丑之屋""跳鱼之屋"和巴尔扎克不朽名著中的"猫球商店"[1]。

美国印第安人中的普埃布洛人的崖屋，是原始房屋的另一种类型，有的简直和矗立在纽约上空的摩天大厦相似，竟被当成是现代天才创造的奇迹。与普埃布洛人房屋相似的，还有非洲突尼斯的梅迪林（Medinine）地区的崖屋，它有着凿成的紧挨着的房间。

图11　齐姆希安－印第安人房前熊的画像

图12　霍皮人的崖屋（瓦勒皮的古代城镇）

---

[1] 法国著名作家巴尔扎克写过一部中篇小说，名为《猫球商店》，以一个小商店为背景，这个商店挂着一幅猫玩球的画，因以为名。此书有中译本。——译者

普埃布洛人的崖屋"米撒斯"（mesas）和古代同类建筑物，如克里米亚的崖屋、卡帕多西亚[1]的圆锥形住宅、美国亚利桑那过去的洞居，清楚地表明村庄居民建造这类住宅主要为了防御入侵者。

在那些不能利用天然的崖石设防之处，人们尽力建造土木工事或类似的防御设施。非洲的村庄外围，常有坚固的墙和栅，特别在大批猎取奴隶的时期更是如此，为了防御，他们进行过许多精心的设计。古老苏丹文化的房屋常常是完全隐藏在地下的。今日尼日尔地区许多人的家，坐落于土中。法属赤道非洲[2]的班达人（Banda）在具有战略意义的地点建造房屋，形成可以严密监视周围的有利地势。

这些房屋设有非常低矮的入口，使来访者不得不手足并用地爬进"客厅"。喀麦隆的姆巴姆地区（Mbamland）东部有巨大的防御工事遗存，是过去操同一种生动语言的富劳人（Fullah）、伍特人（Wute）和蒂卡人（Tikar）所建造，其栅栏有巨大的门，坚实的黏土墙高达6米多，墙上有垛，防御者通过垛向攻击者投矛和射箭。

新几内亚的树屋只有借助绳梯才能爬上去，夜晚就把绳梯拉起。那里的门或原始的似门之物是著名的。他们曾发明出一种机械设备，使得只有"自己人"才能打开。木制的"锁门钥匙"非常巨大，以致

图13　法属赤道非洲班达人的住宅

1　土耳其小亚细亚半岛中部的一个区域。——编者
2　大致相当于今加蓬、刚果共和国、中非共和国和乍得。——编者

丈夫夜晚出门无法在口袋中藏放一枚这样的钥匙。

假如我们从审美角度评判原始人的家,则玻利尼西亚人(Polynesian)完全可以获得奖金。例如,新西兰的毛利人(Maori)把他们的方形房屋建造得像一座艺术纪念碑,给人以深刻印象。船形屋顶由芦苇、草或棕榈叶盖成,由雕刻得很美丽的柱子支撑着。形式的多种多样,显示出这些岛民所达到的较高文化水平。从普通居民简单的盖席小屋,直到富人艺术化的家,有一系列不同的装饰风格和结构,而公房"华纳"(whara)则是一座具有艺术性和趣味性工艺品的宝库。夏威夷岛(Hawaii)、萨摩亚岛(Samoa)和纽阿福欧岛(Niuafoo),代表原始人所达到的最好的建筑成就和艺术成就。复活节岛(Easter Island)的巨大石像和波纳佩岛(Ponape)玄武岩做的史前遗物(迄今仍是隐蔽在神秘之中),是过去时代留下的宏伟遗存。毛利人那金字塔形的"驿站"或仓房,高达90英尺,底部每边近30英尺,上有尖顶,其中堆放大量为参加"哈卡利"(hakari)宴会的宾客所准备的食物。

当人们开始记录自己历史的时期到来,便形成了发达文化[1]。大群居民集中于公社,这些公社不再是仅具有村庄的外貌了。新的工具可以砍凿石块,用来建造人们的住宅和公

图14 新西兰毛利人房屋的雕柱

---

[1] 发达文化,原文为"the old high culture",本书常用来指那些已经发明了文字和进入金属时代的民族和文化。——译者

共建筑物。富人的宫殿开始标志等级和阶级的差异——城市诞生了。财富和权力，通过高耸的纪念性建筑物，表明自己的存在。这些建筑物是为了向未来显示力量而建造的。

古代墨西哥的阿兹蒂克人（Aztec）的房屋多种多样，从炎热地区盖有树枝的小屋直到高地的砖房，而庄严的庙宇和宫殿则代表他们房屋建筑的最高峰。危地马拉的玛雅人（Maya）的宗教性建筑，甚至更为宏伟。

这些古代民族为了"传之久远"而建造的建筑物，是从未被超越的。埃及的金字塔，甚至到了今天还列入世界七大奇迹之中。他们凿石技术非常精确，石块不用灰泥砌在一起，却能耐久，我们至今还没有学会仿效这种技术。印度、中国的庙宇和巴比伦的乌尔（Ur）遗址所显示的技术和财富，使我们机械化的文明也只能艳羡不已，甘拜下风。罗马栈道、宫殿和纪念碑所用的灰泥，我们今天还不能照样合成。我们今天所用的抹泥刀和罗马人所用的形式完全相同，因为这是一种完善的形式。

从风篱到四面有墙的房屋，从树屋到堡垒，人造建筑物的发展似乎是一种人类力量和智慧的传奇史。但甚至最现代的房屋要能住人，仍然依靠神给予最早人类的一种基本力量，这个永恒的礼物就是火。

家、部落和人类的生活，都不能不受火（这是太阳神秘的兄弟）的赐福。在人类意识中，火的重要性是如此之大，以致地球上没有哪个民族没有解释火的起源的故事。火被看成珍贵财富，许多神话说到神不愿把它分给凡人，人们不得不去偷火。据希腊人的看法，普罗米修斯（Prometheus）从宙斯（Zeus）那里偷来火，因而受到可怕的惩罚。在一些原始的澳大利亚人看来，偷火的贼是鹡鹩——一种很小的鸟，它在尾巴下面带来了天上神圣的火花。还有一些澳大利亚部落相信，火是从两个超人那里偷来的，他们企图扣留火不给人类；或者相信，火是渡鸦从贞女喀拉卡鲁克的掘土棒尖端抢来的。她是后来被流放到天空的贞女之一，至今仍站在白人所谓"金牛星座"的星群之中。

火对有或没有文字历史的许多民族来说，都是神圣的。印度的火神"阿耆尼"（Agni）是人和神之间的使者，把在火的祭坛上牺牲了的灵魂带给神。拜火教徒以火作为世界创造者的象征，加以崇拜，"因为火的纯洁、光明、活动、机敏、多产和不朽，使它成为神最完善的象征"。日耳曼部落在夏至和冬至时向火致敬。在我们的《圣经》中，上帝在一片燃烧的丛林中对摩西显现，"圣灵"被物化为火焰的形式。更不用说，具有丰富的想象力的原始人曾以无数的神话来赞美火的伟大。玻利尼西亚毛利人的英雄神，即从海中举起岛屿来的"毛以"（Maui），也是火的传播者。非洲黑勒罗人（Herero）把祖先崇拜和圣火崇拜联系起来，圣火在祭司家中用祖先灵魂居住的一种神树（*Lombretum primigenum*）做的一根小棒点燃，永使不灭。侍奉圣火的女子必须是未婚的，就像罗马供奉灶神的必须是处女一样。火的生命和部落的生命是一致的。假如外来的首领获得圣火，即成为黑勒罗人的主人和保护者。例如，1850年许多黑勒罗人从马黑勒罗人那里"取得了火"，因而成为马黑勒罗部落的成员。

布里亚特人（Buryat）帐篷的炉灶中住着火的精灵"加利伊增"（*gali ezen*），他"具有人的形状，只是在炉灶时身材矮小而已"。垃圾、尘土或其他废物，不能投入火中，这样会使他感到侮辱；刀子或尖形器不可用来拨火，这样可能弄瞎"加利伊增"的眼睛，使他不能驱赶恶鬼出屋。他比其他所有神祇更先接受牺牲。火不仅是一种财富，而且还是氏族本身的一部分。外来者不允许从炉灶中取火，假如一个来访布里亚特人家中的人衔着烟管，离开以前必须把烟管敲空。

要取得珍贵的火，方法很多。早期富有才能的人发明许多方法来获取受人尊敬的火花。澳大利亚人用一根木棒在一块底木上钻或摩擦，或用硬木制成的飞去来器锯一块软木来产生火花，当碎裂的木屑开始冒烟时，用引火物点燃并加添干草，直到火焰升起。火钻是一根圆棒，放在另一根木棒的凹孔之中，不断旋转，直到碎屑冒烟，轻轻吹后，引火物即爆发火焰。火锯的另一类型是两根竹片做成的，一根竹片上有凹槽，周围放引火物，另一根竹片放在凹槽中像锯一样拉来拉去。玻利尼西亚人的火锉又是另外一种取火法，由一根有着尖端的硬木和一块软木相摩擦，直至碎屑开始冒烟。

钻法分布于世界许多地方，从非洲布须曼人到南北美的印第安人都有之。绳钻、弓钻和北美印第安人的唧筒式钻，这几种巧妙的钻法，利用绳子和转动的轴，使费力的旋转动作机械化。所谓"火犁"方法是以一根木棒摩擦另一根有长凹槽的木棒，此法流行于婆罗洲、玻利尼西亚和密克罗尼西亚的民族之中，而腓尼基的创世神话中也曾提及。马来人和新几内亚的土著居民，使用着火锯的各种方法。原始人甚至还知道"打火机"，用石头和石头、金属相击，这一打火动作迄今未改变。爱斯基摩人习惯于这样取火，因为冰天雪地之中缺乏干木头，非使用其他材料不可。此法也流行于南美许多部落之中。更机巧的方法是印度和婆罗洲的打火筒[1]，它以一根圆的木柱，内附一片引火物，填入一个大小合适的圆筒，反复抽压直至火花产生。

就是现在的童子军也知道，这些原始的取火方法是很久以前流传下来的。史前人类像今天的原始民族一样依靠它们。北欧冰川时期的坟墓中，曾发现黄铁矿石和火石并列在一起。罗马人

---

[1] 这种利用空气突然压缩产生热量取得火花的取火筒，中国傣族、景颇族亦有之，并不限于印度和婆罗洲。——译者

发现了硫的生火性质，把它和火石结合使用。一直到大约 1650 年，利用磷和硫化合作用的化学取火工具才首次出现。约二百年以后，即 1820 年左右，第一个用硫化火柴的"磷瓶"在伦敦出售。随后，很快出现了琼斯（S. Jones）的摩擦火柴（Lucifer matches）[1] 及后来的改进品。

自黎明时期起，火就是"家"这一概念中的重要因素，其重要仅次于屋顶。它给简陋的住所以人类的生趣。它是人的标志，因为没有动物能控制或保持这个神赐的礼物。当我们离家出外而为思乡病困扰时，我们时常回忆的就是作为象征欢乐聚会的火塘。

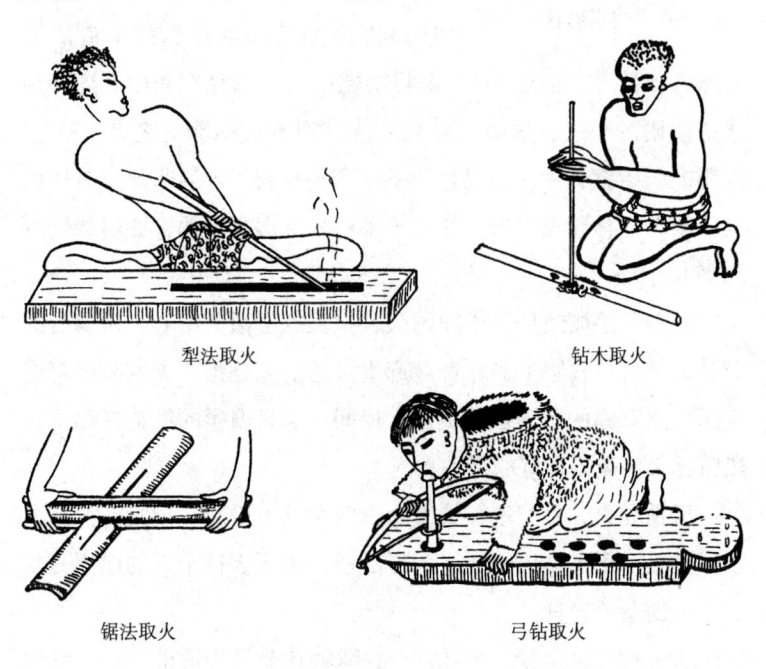

犁法取火　　　　　　　　　钻木取火

锯法取火　　　　　　　　　弓钻取火

图 15　取火的几种方法

---

[1] 鲁西福（Lucifer），古罗马神话中代表启明星之神，他的形象是手执火把，故用作火柴之商标。——译者

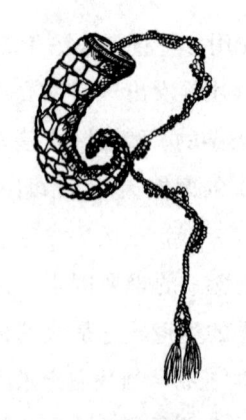

图 16 塔派特－印第安人和托巴－印第安人用犰狳尾做的火绒盒

对原始人来说，火关系到生死存亡，无怪乎原始人在任何环境下都力图保持火种不灭，以便随时取用。在印第安人家中，火将熄灭时就用吹管或火扇使它重燃；在非洲，则用风箱。甚至在旅行之中，火也要随身携带。玻利维亚东部的诺泽人（Noeze）携带的袋子里，装着阴燃的"莫塔库"（motacu）花的碎屑，小心地包在潮湿的"帕塔节"（pataju）树叶中。许多南美部落在丛林小道的十字路口保持着"加油站"，即将阴燃的引火物埋在灰中，还特别建造防雨的小屋，这样过路人就能获得现成的珍贵之火——在潮湿的原始森林中是不易取火的。当施韦泽[1]告诉非洲土著居民关于欧洲森林起火之事，他们笑了：木头湿如海绵，如何能烧得起来？

帐篷、茅棚或房屋中间的火，是家族生活的中心，是温暖的源泉，是可口食物的制作者。产生灵感的火焰把古老的故事带进生活，把家庭的圈子拉得更紧。夜间，火是温暖的维持者和防止热带昆虫侵袭的友好的保护人。

房顶和火，是"家"的概念中两个基本因素。但是，没有人永远满足于最基本的需要。为了舒适，为了表达个人的愿望，人们为家创造了家具。

从某种意义上说，原始人[2]的睡眠是非常舒适地适应于气候

---

[1] 施韦泽（Albert Schweitzer, 1875—1965），德国医生和哲学家，加蓬兰巴雷内医院的奠基者，著有《我的生活和思想》(1949)，1952年获得诺贝尔和平奖奖金。——译者

[2] 此处原文是"a child of nature"，本书常以此形容原始部落。——译者

的。人们最早的床是在地上简单地铺上新鲜的树枝。南美火地岛和北美许多地区则铺盖兽皮。澳大利亚和南非的温暖气候,允许人们盖得很少或完全省却。许多非洲部落喜欢裸体睡在木灰中,作为一种防御寒冷和昆虫的健身之道。太平洋和南亚许多部落睡在整洁的编席之上,玻利尼西亚人还根据家中席子的数量和年代,来确定其所有者的财富。

最早的"枕头"采取所能想象出来的各种形式,从粗糙的木块,直到精雕的长方凳,用以支撑和保护着土著居民复杂的发式。在非洲和南美,则发展为有着华美雕刻的小圆凳,它是"室内装饰"中一件漂亮的物品。

在我们思想意识中,一个正规的床是和高出地面的休息之处这一概念相联系的。现代的床的先驱就是靠墙用黏土或土做成的睡凳,它在西非、苏丹和北海岸印第安人之中是很普遍的。木板床,偶然铺上编成的很舒适的"垫子",为南美丛林中许多原始家族所使用,在非洲亦很普遍。这是很古老的发现,甚至比另一著名的原始睡具——吊床还要古老。迄今仍被海员们认为非常舒适和实用的吊床,是在新几内亚特别在南美热带地区东部的部落之中发展起来的。它由植物纤维编成,相互交叉地吊在茅屋的起居室之中,"就像藤子缠绕在门外的树上一样"。

为了防御昆虫,发明了许多种原始的蚊帐。在瓜图－印第安人(Guató Indian)之中,帐子是用一种南美棕榈的叶子纤维编成,形如口袋,吊挂起来,使袋口罩住睡者的面部。新几内亚的北部巴布亚人用长的"蔻兰"草做成睡袋,这种袋子在岛民中是很受欢迎的贸易品。

一般的原始房屋,并不将桌椅算作必需的家具。家族成员们喜欢坐在席子上、兽皮上或地上,偶尔坐在石块或木头上。简单的凳子和条凳,在南美和南非的土著居民之中有所发现。拥有椅凳不认为是为了增加舒适,当思想上产生尊严的观念和高居人上的欲望(甚至在肉体方面)时,椅子便成为抬高身份的工具。一个人通过高踞在"巫师凳"或"头人凳"之上来显示他的高贵等级。这在黑大陆[1]特别普遍,那里的"头人凳"是精心雕成的,成为非洲雕刻艺术中的最佳作品之一。珍贵的贝壳和玻璃珠常用来装饰宝座,有些宝座被数以千计的蓝白两色玻璃珠全部覆盖,从而遮住了下面华丽的雕刻。

原始的家即使没有过多的家具,整个气氛的舒适和必需物品的齐备,仍然给予来访者以深刻印象。这些器物就原始人所达到的文化水平说,仍能给予家族生活以快乐。实用不是唯一的考虑,甚至最简单的家中也讲究家具的颜色、形式和情调。从澳大利亚人用赭石画的木容器和装饰漂亮的线袋,直到非洲美丽的陶器和艺术化的匙勺,均是如此。南海地区雕刻华美的碗和枕头,是我们博物馆中一些最值得骄傲的藏品。

一个部落愈是定居,其成员便能以愈多的时间用绘画或雕刻来美化房屋内部和外部的墙壁。阿拉斯加人的图腾柱和房屋的正面装饰,非洲人木制的和黏土的浮雕,特别是玻利尼西亚人家中的雕刻嵌板,是这类独特艺术中的杰出例证。近代雕刻家想模仿它们的制作工艺、巧妙的色彩和异国情调的图案,但常告失败。

甚至史前人的房屋之中也装备有奢侈品,其中包括形状和装饰均富有艺术性的匙、针、石刀、雕刻工具、钻、纺锤和刨子。新石器时代的灯是庞贝城(Pompeii)和罗马古典油灯的先型。奥瑞纳时期将男人、女人和动物形象刻在或画在墙上,纯属一种爱美的表现;象牙小雕像使一些房间大放光彩。伟大的宗教艺术的最早证据,则保存在西班牙和法国南部旧石器时代洞穴的巫术性动物画中。除此以外,我们在若干千年前经过装饰的容器、工

---

[1] 撒哈拉沙漠以南的非洲大陆的旧称。——编者

图 17　新几内亚吉尔维克海湾的木枕

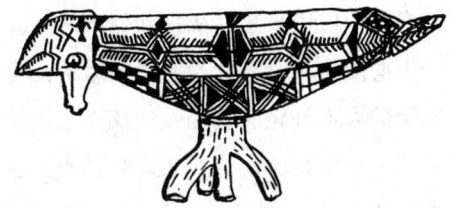

图 18　圣克鲁斯群岛的木枕

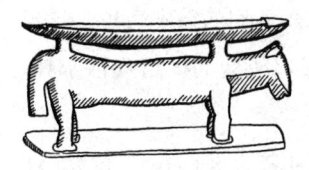

图 19　南非卡弗人的枕头

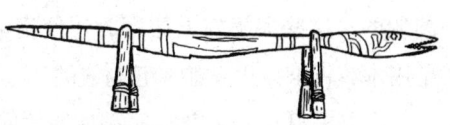

图 20　新几内亚曼伯拉莫河的枕头

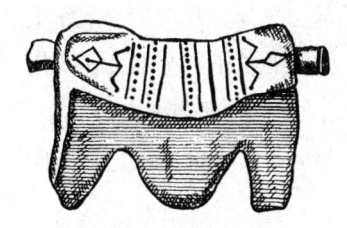

图 21　巴拉圭东部瓜拉尼 – 印第安人的杉木凳
（应该代表着美洲虎的形象）

图 22　圣克鲁斯群岛的木碗

图 23　喀麦隆的头人凳
（木头雕成，上饰贝壳和玻璃珠）

具、梳子和碟子上，也发现了很多早期应用艺术。新石器时代整个文化阶段，都以当时工匠制造的陶器装饰图案来命名。

并非所有现存的原始部落在其厨房角落里都有陶器（因有些部落尚未进化到可以掌握制造陶器的秘密），但一切民族均有某种容器，以供采集、煮食或储藏之用。储水是最重要的，它使一个人群能自由行动，而不必被束缚在泉水或河的旁边。但是，最原始的人不是轻易就能发现储水之法的。例如，火地岛的妇女和姑娘们用原始的皮袋或树皮袋装水，这些容器漏得厉害，使她们不得不快跑回家。澳大利亚人用天然的岩石坑或中凹的石头储水。原始的拉布拉多印第安人用桦树皮做的容器较为实用，把桦树皮缝在一起用树胶粘紧，即可以防水。他们的独木舟也是这样制造的。这些印第安人旅行时还使用可以折叠的桦树皮饮水杯，是用木签将桦树皮系在一起制成的。

在马来群岛，一节竹筒是最好的盛水器。在巴拉圭东部，印第安人用南瓜壳及一种名叫"塔萨鲁苏"（*tacua rusu*）的竹子粗的部分储水。他们将这种竹子的细长部分去掉，并在其节上钻上几个饮水洞，又做成可移动的容器。同样的竹子有些部分还可用来做成实用的烧水壶，可以烧水几次，直到底部烧得太焦为止。椰子壳和葫芦也普遍用作盛水之器。另一类古老的盛水之器是印度和撒哈拉沙漠用兽皮缝成的袋子。

即使是最原始的部落，在发明房内容器方面也是富有智谋的。例如，澳大利亚人制造出有装饰的木碗和精致的线袋，以盛放采集来作为食物的果实和植物。树叶、贝壳或木头做的碟子和盘子，凡是原始家族所在之处都能发现。勺子比匙子更为古老，时常有着艺术性的装饰和优美的形状。

假如有一个魔术地毯能把我们安全带到世界偏僻角落中那些与世界隔绝的住宅，我们就会发现原始人的房子里一片和平舒适的景象。

加拿大拉布拉多腹地广大狩猎地带散布着桦树皮或驯鹿皮的帐篷，从这种圆锥形建筑的尖端烟孔中冒出炊烟。在家内，驯鹿肚做的"锅"中煮着肉汤，大的木制肉叉上烤着海狸尾巴，有

马格德林时期的石灯

罗马黏土灯

乌干达古代石灯

爱斯基摩人石灯

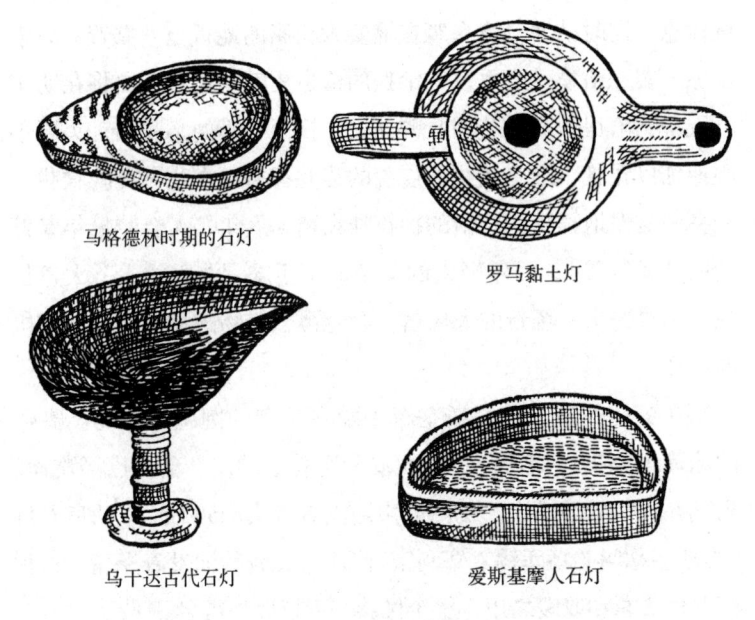

图 24　几件油灯

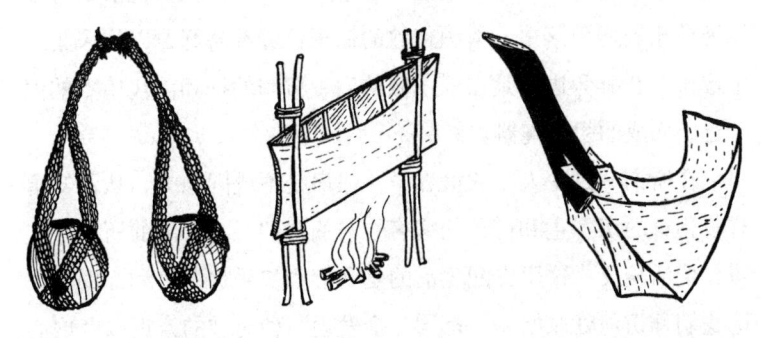

图 25　圣克鲁斯群岛的椰子壳盛水器（上系椰绳）

图 26　尼科巴群岛用树皮做的炊具

图 27　拉布拉多的蒙特纳斯－纳斯科皮－印第安人的桦树皮杯子（旅行用物）

装饰花纹的桦树皮容器内盖着用熊油和储存下来的越橘做的肉饼。令人喜爱的有棕色和白色图案装饰的圆篮中，盛着印第安人的面包——"班诺克"（banok）。当木匙已经洗好，狗到外面雪坑休息，这时纳斯科皮人躺在铺着香树脂的地板上，靠着一束束水貂、貂、山猫、麝香鼠和银狐的珍贵皮毛。这些毛皮将在明年春天带到哈得孙海湾公司收购站去，换回冬天的必需品。火要小心地加以看管。饰有花纹的皮制的婴儿摇篮，在北方夜晚朦胧的光亮中缓慢地摇晃。狩猎的护符挂在墙上。年轻人会梦见年老德劭的"熊爷爷"，而年轻人的父亲却正祈求"北方的人"大发仁慈，不要送来一场新的大风雪，以免覆盖猎物的足迹和通往捕机的小径。

在更北的地方，爱斯基摩人躺在雪砌的圆屋中睡觉。雪做的床面上整齐地铺着鹿皮、熊皮和麝香牛的皮。猎刀已经洗净。狗躺在入口的通道中，仍然大声地啃着骨头。50磅[1]重的皂石灯（当地名称叫"乌库锡克塞利密特"）中，海豹油发着光亮。这种灯兼供炊爨和取暖之用，整个民族一度以此而得名。

加利福尼亚的印第安人的茅屋里是平静的。柄部光滑的薄片石刀放于厨房角落里，编织精致的篮子已经准备好，以便采集野生橡子。在其旁边则是白杨木做的臼、石制的杵和前代传下的泥条盘筑而成的粗糙陶器。

在所谓"野蛮人"的世界中，住房是不成问题的，从不知道有收租金的房产主和诉苦的房客。与痛苦的、无保障的所谓"文明"生活相反，这里支配生活的是和善和快乐、满足和互助。无论我们拜访何处原始人，都同样会发现一种对神的亲近以及内心的宁静。

东巴拉圭丛林中帕安人（Pañ）和切里帕人（Chiripá）的家中，一间房子兼作会客室、厨房和卧室，同样呈现出一种吸引人的面貌。吊床用染成红色的棉、棕榈和凤梨科植物的纤维制成，专供房屋的男主人使用，其下放着棕榈叶做的舒适的席子，留给

---

[1] 1磅约合453.6克。——编者

他的妻子。各处都陈放着具有动物形状的矮凳。家族不可缺少的爱禽——鹦鹉，正在学舌。扫帚——"梯皮加"（*Typycha*）从不缺少，夯打过的地面非常清洁。从屋顶悬挂下来一个实用的架子来存放食物和厨房用具，以防蚂蚁和犬。一种名叫"塔库里姆波"（*tacuarembo*）树的树皮制成的刃部锋利的刀已放好，以备房屋的主妇使用。

在非洲农业地区，一个典型的家可有更多的财产。铁的工具、各种样式带盖子的篮子、着色的编席、烧成的陶器和众多的小器物，使得物质财富丰富多彩。

潘格威人的公房墙壁四周放着长凳。火光日夜照耀在鼓上，照耀在屋顶悬挂下来的磨刀石上，并照耀在集体围猎用的巨大猎网之上。狩猎的战利品——动物头骨，装饰着房间。铁匠那地穴式作坊及其风箱和火扇，经常是公房设备的一部分。家族住房的三个角落为睡觉用的长凳所占据，房间狭窄一边设置着火塘。陈放盘子和弄干衣服的架子很合适地排列着。烘炒花生的板放在一个大的储藏食物的木盒之下，这种木盒就像一个食橱。妇女专用的长篮挂在墙上。三足圆凳留待尊贵的客人。井井有条的家中，有磨板和杵、编成的或木制的盘碗、各种形状的葫芦勺（形状因男女而异）和扫帚，设备齐全。每逢节日盛会，舞蹈者被吸引到村庄的广场，拉菲亚树[1]做的火把放射出强烈而浪漫的光辉。

玻利尼西亚人美好的家中，

---

[1] 拉菲亚树（raffia）是一种网状叶棕榈树，或称"酒椰"，学名为 *Raphia ruffia*，产于非洲大陆、马达加斯加等地。——译者

图 28 西非潘格威人的火扇

男人用的勺子　　　　　　　　葫芦勺

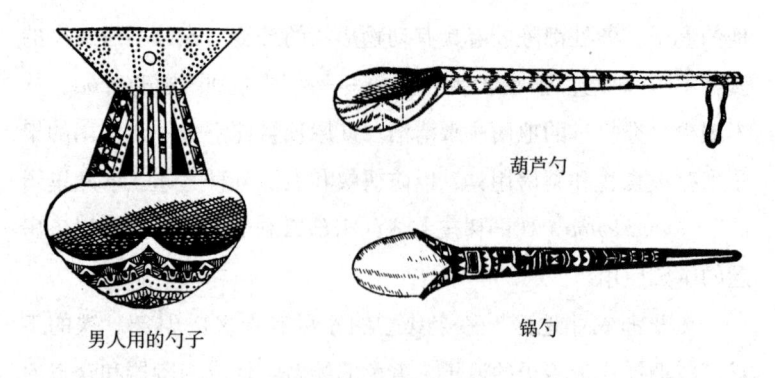

锅勺

图 29　潘格威人的勺子

内部装饰的调和和外部雕刻的华丽，完全相称。在波纳佩岛，雕刻的木柱之间以竹条为墙，竹条上缠以棕榈树纤维做的各种颜色的绳子。这种棕绳多得把木柱完全遮盖起来。黑色、红色和蓝色的绳子，在墙上缠成复杂的图案，并饰以流苏和贝壳。甚至石头地基上的竹制地板，也覆盖着棕绳。火塘是方形的，位于房间之中。睡席，磨光的椰子壳容器，坚果做的锉、石臼和杵以及其他许多工具和房屋设备，排列得很有风趣。装饰精美的篮子里，放有蚌刀和珊瑚、鱼皮做的工具；矛、桨、饰有花纹的棒和妇女纺织工具装饰着墙壁。垃圾和尘土是一点也不允许有的。优美的帷幕把睡觉之处和房内其他部分隔开。各种木头雕成的枕头，常常附有竹制的足。形状优美的木碗和木碟，其上布满着装饰。柔软的树皮布做的帷幕和衣服上，有手绘的图案。扇子和掸子，进一步增加了奢华的情调。

新大陆和旧大陆的发达文化的家，吸取、借用和改变了许多早期的发明和财富。他们通过制造方式的精确和专业化来加以改进，这不是原始建筑者和工匠所能及的。

比我们历史最早记录还要古老的居住遗址中，就发现纯属奢侈品的例证。阿布沙林（Abu Shahrein）的史前遗址（即古老的埃利杜[1]）的发掘，发现了仔细磨过的地板和配有铰链的门，这种铰链是用从远处进口的石头制成的。深的地窖和圆的窗户，能追溯到新石器时代的所谓"带纹陶"（band-ceramic）时期。古老安诺（Anau）文化的房屋是日光砖建成的，也配有带铰链的门。

有文字历史开始时期建立的古代庙宇和宫殿遗址，在科学家发掘之下均发现了令人震惊的高级奢侈品，其代表的生活水平是现代文明所不知的。1946年俄罗斯科学家在南西伯利亚靠近中国边境的地方，发现公元以前建造的中国宫殿遗存[2]，其中充满了非常完美的宝藏。这个位于哈卡斯自治州[3]（Khakassia）的宫殿，主厅占有大约140平方码[4]的面积，屋顶盖有两种瓦，其上有组成圆圈的中国铭文，门上巨大的青铜呈有角的妖怪之形。在此遗址中发现了钳子、插销、青铜扣、金耳环和玉碟。炉灶连接着暖气管设备，把温暖散布于整个建筑。

现代建筑师试图模仿罗马人从底部使房屋地板变热的方法，均未成功，而朝鲜很多世纪以来却知道这样的先进传热方法。巴比伦的乌尔（今天的埃尔穆卡加）遗址宏伟的发掘，使我们现代艺术家怀疑：现代艺术是否能达到公元前3千纪所已达到的水平。这一遗址发现的许多最佳标本陈列在大英博物馆。

一个历史的讽刺是白人借用原始人的发现以适合自己的需要，常常予以很大的改变，以致现代土著居民已很难认出其本来的目的。比属刚果[5]的土著居民听白人用钥匙吹口哨，误以为此物

---

[1] 埃利杜（Eridu），苏美尔古代城市，在今伊拉克南部，1946—1949年在此发掘，有丰富收获。其最早年代可上溯到公元前5000年。——译者
[2] 这一发现的一般情况，可参见周连宽：《苏联南西伯利亚所发现的中国式宫殿遗址》，《考古学报》1956年4期。——译者
[3] 今哈卡斯共和国，俄罗斯联邦主体之一。——编者
[4] 1平方码约合0.836平方米。——编者
[5] 今刚果民主共和国。——编者

图 30　比属刚果的象牙笛
（模仿欧洲人钥匙形状）

是一个乐器，就用象牙替他们部落的人刻了一个钥匙形笛子。这样，他们便分享了欧洲人新近的发明。白人厨房中一个粗糙的勺子，曾以一枚铁钉修复，这给予刚果另一个土著居民以深刻印象，他们便为自己刻了一个非常相像的勺子，是由整块材料做成的，却刻出钉子和修复之状，模仿得惟妙惟肖，甚至修复部分那钉子下端突出之状也照样刻了出来。

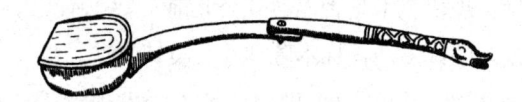

图 31　刚果的勺子
（模仿白人修补过的勺子形状）

当我们的有些家庭用具不顺手时，我们易于相信这些物件怀有恶意。人类制造用来减轻自己劳苦之物，有时会摆脱人类的控制，这一点绝非新的观念。初出师的男巫喃喃地说："我如何才能摆脱自己召来的精灵。"其恐惧情况正与此相同。现代科学最高成就——原子能（这是从造物主处抢来他那关于太阳和星球的秘密），已经造成很大威胁，甚至全世界都害怕我们这个文明时代即将终结。

  古代人类害怕自己制造的物件有潜伏的危险，这使一个古秘鲁艺术家在奇莫时期[1]以前的瓶上绘了一幅"工具革命"的故事画。画的底边描绘着波浪、鱼和海豹，说明物件反抗人类剥削者之事发生在海岸。人的形象仅仅出现三个：两个是带着锁链的囚徒，第三个正处在攻击之下。其他角色都是物件，带头的是棍棒，它在中间正对人施以威胁；参与反叛者还有带子、帽子、投石器、弹弓、盔、钱袋和珍宝。现在物件反抗他们的雇主和统治者之日已经到来，他们准备对其傲慢进行报复。所有这些是和危地马拉古代基切人（Quiche）的古老神话是一致的。这个神话预告，总有一天，狗和小鸡、罐和盒子以及磨板将使人类尝尝苦头，人类是惯于把这些苦头强加于物的。磨板将磨碎人类发明者，罐子将煮他们，鸡将屠杀他们，锅将烤他们。据传说，此事过去发生了，将来还要再次发生：

  很久以前，太阳不见了，世界笼罩在黑暗之中五天之久。这是物件动员的信号。石头开始磨人，臼和杵向主人进攻，甚至美洲驼也从厩中和田野中向它们的主人进行攻击。

图32　秘鲁奇卡马山谷古代陶瓶上的"工具革命图"

1　奇莫（Chimu），公元12—15世纪在秘鲁北海岸兴起的古国。——译者

无所不知的人类,看看你的周围吧!对于为你服务的物件,要和善一些,拿它们时要轻一些,它们对于粗暴待遇是会愤恨的。对你创造出来随时准备为你服务的物件,多加尊重吧![1]

---

[1] 本书经常转述原始人的信仰和观念,并且按照原始人的口吻来说,这些观念自然不属于作者。——译者

第二章　迷人的装饰

两个喜欢偶尔进行现场调查的妇女，访问纽约一个小教派的教堂（她们已经探知，这里是这个大城市守旧的怪人集中之处），这个教派的传道士这样欢呼她们的出现："荡妇耶洗别[1]来了！"信徒们随着传道士指指点点的手望去，看到这两个打扮入时、行动谨慎的闯入者脸红了。这是一种非常难堪的局面。

这件小事后来成为长久讨论的材料。提出来的问题是：为什么有些人把"罪恶"的概念和盛装的妇女联系起来？为什么他们把"一个涂脂抹粉的妇女"看成品质低劣的人？人工修饰增加魅力的想法真是和人类"纯真"的心不协调吗？

无论是几万年前还是今天，世界很多地方没有人不知"化妆品"一词的。人们遵循古老的规矩，为了美观、卫生和意识形态的理由，把自己修饰起来。当需要显示风韵时，"野蛮人"对于何者具有吸引力、何者没有吸引力，有明确的见解，而且从不放过自如地表现自己风韵的任何机会。男人和女人一样，努力使自己身体和衣着富有美感。当近代文明社会的男子被迫抑制虚荣心的

---

[1] 耶洗别（Jezebel），以色列王亚哈（Ahab）之妻，以残忍、放荡著名，故成为对妇女的贬词。——译者

时候，他们那未曾开化的兄弟们却公开地和异性的魅力相竞争，而且时常超过她们。

在西方文明中，个人风韵是多种多样的；而在原始人的不同部落中，这方面更为突出。他们对吸引力各有自己的标准，不抄袭邻人的习尚。

例如，埃尔斯登·贝斯特（Elsdon Best）叙述过毛利人所认为吸引力的必要条件。据说，一个好看的姑娘必须要有"平衡的身体、匀称的腿、好看的腰部、笔挺的姿态"。而按照毛利人妇女的看法，男人的美则包括"壮健成熟的容貌、好看的身体、英俊的窄脸、表情温和的大眼睛"。此外，这样一个安东尼斯[1]还必须是"和善的，并长着有线条的腰"。这些看法和我们自己希腊式的审美观点已相去不远。然而文化发达的朝鲜人的观点与此相反，特别对于"希腊型"的脸看法不同。他们在第二次世界大战中接触到美国士兵时害怕地跑开了，这些士兵在他们看来是"大鼻子的魔鬼"。许多北美印第安人，例如霍皮人（Hopi），希望一个美丽的姑娘用谷物浆涂白她的脸，并把头发弄成蝴蝶圈状。

所有事实证明，处于各种文化水平的人们都曾创造自己的美的规则，这是毫无疑问的。然而撇开我们在原始人中看到的细节差异不谈，他们有一点

图33 刚果统治者的妻子

---

[1] 安东尼斯（Adonis），女神维纳斯（Venus）所爱的男子，容貌英俊，故成为美男子的代称。——译者

是一致的，即清洁是美观的基础。没有哪个受过教养的人，会违反身体卫生的严格规则。他们向本部落发出最凶的咒骂就是："你像白人那样地洗浴！"因为生活在原始人中的白人，时常是仅洗面部和双手的。

凡是曾在原始部落之中生活过的人，都报道这些部落爱好清洁。奥康尼尔[1]曾在波纳佩岛土著居民中住过很长时期，强调指出波纳佩人一天洗浴两三次，任何人忽略这个良好习惯，将"失去他的社会地位，将被驱逐并永蒙羞耻"。克里克-印第安人（Creek Indian）在这方面同样严格，他们每天在河中洗浴至少一次（冬天在雪中打滚四次）。老探险家阿德尔[2]曾指出这个习惯在印第安人中盛行。他说："忽视洗浴被认为是最严重的罪恶，甚至要用蛇齿来刮这些人的手脚。"

凡是用水方便的地方，许多探险者的报道都强调了那里未曾开化民族爱好清洁的态度。而在缺乏水的地方，例如撒哈拉沙漠，土著居民则埋在有卫生效用的沙中弄干净自己的身体。在南极和北极地区，严寒的气候使洗浴发生困难，原始人遂发明了蒸汽浴。他们建造了专用的浴室，先把石头烧热，再倒上水以产生蒸汽。洗浴者在浓厚的蒸汽中躺够后，常常迅速跳入小河的急流中，以结束这次洗浴。这样一次"土耳其式"的沐浴有时能容纳许多人，另一方面专供一两人进行蒸汽浴的小房间也受到欢迎。甚至病人还以此治病，希望借助蒸汽来祛退寒热，这时常是在巫医歌唱和祈祷的帮助下进行的。近代斯堪的纳维亚国家保

---

[1] 奥康尼尔（J. F. O' Connell），英国水手，在太平洋岛屿居住多年，曾被土著收为养子。有《在新荷兰和加罗林群岛居住十一年》（据他口述写成，1836年出版）一书传世。——译者

[2] 阿德尔（James Adair，1709—1783），英国商人，美洲开发者，曾生活于奇克索和彻罗基两个印第安部落之中，著有《美洲印第安人》（1775）。——译者

存了蒸汽浴的古老习惯,他们的运动员多把自己充沛的体力归功于此。

皮肤经常暴露在热气和冷水中,在热带还要暴露在烈日照射之下,使得人体裸露部分需要小心地加以爱护。因此,世界上没有哪个部落是不用油脂来保持皮肤光滑和润泽的。男性和女性都备有葫芦或椰子壳制成的盛油器皿,以便他们能时常用"冷霜"擦身。有些非洲部落专以拉菲亚棕榈树的油来美容,并可防御多种昆虫。南海地区非常流行的润肤物是椰子,我们现在的时髦妇女所用润肤剂,也是以椰子的有效成分制成的。土著居民有一种聪明的方法,把椰子以适用工具撕开弄碎,放在阳光下发酵,使油分离出来,这样就易于用它合成化妆品了。

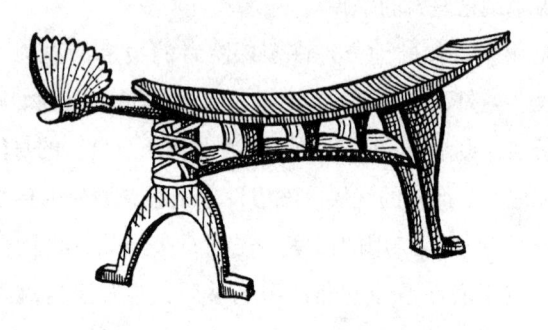

图34 马肯群岛刮椰子的工作台(以一种蚌壳为刮具)

以棕榈油、海狸油、猪油甚至奶油作为基本要素,再加上美洲杉、姜根、药草或金属粉末,这样的混合剂大多具有保护性质,不仅可防日光灼伤或昆虫叮咬,而且如许多探险者所指出,可以防御寒冷和暴风。这些软膏被搽在身体的部分皮肤上,或者搽遍全身的皮肤。据可靠报告,许多部落实行这种原始保护皮肤方法,较之廉价的棉质衣服更有利于人们的健康。棉质衣服是晚近时期狡猾的"文明"商人强加于土著居民的。

颜料和油脂混合做成的化妆品和护肤剂普遍流行，特别是流行于澳大利亚和非洲部落之中。它有医药和装饰的双重用途。

图35 西非配制油膏的调色板

颜料加上油脂？这不也是对我们自己闺房或戏院化妆室中所用油膏的正确描述吗？确实是这样。这使我们回到"耶洗别"问题上来。用油膏打扮的技术，绝不能归咎于"近代的堕落"或一时轻薄的兴致。远在成文历史开始以前，男人和女人都意识到经过选择的颜料加在人的皮肤上具有吸引力。他们知道如何发现、识别和配制这些颜料，以供化妆之用。甚至某些部落关于领土不容通过的严格法律中，偶尔包括一个让步，即邻人或异部落为了获得"至关紧要的"颜料而旅行，可以允许其通过保卫着的部落领土。这些颜料是只有一处或几处很远的地方才能找到的。

冰川时期开采颜料的遗迹证明，住在洞穴中的男人和女人曾出外寻找这些颜料。他们和今天原始民族一样，有把颜料和不同脂肪混合起来的配方，以供"梳妆台"上使用。从旧石器时代的遗址中发现了这些冰川时期的化妆颜料，已经调好放在饰有花纹的骨头或石板做的容器中，并附有调色用的盘和杵。几乎所有旧石器时代人们住宅遗存都显示出，这些化妆品当时供应充足，甚至在坟墓中也备有大量的混合着颜料的油脂，以便死者到另一世界上的长途旅行中随身携带。新石器时代以后，反映虚荣心的东西更多，其颜色种类之繁多比起数量来，更足以令人惊异。希累特[1]分析史前遗存，发现十七种不同的颜色，人们喜爱的有白色（泥灰岩的大理石），有黑色（煤和锰矿石），还有赤铁矿，从红色、橙色直到淡黄色。

这些颜色及其原料，和今天许多原始民族所用者恰好一致。巴布亚新几内亚的加泽尔半岛和美拉尼西亚的其他地区，在雕刻出来的美丽面具上主要使用红、白、黑三色，偶然也用一下从植物中取得的蓝色和青色。其他部落又加上其他颜色或混合物，但都对这一种或那一种颜色赋予特殊的意义，或给予一定的偏爱。

但我们赋予某种颜色象征性的特殊意义，可能和原始人的看法完全不同。对潘格威人来说，白色绝不意味着是纯洁的颜色，相反却是邪恶的颜色，其证据是它在"不吉的"拜月仪式中起重要的作用，但同时白色又被当成一种很美丽的颜色。紧接着白色的是黑色，这是"夜的颜色，是一切不如意、恐怖的颜色"。喜气洋洋的红色则象征着生活中的所有美好的事物。潘格威人诸部落又把紫色当作死的颜色，所有开淡紫色花的植物在当地名称中都含有 kun 或 bokun 一词，意为"灵魂"；树的淡蓝色阴影是死者心爱住宅的标志；美丽常和"邪恶的"白色连在一起，人们不艳羡鸟五颜六色的羽毛，但朴素的牛背鹭（Bubulcus ibis）却以"不可抗拒的美"使他们心醉。与潘格威人相反，对葡属东非[2]的阿特华伯人（Atxuabo）来说，阴沉的黑色则是"愉快的颜色"。

原始人词汇表中有关颜色的名称表明，他们能辨别的色调是多种多样的。秘鲁东部的查马人（Chama）知道黄色、"蓝色或青色"（同一个词）、紫色以及"香蕉似的橙色"。同时，西佩亚－

1　希累特（M. Déchelette，1862—1914），法国考古学家，著有《原始时代凯尔特人和高卢罗马人考古学手册》五卷。——译者
2　今莫桑比克。——编者

印第安人（Sipáia Indian）对红、黄、橙、从黑蓝到黑青、淡蓝和淡青、棕、灰、黑、白等色，各有单独的表达法。

对某种颜色赋予象征意义的习尚，进入了所有发达的文化（包括我们自己）的宗教的和世俗的观念之中。古代阿兹蒂克人的经典中，大地四方各由不同颜色来标明：红色代表东方，蓝色代表西方，黄色代表北方，青色代表南方。而古代中国和伊朗则指定蓝色为东方[1]，红色为南方，白色为西方，黑色为北方。西藏喇嘛庙中的恶魔时常是红色的。西藏许多神祇坐在红色莲花之上。白色的花保留给最高的菩萨圣观音（Chanrasig），蓝色的花则保留给喇嘛教中的"圣母玛利亚"——眼观音神（Tara）。甚至每种物质元素都有自己的象征之色，木是青色，火是红色，土是黄色，铁是白色，水是蓝色。他们的著名祷词"唵嘛呢叭咪吽"（意为"啊，你这莲花之宝，阿门！"）的每个音节也有自己的颜色。"唵"象征天，是白色；"嘛"象征"无善神"的世界，是蓝色；"呢"象征人的世界，是黄色；"叭"象征动物世界，是青色；"咪"象征饿鬼世界，是红色；关于结尾那神圣的"吽"，则是通往地狱的门闩，被想象为黑色。[2]

在其他发达文化中，像埃及、印度和中国，类似的例子是很多的。我们基督教同样实行颜色象征主义，在假日或举行葬仪时，把教堂用红、白、青、紫、黑等色装饰起来。天主教的教士们，仔细地为其教徒规定徽章的颜色。甚至在平常谈话中，我们也使用颜色象征法，尽管内容有所不同。例如，我们说"青眼魔鬼""蓝色的星期一""赤色分子"或"无罪之色的外衣"；而我们的政府则公布"蓝皮书""白皮书"和"黑名单"。

---

[1] 中国古代的五方色文化中，代表东方的是青色，与本书原文的"blue"并非完全对应。——编者

[2] 熟悉藏学的朋友说，这段话中有关西藏宗教文化的叙述和解释不是很正确。——译者

原始人的光谱,如我们所见,并不多种多样,但他们确知如何充分利用喜爱之色。据报道,早期美洲印第安人把皮肤画成红色,因而被白人称为"红皮肤",这种习惯甚至施加于婴儿和儿童。所用颜料是黑色和红色的矿石,放在小小的着色的鹿皮袋中,随身携带。新几内亚北部巴布亚人偏爱一种名叫"克克维克"(kekevak)之物的红色,他们把它烧后与椰子油混合,时常涂在身上;至于脸面、臂和腿,选取来自塞皮克(Sepik)的黄土来涂;胸部和股部则流行白色,其原料是从硫黄泉边取得的。

男女两性可以崇尚不同的颜色,甚至使用不同的画法。在洪都拉斯和尼加拉瓜的大西洋沿岸的印第安人之中,米斯克托(Miskito)部落和苏穆(Sumu)部落的妇女是用一种灌木的红色种子作颜料,来画自己理想的图案。而男子不在复杂图案上多费心思,索性把身体裸露部分用黑色树胶完全涂满,其上再加一层松脂。红色也是玻利维亚东部蒂林尼人(Tirinié)妇女喜爱的颜色,她们用新鲜的"乌鲁柯"(urucu)把面部除鼻子和眼睑以外全画起来。同一地区诺泽人妇女则用此物画颊部和前额。阿根廷的巴塔哥尼亚人(Patagonian),把黑色、红色和白色的土和骨髓混合起来,厚厚地涂在身体上,"用来防御暴风"。南非班图人(Bantu)像许多澳大利亚土著居民一样,用脂肪膏和赤铁矿相混合。非洲牧人则常用牛屎甚至牛尿调和颜料,他们相信牛尿有卫生作用,以致许多人当牛刚刚排出热尿时,迅速跑去洗手,并坚持用它作为洗眼剂。

我们一再发现人们对红色的喜爱,所用原料是多种多样的。加拿大蒙特纳斯的印第安人,在皮肤上戒用这种可爱的颜色。尽管如此,当我访问拉布拉多时,他们声称世界上没有哪种颜色能和红色的华美相比。他们开采朱砂,来装饰工具、独木舟和服装。

许多发达文化支持古代对红色的选择。今天印度妇女仍然用一种名叫"康康"(kum kum)的粉末,在前额点上红点。伊斯兰世界主要从灌木指甲花(Lawsonia inermis)的茎和叶中取得红色,用以表示美好和快乐。

被称为最现代化的迷人之物——唇膏(它也是红色的),实际上它的年代可以上溯到冰川时期。许多史前洞穴中曾发现大小合适和有着尖端的唇膏标本。用唇膏来加深妇女嘴唇的玫瑰色,已有若干万年之久了。

从最早时期开始,几何图案就被用来加强喜爱的颜色和增加人们的风韵。用这画成的图案可以表明某些特性,例如特殊部落的成员、已经成人、社会地位、勇敢等,也可以不表明什么东西。甚至死者骨骼有时还要挖出来,饰以繁复的装饰花纹。而许多史前的泥塑艺术,例如"魏仑道夫的维纳斯"[1]上,还现出红色图案的痕迹。这一习俗也在古典时期流行,其证据是在大英博物馆所藏一件瓶上,那个带着孩子的弗里吉亚[2]妇女臂上即有装饰花纹。又据莫塞努斯[3]报道,阿加塞西人(Agathyrsian)也把身体和头发画成蓝色。

人的皮肤上画上图案,显著效果是作为一种"心理武器",引起敌人的恐怖。古代不列颠人(Britannian)在战争中以蓝色画身,具有可怕的外貌,曾给罗马的恺撒(Cæsar)留下深刻的印象。古罗马作家塔西佗(Tacitus)把画身的日耳曼哈里人(Germanic Harian)看成"幽灵军队"(ghost armies),第二次世界大战中的黑面袭击队可算是他们的继承人。

---

1 "魏仑道夫的维纳斯"(The Venus of Willendorf),是欧洲旧石器时代一件石灰石女性雕像的绰号,现存维也纳自然史博物馆。——译者
2 弗里吉亚(Phrygia),小亚细亚中西部的古代国家。——译者
3 阿美勒斯·莫塞努斯(Ammianus Marcellinus,约330—400),古罗马作家,有记述公元353—378年罗马史事的著作传世。——译者

42　事物的起源

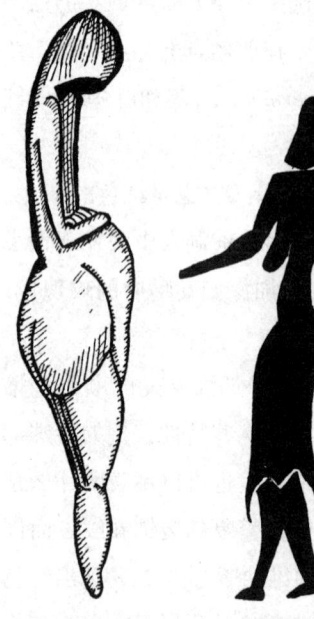

法国上加龙洞穴　　　西班牙科古尔崖画中　　　冰川时期的石灰石雕像——
画中的人像　　　　　跳舞的妇女　　　　　　　"魏仑道夫的维纳斯"

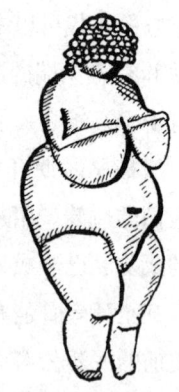

图 36　史前的诱惑

原始部落画身时，偶尔还要用胶把其他物质粘在主要图案上，使其具有立体感。澳大利亚中北部当地居民在皮肤上画以红色和黑色圆圈形符号，其上再粘白色羽毛，取得很有创造性的效果。某些北美印第安人用饭粒和谷粒，来做出同样的装饰。

为了使经常使用的心爱图案具有持久性，导致了黏土印的发明。阿兹蒂克人称之为"平塔斗拉斯"（*pintaderas*），借助于它可以把一种固定的图案印在要印的地方。它在冰川时期已为人所知，今天南美中部的格兰查科地区（Gran Chaco）仍然使用它。婆罗洲的达雅克人（Dayak）也用此法把喜爱的装饰花纹印在皮肤上，有时就用这样印上去的图案作为文身的底图。

画出来的图案总是易于洗去和褪色，这个不利条件引起另一观念的产生，即发现一种方法使选定的图案永久可在。其结果是出现了文身这一世界上分布广泛的习俗。形成图案的刺纹和斑点不是经常再加上颜色的，假如不加颜色，我们称之为"疤痕文身"（scar tattoo）。古老的塔斯马尼亚文化曾使用这种形式。今天，它在世界的另一部分——非洲大陆上，更为流行。

班达人（乌班吉河一个部落）男女在胸部、腹部、背部和双臂皮肤上，刺以布局调和的花纹。潘格威人用煤灰把所想要的图案画在皮肤上，用刀子刺后再用烧过的树胶搽伤处，这样其全身便布满"可爱的"疤痕。如在大腿上这样进行美化，则被视为猥亵。扬迪人（Jaunde）的妇女若对大腿进行装饰，也被认为是道德低劣。苏丹喀土穆（Khartoum）的土著居民以文身作为部落标志，在婴孩们颊部刺上相同的花纹，伤处搽上硝、灰和经过选择的药草的混合物，几天后刺纹便肿大成圆圈形，并留下宽的疤痕，这是苏丹人（Sudanese）特有的标记。

疤痕文身可以和涂色文身同时使用，也可以不同时使用。涂色文身手续更为细致，故有好看的线条、更为繁缛的图样和更加调和的布局。南海的当地居民在这方面达到了最好的效果，特别

图 37　南美格兰查科的乔罗蒂人文面的姑娘

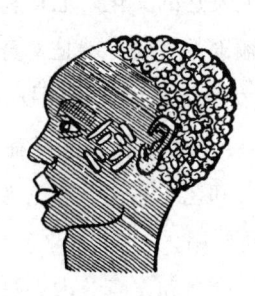

图 38　东非的疤痕文面

图 39　加拿大汤普孙－印第安人的画面

是新西兰的毛利人，他们那华美的螺旋形花纹，甚至使特意保存下来加以崇拜的死者头颅也具有永久的吸引力。毛利人文化中常见的雕像，也有文身这一特征，有时花纹覆盖着雕像的裸体，占的面积很大。甚至受过洗礼的毛利人刻的圣母玛利亚裸体像上，也布满文身的古老图案。典型的毛利人文身图案可以表明社会等级和属于哪个特殊集团的成员，即使对最古老的贵族来说也是值得骄傲之物，因为他看到自己的特性可以显示出来并受人崇敬。据一个白人艺术家的经验，一张毛利人首领的画像即使非常逼真也会遭到被画者的嘲笑，他以高傲的姿态在沙上画出自己文面图形，对白人解释说："这才是真正的我，你画的毫无意义。"

英国水手奥康尼尔成为波纳佩岛首领的女婿，他在被这高贵的家族接纳为成员时，经过了全身刺上花纹的痛苦手续。后来他才知道，这些受人喜爱的花纹是部落已故首领和贵族的名字。整整一个星期，两个"女艺术家"拿着带有荆棘的文身板，按照已绘好的文身图样精心地拍打，并用煤和油敷在伤处。

许多北美印第安部落也沉迷于文身的装饰艺术。有的部落仅限于妇女，如加利福尼亚州的托巴托拉贝尔（Tübatulabal）和卡米亚；有的部落男女两性都流行文身，如在阿拉斯加东南部。

这种习俗也曾渗入发达的文化。尼日利亚的贝宁地区的青铜板上古代人像胸部和额部的直线，就是文身的记号。近代日本侵略者所到地区看到男女身上布满文身图样（神和人、经典引文、戏剧场面、花和动物），惊慌失措。文身在我们西方文明中，已失去它原有的社会意义和艺术意义，而沦为粗鄙之事，仅为冒险的水手、戏子和罪犯所使用。

这些"艺术化的"画身和文身，占去身体的部分愈大，需要去掉的毛发愈多。加之，许多部落坚持这样的审美观点：一个有教养的人应该剃去所有毛发，仅仅头发是"必需的"。因此，我们看到去掉不需要毛发的多种方法，或者用贝壳连根拔掉（奥康尼尔说："快得像弄圣诞节的鹅！"），或者借助于木片、金属钳，或者就用手指甲来拔。这种习俗已成为印度教和伊斯兰教对入教者要求的一部分。

面部的毛甚至也被认为是可厌之物。印第安人认为，任何胡须的痕迹都是不好看的。他们在颊部搽木灰尘以阻止其生长。许多部落天生就几乎是没有胡须，便一根一根地拔去眉毛，以保持面部的"清洁"。巴布亚人和印第安人实行拔去或剃掉前发，以达到高额的效果。在非洲也有此俗。

关于胡须是男子美的条件还是妨碍物，以及胡须随着时代不同而改变形式，属于文化史上最生动的篇章。据研究，近代胡须分为十五种形式，可以想象文明时期以前的胡须和腮毛形式更多。从澳大利亚人的络腮胡、许多巴布亚人的螺旋式山羊须、非洲人的"亚述式"（Assyrian）胡须，直到印第安人的光面无须，形式是多种多样的。至于西方人，考古学材料似乎证明了古典时期最早风尚是面部剃光。

根据蒙特芬德（H. Mötefindt）的说法，古代胡须最早证据属于克里特－迈锡尼时期[1]的末尾。最有趣的形式是在剃光的面部留下半圆形"刘海式"胡须，这种"古典式"胡须是从迈锡尼文化后期雅典墓地出土几何纹瓶上及7世纪奥林匹亚青铜浮雕上得知的。它也曾出现在阿苏斯[2]的庙宇浮雕上，而雅典卫城（Acropolis of Athens）的宙斯神及其崇拜者蓄有这样的胡须。这种胡须形式曾长期保存，其证据是公元966年英国埃德加王（King Edgar）的小画像还表现他在捻弄"刘海式"胡须。今天阿拉伯南部和索

---

[1] 这一时期大约是公元前2千纪的后半期。——译者
[2] 阿苏斯（Assos），古代城市，在今土耳其西部，1881—1882年美国考古学团体在此发掘，取得重要成果。——译者

马里海岸土著居民、锡兰的僧伽罗人、大洋洲十一个地区土著居民，其胡须也正是这种类型。阿兹蒂克众神的代表"奎沙可特"（Quezalcoatl）和"蒂西兹蒂克"（Tecciztecatl）上唇剃光，沿着颊部便留有这种历史悠久的"刘海式"胡须。地中海从公元500年以后，在这种胡须之外又出现了络腮胡，大约一百年后这种"刘海式"胡须便完全为络腮胡所代替。

关于代表男性吸引力的胡须，蒙特芬德曾提供了充分的思考。他把上述"刘海式"胡须很清楚地分为三个阶段。第一阶段也是最早阶段，"刘海式"胡须原是一个塞姆（闪米特）部落所特有，近东民族一旦进入并和塞姆文化相接触，这种胡须形式便在他们之中流行。第二阶段是在一千年以后，"刘海式"不再限于塞姆部落，而变成近东所有民族所共有。十八王朝和十九王朝时期的埃及人就用这种胡须形式辨认近东土著居民。仅仅到了第三阶段，它才和任何民族集团分开，成为一种自由爱好。今天它不仅发现在原始文化之中，而且在欧洲渔民和农民之中也有发现。

迷人的装饰中，没有哪一项不能追溯到黎明时期。我们今天喜爱的许多风尚，已可显示到与外貌相联系的精神状态。对妇女发式来说，这一点特别真实。从没有文字时期到有文字的历史时期，不同民族采用的发型是很多的。当一种新的发型取胜时，受过历史学训练的研究人类虚荣心的学者，经常能把它作为文化变迁的证据来加以解释。

无须说明，气候和经济生活条件在这种变迁中起着决定性作用。一种精致的发型需要时间和一种自满的心理，这些只有农业经济才能具备，而猎人和采集者不固定的生活就使他们很难花许多时间来费事地安排他们的头发。

我们能粗略地把头发区分为三种主要形式：短的和纠结的

（俾格米人［Pygmy］和黑色人种）；不长不短的和波浪形的（澳大利亚人、维达人和白人）；长而直的（蒙古人种）。但这种技术性的区分太一般化了，不能正确表达实际形式的繁多。

当考虑到不同民族集团所处文化阶段的不同，我们便可提出一幅关于发式发展的图画。澳大利亚人可被视为与最早人类相接近，在他们之中很难发现任何艺术的发型。若要寻找不寻常的杰作，我们必须拜访西非的农业部落。他们的发型，使玛丽·安东纳特[1]的宫廷发式相形见绌。他们发型中最著名的一种是用黏土、动物脂肪及类似之物模制成型，可能维持几个月之久，可以说是一件雕塑杰作。在这件可保持长久的杰作上，再饰以玻璃珠、贝壳、黄铜装饰品、纽扣和羽毛，有时这些饰物又以叶脉、棕榈、苔藓等材料所构造之物加以固定。这种费时很久才能完成的杰作，非常巧妙，看起来就像一种坚固的帽子和头盔的形式，实际上它有时也就是帽子和头盔。有时这种发式本身已经改变，甚至部落已经绝灭以后很久，它还出现在雕塑艺术品上。这就为白人研究者提供了一部西非发式的历史，帮助他们对艺术品进行断代研究。西非民族男女有时还使用假发。假发塑造得很巧妙，牢固地胶在头上，只有近处观察才能发现它和真发的区别。特斯曼统计过一个部落的发式和假发，共有25种之多，各不相同，并且各有自己的名称。刚果北部的曼格贝图人（Mangbetu），特别喜爱长而狭的后脑（其头颅在年幼时经过人工变形），他们用一种后面剃光的发型，来突出其椭圆形头颅。

许多巴布亚人男子的发型，同样注重"建筑学"的趣味，但这种发型时常另有任务，即当举行神圣舞蹈时作支撑巨大假面之

---

[1] 玛丽·安东纳特（Marie Antoinette, 1755—1793），法国王后，以挥霍浪费、不知人民疾苦著称。当她听说人民要求面包时，竟说"那就让他们吃糕饼"。——译者

图40 西非人的发式和文身（科隆民族学博物馆的木雕像）

图41 西非人的盔形发式

图42 喀麦隆人的发式（用牛粪雕成）

图43 祖鲁人已婚妇女的发式

用，这样的习俗就不是只用虚荣心所能解释的了。十分奇怪的是这里的妇女和儿童则经常把头发弄短，而让男子去穿戴剪掉的头发，事实上这对他们而言是一种负担。玻利尼西亚人的发型一般是很简单的，外貌很像是一个小的假髻，其原因是这些民族非常喜欢文身艺术，他们甚至剃去部分头发以便提供进一步机会来从事这心爱的装饰艺术。

南北美洲许多印第安人把头发弄得很短，偶然在前额覆着"刘海"。有些部落如阿佩切人在头的中间留成发卷或宽的发圈，而爱斯基摩人则喜欢长发后垂，偶尔使用一个假髻。

从上述例证可见，近代西方文明几乎采用了以前流行的各种发型，只有西非某些夸张发型未曾采用。在其他发达文化中，严格的宗教法规时常禁止接受某种发式。例如，短发即为伊斯兰国家妇女之禁忌。印度的美女也绝不能接受短发，对她们来说，短发是忧愁的寡妇的标志。

当我们的女士们去美容院染发时，并不是受近代哪个聪明人的发明之赐，因为染发技术和人类本身一样古老。北美卡米亚-印第安人（Kamia Indian）把美斯奎特树[1]的树皮中所取得的黑树胶煎沸，"用来加深头发的黑色"。这种习惯仅是一个孤证，因为更为流行的习俗是想把头发漂白或弄成淡色。许多玻利尼西亚部落借助于灰水或石灰来漂白他们的卷发，所达到的效果是微红色或微黄色。他们对此并不满意，在其头发上再加上赤铁矿粉末，这和他们那深棕色的皮肤形成奇异的对照。这种习俗非常普遍，仅新几内亚的哈根山（Mount Hagen）部落例外，故探险者罗斯（W. Ross）曾惊奇地指出这一部落"绝不将头发漂白和染色"。英国科学家巴尔福（Henry Balfour）就所罗门群岛居民把头发用赤铁矿粉染红这一习惯，建立起有趣的理论。他把复活节岛上神秘巨像顶上巨大的红色石柱解释为"红发"，试图以此澄清经过长期讨论的关于岛上已灭绝的原来居民的来源问题。据他说，这些原来居民是从所罗门群岛来到复活节岛的，他们按照自己的形象塑立巨石，并突出了自己头发的红色。

显而易见，人类梳头发需要发明梳子或刷子之类方便的用具。旧石器时代坟墓中已经发现骨梳。即使是非常原始的火地人（Fuegian），也会使用由海豚那带牙齿的下颌骨做成的梳子。其他部落使用各种形状的毛刷和竹木梳，最普遍的一种是将一束木片、竹片或硬草捆缚成扁平形，缚扎之处顺便就作为梳柄。各个时期都知有发针，其形状也是多种多样的。

---

[1] 美斯奎特树（mesquite），是美洲热带所产一种豆科植物，学名是 *Prosopis juliflora*。——译者

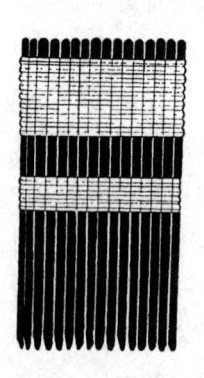

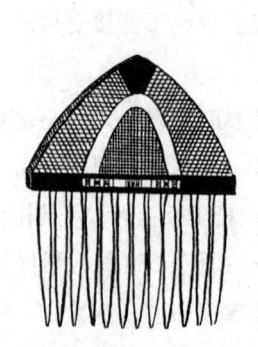

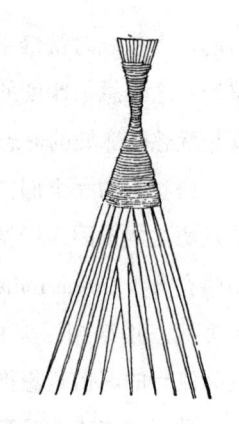

图44　西非人的梳子　　　　图45　萨摩亚岛玻利尼西亚人的梳子

洗发的需要和可能，当然取决于发型是否要长久保存以及是否有美发用品。喜欢水的民族，如玻利尼西亚人，时常在游泳时洗发。美洲许多印第安人经常用丝兰或类似植物煎熬出来的水洗发。这样的清洗对非洲的发型当然是不合适的，但他们连续不断地搽油，偶尔加上黏土和像牛尿这样的洗涤剂，却也是防灰和防御令人讨厌的小昆虫的有效良方。

人们或许会设想，促进可爱的女帽和"花式帽"（picture hats）发明的是想增加外表完美，实际情况并非如此。许多部落尽管在热带阳光照射下，却不觉得有戴帽子的需要。帽子的出现总是有与实用价值无关的社会意义和宗教意义。许多非洲部落首领精美的盖头物，显然是尊贵的标志（顺便说说，这正如伞盖是原始民族中贵族或首领的标志一样）。这种观念一直延续下来，从中国古代官僚表示等级的帽子，直到某些国家的陆海军随着等级而增加金辫的帽子，都是如此。天主教神职人员的各种法冠，是这种观念的又一例证。

第二章 迷人的装饰 51

低温迫使人们戴帽子、"帕卡"[1]或类似之物，故寒带的盖头物总是具有简单的实用形状。但对热带人来说，帽子是王冠的先驱。非洲的白人侵略者的帽或盔，成为一种重要的"巫术性"物品，因为可向土著居民显示自己地位像一个统治者。

在有些部落中，特别是南海地区部落中，年轻男子成年后以给他戴帽作为标记，他必须在严格考验其勇气后才能获得它。新几内亚卡比里人（Kabiri）把这种帽子称为"迪巴"（diba），它作圆锥形，涂以石灰并饰以羽毛和花朵。人们把这种帽子用胶粘在头上，甚至睡觉时也不去掉。新几内亚哈根山部落的年轻人，"在胡须出现在双颊的时候"就允许戴帽，他们称之为"俄利亚"（woinia）或"坎苦"（kan ku）。其相邻部落——穆里克人（Murik）则只有在成丁礼举行以后，才有资格戴它。奥康尼尔在波纳佩人中见过这样的成丁礼。类似之物存在于地球上不同的地区，阿拉斯加西北岸的印第安人也有这样的帽子，称为"云帽"（cloud hat）。

这种奇异的圆锥形盖头物，长期以来起过神秘的作用。在某些方面，它似乎已失去尊贵的意义，而获得了魔术的意义。它成为中世纪巫师的帽子（即恶魔和妖人的标志）。11世纪时戴这种帽子被法定为欧洲犹太人的义务，指定的颜色是黄色。1444年的撒克逊钱币（即所谓"犹太人便士"）上那个有须的人，就戴着这样的帽子。拉塞使他的吉

图46 新几内亚巴布亚人男子的圆锥形帽子——"迪巴"（用胶粘在头发上）

---

1 "帕卡"（parka），爱斯基摩人所戴的一种皮套帽。——译者

伯拉斯[1]在西班牙古代城市托勒多（Toledo）目击一个被西班牙宗教法庭（Spanish Inquisition）当众烧死的牺牲者，这人戴的所谓"卡罗查斯"（carochas），即是"纸板做的圆锥形高帽，上面画着火焰和魔鬼的形象"。古代这种帽子，在今天仍是万圣节之夜[2]巫师马戏团魔术师的标记。而不守规矩的学童为了羞辱人而给戴上的"愚人帽"（dunce hat），则是这种帽子不光彩的最低一等。漫长的有声有色的帽子史再次证明这一事实，即追溯古代事物的起源，时常引出生动的启示。

不同民族对同一事物看法不同，这常常是有趣的事，而且其爱好各有不同，也足以令人惊异。例如，我们相信白的牙齿是有吸引力的，但并非在所有民族都这样想。然而，无论其审美观念如何，没有哪个部落成员是不想追求牙齿之美的。

保持牙齿洁白的想法，与我们的观念最为接近。非洲努尔人（Nuer）每天用灰和牛屎，来努力使牙齿达到洁白。潘格威人非常喜爱自己的牙齿，随身携带"牙刷"。这是一枝饰以黄铜的手杖，上端裂成许多猪鬃形钉齿，沉思的散步者什么时候感到需要，他就停下来给牙齿"来一次"。

与此完全相反，婆罗洲杜孙人（Dusun）认为有诱惑力的嘴必须显出黑色的牙齿。探险者斯塔尔（J. Staal）描述过他们为达到此目的而采用的熟练方法。他强调这样的事实：染齿是神圣的，只能在伟大的"梅金纳甘"（Meginakan）神宴之前才能举行。药方如下："把一种名叫'夸瓦'（quava）的叶子捣碎，混合以一种树木'戈姆巴'（gombah）的灰，将此混合物涂在齿上，

---

[1] 拉塞（Alain-René Lesage, 1668—1747），法国小说家和戏剧家，吉伯拉斯是他著名小说《吉伯拉斯·桑蒂连传》（著于1715—1735年）的主人翁。——译者
[2] 万圣节之夜，每年10月31日前夕，孩子们化装为鬼怪，挨户索要糖果，各户门前点南瓜灯。——译者

用一条折叠好的香蕉叶置于齿上压紧，以防弄掉颜色。这样保持40小时后，拿掉香蕉叶'绷带'，再以一种爬虫'梯姆巴亨'（timbahung）的皮捣碎加上石灰的新混合物来擦。俟干却后即可保持黑色。"这些人还喜欢用粗石子锉的方法"砍掉"牙齿。斯塔尔断言，经过这样处理他们决不为牙痛所苦，"虽然牙齿裸露，留待朽烂……然而所有人咀嚼一种名叫'西利'（sirih）的东西，它显然可以预防牙痛"。

这种习俗只不过是原始部落为了各种理由而毁齿的一种形式。毁齿还常常是成丁礼的一部分，它标志一个人成年了。有些部落如努尔人，击碎长了六七年的下齿，解释说："我们这样做为了显示人和野兽不同。"有些部落仅把前齿修成喜爱的尖头形，这甚至需要使用凿子。在澳大利亚东南部尤因人（Yuin）之中，凿去年轻人部分牙齿的仪式，由穿着神秘外衣的部落年老成员执行，他被推崇为"至高无上者"。当他开始使用木凿时，年轻人不敢稍为流露痛苦的表情。特斯曼描述潘格威人美化牙齿的方法是："病人"仰天向躺着，紧紧咬着一个木棒，牙科技师把一片小铁凿放在齿上，用一块木头作锤把不要部分一片一片地打下。关于这种习俗的由来，正如一个卡姆巴人（Akamba）告诉林德伯罗姆（G. Lindblom）那样："我们把牙齿改形是因为这样可以很好地唾吐。"西非的马查科人（Machako）还告诉这个瑞典科学家一个小故事，林德伯罗姆如实地记了下来：

> 姑娘们去修牙齿，她们修理了牙齿。一个姑娘曾凿去六颗牙齿，另外两个姑娘拔掉牙齿。姑娘共有三个，凿齿这一个修理得很好看。然后她们说："让我们看看谁凿得最好，谁拔得最好。"她们说："让我们唾吐一下。"她们唾吐了。那个修得好看的姑娘比其他人吐得更远。她们因嫉妒而激动，把

她扔在水里。她死了。故事完了。

另一种古老的牙齿改形,是用宝石和金属镶包牙齿,在文化发达的民族中非常流行。达雅克人和巴塔克人(Batak)将前齿钻洞,然后用黄铜、黄金和珍珠蚌做的小圆片来填塞。墨西哥尤卡坦的玛雅人将黄金或宝石作同样的用途。今天厄瓜多尔土著居民和印度人,亦以这样的风尚相夸耀。然而无论其最后效果如何,这种美化牙齿形式仍是一种毁形。

牙齿毁形还不算最奇异之事,许多原始人为虚荣而洞穿鼻梁的习俗,才是名闻遐迩。首先穿入一根草棒,后来代之以较粗较大之物。直到最后可以随着本人喜爱把羽毛、骨、木或金属做的物件放入洞中为止。许多澳大利亚人盛行穿鼻的风尚,而玻利尼西亚的毛利人只有贵族家族才允许有这样的标志。当他们的婴儿穿鼻时,要举行必要的仪式。古时还必须用一根敌人骨头的尖端来穿孔。北部巴布亚人在刺穿鼻梁以外,还在右鼻孔穿洞,并填以心爱的装饰品。这种习俗曾为印度人所模仿,虽然他们用的是饰有宝石的金环,而不是岛民们用的猪牙和竹棒。穆里克-巴布亚人走得更远,他们洞穿自己的耳朵,并喜欢用一根锋利的小棒在虹膜四周"画"一圈黑点,用以突出他们的眼睛。

诱惑人最为奇异的方法是在上唇或下唇穿洞,或两唇都穿洞,然后填以木头圆片或象牙圆片,耳垂部分也时常这样处理。阿拉斯加的印第安人在下唇中心戴上的这样的木片,称为"拉白利特"(labret)。西非特别是乍得湖地区的习俗,超出任何想象。那里的女性唇上戴的木圆片,其大如碟,无怪乎那些时髦的女士们不知道接吻的艺术了。穿耳也会导致可怕的改形,沉重的木棒把橡皮似的耳轮拉得向下垂,现代耳坠与之相比有今不如昔之感。

近代妇女把指甲染成从粉红色到紫色，这也并非是现代哪个聪明人的发现。许多原始民族在岩石或石片上锉她们的指甲，然后加上浓浓的红色。大英博物馆中史前时期木乃伊身上也有这样表现虚荣心的痕迹。后来，染指甲在中国和埃及，达到完善的地步。

假如男人和妇女在人体诱惑力以外，不再加上项圈、手镯、臂钏和羽毛等装饰品的话，那么人体本身的美化还有什么意思？从火地岛锡克兰人（Selk'nam）等身上所戴朴素的鸟骨珠子和骨壳、玻利尼西亚人头发上戴的鹦鹉那美丽的冠和极乐鸟的尾巴、非洲部落佩戴的沉重的黄铜盾牌和衣领，我们可以看出无数的巧思在为男人和女人的虚荣心服务！

自然界没有哪种东西，不曾用来装饰人体以显示风韵和富有。野猪牙、蝙蝠齿、蛋壳圆片、蛇骨、蜗牛、干果串珠、种子、美洲巨嘴鸟的喙、象牙碎片、龟壳耳饰、铁和金银铸造的环，仅是其中一些例子。但装饰品及材料的选择也是由其所有者所信奉的宗教和巫术来决

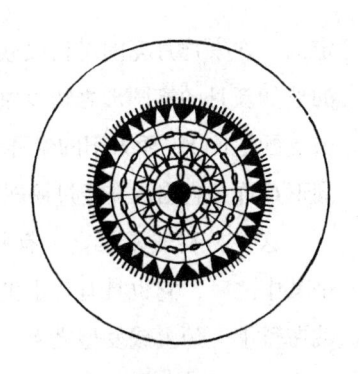

图 47　新爱尔兰岛男子胸前饰物（龟壳套着龟壳）

图 48　澳大利亚西北部的贝壳装饰品（刻纹内填以赤铁矿粉）

定的。在崇拜月亮的母权民族中，可以发现珍珠、龟壳和金属做的形如新月的椭圆形之物以象征月亮（这种形式在伊斯兰世界仍占支配地位）；而太阳的崇拜者——游荡的父权民族则宁可采用圆形片饰，它出现在经过镶嵌和雕刻的各种华丽装饰品之中。

　　这些材料非常丰富，有<u>些</u>在世界范围内普遍流行。贝壳就是其中之一，它也具有货币价值。从澳大利亚到非洲腹地，它被戴在臂上、颈上或发型之上。其次是各种海生介类和鸵鸟蛋壳做的小圆片，前者见于太平洋，后者见于非洲。中世纪以来各种颜色的玻璃珠流入黑大陆，数量非常之多，它实际上已成为"当地的"装饰。西非流行的大型雕像和头人椅，其优美的雕刻有时竟完全被吸引人的珠子所覆盖。后来，它迅速为印第安人有选择地采用，但爱好时有改变。如南美辛古河附近会打扮的妇女们，除了红色珠子之外，不愿接受任何东西，这使想把最近十年流行的蓝色珠子送给她们的白人深为苦恼。

图 49　克罗马农洞穴出土的史前螺壳项链

图 50　石器时代雕刻的圆石项链

有些部落，如加利福尼亚东南部的卡米亚人，男子使用某种介类的壳，而只有妇女才能使用蚌蚶磨出的美丽"蓝珠"作为项圈。澳大利亚土著居民有两种特殊的偏爱：昆士兰、澳大利亚中部之西及南部之东北，使用包贝（Melo diadema）为装饰品；这个大陆仅有西半部使用珍珠蚌壳（Meleagrina maxima）为装饰品。这些装饰品时常雕刻精美的花纹，其大如盘，挂在胸前，它们具有巫术力量，而且正如澳大利亚学者斯宾塞和吉仑两氏[1]所说那样：求爱者手中有了它，可以使姑娘"内心激动得颤抖"，而取得成功。

非洲金属工匠所制出色的饰物非常巨大，而这样沉重的装饰品，甚至还要戴上几十个之多。它们的制作工艺和较轻巧的装饰品（如包着铜丝的山羊毛手镯）可以相媲美。愈接近发达文化，愈加使用我们所说的珍贵材料来生产首饰。其中有所谓"阿柯利"（akori），即贝宁的"蓝珊瑚"，这里出土的青铜碟上，可看出男人戴着项圈和手镯，压得他喘不过气来。古代秘鲁则有克里索科尔（Chrysocoll）出产的"青色珍珠"，和在萨波山（Cerro Sapo）印加文化以前矿洞获得的苏打石。纯金被非洲阿散蒂人（Ashanti）用作珍宝的重量单位，而且今天北非沙漠地区姑娘们沉重的项圈中，可以发现数量惊人的新旧世界各种已不再使用的金币。侵略秘鲁的人发现，秘鲁家族日常小器具都用纯金做成。所有这些华美的装饰品，既戴在裸露的人体之上，也戴在穿了衣服的人体之上。装饰品和衣服一样古老，时常比衣服更为古老。人们穿衣服与否，决定因素在于气候。

---

[1] 斯宾塞（Walter Baldwin Spencer，1860—1929），澳大利亚生物学家和人类学家，著有《北部澳大利亚地区土著部落》（1914）等。吉仑（Francis James Gillen，1855—1912），澳大利亚人类学家，与斯宾塞合著《中部澳大利亚土著部落》（1899）、《阿龙塔》（1927）。——译者

图51 古秘鲁奇莫时期的金质鼻饰

图52 比属刚果利奥博二世湖东北部落妇女的下装

西方的裤子、背心和夹克，起源于北极民族的服装。澳大利亚某些部落和火地人的古老服装，是宽松披着的毛皮和类似韧皮的树皮腰带。捕兽为生的拉布拉多印第安人，并不以白貂外衣为时髦（这在纽约却是上流社会的标志），他们的时髦之物是哈得孙海湾公司毯子。这是社会风尚具有相对性的又一说明。

服装在其后来发展中，具有特色之物是树皮或树叶做的常常饰以羽毛的犊鼻裈，或酒椰树做的柔软可弯曲的腰带。另外流行的几种是：纤维织成的像衬衫似的围裙、螺旋似的腰带和露兜树（pandanus）做的雨衣。所有这些服装，包括脚上的各种装备，更多的不是作为迷人的装饰，而是出于保护身体的需要。束胸或者可算是唯一的例外。束胸已成为最现代化的迷人装饰，其最初形式是发育成熟女孩子丰满乳房上系的一根带子。神父舒莱因（P. M. Schulien）坚持要葡属东非阿奇瓦伯人（Atchwabo）对这种习俗做出解释，他们解释说："先生，乳房颤动，男人见了会激动的。"许多部落都以有这种鲜艳的带子相夸耀，有时代之以一片布,"用以防止姑娘们走路时乳房上下晃动"。

只要大家穿着一样,就很难把日常衣服列入迷人的装饰。仅仅由于材料易于得到,由于画的、印的和织成的图案的发展,由于扣子的发明和其他"非必需的"东西的出现,衣服才具有更多的个人风格,这时才谈得上有魅力的服装,因为真正的魅力是个人风韵的表现。

更为细腻的魅力,是随着对香料的欣赏而来的。最早时期的香料很难发现,因为很多热带的花没有香味,而化学的秘密又非没有成文历史的民族所能知。

与虚荣心有关的小器物、秘密盒、化妆台上的小瓶小盒,能够上溯到最早时期。旧石器时期就有用骨节做的盛口红的小瓶,也有化妆时调和颜料用的碗和杵。皮肤上涂油用的小盘子同样古老,后来古代埃及曾用讲究的材料来仿制。布满花纹的调色石板、骨瓶和盛有"冷霜"的有盖容器,发现在冰川时期洞穴之中。日本人缀以珠宝的精美的香囊,仅是对这些小瓶小盒的模仿。镜子最早形式是磨光的贝壳或金属圆片,后者在中国、拜占庭和希腊,发展成珍贵的金属镜,陈列在世界各地博物馆中,令人艳羡。

今天,机器制造的迷人装饰物,远远比不上公元以前那些发达文化的国家所达到的奢华。人们看过大英博物馆藏的埃及和乌尔(约公元前2500年)的项圈,就会同意这一点。我们所有人都知道埃及的克利奥帕特拉[1]、罗马的独裁者和秘鲁印加人(Inca)挖空心思的梳妆。拜占庭的狄奥多拉皇后[2],就其梳妆来说,简直

---

[1] 克利奥帕特拉(Cleopatra,前69—前30),埃及女王,美貌风流,先后为罗马统治者恺撒和安东尼的情妇。——译者

[2] 狄奥多拉皇后(Empress Theodora,约500—548),原为拜占庭君士坦丁堡名妓及女演员,后为查士丁尼一世之皇后,以生活豪奢腐化著称。——译者

是一件活的艺术标本。她的蓝发上戴上金饰,她的足趾染成玫瑰色,她那中国丝绸做的枕头内填黑海鹤的软毛,她那柑橘木做的梳妆桌上放着上百件小瓶、小盒。她的肥皂来自西班牙,而浴盆是用笃耨香树做成的。

我们今天既缺乏闲暇又缺乏财富来从事这样精致的梳妆。此外,《利未记》[1]中有这样比较时新的话:"你不要为死人损害你的肉体,也不要在身上印上任何标志,我是上帝。"这给予西方人以较多的清教徒的观念。

但那些不知写字和印刷的人们,没有听过这样的说教,因而所谓原始人的男男女女,仍然享用上帝从他老人家的自由王国——大自然中为他们提供的颜色和珍宝,仍然借助于几千年来未曾忘却的技巧,来尽力增加身体的天然魅力。

---

1 《利未记》("Leviticus"),为《旧约全书》第三篇。——译者

第三章　最早的机器人

虽然荒野中的生活是艰苦的，早期人类仍能利用智慧的资源，而人类的小兄弟——动物界的成员却是拒绝利用的。早期人类用最简单的小器具工作时，开始怀有一种梦想：发现一种东西（不管是人类本身、巫术或其他）来帮助负载每日苦役的重担。假如他有足够的运气能拔开智慧宝瓶之塞，假如他能摩擦造物者的魔灯，也许会有一个魔鬼出现供他役使吧！但是，非常可惜，他的世界并非是《天方夜谭》(*The Arabian Nights*) 的世界，若他曾经发现一个会巫术的助手的话，那也是用他自己的思想和双手创造出来的。这个仆人将是一个机器。真的，这是最早的机器，是最早的机器人。

人类是多么需要这样一种奇巧的装备啊！特别对那些没有农业知识，生活没有保障的民族来说，更是如此。狩猎和采集的艰苦工作常常限制个人进行创造的愿望。从很高的树上认出蜂窝和经过必要的准备来取得蜂蜜；追踪和击落正在飞翔的鸟；埋伏在灌木丛中等待一些胆小动物走过；或者窥伺着鱼以便伺机在瞬息间用矛刺中；所有这样一些工作都要求猎人有大量的耐性。等待一个动物靠近得能够捕捉，可能要好几天的时间。在丰收时节储藏食物的观念没有得到发展或者还不知什么是丰收时节的社会中，许多家族为了寻食，不得不坚持长时间的紧张等待。

　　智慧的人类企图克服这些困难，他们用弓箭、标枪、套索、流星索、蝴蝶网和手抛的网套作为狩猎的工具。这比起木棒和石块来，无疑要好得多。当然，所有这些方法仍然需要猎人的机敏和经常在场，但它们增加了人类徒手的力量，或者牢牢地困住猎物，直到猎人到达。有些工具还可使猎人每次捕获不止一个的鸟兽，例如猎网就是这样。猎人利用猎网，大家通力合作可驱赶许多猎物落网。从埃及法老哈雷姆赫布时代直到今天，人们都用这种方法捉鹌鹑和其他的鸟，把有坠的网在地上张开，由助威者赶鸟入网。婆罗洲达雅克人今天仍使用此法，他们以一组垂直网来捉鹿。东非的瓦香姆巴人（Washamba）用这种方法捕捉羚羊。白令海峡的爱斯基摩人用这种方法捉兔子，先把兔子驱入网中再用手捏死。这种方法比起最早那些狩猎方法是进步的，但猎人不离开现场，仍是狩猎取得成功的必要条件。

　　还有用类似方法截获鸟群的。西伯利亚人用网猎雁，加拿大育空河沿岸爱斯基摩人用捉鲑鱼的网来截获鹧鸪。另外一种似乎不同的方法，也应用了驱兽入网的原理。例如，驱赶野牛群沿着两道会集在一起的篱墙进入绝壁，此法曾普遍流行于北美草原印第安人之中。某些原始的捉鸟方法，已成为我们自己狩猎习惯的一部分。如猎人用口哨声或用诱饵把猎物从隐蔽之中引出来，再用手抛出一种器械捉住它们，最后关在容器、笼子或网中。

　　所有这些方法增加了狩猎取得成功的可能性，但主要问题仍未解决，即如何使猎人不必在现场或靠近捕捉地点，也同样能取得成功。假如可用一种机械装置代替人，来等待投掷捕捉工具或武器，活捉或杀死猎物，将使猎人向个人有较大的自由方面迈出真正的一步。这一装置的发明，将使他留在家中也能照顾狩猎，

图 53　霍屯督人猎象的陷阱

而且可同时追踪好几处猎物的足迹。这样，他就能获得时间，从事其他行业，或者进行玩耍、唱歌和跳舞使生活愉快。可能是贪图安逸使原始人发明这样一种装置，我们不能肯定，但伏尔加河船夫不断重复的号子声似乎说明世界上到处都有人受到艰苦劳动的重压。

最早的革命性发明的日子终于到来了。人们终于第一次造出一种机械，当人不在时仍能工作。人类智慧终于创造了一种机器人，以精确的机械来代替自己。这种神奇的工具就是捕机（animal-trap）。

捕机是像网、木棒和手抛网套之类一样工作的，仅仅是更为精确和更为有效而已。此外，它的力量比它所代替的微弱的人手之力要大。由于在精巧的扳机上应用了杠杆原理，轻轻一触即使相当大的甚至巨大的力量发生运动，和猎物的力量做灵巧的对抗。原始人肯定没有关于物理原理的书本知识，并对机械现象发生的原因毫无所知。但他们作为一个观察者，仍有足够的机敏来模仿所见自然界的现象来制作机械。活的树枝偶尔离位，必将跳回原位；枯死的树被飓风吹倒，声震山谷；地面洞穴被树枝覆盖会产生危险。这一些和另一些现象就是早期人类的物理教师，而且早期人类能熟练地运用从这些现象中学到的东西。在他们看到自己发明的装置已在工作时并不以有一种形式捕机为满足，他们把机械知识与他们对当地气候特性和动物习惯的卓越知识结合起来，成功地发明出几百种不同的捕机，都能巧妙地适应其周围环境的特殊条件。

原始人为了使他们的"机器人"生效，利用了水的流动性和冰的滑动性、丛林中口渴野兽沿着小径快步走向泉水的习惯、熊的喜吃甜食、狼犬的好奇、猫头鹰的贼性、夜游动物的怕人和山猫的骄傲（它为了获得自由只挣扎一次，决不挣扎第二次）。原始人知道猎物的特性，把留在捕机上人手的气味消灭掉，以扰乱猎物灵敏的嗅觉，就像现代罪犯有自己一套方法来消灭作为罪证的指印一样。原始人用烧焦的木头、树胶、松脂、血或像海狸这样动物[1]的气味，来掩盖自己的气味。为了迷惑猎物的眼睛，原始人又在捕机周围建造栅栏或覆以树枝，或在其所掘陷阱之上铺以一束束干草，来进行巧妙的伪装。

原始人发明了几百种捕机，从捕鼠之竹筒到捕捉长颈鹿和象的巨大装置，大小都有，长时期来使科学家们惊奇不已。许多博物馆藏有调查人员带回的捕机或捕机

图54 南非卡弗人捕捉长颈鹿的陷阱

---

[1] 海狸有一种特殊的气味。——译者

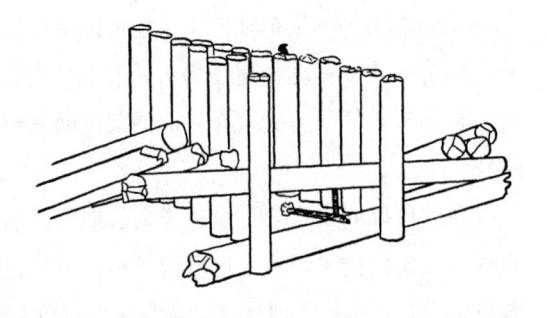

的零件，既已不知为何物又难组装。捕机的仿制需要特殊的知识，而且这时的陷阱常要对有关的部落、气候和动物界事先进行全面学习以后才能做得出来。

图 55 北美塔尔坦－印第安人猎取熊、狼和水獭的重力捕机

猎人不在现场即可活捉或杀死野兽的机械，如所应用的物理学原理一样多种多样。按照运动定理的不同，捕机可分为四大类。认识这四类捕机，可以很好理解早期人类为努力提高生活标准所显示的伟大智慧。这四种捕机主要类型，又有所能想象到的各种变体，为了取得更大的效能，时常将其中几种联合使用。

重力捕机（gravity trap）如其名称所示，是运用重量以达到捕捉某种动物的预期效果。动物本身的重量或下落之物的重量，都要安排合适。使得机械一经扳动，即能打中动物。重力捕机现仍存在的最早类型是陷阱，利用动物本身重量来捕获动物。它一般只是在动物常走小径中间掘一个深洞，其口部以树枝、苔藓、树叶及其他类似之物伪装起来。猎物若不加猜疑地踏上覆盖物，就陷下去了，这样就在面积和自己大小一样的洞中被活捉。为了防止其逃跑，使用了几种方法：把洞穴尽量挖深，以排除动物跳出或爬出的可能；或者把洞穴挖成圆锥形，动物掉进被其自身重量所卡紧。

布须曼人捕捉长颈鹿，是把陷阱底部挖成两部分，中间留一道土墙，被捉的长颈鹿骑在土墙上徒劳挣扎，而无法举起自己的长腿。为了增强陷阱的效果，在其底部偶尔插上尖棒，用以

刺伤动物。陷阱不仅单独使用，也可以沿着篱笆按一定间隔排列几个陷阱，或者在动物通往喝水处的小径上安置许多陷阱，还时常建造相当长的最后交会在一起的篱笆墙来形成一条走向陷阱的道路。

我们可以回忆，第二次世界大战期间，陷阱这种有效方法也常被白人所模仿。坦克（这可说是现代的恐龙）同样陷入伪装的陷阱之中。在这里，所谓"动物自身的重量"就是坦克的重量。

重力捕机第二种类型是使用一根木头和其他重物联合起来，靠动物本身的触动，捕获或杀死动物。原始人根据经验已知，木头下落产生的力量与其高度成正比例，故把木头很巧妙地提高到有效的最大限度。这类捕机最简单的一种是将一块重的石头支在小棒之上，保持平衡，小棒上放以诱饵，起着扳机的作用。动物一拉诱饵，使石头落在它身上。但是若石头太重的话，这种扳动方法即告无效，因为动物可以一点一点吃掉诱饵而竟能不使捕机发动。解决的办法是加上一系列减力的杠杆和发展出一种扳动装置。这样的捕机在全世界特别在北极民族之中普遍使用。横梁上重物愈增加，就需要扳动机械愈加精密。结果是令人惊奇的。蒙特纳斯-纳斯科皮人（Montagnais-Naskapi）的猎熊捕机以四五根巨木为重物，只要熊那好奇的鼻子碰它一下就发动了。

原始猎人既已完成重力捕机，又利用其他自然规律。他们观察到动物在原始森林中偶尔会被乱藤勒死，于是发明出网套捕机（snare trap）。原始人多将这种捕机垂直地安置起来，利用动物前进的运动使其落网。由于很多猎物身体最显露部位是颈部，故在

图 56　拉布拉多印第安人的网套捕机

动物常走小径上这样来安置网套，使得猎物的头一旦入套，就像套索一样勒紧。为了保持网套的张开，还需要大量次要的设备。在这里，也时常兼用围篱法，在两道篱笆的会合处安置网套。

根据网套原理造出的轮式捕机，是旧大陆很多地区仍然使用的一种装置。它是在草圈内插上许多易于弯曲的尖头棒，使棒尖向着中心。这种捕机设置在猎物常走小径的树上或木柱上，更经常的是覆盖在一个小洞之上。猎物一旦踏着易弯的棒，即被陷住，当它试图逃走时，尖头棒刺入它的嫩足。它愈努力挣扎，就愈觉得痛苦，直到尖头棒深深地刺入肉中。有时在这种钉轮捕机周围再加上网套，当动物试图逃脱时立即关闭起来。

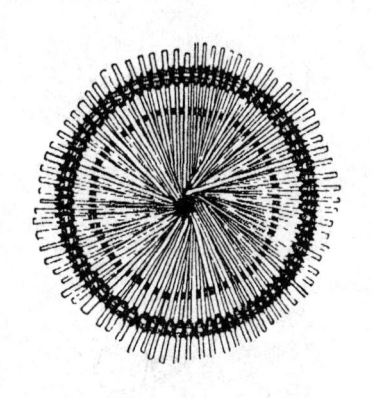

图 57　喀麦隆的钉轮捕机

第三类主要的捕机体系是跳柱捕机（springing-pole trap），至今仍是非洲、亚洲和美洲许多民族日用之物。它是根据有弹力棍棒的惯性原理制成的。作为跳柱的材料是一根弯曲的树或树枝，它很自然地要恢复平衡，把它固定在某种装置之上，便能利用它的动力。这种装置通常就是一个网套。

农业民族普遍使用跳柱捕机捕捉小动物，作为食物的补充。较为安定的生活使他们有暇建造这种捕机，并以许多方法改进了它的扳机装置。任何研究机械学和运动学的工程师，都会承认这些扳动装置是在现代技术中占有

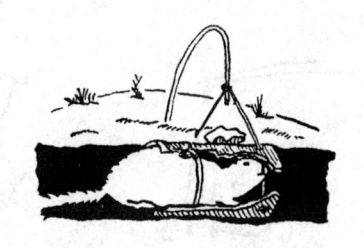

图 58　爱斯基摩人捕捉土拨鼠的跳柱捕机

卓越地位的继动机械结构的最早应用。

跳柱捕机及其拉力原理,不仅用于动物捕机,弯曲棍棒的惯性还可服务于其他方面。中部刚果用跳柱处决奴隶和战争罪犯,一击之下即可将他们的头折断。至于现代绞刑架则不是真正的跳

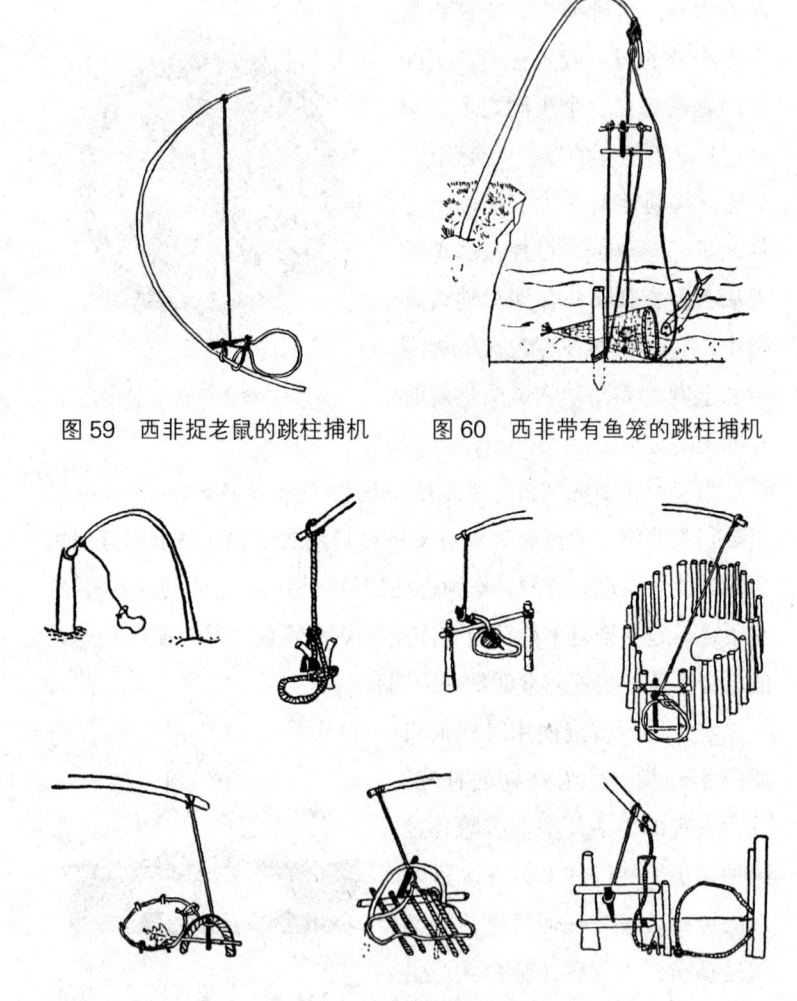

图 59 西非捉老鼠的跳柱捕机　　图 60 西非带有鱼笼的跳柱捕机

图 61 跳柱捕机的各种扳机

柱捕机，它根本不是什么捕机，绞刑架需要执行者在场，它仅是一种"类似捕机的捕捉方法"而已。

婆罗洲和印度斯坦的土著居民曾利用跳柱的帮助来拉动冶铁风箱。北欧农民的炉灶也使用同样的装备。在东亚，跳柱为当地的织机提供动力。有时跳柱捕机还可用来捕鱼，用鱼钩或鱼笼代替网套作为扳机。

跳柱捕机原理的另一运用是帮助原始人从事战争和和平的娱乐，因为跳柱捕机既是弓和弩的前驱，也是提琴和所有弦乐器的先驱。原始人把跳柱捕机转化为乐器的弓，把它安装在如南瓜壳这样一个发声板上，借助于很多这样的乐弓，他创造出最早的弦乐器——现代提琴和大提琴等的先驱。作为武器的弓和弩，也起源于跳柱捕机。我们能把弩上溯到公元前 12 世纪的中国。[1] 弩在古代战争中所起的革命性影响，是历史研究者所熟知的。下列说法可能并不过分，即没有弩罗马帝国就不可能强大。而弩所根据的原理，正是原始人在建造动物捕机中首先发展起来的。

最后，根据另一广泛应用的力的原理制造出来的是扭转捕机（torsion trap）。人们观察到有弹性的绳索缠绕起来，有恢复原状的性能，若阻碍它，便产生相当大的力量。腱、树根和植物纤维，均能产生扭转力量，而添加一个杠杆装置能有效地定向扭转力，使一个框架（时常连着一个网）套住动物，或使一块木头落下来打中动物。所有扭转捕机要能取得成功，就在于和动物直接接触，故要设计得紧凑

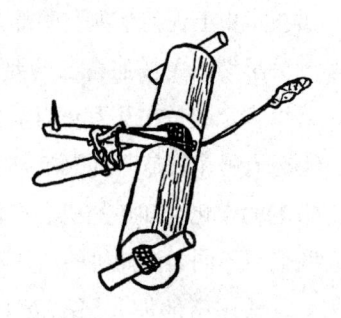

图 62 诺顿湾爱斯基摩人捕捉狼和狐狸的扭转捕机

---

1 中国弩的使用可能上溯到远古时期，弩的实物在战国墓中才大量发现。——译者

周密。

这类捕机发源于亚洲、非洲地区的发达文化之中,后来广泛传布。凡是原始部落(如爱斯基摩人和楚克奇人[Chukchee])使用这类捕机,都是后来采用的,而不是自己的发明。这类捕机的全部结构和现代钢铁捕机(steel trap)是类似的,虽然所用材料不同。现代所有钢铁捕机,从简单的捕鼠机到捕捉大动物的巨大捕机,都不过是一种扭转捕机,只是在制造材料方面和原来发明者所用的不同而已。

东方扭转捕机的原理为希腊人所采用,在罗马巨大的投石机之类中达到高度的发展,其必不可少的引线是由两根腱交叉绕成的。甚至今天诺顿湾的爱斯基摩人捕捉狼、狐的捕机,仍用腱为材料。古代的弹道武器非常有用,欧洲有些博物馆在第一次世界大战时竟把它们交给政府处置,而它们也确曾被用来抛掷地雷。

原始人发明动物捕机开辟了很多条通往现代技术发展的道路,沿着最早机器人发展道路走的人,没有哪个能否认它的无比重要性。动物捕机的发明,比起车轮的发明对人类历史肯定有更大的影响。在建造动物捕机中所发现对新的动力的应用,比起人类技术史上任何单项发明都有更大的影响。

早期人类按照自己的要求来强迫自然工作,究竟始于何时?可以肯定的是在几万年以前早期人类的天才就发明捕机了。地球上没有哪个民族不知制造捕机的这种或那种原理,连人类学上最古老的文化也知道捕机。史前材料同样证明了这一点,有时还为我们对不同类型捕机的断代提供可能。

法国南部加龙河地区(特别在多尔道尼)和越过比利牛斯山的西班牙比斯开的巴斯克地区,曾发现一些史前洞穴,无疑属于欧洲旧石器晚期人类的住宅和祭祀之处。在这些洞穴中,发现了早期人类艺术一些奇异的实例,特别是发现了某些不寻常的画，画着野牛和猛犸象等动物。经过漫长时期这些赭石画的红黄颜色仍保存得很好，一个奇怪的现象是动物形象很具有自然主义风格，却常和神秘的几何符号连在一起，符号有时甚至就画在动物身上。这些画的特殊之处是有几何符号的动物画都不在洞穴入口处，更多的是在洞穴内部很远之处发现的，阳光照射不到，要借助于人工照明才能看见。这些隐蔽地点的画显然不是为了作冰川时期的画廊，它们的真实目的何在？这曾使学者们一度大惑不解。

科学家们为了寻找答案，引用了某些事实。首先，大家知道冰川时期主要经济形式是狩猎，所以动物在早期人类心目之中有很高的地位。其次，今天北极部落、布须曼人和澳大利亚土著居民这样的原始人，仍然停留在和冰川时期人类相同文化水平和经济水平，他们的狩猎习惯可为解释神秘的洞穴画提供线索。

今天非洲布须曼人和澳大利亚的土著居民，在狩猎之前要集会举行巫术性舞蹈和仪式，以保证狩猎取得成功。他们在巫师带头下唱歌和表演，把要猎的动物（不论是袋鼠还是羚羊）的像，画在沙上或用赭石画在崖壁之上，猎人们然后群集在其周围，用矛来刺这些动物的像。这些部落坚信若无此仪式，次日将不能获得动物。在原始人心目之中，物体和其形象之间没有区别；对他们来说，画的动物和动物本身是一致的。因此，被画下来和刺击过的动物，已经被完全杀死，次日的狩猎不过是履行手续而已。

因此，把旧石器时代人类洞穴内部的画解释为同样的狩猎巫术仪式，并不是牵强附会之谈。洞穴中其他的画中表现有戴着动物面具的舞蹈巫师，又进一步支持了这一观点。这是今天原始部落之中也很流行的另一巫术性习俗，他们相信这些动物形象对于获得众多的猎物有好的影响，并能给予猎人好的运气。

假如冰川时期猎人也实行同样的仪式，他们如何猎取像野牛和猛犸象这样巨大的动物呢？他们的原始工具看来是不合适的。现代科学已解决了这个问题。那些神秘的符号以前认为是不可知的，现已找到了正确的解释。今天国际科学界已毫不怀疑，这些符号就是表示动物捕机的略图，是几万年以前住在今法国和西班牙洞穴的欧洲早期居民画出来的。他们画得如此逼真，甚至能看出捕机结构的细节和各种类型。现在知道这些最早机械已有一万年到两万年的历史了。洞穴画可上溯到这些地区发生冰期和间冰期的时候，科学证明这时大约为公元前20000—前8000年。

图63 冰川时期绘画中的重力捕机

我们从这些古老的画中可以毫不困难地认出重力捕机（它画在芳德哥姆洞穴巨大野牛的身上），今天全世界原始部落还在使用这种捕机。南非布须曼人用它捕捉鬣狗，北美的塔尔坦－印第安人用它捉狼，黑足印第安人用它捉豺，东非马肯迪高原的土著居民用它捉羚羊，拉布拉多的印第安人用它捉熊。

钉轮捕机分布广泛，有着不寻常的历史，是一种很有趣的狩猎装置。我们发现它被清晰地画在许多史前洞穴中，也被画在古代埃及，如耶那孔波利斯（Hieraconpolis）坟墓的壁画之中。瑞

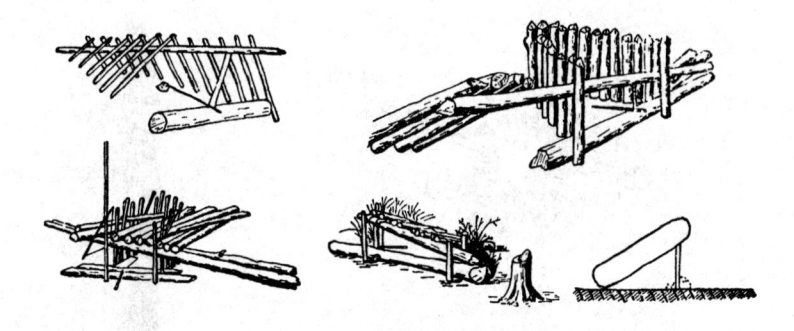

图64　现代原始民族使用的重力捕机

典科学家林德伯罗姆指出它的分布遍及亚洲和非洲，在亚洲一直到和林、居延[1]甚至在阿姆河都有分布。弗罗贝尼乌斯[2]发表的利比亚费赞（Fezzan）地区旧石器时期崖画上，也有类似之物。而布日耶[3]从塔贝巴拉（Tabel Bala）得来的画表明，它在非洲撒哈拉沙漠也曾被广泛使用。

对于某些不熟悉人类最早机器人的人来说，这种看法似乎是奇怪的，即我们所知现代技术普遍利用的四种主要的力的原理，却导源于冰川时期无名的发明者，他们生活在地球上距今已有几万年之久了。在阿基米德以前很久，他们就根据杠杆原理发明了重要的继动机械和扳动机械，任何门外汉也能看出，现代机械学应用的是类似之物，虽然其结构已有相当的改进。

古代埃及人利用重力捕机原理创造了自动售货机。亚历山大

1　中国甘肃居延地区过去发现的钉轮捕机，见 Bo Sommarström, *Archaeological Researches in the Edsen-gol Region: Inner Mongolia*, Part 1, Stockholm, 1956。最近关于此物在居延又有发现，见《文物》1978年1期15页图15。——译者

2　弗罗贝尼乌斯（Leo Frobenius, 1873—1938），德国人类学家，著有《非洲文化史》（1933）及《大西岛》（1921—1930）等。——译者

3　布日耶（Henri Breuil, 1877—1961），法国著名的旧石器时代考古学家，著有《早旧石器时代分期及其意义》（1912）等。——译者

图65 埃及耶那孔波利斯古代坟墓壁画描绘的轮式捕机捕捉羚羊

图66 芳德哥姆洞穴冰川时期绘画中用重力捕机捕捉野牛

图67 北婆罗洲捕机上的护符

城的赫恩[1]曾为我们提供了出卖圣水的这种机械的画，在这种机械中投入钱币，落到一种像"捕机"的杠杆机械之上，从而打开水的龙头，流出水量恰和所付的钱相当。今天，当我们投入一个钱币在自动售货机中而收到一个"三明治"、一张邮票或一袋口香糖时，只不过再次证明重力捕机的有效而已。在这里，钱币起着动物的作用，其下落重量开动了扳机。自动售货机、旋转式栅门、自动留声机的动作，都受同样原理控制。

---

[1] 亚历山大城的赫恩（Heron of Alexandria），生卒年不明，大约公元前后曾住在亚历山大城。他以希腊文写下有关数学及古代机械的书数卷。——译者

现代有两种"捕机"是在原始时代找不到先例的，这就是"电眼门"和有名的"电动捕鼠机"。前者当光束被走近的人的影子所阻时便自动开门，后者也有一个同样的光电机件。两者都是真正的捕机，而非"类似捕机的捕捉方法"，因为它们不需要任何人在场即可发生效力。两者新增加的玩意儿不过是由电这个20世纪魔术师引导出来的，而人们不必在场也能做功的机器人观念，却和冰川时期同样古老。

第四章　友好的大地

人类从其开始，就依赖大地所赐予的礼物而生存。我们今天的基本食物——面包、肉、鱼、水果和蔬菜，同样是最早在地球上游荡的人类赖以生存的东西。即使在此"原子时代"，我们也不曾创造出神仙的美酒或哲学的药丸，可以作为这些基本食物的替代品。今天和古代唯一不同的是世界已经缩小，现在较之以往更加世界一体化。

当干旱毁灭了阿根廷、加拿大的小麦和缅甸、泰国的稻米收成，当产牛国家的肉类减产，这时饥饿便统治全球，这一点和原始人并无不同。每当野牛群离开草原，加拿大印第安人的驯鹿没有出现，埃及尼罗河的水未曾泛滥，东非畜群为刺舌蝇所困扰，西伯利亚的驯鹿退向最远的北方，非洲布须曼人的野生甜瓜因炎热而死，澳大利亚野生植物大叶苹[1]和"本雅-本雅"[2]的籽实为火烧毁，这些都会使原始人那更小的世界受到饥饿的折磨。

我们虽然通过从土壤中榨取更多食物，为地球上人口增长创

---

[1] 大叶苹（nardoo），澳大利亚植物，学名为 *Marsilea drummondii*。——译者
[2] "本雅-本雅"（bunya-bunya），澳大利亚一种南洋杉科植物，树干极高，俗称猴愁树，学名为 *Araucaria bidwillii*。——译者

图 68　澳大利亚植物——大叶苹　　图 69　澳大利亚收获者的"本雅-本雅"果实

造了前提，而在原则上我们取得食物的方法仍以祖先的实践为基础。我们和他们一样，仍然依靠来自植物界和动物界的产品。今天和几千年前一样，耕种和家畜饲养是养活我们的基本条件，而且祖先和我们现代人都不能克服气候的危害。

所有动物和植物的生长，都在很大程度上依赖于气候，人类一切生活方式的形成也间接受气候的影响，故人类为了适应他们生活于其中的气候，曾被迫调节其习惯、所有物和一切物质需要。与此相适应的，动物界成员们也不得不改变身体上的器官和机能，以适合喜怒无常的气候。

75000 年前创造石器时代历史的种族——尼安德特人（Neanderthal），面临着大概是最为严重的气候变化和随之而来的动植物界大变迁。这个非常古老和有才能的种族，能随着环境改变而成功地改变其经济和文化，以此来应对气候的巨大变迁。尼安德特人没有发展出农业和植物栽培的知识，但可能正是由于他们在这方面的无知，才能在连续变化条件下生存下来。无论大自然给予他们什么东西，他们都能赖以生存。

这种旧石器时代人类经济形式的特点是一群人的集体狩猎。

图70 穿雪鞋狩猎的印第安人

他们以犀牛、猛犸、鹿、欧洲野牛、多毛犀和洞熊的肉，作为浆果、籽实等植物性食品的补充。这些早期人类留下的狩猎工具和武器表明，单独猎人若无他人合作是不可能杀死任何巨兽的，因此必然要集体狩猎。这一经济形式决定了集团组织是个人能够生存的前提条件。整个集团合作的另外原因是，一个猎物的肉的数量远远超过个体家庭的需要，足够在家庭以外分配。这种社会习俗绝不是为了人道主义，"大家平分"出之于经济的需要。猎物大家平分有很大的好处，某个集团狩猎运气不好，人们仍能从其他集团所获中分得东西。这种类型的社会又以其赶围野兽的知识，发展出第一个机器

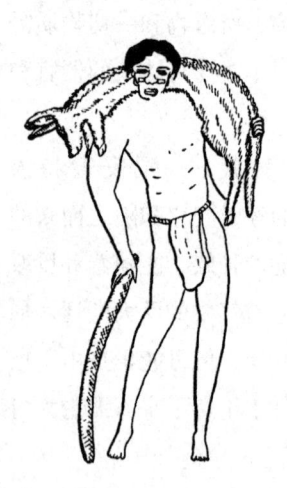

图71 澳大利亚的狩猎者

人——最早的动物捕机。

这种旧石器时代的经济形式无疑是人类所有经济形式中最古老的一种,今天并未灭绝,现代原始部落仍在实行,这些部落我们称之为狩猎者和采集者。

他们遍布全球,处于各种不同的地理条件之下。生活在热带原始森林中的,有非洲的俾格米人、锡兰的维达人、马来半岛的塞茫人（Semang）和塞诺人（Senoi）、苏门答腊的库布人（Kubu）以及南亚和南美许多氏族集团。生活于亚热带草原和沙漠中的狩猎者和采集者是南非布须曼人和澳大利亚许多部落。美洲最南海岸的火地人则是这种人分布在接近极圈地区的代表。这些民族经济活动和他们所居住地区各不相同的气候之间,有明显的关系。最显著的特征是由于缺乏食物而导致生活的不固定;为了生存,一个小的集团亦必须开拓大片领土,这使他们不得不连续地迁徙。

在此社会发展早期阶段,劳动分工已有发展,妇女主要采集植物性产品,如水果、籽实、根和球根,男子则提供肉和鱼。妇女敲碎土壤挖取植物球根和块茎的工具是简单的掘土棒,通常只是一根有尖的树枝。男子狩猎工具是矛和棒,有时也用弓箭。

他们使用原始工具的技术使目睹者大为惊讶。正如探险者塞韦尔特（P. J. Seiwert）所说喀麦隆俾格米人的一个部落——巴吉利人（Bagielli）那样,他们的

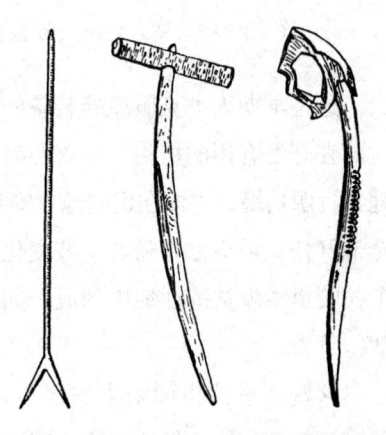

图72　南美格兰查科（左）和加拿大不列颠哥伦比亚（中、右）的掘土棒

感觉和行动都像"森林中的主人"。尽管身材矮小,却无畏地攻击黑猩猩、豹子和野牛,甚至还有巨象。令人感兴趣的是这位作者描写巴吉利人猎象的方法,和冰川时期猎取猛犸有类似之处:

> 他们先用象粪涂身,掩盖人的气味,以便接近动物时不被发觉。他们匍匐缓行,到达动物身边,突然用力把一根毒矛刺入象身下部柔软部位,象随即倒地,然后他们用锋利的丛林中用的砍刀砍断象鼻,使象流血至死。

图 73 布须曼人绘画中戴着鸵鸟面具接近鸵鸟的猎人

这是早期人类克服原始装备的不完善而采取的聪明方法之一例。在开发有用的植物食品资源时,他们同样富有创造性。一个地方资源枯竭,立即在别的地方安身,有时将几平方英里[1]的地区全部开拓。采集之物随着季节变化而不同。布须曼人在干季采集卡拉哈里沙漠贫瘠沙地中的成千的带刺甜瓜,使他们没有水也能活得下去。

这些从事狩猎和采集的部落建立了很好的传统,绝不是看见东西就拿。他们仔细地区别有用植物和无用植物,将后者从食

1　1 英里约合 1609.3 米。1 平方英里约合 259 万平方米。——编者

物中排除出去。对他们来说，发现一种新植物就是一项伟大的发明。沙拉辛（Sarasin）弟兄列举了锡兰维达人食用的四十种植物和二十种动物。托马斯（N. W. Thomas）指出，澳大利亚土著居民利用的可食植物有三百种之多。

关于狩猎和采集集团的人数多少，凡是食物条件最差的地方（如塔斯马尼亚、澳大利亚和北极地区）集团规模最小，这是必然的。根据罗特（H. L. Roth）的意见，塔斯马尼亚人一个集团包括三四个小屋，每个小屋中住三四个人。马廷（Martin）拜访过马六甲原始居民，人数最多的集团才有27人。塞利格曼（C. G. Seligman）发现维达人是以一至五个家庭为一个集团。根据马凌诺斯基[1]的说法，许多澳大利亚人以两三个家族为一个小单位到处游徙。随着经济条件好转，集团扩大了。豪伊特[2]说，澳大利亚东南的库尔奈（Kurnai）集团共包括八个家庭，伍伦哲里（Wurunjeri）集团包括六个家庭。帕萨（Passarge）发现布须曼人的公社是由住在一起的十二个相连的风篱组成。安达曼人大约以五十个人为一集团而定居。

我们即使把狩猎和采集当作最古老经济形式，也不意味着这种生活方式就是"开始"。他们许多技术和关于武器、工具、捕机、狩猎方法和熟食的知识，证明已经经过长时期的发展。在此以前人类的智力，已使人超越于动物之上。动物被迫使自己身体适应于食物的天然状态，而人类却发现一种方法使所发现的食物更适合体质。他借助于火把粗糙之物变为可食之物，使食物有味

1　马凌诺斯基（Bronislaw Malinowski, 1884—1942），英国著名人类学家，生于波兰，是人类学中功能学派的创始人。重要著作有《西太平洋的航海者》（1922）、《野蛮人的性生活》（1929）等。——译者

2　豪伊特（Alfred William Howitt, 1830—1908），以研究澳大利亚著称的人类学家，著有《卡米拉罗伊和库尔奈》（1880）、《澳大利亚东南部的土著部族》（1904）等。——译者

道并易于消化。

　　人类如何从最早的攫取经济进化到农业和畜牧业的发展阶段，是古代和近代科学上最有吸引力的问题之一。希腊的古典学者考虑过这个问题，他们区分出三种经济形式：第一种是他们自己的，建立在农业基础之上；第二种是希腊化世界边缘的游牧人；第三种即是采集者和狩猎者的攫取经济。这种观念的信徒的基本错误是硬把这三种并存的文化排出年代的先后来，由此引导出狩猎、畜牧和农业"三阶段"理论。这种理论多少世纪以来被普遍接受而未遭到反驳。采集和狩猎这个最初阶段被描绘为天堂的"黄金时代"，或者是野蛮的半人半兽时代。人类经济发展"三阶段"的顽固理论曾反映在18世纪的卢梭（J.-J. Rousseau）和亚当·斯密（Adam Smith）的著作中。19世纪这个理论的宣传者有德国李斯特（F. List）、意大利的马蒂（S. Cognetti de Martiis）、法国史前学者莫尔蒂耶（Gabriel de Mortillet）和比利时的莱维累（Laveleye）。

　　但是，这种古老理论，特别是关于年代序列的假设，在日益增多的民族学材料和田野发现的新材料面前，不能再维持下去了。格罗塞[1]和哈恩[2]的著作，特别为人类不同经济形势的研究，打开了新的局面。然而甚至到了今天，关于农业和畜牧业的发明的起源问题的科学争论并未结束。许多学者仍然试图借助心理学分析法，解释从攫取经济到生产经济的进化。例如，泰勒[3]相信，

1　格罗塞（Ernst Grosse, 1862—1927），德国社会学家、人类学家和艺术史家，著有《艺术的开端》（1894）、《家庭的类型》（1896）、《东亚的雕塑》（1922）等。——译者

2　哈恩（Eduard Hahn, 1856—1928），德国人类学家和地理学家，著有《家畜及其与人类经济的关系》（1896）、《人类经济作物的年龄》（1914）等，他主张原始农业比畜牧业悠久，且分布广泛。——译者

3　泰勒（E. B. Taylor, 1832—1917），英国人类学家，著有《原始文化》（1871）、《人类早期历史与文明发展之研究》（1865）等。——译者

农业的发明根本不是什么"复杂的发明",他坚持狩猎者和采集者在适合地点种下他们已熟悉的植物籽种和根,是十分自然的事。他争辩说,由于这个习惯导致了游徙的狩猎者和采集者定居下来,从而为较高级的生活方式奠定了基础。

根据最新的观点,这些心理学的解释不过是一种推测而已。民族学材料清楚地表明,在狩猎者和采集者之意识中,并不存在从事农业的思想准备。思想准备中最重要的因素是要能等待收获植物果实。无论白人慈善家在什么时候和什么地区,企图把攫取经济转变为农业,其结果都说明新生活方式之大敌仍是这种转变本身。供种植用的籽种没有入土,而是直接吃下肚子;白人专家自己种的地上还未成熟的幼苗被拔起来当场吃掉。

巴西政府选择了博罗罗人(Bororo)——一个狩猎和采集部落,作为农业试验的"豚鼠",给他们土地和籽种。土地由政府派人耕好,并提供足够的食物,足以维持到收获时节。请看发生了什么事!土著居民一旦成为斧头的主人,便愉快地把"皮克"(Piki)树砍倒,而过去他们只能爬上树去采摘果实。甘蔗需要人经常站岗放哨,以防完全被摧毁。木薯地则已被毁灭了。习惯于在森林中挖掘的妇女,把成长的灌木拔掉,然后以掘土棒来寻找"隐藏的块根"。

一个白人传教士企图使非洲的狩猎采集部落瓦西喀利人(Wasekele)接受基督教和从事农业,受到他们这样的责问:"难道猴子会饿死吗?我们了解森林和水道,我们从一个地方迁到另一个地方,是神要我们这样的。我们不用锄头耕地,因为神禁止我们这样做。"听了这番话,谁还能不想起"野地里的百合花"的故事?还操什么心呢?

吕宋的尼格利陀人有时被劝说试做一点种植之事。据万劳维堡(M. Vanoverbergh)说,他们"总是不想束缚在固定土地上","时常在种植物结实以前,他们已远走高飞,到森林其他地方去了"。

狩猎者和采集者不能发明或发展农业的一个最佳例证是比属刚果俾格米人的古老传说。这些俾格米人以自己的勇敢和自由而骄傲,认为自己胜过从事农业的尼格罗人。他们虽然生活于尼格罗人之中却未曾采用其经济方式。谢贝斯塔(P. P. Schebesta)记述他们为什么有权从尼格罗人种植园中采摘香蕉的传说如下:

> 一个俾格米人在森林中游荡,有一天来到黑猩猩的"村庄",同行者还有一个尼格罗人。他们生平第一次看到一片香蕉林,结满了金黄色的香蕉。他们以为有毒,不敢吃,然而尼格罗人却怂恿俾格米人尝尝它的味道如何。最后,俾格米人吃了些,发现味道是可口的。尽管这样,尼格罗人还是不敢吃。到黄昏他们睡觉时,尼格罗人相信他的同伴夜间必将中毒而死。次晨他看到俾格米人还活着,非常惊讶。这时他自己才敢吃这种新的水果,他也发现味道很好。两人都想设法把香蕉在他们家的附近种植起来。俾格米人拿了一些果实,尼格罗人拿了一些嫩芽。俾格米人嘲笑尼格罗人"愚蠢"。两人回家了。矮小的俾格米人把果实种在田野中,尼格罗人把嫩芽栽种在种植地里。俾格米人徒劳地等待香蕉成长,而香蕉烂在土壤中了。几个月以后,他到尼格罗人村庄发现了一片美丽的香蕉树,结满果实,使他大为惊奇。但他向尼格罗人指出:自己不是一个种植者,从事狩猎要好得多。他劝告尼格罗人继续种植香蕉,他有时要进来取一份。从那时起,贝姆布蒂[1]就宣布有权在尼格罗人

---

[1] 当指俾格米人。——译者

种植园中采集香蕉，因为俾格米人是这种水果的发明者，尼格罗人是从他们那里学会吃这种水果的。

以上仅是一部分例证，已可说明：建立在今天心理学基础上的假定，在任何地方也不能引导我们解决从采集和狩猎到农业和畜牧的过程。

许多人类学家和经济学家心目中考虑的另一假定，同样不能解决问题，这就是关于定居是从事农业的结果的观点。这种观点认为，人类在农业发明以前没有相对的定居，定居是发明农业的结果而不是其前提。这种看法也是没有事实根据的想象之词。至少相对的定居，是发明农业所必需，这是毫无疑问的。除此以外，较高级经济形式的发明者，还要有必要的思想准备，即等待收获果实的思想。

什么样的民族集团才具有思想上和实际上的一切前提条件，使他们可以成为农业的发明者呢？

这样的民族集团是存在的，他们的经济类型在一切方面都能补足采集、狩猎和生产经济之间的缺环，我们把他们称为"收获者"。他们依靠收获一种或几种野生植物，作为全年的食物。他们既不从事畜牧，也不从事农业，把全部经济体系建立在收获而不是采集野生植物的基础之上。

收获者部落曾经生活或今天仍然生活在世界的五大洲。大量发掘可证，从旧石器时代晚期到新石器时代的开始时期的经济，就以收获野生果实或谷物为基础。

今天非洲已很难发现真正的"收获者"，但据记载古代非洲许多部落收获野生植物和籽种曾在经济中起过一定的作用。希罗多德（Herodotus）报道，埃及人大量收获莲花百合，晒干后磨成粉，用来焙制面包。据他描述，其根很甜，大如苹果。柯茨

（Kotschy）报道，科尔多凡地区收获野生稻谷来焙制面包。施魏因富特[1]把热带非洲食物主要来源——不是种植出来的稻谷，分为三种不同的品种。塞内加尔地区收获来的野生稻谷是市场上一项重要商品，需求量大，比农业生产出来的稻谷卖价要高。

我们在澳大利亚，特别是在极东、极南和北部地区，也发现收获者部落。他们赖以生存的食物是野生薯蓣、大叶苹籽实、百合根、"本雅－本雅"果实、苏铁科植物的果实及其他。有意义的是这些产品或保持其自然状态，或者还经过加工使其更易保存，作为他们全年的主要食物。有时也知用发酵方法处理食物，如卡奔塔利亚湾（Carpentaria Gulf）的部落就是这样。这种发酵方法被玻利尼西亚和某些北极部落进一步发展。新几内亚南部和西部收获的果实是西谷椰，它是许多部落的主要食物来源。

亚洲古代驯鹿部落在其养鹿以前可能是捕鱼者和收获者。收获野生的块根、葱类和蒜类在今天北极大部分地区居住着的楚克奇人、雅库特人（Yakut）、通古斯人（Tungus）生活之中，仍然起着重要的作用。特别是楚克奇人，收集一种马齿苋科植物（*Claytonia acutifolia Willd*）的根部和心部腌泡起来，可以吃一年，直到下一个收获季节为止。玻利尼西亚人若无野生的面包树和椰子树，便不能在珊瑚礁上生存。

南美查科地区则收获长角豆（algarroba）和一种叫"图斯卡"（tusca）的植物。阿劳卡人（Araucanian）和古代秘鲁人收获野生的马铃薯。哈什伯格（Harshberger）在秘鲁收集到的史前遗物中，发现了野生马铃薯小的块茎，径约 1 英寸[2]，很像今天墨西哥某些山区生长的野生马铃薯。

1　施魏因富特（Georg August Schweinfurth, 1836—1925），德国人类学家，著有《非洲的心脏》（1878）及《非洲美术》（1875）。——译者
2　1 英寸约合 2.5 厘米。——编者

北美收获者最重要食物是印第安人野稻、矮松籽实和橡子。此外，还有豆荚、仙人掌根、芦苇和许多野生籽实，作为补充物和代替品。中部加利福尼亚之东的部落，主要依靠橡子和矮松为生。这一点可以说明下列事实：近代以前他们部落的历史从不提及饥荒，和狩猎者、采集者的情况一样。而在今天，圣华金河（San Joaquin）流域橡子减产（如1941年那样），就是一场灾难，因为橡子正是约库特（Yokuts）部落成员的主要食物。有关此事的报道写道："在白人把文明带到这一地区之前，储存的橡子肉和橡子粉取之不尽，但现在经常是几个月后即遭虫蛀。几乎每个印第安人帐篷——现在仍有几百个之多——都有软柳条编的篮子，储存着大量的干橡子。"

图74　加利福尼亚的印第安人妇女运送水和草籽

北美大湖地区收获经济的最重要产品是野稻和野生燕麦。早在1683年，神父亨尼平（Hennepin）报道说："湖中不经过任何耕种，生长着丰富的燕麦。今天印第安老人讲述的许多有趣故事，都是与野稻地有关的。齐佩瓦人（Chippewa）和苏人（Sioux）之间发生的多次流血战争，就是为了争夺野稻地。"

根据传说，野稻是"伟大的神灵为了使印第安人健壮而准备的"。后来，许多河流、湖泊和村庄，便以野稻命名。在齐佩瓦人语言中，八月的意思是"收获野稻之月"（*Mah-no-nim-e-kay-ge-sis*）。这一带的苏人和阿尔衮琴人（Algonquin）经济生活的中心，便是收获野稻。据伯恩斯（M. L. Burns）报道，当快要收获

图 75 齐佩瓦－印第安人妇女把野稻打进独木舟

图 76 易洛魁－印第安人收获谷物

时，妇女把青苗一捆一捆地扎起来，防止风吹损坏或为水禽所食，也使以后的收割易于进行。谷物成熟了，采集到独木舟中，用桨或长叉驶出野稻地。奥吉贝人（Ojibway）有一个传说，讲到在可怕的饥馑时，他们向伟大的神灵祈祷，神灵现身于一个巫师面前告诉他"注意那像矛一样尖锐的籽实,美食就在其中"。同时给予他们关于采集、去壳和炒焦的指导。奥吉贝人为了感谢神灵,每年收获之月都要举行丰收祭的仪式。当野稻收割以后,用棍子脱粒,放在日光下晒干,然后炒焦、弄干净、去壳,储存起来,有栗子般的甜味,非常可口。

这些民族与在本部落领地内游荡的随摘随吃的狩猎者和采集者不同,丰收时要储存食物以备不时之需。他们的住所较之古老攫取经济的人们的住所更为坚固。他们在靠近收获地带某一地区长期停留,这种收获地有时包括几百平方公里的范围。无论是哪个收获者部落,也无论是收获什么类型的果实,这种经济形式对于他们的文化发展,都有强烈的影响,其中最重要的就是建造了贮藏室和仓房,以保证收获产品的安全。

收获者虽然没有计划性农业,但其对待野生植物的态度,却不同于采集者和狩猎者,而与农业民族的心理状态相类似。他们在唱歌和举行仪式时,对收获的果实加以颂扬,并祈求丰产,因为收获者对于储存收获来的果实是十分感兴趣的。澳大利亚西部居民收获时,把一些野生薯蓣的嫩芽放回土中。奥吉贝人把收获来

图 77 新西兰霍罗温努湖区的仓库

图 78 非洲奥万博的储物容器

的部分野稻撒在水中,这样对他们下次收获有所帮助。太平洋区域的收获者,当椰子的老树已被砍倒,便清除土地,使新芽迸发。

收获地成为部落和社会活动中心。生活有了保障,使部落成员增多,比起狩猎者和采集者来,收获者的公社要大得多。温尼巴戈人(Winnebago)每个居留地都有300人。新几内亚瓦卡蒂米人(Wakatimi)和奥布图斯人(Obotos)每个公社由1000人组成,都是以野生的西谷椰为生的。在美洲,野稻地曾是苏人和阿尔衮琴人分布之中心。玻利尼西亚多次种族迁徙都与面包树有关。

只有这些不从事耕作却和农业部落同样收获的人,才能看作农业的发明者。此外,收获者经济又为畜牧业的发明创造了前提。狩猎者和采集者不时为需要所烦扰,对捕得的动物不可能有友好的态度,他们为了生存不得不杀死眼前的任何东西。而收获者的生活有收获来的果实作为保障,他们能以友好的态度来对待野生动物。

收获文化的民族为农业和畜牧业的发展提供了前提条件,农业和畜牧业的技术可能就是从这种进步的攫取经济中发展而来的。在地球上所有适合的地区,这种经济在其历史发展过程中完善起来,最后和发达文化的特征——犁耕结合在一起。农业发明的确切地点,今天尚难决定,然许多迹象表明,亚洲南部和中部具备导致农业发明的有利条件。

我们已从早期新石器文化中获得一些关于农业存在的证据,故能将农业最早发展年代上溯到大约公元前5千纪。科学家海涅-革尔登[1]和门金[2]把所谓"圆柱形锄文化"(*Walzenbeilkultur*)

---

[1] 海涅-革尔登(Robert Freiherr von Heine-Geldern, 1885—1968),奥地利人类学家和考古学家,专门研究东南亚和太平洋地区的史前考古和民族学,著有《太平洋地区迁徙的若干问题》(1954)、《南美冶金术的亚洲起源》(1954)等。——译者
[2] 门金(Oswald Menghin, 1888—1973),奥地利历史学家,著有《石器时代的世界历史》(1931)。——译者

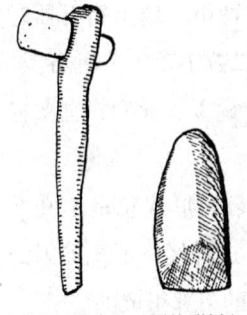

（出土于丹麦）（圆柱形锄）

图 79　新石器时代的锄　　图 80　新几内亚的石锄 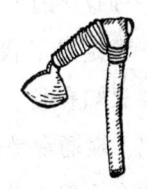　　图 81　喀麦隆的铁锄（值 1500 贝币）

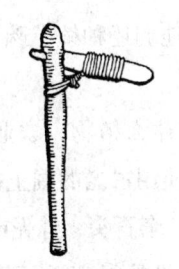

定为新石器时代最古老的农业生产经济。这种文化遍及全球，其最早分布地点据推想是在亚洲中部以南，可能是在中国。圆柱形的锄就是横断面呈圆形的石斧，有着锋利的刃和圆形或圆锥形的柄，这种文化即以此而得名。

这种文化确实是在全球范围都有分布，其巨大浪潮冲入欧洲和亚洲，包括东南亚和美拉尼西亚群岛所有地区。"圆柱形锄文化"的农业经济虽然因地而异，但总是常常与猪的培育和饲养联系一起。这意味着只要可能便将野猪活捉加以饲养。常常是把它们关在栅栏中，直到需要吃它为止。这就是为什么很多发掘地点中发现的野猪骨多于家猪骨的缘故。

关于人类种植的最早植物类型是灌木、鳞茎、块茎或树，是不能确定的。沃斯（W. Werth）认为，在南亚香蕉是最早栽培的植物。根据布龙敦（G. Brunton）的意见，最古的栽培谷物是二粒小麦（the emmer wheat），公元前 5000 年前埃及农业中已有之。史前遗物的发现，对确定鳞茎和灌木最早栽培年代是没有帮助的，却可为最早栽培的谷物提供可靠的证据。关于栽培谷物的穗的图形已经被发现，其年代上溯到新石器时代早期。外里海的安诺的发掘证明，公元前 4500 年已知大麦的种植。瑞士新石器时代的"湖居文化"种植的植物有矮小麦、二粒小麦、一种谷类、两种大麦和一种小米。他们还种植了豌豆、扁豆、亚麻、罂粟籽和一种嫁接的苹果树。

无论最早栽培的是什么植物，农业的最初形式总是不知有犁，只知有锄，有时还使用古老的掘土棒。这种经济形式即因锄得名。锄通常是由柄和一个石头、蚌壳或铁的刃部组成的。

今天锄文化的分布仍是很广泛，其主要分布地区是热带非洲、美洲、印尼和大洋洲，经常种植的植物是鳞茎和块茎，如薯蓣、木薯、甘薯、野芋和马铃薯。谷物有玉米、稻谷和高粱。每一部落栽种植物的品种是有限的，经常是一种植物占绝对优势，作为经济主要基础。这并不意味着此主要植物就不需要其他不太重要的产品作为补充了。关于香料植物和麻醉性植物，差不多在任何地方都有栽培。

假如我们询问原始农民关于他们食用植物的起源和农业开始的年代，他们总是回答说：从不知道的时期起，祖先们即已种植。南美图皮人（Tupi）声称：木薯是从一个坟墓中开花的。巴凯里人（Bakairi）相信这种植物是附近河中的鱼"波加杜"（*bogadu*）给他们的。这是上天给予人类的重要礼物，但在神话中，神和魔鬼、动物和英雄也出了一份力。

毫无疑问，农业的发明是妇女对人类财富的最大贡献之一。在攫取经济中，经常关心以植物食品供应家庭的是妇女，因此妇女可以把种植这项伟大的发明付诸实践。当然，男子的狩猎活动并不因农业的发明而停止，他们像过去一样继续狩猎，尽管部落主要给养已靠种出的植物来提供。

清除耕地，开始栽种，确定何处作为耕地，时常是举行庆祝活动的机会，因为全村居民都是积极参加农业劳动的。

图 82　非洲人锄地

例如，巽他群岛的西弗洛勒斯岛（Western Flores）的纳达人（Nad'a），确定耕地时绝不冒险从事，他们用一根称为"梯波"（tibo）的竹子进行占卜。竹子放在火上烧出裂纹，裂纹大小和方向"告诉"他们应该做什么事。他们对"梯波"这样说："'梯波'！我们想开一块新耕地，假如通往耕地的道路有什么不吉，或耕地有什么危险，请在您的右上方出现裂纹。"假如回答是令人满意的，就要立即开始工作。

当一个锄文化的部落决定了新耕地，每人都要唱歌跳舞来庆祝，这时常在巫师领导下进行。耕地既已确定，次晨便出发工作。他们把一片树林、灌木丛或草地清除出来，用石锄把树砍倒，树根留在土中，砍下的树枝就烧掉，灰耙入土中作为肥料。男子从事费力的工作，妇女则准备"野餐"用的食篮。清除耕地时常要经过几天艰苦的劳动，此后妇女便进行栽种。这时要以各种巫术来保证所有重要作物的成长。例如上述纳达人再次和他们的"梯波"商量，设法"召唤谷魂到耕地集中"。他们对小竹棒这样说："'梯波'，我们现已清理好大片耕地，所有杂草已拔起，灌木都已烧掉，它是干净了。我们现在邀请谷魂来到这块地方，附身于谷物之上，这样我们可以有一次丰收。我们希望收来的谷物把仓房的梁柱压断，把仓房的地板压穿。'梯波'，请允许我们有这样一次收成吧。假如您答应，请在左下方出现裂纹。"这时，妇女便把籽种放入土中。

南美印第安人把木薯的茎插在土中，使其成长为灌木。成熟的块茎根据需要收获以后立即将新的茎插回原地。种植地保持整洁的外貌，给予许多白人好的印象。一个基督教牧师拜访葡属东非锡利河（Xire river）附近土著居民的耕地后，也曾这样评论道："我曾想能教给这些黑人一些事情，现在知道从他们那里学得的东西很多。"

锄耕文化的许多部落，尽管对耕地这样小心照看，一般来说经过一两次丰收后仍要把耕地放弃，而另找新的耕地。然而刚果和美拉尼西亚有些部落现已使用轮种制。例如，非洲人的轮种次序如下：新开耕地种蚕豆，收获后种有穗小米，把木薯秧间种在小米之间。木薯块根长成要两年时间，等它们变成木质了，再在他处另开新耕地，另一次轮种又开始了。

许多锄耕文化的原始人很重视肥料之利。东非班图人有些部落用牛粪作为肥料。利文斯敦[1]看到赞比西（Zambesi）地区用烧焦的杂草肥地。北美新英格兰的印第安部落用鱼和介壳肥

---

1 利文斯敦（David Livingstone，1813—1873），苏格兰人，牧师和非洲旅行家，著有《赞比西河及其支流》（1865）《南非传教旅行及研究工作》（1857）等。——译者

地。秘鲁印加人懂得鸟粪是有效的肥料。古代墨西哥人则使用人粪肥。

供欣赏用的花园起源于锄耕文化。人们把各种花和藤蔓种在地边,或者如巴布亚人那样,种在果树之间。墨西哥湖中的浮动花园[1],以及传说中西米拉米斯皇后[2]的空中花园,使早期花园达到完善的程度。

另一种生产经济是家畜(特别是牛)的驯化和饲养。它从其开始就对世界经济和世界历史有着重要的影响。

人们也许以为,动物的驯化和饲养是从锄耕文化中发展出来的,这是不真实的。驯化动物的最早证据和锄耕文化本身的结构,推翻了这种假定。牧人的文化和精神状态,与农民大不相同。我们在现代一些锄耕文化村落中,偶尔会发现豢养着一群动物,但并不能证明那里在饲养家畜。它们处于野生状态,仅是被捕捉起来加以豢养而已。

鸡和猪似乎情况特殊,因为它们是非迁徙性的。新石器时代遗物表明,当时已有大量野鸡和野猪被关起来保存着,留待庖厨需要时再杀。然而,锄耕文化中所遇到的正式的家畜饲养,皆是学自牧人。

狗是人类驯养的最早伴侣,旧石器时代就起着伴侣的作用。狗的祖先是狼。最古老的养狗中心是在北亚,冰川时期从那里传到欧洲。它被完全驯化以后,才随着最早的定居者传入美洲。

马、牛、羊的饲养,是在有大量野生品种分布的地方发展起来的。中亚山区及其以北的高原地区,具备着有利的条件。

---

[1] 浮动花园,墨西哥城等地在湖中漂浮的木筏上铺以泥土,种植花草,故名。——译者
[2] 西米拉米斯皇后(Queen Semiramis),传说中的亚述皇后,据说她曾建巴比伦城及空中花园。——译者

弗劳（Flohr）和门金相信，土耳其西部到西藏高原，是养牛业发展的舞台。今天西藏牦牛的畜养，仍具有古代畜牧文化的所有标志。最早驯养的牛的著名品种是长角类型，它可以上溯到亚洲牛的野生品种。山羊的驯养后于绵羊的驯养，它们看来都起源于这个特殊地区。

最早养牛地区之北的阿尔泰山和吉尔吉斯及巴腊宾草原，是养马和养骆驼的最早发展地区。驯养骆驼和马的文化从这里向西一直不断地传布到俄罗斯东南部和高加索，向东达到戈壁沙漠。马和骆驼原来用以载重和提供乳，从这些部落不固定的生活方式不可能发展出独立的经济形式。因此，我们发现这些骑畜驯养者无一例外地和依靠收获经济、农业经济或养牛经济的部落共生。中亚高原盛行养马，无疑可上溯到公元前5千纪，即欧洲冰川时期的末尾。

养牛民族的文化，或者主动地通过本部落的迁徙，或者被动地通过其他部落仿效自己的经济形式，其影响遍及全世界。考古发现，特别是彭佩利（R. Pumpelly）叙述的考古发现，为古老养牛文化提供了新颖的材料。在靠近外里海的阿沙哈巴德（Ashabad）的安诺，发现了保存很好的养牛文化遗物。这些遗物出于15米深的最下一层，其年代可上溯到公元前3500年。同一地点还发现了栽培的大麦和小麦，故可推测安诺文化代表农业经济和养牛经济的混合形态。养牛甚至更为古老。

由于部落迁徙，养牛文化从最早发展地区向南方传布。欧洲和东亚虽然学会了养牛，却未采用牧人全部文化形态。亚洲最南地区的养牛者，是南印度尼尔基里丘陵地（Nilgiri Hills）的托达人（Toda）。牧人迁徙浪潮涌向伊朗、美索不达米亚、叙利亚和非洲。在非洲大陆，牧人从东北方面向埃及扩布，少数向北越过大陆到达加那利群岛（Canary Islands）。迁徙巨浪到了东非并向南发展，但撇开了热带中非；畜养的动物主要是牛，兼有载重和骑乘双重用途。

这样，非洲主要经济形式是养牛，而亚洲则养绵羊和牦牛。畜群一般被当作财富的象征，没有迫切需要是不屠杀的。因此，奶、毛和粪成为主要产品，对肉则不甚重视。

农业和畜牧业是生产经济两个分支，皆是从收获者的经济形式中发展出来，它们在地球广大地区相遇，并且互相混合。只有它们混合起来，才为世界性经济征服创造了前提条件。但若无犁的发明，地球上广大空间还是不能被利用来养活日益增长的人口。犁的发明和利用畜力（主要是牛，后来还有马）拉犁，使人们可能开发大片耕地，作为真正的农业生产的基础。犁本身是应用了锄和一种特殊的铲形刃的掘土棒的机械原理，其最早证据可以上溯到公元前3千纪。多瑙河地区所谓"带纹陶文化"时期的农民已知用犁，同一时期它也为印欧部落所使用。

犁耕文化仅发生在历史上某一时期，在它散布到其他地区前仅发生在世界某一个地区。这个最早地区可能是有发达文化的美索不达米亚和埃及。

犁的最早形式是由树杈形木头做成，虽然最古老的新石器时代的犁表明，犁铧部分是石制的。这并不奇怪，因锄本身也装有石刃或蚌刃。甚至今天仍有某些地区使用木犁，例如欧洲东部和东南部就是如此。经常有人推测，轮子和车的发明与犁的使用有关，这是不正确的。原始的犁不用轮子。今天苏门答腊的巴塔克人及中国人、日本人的犁，也还不装轮子。

古代美洲不知有犁，可能由于缺乏曳引犁的动物。在墨西哥和秘鲁的发达文化中，锄耕文化的经济向园艺和修建梯田方面发展。

犁耕文化的显著特色是有计划地施肥和复杂灌溉体系的发

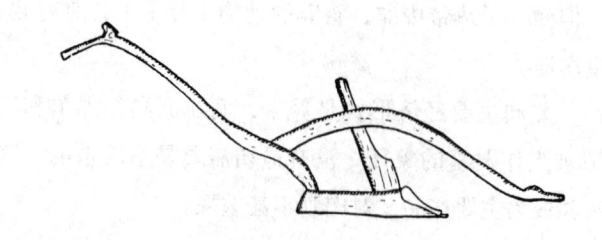

图 83 原始的犁

图 84 卡拜尔斯木犁

展。18世纪末期以前,古代的犁不曾有什么全面的革新。此后,犁的木架终于用钢铁制造了,并把几架犁结合起来,成为一体。后来犁又用蒸汽机和内燃机这类机械动力来驱动。

图 85 古埃及人拉犁

经济的故事就是这样结束了。这是使人类可以日益增长地生活在地球上的一种最重要因素如何发展的故事。犁和养牛的知识,使掌握世界谷仓和家畜资源的民族,不仅能养活自己,而且能够满足近代全体人类的需要。

第五章　发明和早期手工业

歌德在《浮士德》中说："没有哪个凡人的意志，能够揭穿自然的秘密。"这一点最近可能已不再真实。我们拍摄细胞生长的能力和控制宇宙力量的新知识，使我们揭开万物的秘密已达到这样的程度，竟有人发出责难之声。如温斯顿·丘吉尔就这样说："黑暗时代可能回来，石器时代可能随着科学的闪光飞回来。那些现在可以赐予人类无限物质利益的力量，也可能引起人类全部毁灭。"这表明伟大的20世纪还有人害怕这些进步。

黑暗时代真是如此"黑暗"吗？当时和今天不同的是，现代人试图把自己提高为宇宙的主人，而在以往的年代自然却是人类的全能主人。当时人们从周围环境观察到的现象中，获得知识和初步技术，他们向周围事物学习。但即使如此，人脑的功能仍使人类创造了精神财富和物质财富，完全超越动物界的"天才"，而无愧于人的称号。

人们注意到大象折断树枝，用它打击追踪的狗。我们很熟悉建筑能手海狸的成就。[1]我们知道美洲小小的黄蜂会使用小石子作为日常工具，来夯打覆盖在小洞上的土壤，以保护洞中的藏卵。

1　海狸善于在水中筑坝做窝，参见本书第十四章。——译者

但这些动物的活动,是否能证明它们有一种计划性的思想呢?对这些自然物的使用,是否就是发明呢?

这些机智的动物,仅仅会有自然界提供之物作为工具,而不像人类那样有把自然界物质改变形状和赋予新的用途来制造工具的技术。动物可以是使用者,但不是发明者。

冰川时期人们就知道如何将原料做成工具,以提高自己的生活水平,远远超过他们的动物小兄弟。

原始时代没有亚里士多德、伽利略、伏尔泰、爱迪生或贝尔[1],没有一个人能被承认或尊崇为最早发明家。并非有人"灵机一动",就发明了第一把石斧、第一座风篱或第一件毛皮服装。所有这些发明形成一道链条,它是一代一代无名发明者经验的逐步积累而形成的,是许多不同的发明相互结合的产物。我们无权假定史前时期每人都是"天才",需要什么就发明什么。

"需要是发明之母。"没有哪句老话比这句话更为含混了。气候条件、心理准备、民族迁徙和思想传播,均是增进或妨碍技术知识扩展的决定因素。雪鞋和雪橇不可能发明于丛林之中;风箱和冶炉不可能起源于无铁的北极地区;一个布须曼人无论具有何等非凡的才能,也不想建造织布机和仓房;澳大利亚土著居民做不出毛毡或设想不出在吊床上睡觉。虽然这些技术的掌握将意味着他们生活标准的提高,他们思想上对这些毫无准备。假如教给他们这些秘密,他们也会迅速放弃,就像原始的俾格米人看不起周围的从事农业的尼格罗人那样[2]。

某种文化因素独立发明,或仿效其他文化的发明,有共同的前提条件,即必须在思想上有所准备,否则一种新的文化财富

---

[1] 贝尔(Alexander Graham Bell,1847—1922),美国科学家,电话发明者。其他诸人都是中国读者所熟知的西方著名科学家。——译者
[2] 参见本书第四章。——译者

既不能发明出来，也不能被接受。独立发明和仿效之间的唯一区别是：发明乃从事创造的结果，而仿效仅说明有接受的能力。为了说明这个观点，只举少数例证就够了。如日本人的文化结构使他们可以仿效西方文明的许多文化因素（甚至包括最现代化的武器），而布须曼人、澳大利亚人或火地人的文化决不会接受这样的发明，因为两者之间差距太大了。

另一方面，原始文化即使从外国文化中接受一些因素，也不知其原来意义。在非洲，竟把别针作为耳饰，把留声机看成是魔鬼歌唱队的化身，把欧洲人的手表作为好玩的圆形装饰。

关于文化因素传布方面，值得强调的另一点是发明和改动之间也有所不同。发明是全新的事物，而改动仅是对古老发明的改进而已。

要决定一项早期发明的起源地，时常是困难的。文化传布的规模是这样广泛，以致我们发现今天世界不同地区的文化中心之间，不仅工具、房屋和日用之物，还有宗教、经济、道德和社会观念，都是完全相似的。

现代文明掌握的许多技术，在这一点上或那一点上，源于古代的发明，像一根长的链条一样可以上溯到黎明时期。虽然许多古代技术由于制作方法的改善已经过时，今天还有大量人类早期财富仍然照样地或仅有微小改变地在使用，另一些则为原始人在为白人所知之前好几个世纪所使用。

在白人到达以前，南北美洲的印第安人有一系列发明和发现。瑞典人诺登舍尔德[1]特别列举了他们对玉米、木薯、马铃薯、向日葵、野菜和蚕豆的认识和利用。印第安人还驯养了美洲骆

---

[1] 诺登舍尔德（Nils Erland Herbert Nordenskiöld，1877—1932），瑞典人类学家和考古学家，著有《比较人种学研究》九卷（1919—1931）及《南美铜器时代和青铜时代》（1921）等。——译者

马、羊驼、豚鼠、麝香鸭和火鸡。他们知道古柯碱[1]和棉花,吊床也是他们的发明。此外,他们还知道了橡皮球和制造防水织物的方法。他们酿造致人死亡的箭毒,并从番椒中取得毒气,作为战争的武器。

在库埃[2]及其"每天变一个样"的自我疗法问世以前很久,丛林中的巫医已以"自我暗示方法"(Auto-suggestive method)医治病人。白人外科医生在试做锯解头颅手术中要损失百分之九十的病人,而北非土著居民却知道如何安全地打开人的头盖骨。他们可以和会动"恺撒手术"[3]的熟练医生相媲美。瓦格纳-乔雷格[4]用疟疾疫苗麻醉法医治梅毒病人,获得了诺贝尔奖奖金。而在此以前好几个世纪,东非土著居民即能将梅毒病患者"送到沼泽地中",以便引发对病有益的高烧。

相当我们所说"奢侈品"的东西,还有用南瓜壳和老鼠皮做的土电话,这是非洲人的一项古老的财富。爱斯基摩人的电话还带有皮套,通话距离可达 125 英尺。马可·波罗描绘为"人工肺"的空气调节塔,在今天巴林岛(Bahrein)仍很普遍。现代的墨镜并不比原始人的眼罩高明。北极地区用骨片或木片保护眼睛,以免被雪光刺瞎。织成的各种形状的眼罩,则在美拉尼西亚、玻利尼西亚和南美普遍流行,就像西藏以薄的黑毡为面纱一样。

每当几百代以前的工匠用石、木、骨、植物纤维和动物的皮首先制造一件使生活舒适之物,他们就为我们现代的物质享受

---

[1] 即可卡因。——编者
[2] 库埃(Émile Coué, 1857—1926),法国药物学家和心理学家,首先提出以乐观主义的"自我暗示法"治疗病人。——译者
[3] 恺撒手术(Caesarean operation),即妇女难产时施行的剖腹术,传罗马恺撒大帝即靠此手术出生,故以他命名。——译者
[4] 瓦格纳-乔雷格(Wagner-Jauregg, 1857—1940),奥地利精神病学家和心理学家。他在 1927 年获诺贝尔奖奖金。——译者

奠定基础。研究早期工业，至少研究一下主要的早期工业，确是非常有趣的，因为它讲述了我们今日为之骄傲的许多事物起源的故事。

"最早的手工技艺是什么？人类最古老的工匠用的是什么材料？"这是一般人要求了解的问题。当然他们在任何一个民族博物馆藏品前漫步时，面对着各种材料制成的大量物品，便不再要求解答这些吸引他们来参观的问题了。

我们不可以忘记，经过漫长时期能保存下来之物所用材料都是不易朽坏的，而血肉之躯或植物纤维之类难免化为尘埃。石器时代以前很长时期，人们曾用木头作为材料。当时它像今天一样的丰富，然皆朽坏未能保存。从相当于史前人文化水平的塔斯马尼亚人（现已灭绝）、澳大利亚人（今仍存在）和其他大陆上采集者部落之中，还可看出黎明时期曾有过"木器时代"。若假定铁器时代、青铜时代和磨光石器时代，各有三千年的历史，可以有把握地说，打制石器时代及其之前可能存在的"木器时代"延续的时代更长。这并不是说木质工具和器具所起的作用，到了后世就被其他材料完全代替（现代的家具就表明情况恰好相反），这仅仅意味着木头是最早用的材料，以及是用当时的工具最易于处理的材料而已。

正像今天许多地区的情况一样，古老的人类所用材料以木头最为普遍，并占有主要地位。由于无合适工具可把自然状态的木材加工为木板，当建造较大的物件如风篱和独木舟时，树皮具有极端重要性。原始人借助于贝壳、兽齿、骨头和石头来做所需要的木片，虽不用金属工具，他们在木工方面能够取得和今天继续取得的成就，是足以惊人的。

原始人的（甚至较发达文化的）房屋是捆缚起来的。用筋腱或纤维缝成的或用胶粘成的树皮物品，经久耐用，令人惊讶。大

图86 克拉克当旧石器时代早期的木矛头

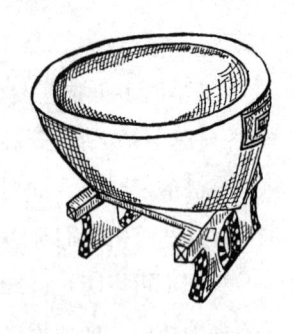

图88 加罗林群岛中特鲁克岛的进食用木碗

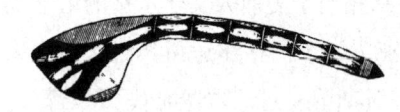

图87 澳大利亚新南威尔士州西部的"尼勒-尼勒"木棒

图90 南刚果的木碗

图89 捣碎木薯叶的木槽

图91 南海地区木雕衣架

图92 南刚果的人头形木杯

的木器，如信号鼓或船，则是用一根坚固的树干做成，中空部分是用火烧出来的。

人类最古老的木质工具是掘土棒，是人们每天采集食物时不可缺少的助手。它是一根简单的有尖端的树枝，有时成叉状，尖端用火烧过使其坚硬。木矛从掘土棒演化出来，用于原始人另一种取得食物的活动——狩猎之中。木矛尖端放在火上烧得非常坚硬，有时超过燧石矛尖，甚至超过金属矛尖。亚洲的方法是把竹矛放在油中浸泡，并放在热灰中烘干，做出的矛尖像金属一般坚硬。在最近远东地区的起义中，这样的竹矛曾和白人武器做有效的对抗。

盾牌加入木器大家庭为时较晚，它是由防御性的挡棒演化而来。它具有各种形状，由各种材料制成，例如非洲皮盾。另一种具有各种形状的武器是木棒，为所有原始部落所使用。从简单的树根或树枝，到南海地区举行宗教仪式舞蹈时所用缠有流苏和羽毛的雕花木棒，共有几十种之多。就连澳大利亚人也有造型优美的标本，上面有大量的几何雕刻，他们的飞去来器应用了复杂的物理规律，每端有不同的平面，它是利用螺旋桨的原理制成的。

许多原始家族的木质用具，如匙、勺、盘、碗等，和我们自己所用的并无很大差别。叉子在少数地区偶然使用，但不是作为普通的食具，而是作为宗教仪式的用物。南海地区的食人者，就用三齿叉子取食人肉。红木做的洗指盂、盘子和盆，属于加利福尼亚的约罗克人（Yurok）的家庭设备。枕头、凳子和大的贮物木盒，在各个大陆很多民族之中都有发现。非洲蒂卡人的木凉鞋上有优美的所有者标记，能和现代海滨所用凉鞋相媲美。玻利尼西亚人的房柱、跳舞面具、鼓和家庭用具上，有着华美的雕刻，并非金属工具刻成，所用工具不过是贝壳、粗糙的鱼皮、沙子和

图93 非洲黄金海岸的木勺

图94 澳大利亚巴瑟斯特岛的树皮篮

磨光的浮石。非洲土著居民冶铁早于白人，故他们的碗、房柱、家具和玩偶，在形式上和制造工艺上都非常完美，以致现在丛林中的土著艺术学院吸引来白人世界的学生。

在发达文化中，木工技术变得显著不同，特别是增加了削平和合榫的技术。尽管如此，在原理上仍然毫无改变。原始人的木制动物捕机、弓箭及其他不计其数的木器，白人不仅加以仿制，而且作为他们后来用其他材料所制物件的"蓝图"。

树皮是最易于处理的木料。树皮建造了人类最早的家——风篱。许多部落用它做容器和篮子。它对某些民族来说，是一切材料中最重要者。拉布拉多的印第安人全部物质财富所用材料，除去兽皮外，就是树皮和木头。他们若没有桦树皮做的独木舟和木头雪橇的帮助，就不能获得猎物的皮毛。他们全部家庭设备，实际上都是用桦树皮按几何形状"缝制"成功的。桦树皮先用海狸齿割开，用撕开的松树根、动物的腿或皮线缝成容器，加上松脂和胶使之不漏水，并在上面装饰动物形象、神话人物和几何形花纹，涂成浅黑色和淡棕色，殊为悦目。在好看而坚固的带盖容器中，放着浓浓的果酱、熊脂和著名的肉饼，可以防御昆虫、尘土和潮湿。

树皮加以浸泡和棒打，变成一种光滑材料——树皮布，它

图95 蒙特纳斯-纳斯科皮人装肉饼用桦树皮篮上的花纹

可以代替纺织纤维做衣服用,这大概是树皮一项最重要的用途了。树皮布为较进步的文化所用,狩猎者和采集者对它是毫无所知的。它虽也在非洲和马达加斯加岛被制造,但其最重要的分布中心是印度尼西亚和玻利尼西亚,在那里它被称为"塔帕"（tapa）。由这两个地区又传入南北美洲。欧洲和亚洲许多史前民族也知道树皮布。

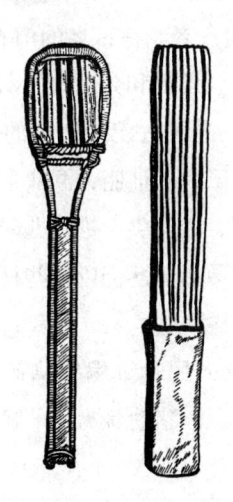

图96 制造树皮布的木槌
（左：西里伯斯岛中部 右：圣克鲁斯群岛）

图97 斐济群岛的树皮布——"塔帕"

"塔帕"用面包树、无花果树和桑树等的韧皮制成。从树干上把树皮剥下，浸泡使软，用特殊的棒或槌拍打成为轻柔的纤维，最后做成质地比纺织出来的还要好的产品。玻利尼西亚的"塔帕"饰有五颜六色的整齐美丽的花纹，有时是画出来的，有时是用竹木模子印出来的。非洲拍打树皮布的槌是由一段象牙制成的，把红木碎末捶打进去作为染料。这里树皮布主要用途是做衣服的材料。美洲西北部印第安人用骨铲把杉树皮剥下，用骨槌击打成树皮布。他们许多舞蹈用的色彩鲜明的毯子用杉树皮来制，把这种树皮纤维织入以狗毛和山羊毛为主要原料的毯子之中。

　　拍打韧皮制造树皮布的方法，对中国纸的发明有所影响[1]，纸的最早标本就是由桑树韧皮加上植物纤维制成。埃及纸草的发明也与这种方法有关，纸草是芦苇经过拍打和黏结而成的。

　　用骨、角、介壳和兽齿制作工具，和木头树皮的使用是同样的古老。在古老的旧石器时代，就已大量存在骨刀、角柄和介壳做的刮削器。史前时期各阶段都以当时占统治地位的骨工具命名。骨臼用来盛放颜料和油脂，洞熊带齿下颌用来做成有效的武器，鱼叉尖、锥、匙、刮子和针都是骨制的。现代原始部落仍以这些材料作同样用途，情况完全一样。

　　今天澳大利亚人用骨锥编织草篮。大洋洲的圣克鲁斯群岛上，以猪肋骨为针。腿骨做的毛

图 98　旧石器时代的骨刀

---

[1] 中国南方地区自古就有树皮布（所谓"卉服"或即指此而言），近代傣族等少数民族还会制造。树皮布对发明纸的影响可以参见凌纯声《树皮布印文陶与造纸印刷术发明》（1963）。——译者

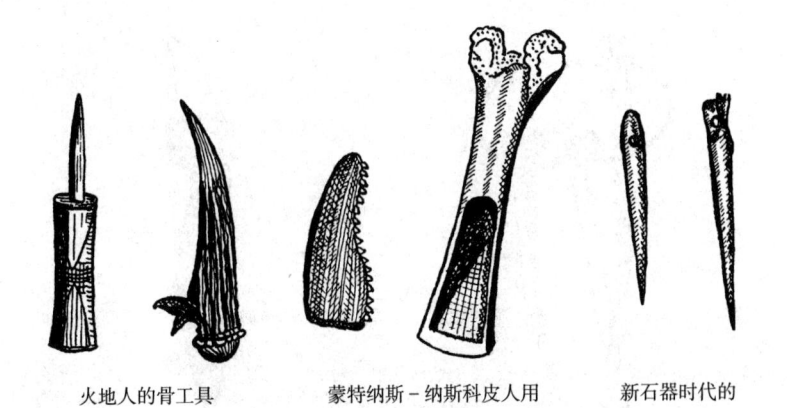

| 火地人的骨工具 | 蒙特纳斯－纳斯科皮人用驯鹿腿骨做的刮毛器 | 新石器时代的骨针和骨锥 |

图 99　几种骨工具

皮刮削器，是从加利福尼亚到拉布拉多的美洲印第安人的共同工具。骨刀流行于玻利维亚东部丛林之中，以猴子大腿骨为柄，以兔齿为刃。加拿大狩猎者的骨刀，则以海狸齿为其尖刃，而有一个木头或骨头的柄。现代原始民族所用的这类工具和黎明时期所用的完全一样，其外貌未曾发生任何变化。

在最早旧石器时代遗物中，打制石器的制造已有显著的目的性。我们必须假定，其前已经过一个发展阶段。"旧石器时代"（Palaeolithicum）一词，是由希腊文的"古"（palaios）和"石头"（lithos）构成，代表"古老的"或"打制石器"的概念。而"新石器时代"（Neolithicum）一词，则象征着"较晚的"或"磨光石器"的时期。

不加磨光的古老石器，有各种打击痕迹，从人们赋予它的形状中，很易于确定其用途，如刮削器、切割器等。其柄部是木制的，不可能长期保存下来。石镞并不是那么古老的。

现代许多爱斯基摩人和印第安人部落仍使用石刀。它们的柄或者是木制的，将刃部嵌进去缚扎或胶粘起来；或者就以石器本

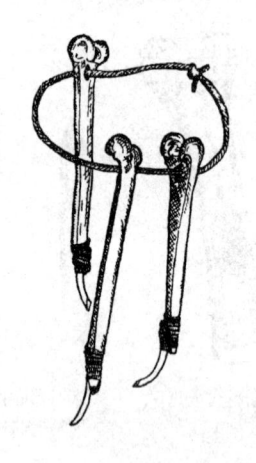

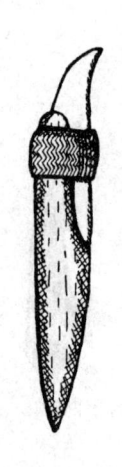

图 100　东玻利维亚西里昂－印第安人的刀子

图 101　俾斯麦群岛的剖椰刀（木柄，砗磲壳刃）

身的一端磨光为柄。加利福尼亚印第安人用石英或黑曜岩做成无柄的石刀，用以剥取猎物的皮，并以同样材料做成有木柄的较小的石刀，供厨房中使用。古代阿兹蒂克人祭祀中杀人为牺牲时，要用石刀。今天许多种族在仪式性环切手术中仍然使用石刀，是这种习俗的残存。石斧在南美地区的考古发掘中曾有出土。瑞士史前"湖居文化"居民所用石锯，今天原始部落仍在使用，它们是在木槽内插以小石片制成的[1]。石钻在印第安人发达文化中仍然流行。石制手斧总是附有直的或弯的木柄，用胶灰、油灰、松脂黏合起来，或用绳子捆扎起来。

在家庭用具方面，石头的另一重要用途是作磨板和磨棒，全世界原始人的主妇们用它来磨碎谷物或其他植物食品。磨板是一块大石头，磨棒是一块较小的圆石头。从北美的收获者部落直到非洲和太平洋岛屿的农业部落，都普遍使用这样的工具。

---

[1] 中国北方广大地区发现的"细石器"，有些就是嵌在木槽或骨槽中的小石片，这种工具一般释为石镰或石刀，而不称石锯。——译者

图 102　旧石器时代早期的石片石器

图 103　旧石器时代晚期的石尖状器

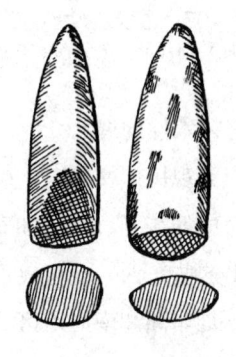

图 105　新石器时代工具
（左：圆柱形锄　右：火石做的斧头）

图 104　旧石器时代的石矛头
（左：早期　右：晚期）

图 106　墨西哥杀死人牲用的石刀

有些部落还用石头制造迷人的装饰品。非洲撒哈拉沙漠的图雷格人（Tuareg）和苏丹西部诸部落，有黑色大理石做的手镯，非常规整、美观。

大洋洲的民族以精巧美观的石棒而著名。这种棒是用玄武岩、软玉和其他贵重石材做成的，上有雕像为饰，被用作首领和统治者的象征。毛利人用黑青色软玉做的玉笏，是现代博物馆一

图 107　古埃及人凿制石瓶
（底比斯浮雕，公元前 650 年）

图 108　莫鲁妇女磨高粱

种很有艺术性的展品。

当参观民族文物时，引起我们艳羡的漂亮工艺品中还有各种编织而成的袋子、篮子和家庭用具，最原始的部落也能很精细地制造出这些东西。全世界都知道编织植物纤维的技术，而最完善的地方是非洲和南海地区。在北极地区，这种技术较为少见，那里缺乏适当的材料，故使当地工艺技术走向另外的道路。

编和织是人类两项最古老的手工艺。它们属于不同的发展阶段，很容易追溯出来。开始是简单地编连棕榈叶、韧皮绳和草片，最后发展出织布机及其生产的各种纺织品。尽管我们对篮子也说"编织"，但这却与织机技术无关。织机技术只出现在进步的文化中，而编织却是到处皆知的。

把植物纤维有规律地联结起来以生产容器、席子、筛子和其他编织物，这都属于"编篮术"。这种技术除了偶尔用一下木头和骨头制成的锥和针，不需要其他的工具。例如，只要把一片棕榈叶羽状部分编织起来，即能做成一把好看而又坚固的扇子。太平洋岛屿和南美许多部落，就使用这样的扇子。

但是，更为重要的编织物是各种各样的容器，用来采集和储藏食物。"食物采集者"一词，即意味着即使是最古老的部落也需要容器，把大自然赐予他们之物收集起来带回家中。因此，无怪乎这些民族很重视编织容器，使其轻便、坚固而又有合用的形式。

澳大利亚的篮子有些是简单地编织起来的，有些则使用复杂的所谓"盘圈"编织方法：把芦苇和草做成圈状，其周围缠绕着韧皮纤维，然后一圈一圈地编织起来。这种方法是从制作投石器的技术发展出来的。他们还制作许多种袋子，系绳背负，使双手可以使用掘土棒。有些部落，如澳大利亚阿纳姆兰（Arnhemland）地区的土著居民，制作一种双层篮子，其上织出可以透见的图案，最流行的图案是人像、鳄鱼、蜥蜴和大蜥蜴。

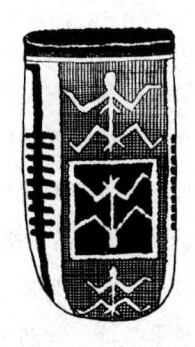

图 109　澳大利亚阿纳姆兰鳄鱼河地区的双层篮子

图 110　圣克鲁斯群岛用椰叶织成的扇子

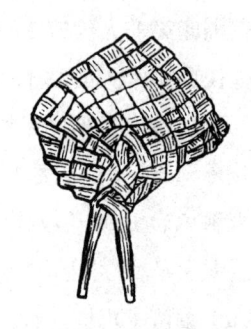

非洲瓦姆伯蒂－俾格米人（Wambutti Pygmy）杀死和肢解猎物时，有一种就地编织篮子的方法。为了便于把猎物拿回家中，他们立即当场动手做一个漂亮的篮子，高过一码，形状完全像他们的蜂窝式小屋。当按照所需要的大小做成后，便将"小屋"翻转过来，把肉放入，运回家中。

火地岛雅甘人（Yahgan）知道四种不同的编篮术。他们不同的容器以所用技术的名称而著名。

图 111　用锥子盘圈的纺织技术

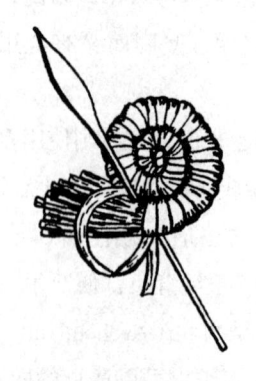

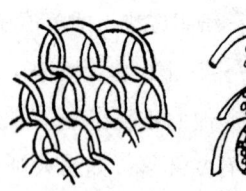

图 112　火地岛的编织技术

美洲印第安人编篮术达到较高的水平，他们时常以编织物代替其他民族用木头或黏土做的东西，如碟、盘、碗、釜和婴孩的摇篮。特别是加利福尼亚的印第安人，其编篮术"无疑是最为发展的技术"，能生产出形状雅观、坚固、光滑的工具和容器，多加上五颜六色几何花纹作为装饰。这些部落中的最北部和约罗克人及其邻人，完全不用古老的"盘圈"编织技术。而迈杜人（Maidu）编篮术仍以这种"盘圈"为显著特征。圈的中心是三股嫩枝（脱皮的柳条或未脱皮的紫荆）编成，在编织过程中用骨锥或木片把圈与圈之间的纤维拉紧。

迈杜人篮子多有棕红色和白色两种颜色，尽管不像波莫人（Pomo）和约库特人的容器那样完善，而其容量却和加利福尼亚其他部落规定的标准一致。迈杜人最有趣的物件，是收获野生植物所用之脱粒棒，由柳条编成。加利福尼亚普遍存在的芦苇席，是迈杜人一件心爱的"家具"，用它作为"坐垫、床及帐篷的顶部和门"。

从克娄伯[1]列举的约罗克人各种物品可以看出编织物用途是十分广泛的：

煮橡子粥的篮子

置放房间周围的高而圆的容器

贮物用的直径达三英尺或更大的篮子

负载用的圆锥形背篓

采集野生籽实用的饰有花纹的小篮

有粗网纹的脱粒棒

大大小小的盘和碟

饰有花纹的小碗

盛烟草用的时常覆盖着鹿皮的篮子

舂打橡子石板上用的漏斗

跳舞用的篮子

妇女的帽子

婴孩的背架

以上列举远不完备。其他部落，特别如波莫人、约基人（Yuki）和拉锡克人（Lassik），还有其他各种编织物。经常使用的编织方法是两股相叠法。以榛子嫩枝或针叶树根为心，上面以一股有色纤维和另一股无色纤维相间，织出图案来。

美洲印第安人其他部落，如阿佩切人，编织的篮子坚牢得很，几乎是不漏水的。阿佩切人妇女采集制造这种篮子的柳条，放在潮湿地方以保持其易弯性，要用时劈开，刮皮，编成圆圈，

---

[1] 克娄伯（Alfred Louis Kroeber，1876—1960），美国人类学家，研究北美印第安人的权威，著有《加利福尼亚州印第安人手册》（1925）、《人类学》（1923）、《北美文化领域和自然领域》（1939）。——译者

图113 非洲约鲁巴的篮子

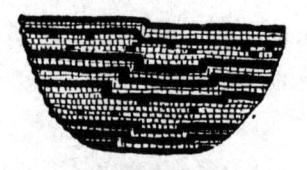

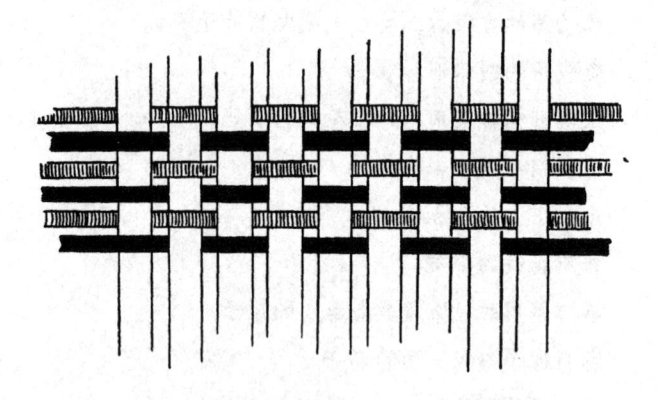

图114 加利福尼亚约基人的篮子

图115 荷属东印度[1]交叉编织的图案

图116 荷属东印度的编篮技术

插入劈开的硬棒作为底部。有时还把鹿皮条编织进去，使口部柳条不暴露在外，最后做成一个大口的贮物罐。贮水的罐称为"土斯"（*tus*），外面和里面涂上加热的矮松的树脂，一个中等大小这

---

1 今印度尼西亚。——编者

样的罐可以盛水五加仑[1]。

南美印第安人发明的重要之物是称为"梯皮梯"（tipiti）的压管，用来榨取木薯的浆汁。它是由对角线形纤维交织而成的，一拉两端就可收缩，这样就把果汁完全压榨出来。辛古河地区除了"梯皮梯"外，还有许多其他编织物品，从棕榈叶编的大篮子，到小的吹箭筒、火扇、有盖的盒子和负载用的大背篓，应有尽有。

印度尼西亚和太平洋岛屿是编篮术另一中心。这一地区有许多种技术，从藤条和植物纤维"盘圈"的古老方法，直到编织凉鞋、扇子和背篓的方法，他们都会。圣克鲁斯群岛的背篓上有花纹和流苏，外貌与织机产品无别。虽然它们是用手编的，除去手指灵巧和高度熟练外没有任何其他的帮助。编织"无结之网"所用技术和编篮术是一样的，生产出来的袋子非常有力而柔软。太平洋岛屿上的"炊事员们"有手织的类似帐篷之物，暴风雨时张开以覆盖篝火。南海地区的编席太著名了，我们在这里无须细说。

非洲编织物是世界著名的，且种类繁多，关于其形状、纹饰的描述，已经占去几卷书的篇幅。从草编的大篱笆，到光滑的藤条编的背篓；从几千种日用容器——碗、筛子和拉菲亚棕榈编成的盘子，到保护婴儿入睡的四方形遮阳小帐篷：人类凭其技巧和想象力，生产出数以千计的东西，形式非常合用而美观。只有去博物馆游览一下，才能对它们无与伦比的技术获得一个概念。喀麦隆和其他地区房屋都以编得很好的席子为顶，而且整个村落的街道也以坚固的席墙挡拦起来。

植物纤维的另一用途是做成绳线，这类编连材料在许多原始文化中起着重要的作用。套索和网是由绳子做成的，盖房子要用绳子把木柱捆扎起来。搓捻起来的植物纤维（无论其为处理过的还是原始形态的），在原始文化中是一种重要的材料。圣克鲁斯

1　1加仑约合3.79升。——编者

群岛的岛民们捕捉鲨鱼的套索非常坚固,足以捕住巨大的猎物。

潘格威人有个吸引人的故事说:"动物之所以使人类可以杀死它们,就因为它们未能摧毁人的种植地,那里出产的植物纤维可以制造出鱼绳、套索和网来。"喀麦隆的蒂卡人种植一种麻类,用以制造坚固的拖绳和网;而他们的棉花,则作为制造妇女们围裙和篮子上所用带子的原料。

人的头发也用来制造绳子和带子。澳大利亚人用它作为制造腰带和项圈的材料。一个澳大利亚人女婿向岳母要头发来制绳子和带子时,岳母无权拒绝。大洋洲的新喀利多尼亚岛(New Caledonia)居民,以人发编的长带来装饰首领的帽子。阿萨姆(Assam)土著居民用人发做的绳子装饰他们的矛。在加拿大的梅尔维尔岛(Melville Island),用羽毛和植物纤维交织而成的腰带、手镯和头带,是有价值的"珍贵品"。当地战士们在战斗时,把以人发绳子悬在颈上的黄色羽毛球咬在口中,就像现在的拳师们在角斗时牙齿咬紧齿垫一样。

所有竹木编织的特点就是只靠人手从事全部工作,除偶尔用锥子外不需要其他工具的帮助;而编其他物件则要加上另一些工具,如编网时要有木制或骨制的针和一小块穿过网眼的木片之类。许多土著居民的编织者,还有一个大的工作架。例如,纳斯科皮人就在架上制造绝妙的"兔皮毯"。他们把皮卷好,切成一条一条的绳子,用来织成毯子,外貌很像整片毛皮做的大皮袍,实际上不过是单线编成的网状组织而已。

加利福尼亚迈杜人的制毯工艺,比我在拉布拉多观察到的简单。迈杜人把皮条连成一长条,"在两根桩柱之间绕来绕去,形成纬线的垂直平面,用双股皮条作为经线来回交替地织入,每织完一道在纬线最外面打一个结"。拉布拉多的印第安人,则使用更高的编织技术。他们在木架上用一根木针穿来穿去,生产出非

图 117　纳弗和－印第安人妇女织地毯

常匀称的毯子。皮圈之间仅有很小的看不见的孔，使其具有很大的隔绝作用。其他加利福尼亚部落还把羽毛织入他们的绳毯之中。

无论谁看了用这些技术制出的产品，都对其匀称、平滑和整洁留下印象。它们具有精致的手工产品的一切优点。但是，假如没有线的存在，还不可能有正式的纺织，线比起短的搓出来的古老绳子要完善得多。

要获得一根长的粗细一致的好线，需要有纺锤这种工具的发明。很多人知道把植物纤维做成条状，弄干净，或者更有技巧地加以击打、弄松、弄直或梳刷。但如胡珀（L. Hooper）所说，正式的纺线还需要"对梳刷出来的纤维细丝进行匀称的转动，把它们扭绕在一起，做成粗的或较好的长线"。胡珀对纺锤下了一个很好的定义:"假如纺线悬吊一根小棒,一端有钩,另一端有重物,由于连续旋转的调节作用,使线纱易于匀称地扭绕,这样的棒便称为纺锤。"

人们开始定居,纺锤便出现在重要工具之中。我们能够确定,农业的发明和纺锤作为一种文化因素的出现,两者是有密切关系的。史前人最古老遗物表明,最早定居部落每个房屋中,都存在纺织的装备。公元前 3500 年外里海地区的安诺文化最下层发现了陶纺轮。同样之物在埃利杜(今天伊拉克的阿布沙林)遗址中,在史前希腊所谓"西斯克罗文化"(Sesklo culture)中,在克里特岛新石器文化遗存中均有发现。古代欧洲"湖居文化"居民的家中,发现了纺锤和织机上的吊锤,经过长期保存下来的还有织机部件、架子、绕线工具以及席子和麻布的残片。现代原始人的纺锤,和古代的纺锤一样。发达文化的埃及、印度和秘鲁,也使用同样的纺锤。秘鲁的贵族妇女离家出访,身后都要跟随一个女仆,携带盛有纺锤和其他做针线活小物件的篮子。[1]

事实表明,由编织技术发展出来的织机是妇女的一项发明,男子成为纺织者是手工业技术已经专门化较晚时期的事情。织机是由编织架引导出来的。架子上有一排经线,把纬线来回织入。美拉尼西亚和南美热带地区土著居民,还有许多北美的印第安部落,就在简单的架子上编织头带、袜带和腰带。骨头或木头做的织针是织工所用梭和杼的先驱。

原始织机的形式是多种多样的,对它们进行分析是一种专门的研究。人类学家恰普耳(Chapple)和克昂[2],按照织机的机械原

---

[1] 参见本书第十章。——译者
[2] 克昂(Carleton Stevens Coon, 1904—1981),美国人类学家和考古学家,曾在非洲和阿拉伯等地进行人类学调查,著有《种族起源》(1962)、《狩猎的人》(1971)、《人类的故事》(1954)等,并与恰普耳合著过《人类学原理》(1942)。——译者

理，将它们分为三大类：(一) 单杆织机，在两根桩柱之间横吊一根木杆；(二) 双杆织机，有两根固定的杆把经线拉直，经常平放，织的工作靠足踏进行；(三) 双梁织机，属于发达文化，开始出现了旋转的圆筒，使织出布料长度不受限制。双梁织机加上许多改进，就可看成现代工业织机的"模特儿"。

这些手工织机，织出许多比我们工厂产品质量更好的精美纺织品。不慌不忙地精心制作，难以理解的和有意义的图案，光润柔和的天然色彩，使这些纺织品具有耐久而又美观的效果。

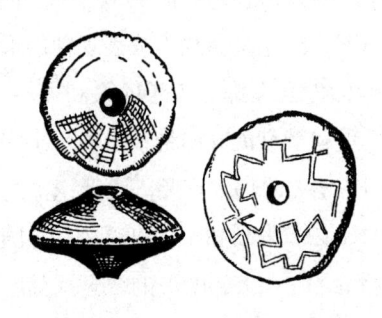

图 118 希腊克诺梭斯发现的新石器时代纺轮（左）和塞萨尼人（西斯克罗文化）的史前纺轮（右）

图 119 玻利维亚奇梅尼－印第安人妇女纺线

织机的分布只限于地球上某块较小的地区，在人类物质财富行列中出现较晚。它在文化高度发展的玻利尼西亚文化圈中是不存在的。它从未传入北美印第安人之中，唯一例外是美国西南部普埃布洛人和纳弗和人，他们以色彩缤纷的羊毛毯和衣料闻名于世。南非、亚洲草原、北极地区也都缺乏织机，北极地区以毡子和动物皮作为纺织物的代替品。

最早制造线的材料都是植物纤维：香蕉树的韧皮、荨麻、大麻和炎热地区的棉花。这也表明织机是编篮术的自然发展。羊毛作为衣料的起源是很晚的。

非洲最好的纺织者之中有喀麦隆的蒂卡人，其棉质围腰以红木染成，引人注目。今尼日利亚的豪萨人（Hausa）的首领和其他人的大袍子，以饰有彩色带为特色；而西非填有棉花的"弗里吉亚人"帽子，是最佳的工艺品。

美拉尼西亚土著居民精美的织席，或供睡觉，或作为"钱币"。除此以外，他们还用香蕉树纤维织围腰，多饰有流苏和很对称的花边。

古代发达文化织出多种各样的纺织品，都是艺术杰作。哥伦布以前的秘鲁人在宗教仪式中，要以最佳纺织品供奉神祇。他们生产出来的束腰和坎肩上的图案，描述整套故事或表现神的形象，如虎神或弯曲的蛇等。他们的外衣上饰有投矛的人和飞鸟。他们史前坟墓中发现的衬衣、腰带和带有流苏的带子，显示出完美的纺织技术，超过了巴黎人哥伯林[1]的伟大产品。埃及织品之华美，从"王谷"（Valley of the Kings）发现物中可以得知。中国的锦缎、波斯的天鹅绒和埃及科普特人（Coptic）的"土耳其毛巾"，均是手工织机制造出来的，远非现代仿制品所能及。

无论现代纺织技术和工业如何发展，有一种古代织物永远是历史的杰作，这就是丝。为了获得丝的秘密，曾经有很多人去冒险，消耗和牺牲了自己的生命。丝的发明者——中国人，长期以来珍贵地保持这个秘密。古代王子和教主为了表现自己的尊严和华丽而渴望着丝，甚至今天"真丝"一词仍使尼龙及其派生物大为减色。大约在公元前200年，朝鲜人成功地学会了养蚕的细节。丝的工艺知识随着这种"神奇织物"本身缓慢地传入日本和中亚，最后到达波斯和西藏。直到公元6世纪，查士丁尼大帝才

---

[1] 哥伯林（Gobelin），原为15世纪巴黎著名纺织家，17世纪后成为法国官廷经营的纺织业名称。——译者

把它传入拜占庭[1]，在此以后希腊人才能把"养蚕"知识成功地加入他们自己的工艺之中。没有哪个原始人部落有丝的发明或能制造丝，丝绸之路是文明之路。

并非只有纺织溯源于编篮术。编篮术还有一个小妹妹，即用黏土制造器皿的制陶术，它也是妇女的发明。虽然编篮术和制陶术所用材料完全不同，两者制作容器的方法实际上是密切关联的。

制陶最古老的一种方法是泥条盘筑法，直接导源于编篮术中"盘圈"技术。这并不表明熟悉古老编织技术的部落也需要陶器，制陶术和织机一样，在人类进入农业阶段以前的物质文化中不可能出现。较早的游荡部落既无时间和机会来发展从事手工艺的耐心和安定的工作条件，又很难运送易碎的器皿。这种器皿只是对固定的家庭才是有利的。

关于陶器的发明，一般认为是从编织的容器涂上灰泥和黏土以防水的习惯发展而来。这样的容器放在火上或火边，启发

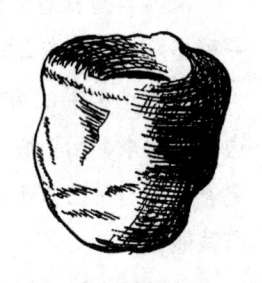

图120 加利福尼亚洛代附近土墩墓发现的粗陶杯

出这样的概念，即用黏土来做一个，而不再依赖原来的篮子。这种假定是否正确，我们今天已无法知道。但对于日光晒干的黏土容器来说，发展过程可能是这样的；而烧制陶器能否认为也有同样的起源，却大可怀疑。诺登舍尔德（一个卓越的科学家）称这种观点是"颠倒的"。他认为，涂以黏土的篮子被偶然烧烤之后

---

1 查士丁尼（Justinian，483—565）时期，有两个波斯僧侣把蚕子传入拜占庭（参见 Henry Yule, *Cathay and the Way Thither*, I, pp. 202–205）。实际上西方之有蚕丝较此为早，至迟在东汉末年（公元2世纪）大秦（东罗马）已有蚕丝。详见拙著《汉晋西域与祖国文明》，载《考古学报》1977年1期。——译者

绝不能变为烧制陶器，而只能变为"一堆瓦砾"，并且推测备置、淘洗黏土和制作粗糙小碗的知识，必然早于制造大器皿的"泥条盘筑法"。关于陶器起源的争论，是这类问题具有挑战性的最佳说明。

制陶部落对于黏土按其成分和黏性不同，有不同的加工方法。把黏土弄干净和晒干，筛去杂质，若黏土太黏，要加细沙、粗沙、灰、碎木或草屑作为掺和料。南美印第安人把海绵动物的针骨加入黏土之中，这是他们的独立发明。当泥团光滑而有可塑性的时候，就可以开始制陶了。

世界各地制造陶容器共有五种主要方法，四种是原始人的，一种是发达文化特有的。

最简单粗糙的方法是取一块黏土团，慢慢地压其中心，使边缘高起来，用一块木片在外面拍打，另以一块石头放在器内作垫。新几内亚巴布亚人大多数陶器就是这样制造的，但他们也还有其他方法。

第二种方法是泥条盘筑法。用一根长的黏土条从底部一圈一圈地盘上去，一直达到所需要的高度为止，然后用石头或木片把器物内部和表面抹光。

第三种方法与上一种类似，即将一系列泥圈叠起来做成容器。底部由最小的圈做成，依次递增，最大的圈是器物的口沿。像上述的泥条盘筑法一样，泥圈之间痕迹最后要一起抹去。

第四种方法是用一块圆形黏土做底部，周边按上许多泥瓣，一边缓慢转动，一边捻紧，使彼此结合起来做成器物。

第五种方法使用了陶轮设备，这是发达文化特有的发明。陶轮的发明和所有轮子的发明一样，具有革命性，所利用的机械原理在自然界中是没有先例的，它的发现是人类想象力的胜利，而不是模仿从自然界中观察到的现象。埃及在公元前 3 千纪开始即

图 121　新几内亚东南海岸的泥条盘筑制陶术

图 122　罗得西亚[1]北部的泥圈相叠制陶术

知有陶轮。克里特的工匠使用陶轮，是在青铜时代最早阶段。印度许多地区都有陶轮。在欧洲，陶轮约在公元前 500 年时首先出现于法国和德国南部。全部美洲大陆，却不知陶轮为何物。

原始陶器是在露天烧制的。许多器皿为了美观，饰有雕刻的或绘出的花纹。施釉的知识只为发达文化所掌握。

西非土著居民在陶器坯上刻花纹有一种有趣的方法：一根木棒上刻着轮廓分明的花纹图案，将此木棒沿着器坯滚动，使花纹整齐而匀称地印入器坯；较为复杂的图案，通过反复使用木棒即可获得。喀麦隆就是这样来装饰陶器的，器坯干却几个小时后在夜晚烧制，做成的陶器非常坚固好看。西非陶器从小碗直到大口径的圆釜，大小具备。

北美印第安人仅有像普埃布洛人和霍皮人这样少数部落是制陶专家，但他们伟大的艺术在过去几个世纪中衰落了。崖居者（普埃布洛人）以泥条盘筑法做的陶器以黑色装饰为特色，而霍皮人废弃的城镇中的多色陶器则是杰作。加利福尼亚各部落对制

1　津巴布韦的旧称。——编者

陶术已几乎忘却，近代印第安人要向祖辈请教，才知仍在使用的陶器是如何制成的。

南美印第安人是凹边陶缸的发明者。在缺乏石头的地方，他们石煮（石头烧热投入煮物容器）时有一个聪明办法，即用陶球来代替石块。这些印第安人也制造形状特殊的烟管。要研究人类的陶烟管，必须走遍全球，从原始丛林到荷兰人的古老客厅。

古代发达文化，特别是波斯、印度、埃及、墨西哥、秘鲁的古文化，有完善的制陶术。秘鲁坟墓中发现的华美的盛水罐，作人头形或人形，可与英国老人壶[1]媲美。无数的早期陶器艺术品，收藏在世界各个博物馆中。

在史前学上，各文化阶段甚至是按当时艺术家制造的陶器形状和花纹来命名的。

图123 秘鲁的陶壶

旧石器时代，即狩猎者和采集者的时代，不能制陶。而新石器时代，即早期农民的时代，却有形状、花纹都很优美的大量陶器。欧洲新石器时代三个主要阶段即以其陶器而得名：绳纹陶时期、钟形杯时期和带纹陶时期。这些陶器遗物发现在北欧、中欧、比利牛斯半岛、意大利、法国、英国和古代多瑙河文化中心。

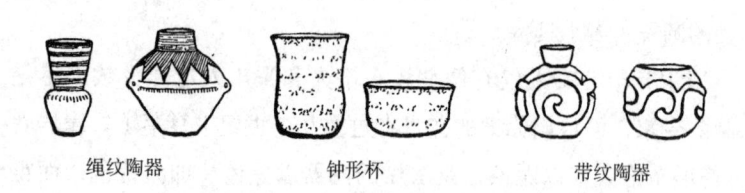

绳纹陶器　　　　钟形杯　　　　带纹陶器

图124 新石器时代主要陶器群

---

[1] 老人壶（Toby），外形似戴三叉帽之矮胖老人，故名。此壶多作盛麦酒之用。——译者

即使在很早时期，黏土的塑造也不仅仅为了实用。早在奥瑞纳时期中欧的原始人即以黏土模制人像，作为巫术用物或单纯娱乐之物。新石器时代与有美丽花纹的瓶、纺锤、陶模等并存的，还有大量陶制的动物和人物（特别是妇女）形象的玩偶。

古代埃及坟墓中发现的陶质的俑、工具和用具，种类很多，它们供死者在另一世界中使用。大英博物馆中这类藏品有几百种之多，从盛有象征性果蔬的小陶碟，到陶俑和陶护身符。

制陶术最高峰是瓷器的发明，这是文化发达的中国给人类物质财富增添的另一件礼物。瓷器最早出现大约在公元700年。[1] 它源于人们要创造一种东西代替古代珍贵的玉碟和玉盘的愿望。中国最早的瓷器不是白色，而是青色、灰色和蓝色，色调和可爱的玉石类似。后来才发展出要求瓷器轻而薄的想法，这时瓷器已不再被认为是对玉器的模仿，而是由于本身的精致和美观受人喜爱了。

直至今日，中国瓷器（特别是景德镇制造的瓷器），大约仍是世界上最有价值之物。瓷器使各个时期权势者的桌子上增加光彩。第二次世界大战中，日本侵略者首先关心的是尽可能掠走许多珍贵的景德镇瓷器。胜利以后，中国政府命令景德镇的艺师们制造一组特别的碗和瓶，作为国家光复的光荣纪念。

人类用以制造所需之物的不仅有矿物和植物原料，来自动物界的原料在原始工业中也占有同等的地位。除去用骨和角做工具外，猎来动物的皮也为人类增加了更多的物质财富。史前工具中有毛皮刮削器、剥皮工具及其同类之物，肯定了人类最早技术就包括剥解兽皮的技能。

---

[1] 作者这里引用的是过时的说法。中国至迟在公元3世纪时已能制造真正的青瓷。最近研究者甚至认为，郑州二里岗、江西吴城等地商代遗址出土的青釉器物，已属于瓷器的范畴。——译者

虽然硝鞣皮革的知识非最原始的部落所能知，在气候恶劣地区的澳大利亚人却会用袋鼠的腱筋把动物皮缝在一起做衣服。南非土著居民穿着粗糙的皮衣。美洲驼皮做的围巾和大的睡毯是火地人不可稍缺之物。整个非洲东海岸，从大陆南端到赤道森林，动物皮有各种用途，苏丹某些地区可视为"皮革之区"。

各大陆都会利用动物皮，但使生皮变为光滑柔软的皮，却要经过种种不同的处理。在这方面，牧人是最好的技术师。但北极及邻近地区的猎人和亚洲腹部的部落，也知如何最好地利用他们的动物皮。若要制造简单的容器、帐篷、背袋等，只要刮去皮上的肉和腱即可。当需要光滑之皮来制造衣服、皮鞋和帽子等物时，还必须去毛。先用石、骨或介壳做的常附有柄子的刮肉器完成清除工作，然后才开始去毛。有些部落把毛扯掉，有些部落把兽皮浸泡水中使毛脱落。

去毛有多种方法。在非洲，是埋皮于地下，时常加上灰或树叶。在加利福尼亚，是把皮浸泡在丝兰调和料中。北极地区则把皮浸泡在尿中，此法亦为古代希腊、罗马所知晓。这样处理以后，即可将松散的毛扯掉，或像非洲许多部落那样，用粗绳子把毛搓掉。纳斯科皮人则把皮挂在垂直的架子上，用熊的大腿骨或海狸齿来进行去毛工作。

用盐、明矾和其他矿物来鞣皮的技术是发达文化的一项发明。尽管如此，原始人的皮革匠却知道使皮光滑柔软的许多种方法。例如，把鱼油、苔藓和动物的脑或肝擦入皮中，继之以卷、绞、击打和其他动作。老探险家梅森[1]精确地指出："在原始鞣皮技术中，人的体力是主要因素。"

---

[1] 梅森（Otis Tufton Mason，1838—1908），美国人类学家，是人种分类法的先驱。著有《妇女对原始文化的贡献》（1894）、《美洲土著居民的编篮术》（1902）等，著名的《北美印第安人手册》一书也以他编制的美洲部落名单为基础。——译者

原始的染色法是很多的。蒙特纳斯-纳斯科皮人做皮鞋的驯鹿皮，经过处理使皮的表面呈雪白色，非常光滑柔软。为了更合实用，再把这种柔软的皮放在盛有冒烟的木屑的桶中熏，染成纯棕色。黑足印第安人对绑腿和皮鞋也烧橡树皮来熏，使之变为黑色，他们因此得到"黑足"这一称号。爱斯基摩人的染皮方法是将准备好的皮革上放以紫蜗牛的汁，以产生漂亮的红色。奥马哈人（Omaha）用白枫树皮和黄铁矿混合起来，做成蓝色染料。草原印第安人用仙人掌的汁为染料。非洲的豪萨人和曼丁戈人（Mandingo），则将一种红树[1]的皮加以处理，以取得深红色的染料。

这些活动都是为了利用动物的皮。另一种工业则与从皮上取得的毛有关，这就是制毡术。对于中亚民族和苏丹部落来说，制毡是极为重要的。它在西藏达到非常完善的程度，那里牦牛的皮时常是不加处理地用以制造靴子、马鞍和其他马具，而毛则用以制毡，为此要对牦牛进行剪毛。由于动物的毛上都有小钩，经过专门处理后易于粘在一起，故将这些纤维梳理以后弄直和紧压，即可牢固地联结成一种坚实防水的材料。最好的西藏毡子薄如面纱，若需要覆盖冬天的帐篷和制作鞍垫、靴子的里布、地毯和其他装备时，则将一层毡子上再加几层，紧压成厚的毡子。

非常有趣的是很多生产羊毛的民族是不纺线的，制毡比把动物毛纺成纤维更为古老。

植物、动物、矿物都对人类早期工业有所贡献，但还是人类自身的技术才能洞穿地球表面，发现铜矿和铁矿，了解含有金沙的河流的秘密，把不同金属造成合金，在荒漠地区建立起冶铁炉。制造金属工具的能力，使从很早时期就延续下来的手工业，发生了根本的变化，为新的建设和新的征服提供了可能。而新的

---

[1] 红树（mangrove），热带海滨生长的一种树，学名为 *Rhizophora mangle*。——译者

发明、新的工业，又加强了人类的力量。

铁器时代（我们今天钢的时代仅是它的晚近阶段），在欧洲始于距今 3000 年前，这时制铁的知识开始传入地中海地区。而在中国，公元前 2357 年尧帝统治时期的记载即提到金属。[1] 埃及在公元前 2800 年就知道铁，尽管在公元前 1600 年以前铁一直被列为珍贵之物。

虽然铁有值得尊敬的历史，铁的发明却是冶金术最年轻的一支。在铁器时代以前是青铜时代，青铜是由制造纯铜的知识发展而来的。

当我们想到古代金属，总喜欢细述来自埃及和乌尔、玻利维亚和哥伦比亚的金银宝物。传说中以往帝王的富有，由于埃及底比斯"王谷"及波斯、希腊、墨西哥的发现已可得知。古代发达文化尽管有我们所不及的大量财富和奢侈的艺术品，但他们的金瓶、项圈、耳鼻饰物、玩偶，并不能说明所有人都享有高度的生活水平，而只能说明极少数人享有特权，财富是在多数人处于可怕的贫穷中创造出来的。可以确定，哥伦比亚古代奇布查人（Chibcha）中制造日用金银器皿和在金面具、装饰物上焊接金丝的金匠，与为埃及人开采金砂的奴隶，两者是一样的贫穷。古代帝国所有艺术宝物，若无权力工具的存在，就不可能被创造出来。

纯铜和青铜是制造工具的最古老的金属。它们的历史可以上溯到新石器时代的末尾。当铜锡混合制成新的合金——青铜的技术发明以后，就标志着青铜时代的开始。早在公元前 4 千纪的末尾，克里特岛就知道制造青铜的技术。这种技术在地球上很多地区都有传布，以致今日已难以确定它最先出现的地点。

古代玻利维亚围绕波托西（Potosi）的高原上，建立了五千

---

[1] 这一记载当然是不可信的。——译者

图125 古代埃及的炼金者

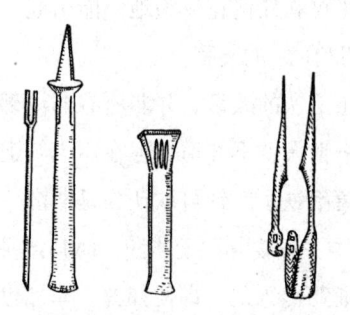

青铜凿　四方形轴孔　"罗马式"剪刀

图126 早期埃及人的工具

图127 公元前4世纪一件银瓶子上的有翼山羊形把手

个制造青铜的冶炉。中国商代青铜器的制作，遵循着固定的艺术传统。这些青铜器在墓中埋藏了几千年，现出典雅的铜绿，作"翠鸟羽毛似的纯蓝色"或"西瓜皮似的纯青色"，只有非常纯正的青铜长期暴露在水中或空气中才能有之。

当想到原始冶金术，我们便注视着非洲的方向，因为自从发现黑大陆以后，那里的金属品有惊人的发现。贝宁的宫殿中，装饰有青铜浮雕板和人物及动物雕像，是非洲"蜡模铸造法"（cire perdue）的高峰。根据这些艺术品上描绘的欧洲人服装来判断，西非这种工业在16—17世纪达到高潮。今天在喀麦隆的阿达马瓦（Adamaua）、尼日利亚和多哥的部落中发现的青铜手镯、工具和装饰品，只不过是这种很有吸引力的"蜡模铸造法"的回光返照。

"蜡模铸造"技术是先用蜡做出所要物件形象的模子(大的物件用黏土为核心,四周加蜡做成模子),外面加上砖的粉末或石灰做的范,干后钻出通气孔和铸口,将范放在火上烧,使蜡熔化掉,便可倒入金属溶液。这样做出的雕像和浮雕,没有任何铸痕,还要再用锉、锤和短棒,进行修整,使之更加完善。贝宁出产的装饰,皆以雕刻精美的植物花纹和几何花纹为地,能引起文艺复兴时"蜡模铸造"技术大师切利尼[1]的羡慕。

非洲冶金术最动人的故事,还是铁的故事。并非所有非洲部落都知道冶铁术,布须曼人和俾格米人就不知道。但在白人知道铁以前,尼格罗人差不多都已知道冶铁了。铁可以认为是非洲一项成就。著名的科学家卢什安[2]极力主张铁起源于非洲,而其他科学家认为铁是从亚洲南部或小亚细亚传入的。即使如此,非洲也是土著冶铁技术的典型地区。在有文字的记载以前很久,土著居民就建立了高耸的冶铁炉。冶铁的最早时期,冶炉并非是不可或缺之物,有些部落在古老的灶穴中冶铁。这种灶穴和最早烧石头煮物的灶穴类似,冶铁技术的发明可能就和在火中把石头烧热的现象有关。

要能熔炼矿石,先必须有简单的冶炼设备,特别是风

图 128　东非坦噶尼喀的冶铁炉

---

[1] 切利尼(Benvenuto Cellini,1500—1571),意大利文艺复兴时期著名工匠和雕刻家,有自传传世。——译者
[2] 卢什安(Felix von Luschan,1854—1924),奥地利人类学家和民族学家,著有《种族和国家》(1915)、《贝宁的古物》(1919)等。——译者

箱。风箱最早的先驱是风扇和吹管,从吹管发展出风箱两种基本形式——带有木吹嘴的皮袋式,以及可把空气打入灶穴或冶炉的唧筒式。欧洲的尖状手拉风箱是两者的结合。

原始铁匠装备十分简单,金属块或石块作为锤和砧,两根木棒或一把铁钳就是他的火钳。他的产品却是多种多样的,从农业工具、手工业工具、武器,一直到铁护臂、铁领口、铁珠子这样的大型"珍宝",还有清除草莽的各种形状的砍刀、矛头"钱币"和无数对狩猎和家庭生活有用的东西。东非做的铁链条特别好,而20世纪抽铁丝的技术在原理上也未必比非洲抽铁丝技术增多什么东西。多哥和尼日利亚约鲁巴的冶炉高达15英尺以上。曼丁戈人和富尔贝人(Fulbe)的工匠,是最好的铁匠。西部班图人开采铁矿的坑道,长达1英里之远。黑大陆真是铁的大陆!

在冶铁这一伟大行业中,铁匠的社会地位是一个很有趣味的问题。他们享有特权,地位很高,特别在苏丹西部,他们像祭司一样受国王和首领的保护。而在整个北非,他们处于可怕的受侮辱的最低层。斯图尔曼(F. Stuhlmann)将这种状况解释为较晚到达北非的浅皮肤的汉姆人[1](Hamitic)和其他部落,发现黑人掌握了他们所不知的冶铁秘密,从而生出猜忌的敌对感情。

世界另一些地区(如西藏)铁匠被看成最低等级的成员,则是由于宗教的原因。宰杀"神圣的"牛和铸出屠刀的人,都是卑贱者,不能升为喇嘛。但这并不意味着信徒就不愿参加禁止杀生的行列。在神都拉萨终于想出一个聪明之计,喇嘛对要杀的牛念经,以保证动物的投生和使供给屠刀的铁匠免于未来的不幸。亚洲另一民族布里亚特人却把铁匠视为社会精华,是与神有关系的人,免于纳税。蒙古人的"达克哈特"(*darxat*)一词,就是属于

---

[1] 这是一种过时的、带有种族主义偏见的说法,过去多译作"含米特人",今已弃而不用。——编者

卡里斯姆的　　巴扬西的刺刀　　乌班吉的刺刀　　刚果盆地的　　南喀麦隆的砍刀
首领刀　　　　　　　　　　　　　　　　　　　投掷刀

图 129　非洲人的刀子

骑士等级的铁匠。

铁的重要性在《圣经》许多注释中都有记述。如《旧约圣经·撒母耳记上》（13:19、13:20）：

> 那时，以色列全地没有一个铁匠，因为非利士人说，恐怕希伯来人制造刀枪。以色列人要磨锄、犁、斧、铲，就下到非利士人那里去磨。

即使在那时，铁已能决定战争和创造世界历史，如我们从《旧约圣经·士师记》（1:19、4:3）得知：

> 耶和华与犹大同在，犹大就赶出了山地的居民，只是不能赶出平原的居民，因为他们有铁车……耶宾王有铁车九百辆。他大大欺压以色列人二十年，以色列人就呼求耶和华。

正如皮特里[1]所指出，在古代发达文化中金属工具非常重要。他

1　皮特里（W. M. Flinders Petrie，1853—1942），英国著名的埃及学家，曾负责埃及多处发掘，著有《埃及史》四卷（1894—1927）、《埃及艺术和手工业》（1909）、《史前时期的埃及》（1920）等。——译者

说：" 几千个作者描写过巴台隆神庙[1]的雕刻，而没有一个曾描写雕刻的方法。"他对旧世界金属工具进行有趣味的研究，结果表明，"凿子在2500年前即已完善"，"锯和钻子（头上安有金刚砂和宝石用以切割石英岩），6000年前即在埃及使用"。实际上，许多古代工具不仅未曾为现代人所超越，而且原来好的设计经过漫长时期以后，已被改变或忘却。从埃及一种可以分开的剪刀和一种很合用的镰刀，特别可以证实这一点。

非、亚、欧三洲以外地区土著居民是不知有铁的。印第安部落中知道冶炼铁矿的只有秘鲁的坎姆帕斯人（Campas），他们是从白人那里学会这项技术的。整个太平洋岛屿不知使用金属，哥伦布以前的北美印第安人，用自己地区发现的铜来制造工具，就像他们的北方邻人——所谓"黄刀"爱斯基摩人一样。但这些工具是锤打成形的，因为土著居民缺乏冶炼的知识。关于南美的青铜，诺登舍尔德主张是一项独立的发明。

在非洲，冶铁常常是宗教仪式的中心。安哥拉的甘圭拉斯人（Ganguelas）挖掘冶铁的灶穴时，必须长时期禁止进食和性交，把神圣的植物根部投入灶穴中，然后杀鸡为祭，并以鸡血将植物的根弄湿说："我们杀你，不是为了吃你的肉，而是为了可以出铁。"

潘格威人若没有肯花钱的巫师进行准备，就不能开始冶铁工作。对会冶铁者要付出五只羊、五只鸡和五个黄铜圈，这都由巫师筹集支付。当冶炼时，巫师到场是他的一项义务。在一个小罐中放入巫术物件——一束树叶、"神树"之皮、毒药和一位"保护冶铁"的祖先的脑浆，封闭起来放入灶穴，然后填上木炭和矿石，最后盖上更多的煤。当把点燃的煤块放入灶穴时，拉风箱的

---

[1] 巴台隆神庙（Parthenon），在希腊雅典，祭祀文艺和农业之神雅典娜（Athena）。——译者

奴仆开始工作，伴随着巫师的铁铃声和唱歌声以及呐喊、舞蹈和吹羚羊角发出的粗野音调。

亚洲布里亚特人中，只有祖先当过铁匠的人才能成为铁匠，普通的部落成员不能从事这一神圣的职业。另一方面，若有资格做铁匠的人拒绝这份"光荣"，将要死去。布里亚特人有一个古老传说，叙述人们没有铁的知识时的可怜生活。但在一个值得祝福的日子里，吉神"腾格利"（tengri）决定使"波信陶"（Boshintoj）神及其九个儿子降凡，把冶铁这项手艺教给凡人。"波信陶"神不久即回转天上，其九个儿子却与人的女儿结婚。他们教出的第一个学生，即是所有铁匠之祖先。这几个儿子都有自己的名字，分别是铁匠所用工具的保护神。据萨德谢耶夫（G. Sandshejev）报道，布里亚特人根据这种信仰而举行的萨满仪式中有一首祷祝词是这样唱的：

> 你们这九个"波信陶"的白色铁匠呀！
> 你们，有着飞溅的火花、
> 喧闹的工具、坚固的钢钻、吱吱发声的锉刀，
> 你们都下降尘世。
> 你胸前有银做的模子，
> 你左手有钳子，
> 铁匠的法术是多么的强大啊，
> 你这有力的风箱是多么的神奇！
> 啊！你们这九个"波信陶"的白色铁匠！
> 骑着你们九匹白马。
> 你们的火花是多么的有力！

如此等等，直到"铁匠铺里神灵感到满意为止"。

铁的力量是强大的。但更强大的还是人类的想象力。

我们若把原始技术作为整体来考虑，就会发现很早就开始在两性之间存在一种合理的和明智的劳动分工。在非洲的俾格米人和布须曼人、澳大利亚人和火地人之中，妇女作为家族主妇，男子专门制造狩猎工具和从事有关狩猎的一切活动（例如俾格米人男子便专门制造毒箭）。锡兰的维达人妇女挖掘薯蓣和准备食物，而她们的丈夫则把猎得的动物带回家中。

曼恩（E. H. Man）对印度安达曼人两性分工提供了一个有趣的观察。他指出，丈夫负责下列日常活动：狩猎、捕鱼、捉海龟、采集野生蜂蜜、建造独木舟和坚固的小房、制造弓箭和大部分的家用工具。妇女负责家务，照料小孩，获得植物性食品，烹煮，准备水，照管火，建造轻便的小房，制造简单的家用器皿和"珍宝"[1]。此外，为家庭其他成员剃面，制造疤痕和文身，也是妇女的工作。

在最早文化中，每人都能制造自己和家庭所需之物，农业阶段以前是不曾发展出专业性手工业的。男人从事原是妇女的工作，亦非罕见之事。喀麦隆姆巴姆地区东部的部落中，妇女是制陶者，而男人却照管编织和纺织之事。与此相反，多哥的男人却是制造家庭用的陶器的人。在圣克鲁斯岛，妇女独自负责照料土地、烹煮和用网捕鱼；男人制造大部分物质财富，唯树皮布除外，那是妇女的工作。所有重要席子的编织以及工具和武器的制造，都由男人完成，他们时常集中在俱乐部房屋中从事这项工作。在美拉尼西亚，妇女单独负责制造陶器。

据贝斯特报道，毛利人男孩子所受有关男人的手艺方面的技术教育，极为广泛。对一个准备走向生活的年轻人的训练，从制

---

[1] 当指装饰品。——译者

造青砾石和骨质的矛、铲开始，稍后教给他制造拖锄和收获野芋所需的小工具，进一步的课程是教他"建造房屋、小茅屋、炊用小屋、储藏室以及为储藏某些食物及其他东西的高台"。他要学习建造风篱、遮蔽所和小村庄，学习"如何用两种石锛修整木料和用木槌、木楔劈开木料，作为建造住宅、储藏室和防御性栅栏的材料，要学习如何使用石凿和石钻，还有木雕和绘画的技术"。贝斯特说，"另外的课程，则是和制造独木舟及其附件、制造鱼钩有关的"。

男性或女性被限制从事不同的工作，时常导致专业化，其结果是多面手的缺乏。非洲更是如此。一种工匠只能做一种东西，所有人需要这东西，必须与他交换。据特斯曼报道，潘格威人一个男子制造匙子，便不愿再雕刻勺子；制造凳子者只制造凳子；制造复合弓者只制造复合弓；男子用的背袋只能从男子背袋制造者那里获得；如此等等。这常常使部落的成员们为了些简单的小物件，不得不长途跋涉。像婴儿的背篮，由两根皮条做成，人人会做，但只有一个人才有资格制造它。

日益增长的专业化倾向，最后导致发达文化中固定的职业集团和等级的形成。中世纪欧洲的行会是这方面最突出的表现。今天机器时代走得更远，在大工厂装配线上工人一生制造一种螺丝钉或一种螺栓，只能做这一部分工作。这有助于提高大规模生产的效率，但是不是发展人类创造能力的有效方法，则又当别论了。

原始文化和我们一样，过分强调专业化常常导致个别技术的衰落，使原始人一度掌握的知识全部废弃。在白人输入货物影响之下情况更是如此。这就是为什么"进步"一词，必须和伟大的保存同时使用，因为我们为了从技术世界那里学点东西所舍弃的某种古老技术，就其灵巧性和创造性来说，未必就是低等的。

拉布拉多的印第安人钢捕机被偷后，要制造木捕机以维持生活，必须靠回忆其祖父辈的制造方法。我们看到全世界古老技术和手艺的沦亡。廉价的铁器代替了美丽的石刀；琉璃珠取代了象牙和龟甲；光彩耀目的苯胺颜料消灭了用矿物和植物混合制成颜料的知识；在印度，著名的虫胶染料曾是成千上万的人一度赖以为生之物，在进口货影响下消失了；皮革制品和制革的艺术正在迅速被遗忘；孟加拉本地棉厂的产品为兰开夏[1]机械化纺织产品所取代。

在现代大城市中心，我们每因寻找一个细心而有效地修理钟表的钟表匠而烦恼。我们对古代家具怀有很大的敬意，因为我们知道，现代的制造方法，既没有时间也没有技术来生产出具有长久价值之物。甚至土著工具也呈现出一种显著的质量衰退，一个好的博物馆长要会区别：是传统工匠细心制作的产品呢，还是从世界"原始人"所在角落传到我们手中的"出口货"？我们的艺术家已认识到这一危险，努力抢救原始人的技术，例如纳弗和-印第安人和西非雕刻者的技术，从而导致保存土著手艺的学校的成立。

现代20世纪应用技术的提倡者，试图唤起对手制物件的重新评价，并试图做到能和原始人手工制物件在质量上相媲美。毫无疑问，那些原始人制造者必然名列前茅。

---

[1] 兰开夏（Lancashire），英格兰一个郡，以工业发达著称。——译者

第六章　生活愉快

　　我们在享乐之前，必须经过相当多的准备工作，例如买票、打扮、按时到达或为了接待宾客而收拾自己的房间。无论我们意识到与否，这些准备工作已取消了我们快乐中一些因素。此外，文明人的"休闲"，仍常带有紧迫感。

　　原始人在这方面幸运多了。他们不需要为生活得愉快而努力准备。他们快活的性格不会因成功或失败而受影响，使他们永久保持一种愉快的精神状态。他们并非生活在天堂之中，艰难困苦是很多的，但他们完全适应自己那狭小而危险的世界，甚至不可避免的失望也能化为一种平静的哲人似的精神状态。当不幸的时候，未曾开化的人们希望事情变好。实际上，他们总是过得愉快的，因为他们要做什么事情，从不考虑时间的因素，他们是决不"迟到"的。

　　最古老的文化不知烟酒为何物，不需要什么人为的刺激来造成一次集会，很多庆祝活动是偶然发生的。在固定时期举行官方的宴会，那是较进步的发达文化的特征。当原始部落生活愉快时，他们随时行乐。庆祝者限于经过选择的一群人，这样的利己主义是不存在的，无论是亲邻们在小茅屋中或公房中的闲谈，还是收获者部落之间的联欢，能被接待的每个人都受欢迎，分享一切。

原始地区的愉快生活，当然在很大程度上依赖于食物的利用。没有哪个地方，饥饿还能想到好客。但当获得很多猎物的时候，当果实（特别是易于腐烂的果实）成熟的时候，当鲸鱼被刺中的时候，每一个参加者都会享受丰收的幸福。

原始厨房中的菜单，尽管受到气候条件的天然限制，但并不单调。例如，火地岛每年有大半时间，那阴冷而潮湿的森林"死了"，覆盖着一层"雪的尸衣"；而海岸的暗礁上却充满了可食的海鸟，如野鹅、企鹅、鸬鹚和海鸥。海里来的有海豹、海狮和鲸鱼等哺乳动物，以及贝类、蜗牛、蛤蚶、螯虾和海胆，供应丰富。平原上来的鸵鸟，其肉烧烤得可以得奖。所有肉类都是放在热灰中或篝火中烧烤或烹煮。冷湿气候下除伏牛花外不能生产什么植物性食物，但这些民族以其无盐的肉食和仅有的清水饮料，仍保持了他们的健康。对于过分迷信维生素的人来说，加拿大纳斯科皮人的话值得深思："熊吃浆果，我们又吃熊，为什么我们还要为植物而操心呢？"

玻利维亚东部森林中游荡的猎人，如西里昂人（Sirionó），大自然提供他们更多的东西可供选择。他们在火中烤着各种棕榈树那味美的果实，热灰中烹烤着貘、短鼻鳄、野猪、海龟、松鼠、犰狳、蛇和昆虫，甚至还有蛆虫。

不毛地区（如阿拉斯加东南部）也能烹饪，说起来是非常有趣的。那里的土著居民将鱼卵捣碎，做成"冰激凌"；或用冰冻的无患子做的甜粥，相互款待。阿拉斯加印第安人在白人来到之前从不用盐，却知道吃各种植物，如野芹菜、酸模[1]和云杉嫩枝内层美味的白皮，还有红醋栗、蔓越橘、鲑鱼果、草莓、越橘和

---

1 酸模，属杜鹃花科的一种小树，学名为 *Oxydendrum arboreum*。——译者

其他浆果。他们除吃海生食物和鸟类外，还享用海豹、熊和其他野兽的肉；但他们最主要食物可能还是当地盛产的五种鲑鱼。鲑鱼或是吃新鲜的，或是加以风干和烤干。鲑鱼和比目鱼的头，则埋在地下，几天后腐烂了才食，用以款待尊贵的客人。鱼肉风干方法是爱斯基摩人很早就形成的习惯，而制出更可口食物的熏干法，则是拉布拉多的印第安人保存食物的典型方法。爱斯基摩人有把鱼窖藏以及吃腐败的冰冻生鱼的习惯，因而邻近的印第安人称之为"食生者"。

对收获者民族来说，每年大部分时间赖以为生的植物，不仅是自己的食物来源，也是待客的东西。在澳大利亚，每当收获百合根、"本雅-本雅"籽实、大叶苹的季节，整个部落都被邀请来分享盛宴。在每人能够随心所欲地大吃大喝的情况下，欣赏舞蹈和表演。

美洲卡米亚人用他们的野生橡籽实，交换其邻居迪埃盖诺人（Diegueño）栽培的西瓜。阿佩切人采集矮松籽实和采集仙人掌块茎的季节相同，他们举行的果品宴会是件社会大事。采集者成群地在山上扎营，彼此唱歌、说故事和闲谈，互享友谊，而不会有肚子空空的苦恼。

阿佩切人地区小河中充满着味美的鳟鱼，但人们从不食用，因为一个古老传说认为，有一次人们吃了鳟鱼以后得病，病人皮肤上有"像河里的鱼一样的斑点"，不久就死了。里根（A. B. Reagan）说："从那以后直至今天，没有哪个阿佩切人吃过鳟鱼。"巫师尽力使人们避开这一"危险"。

加利福尼亚的波莫人的鱼和橡子，都有"神话的"来源。他们认为，世界共被创造五次，有四次被大自然的力量摧毁了。关于橡子知识传到印第安人中来，是在第三次的"马鲁姆达"（Marumda）时期，有一个神化身为老人教他们采摘橡子，说：

"这些你们要收集起来，可以用它做成粥糊。"他还教妇女如何把橡子粉做成食物。好客的波莫人妇女邀请老人到自己小屋中吃第一次橡子饭时，老人消失了。他们用这样的想法来安慰自己："他离开我们必定又去教其他地区的人们了。"橡子可以生吃，其粉可以焙成面包或煮成粥糊。橡子烤焦和酿泡以后，还可做他们的"咖啡"。

农民创造出植物产品的多种用途，他们知道如何把栽培植物变为各种各样的食品。巴拉圭的瓜拉尼人（Guarani），把木薯这种灌木的根放在沼泽中发酵一星期，做成"乳酪"；把它晒干舂粉又可做成粥糊；用这种粉烤成的薄煎饼"曼迪贝就"（*mandió mbedju*），也非常可口。剥皮的根或者放在水中煮，或者切碎、弄干，制成粉末，用油煎成一种名叫"波米斯"（*popîs*）的食品。不剥皮的根常常放在热灰中焙烤。

南海、非洲和马来亚用芋类做成食物，需要长期的细心准备工作。例如，美拉尼西亚主妇们先把芋放在篮中背回家来，然后燃起大火。她们用贝壳做的刀把野芋皮剥掉，将弄干净的芋根一束一束地包在香蕉叶中，外层再加上大约二十片芋叶，最后用藤子捆扎起来。一顿饭需要多少包，视家庭大小及宾客人数而定。主妇还把剥下的皮和嫩叶同样包扎起来，留给猪吃。俟火已烧过，从灶中取出烧热的石头，把芋包放在还冒烟的灶中，再把烧热的石头盖在上面。两个小时以后，取出芋包，剥掉外衣，即可上桌了。克莱默－班劳（Krämer-Bannow）告诉我

图 130 班图人妇女舂面粉和揉面团

们，这时猪也不耐烦地等待自己的一份。这些猪养得很好。"其肉柔嫩味美，和牛肉一样。"

南海另一种基本食用植物是西米。它是西谷椰的髓肉做成的。把西谷椰砍下来劈开，就在壳中把髓肉切碎，在河中用一种灵巧的筛类工具来搓洗，河水冲去碎末而留下所需要的西米团。干却之后，或者焙成坚硬的扁面包，或者煮成稠黏的粥糊。椰子能提供出"肉"、果汁和油，是一种非常重要之物。为了备制椰子而发明出各种形状的粉碎器械和磨锉器械。

各种香蕉在非洲的作用，就像木薯、野芋及其同类植物——面包树、红树等在其他大陆的作用一样。香蕉确实是尼格罗人的"面包"，他们经常将它焙烤或做汤。香蕉粉是从还发青的香蕉中取得的。把这种香蕉去皮、切块，煮成粥糊，加上胡椒和盐，做成糕团状，再放在水或棕榈油中煮。许多非洲食物都是以这种香蕉粉为基础做成的。非洲盛产各种鸟、鱼和肉类，实际上那里每样东西都是能吃的，从昆虫、老鼠和鳄鱼蛋，直到大象和鸵鸟。

非洲人通常在凉快的黄昏时刻进用主餐。友好集团之间的集会，变为一种欢庆活动，有唱歌、跳舞和表演。说故事者把黑夜变为五光十色的舞台，人们想象中的人物登台表演其奇遇和冒险。希卢克人（Shilluk）在日落以后才能吃饭，他们认为在白天明亮的天空下吃饭是有失体面的。

非洲（特别是西非和苏丹的毗连地区）最奇异的美味食品是泥土。普利斯切（H. Plischke）指出："属于高贵等级的人，每天要吃上三个'泥卷'。"好的肥土也用作调味品，并烤成圆片或弄成粉末出售。

食土俗在包括南美、中国[1]和印尼在内的其他地区也有发现。

---

[1] 中国云南个别少数民族（如基诺族）有食土俗。至于内地，只有荒年时才服食"观音土"。——译者

加利福尼亚的塔图人（Tatu），把枫木的粉末和红色黏土混合起来吃。德意志人和俄罗斯人在需要时就吃"石头奶油"或"矿物面粉"。17世纪西班牙的贵妇们，非常渴望服食来自埃特莫兹（Ertemoz）的美味泥土，政府和教会不得不规定对此"罪行"施以重刑。

盐是较可口的矿物，并非所有民族都知食盐，许多狩猎者和采集者部落干脆不使用它。他们用植物和带有香味的某种木灰作为食物调味品。

另一方面，有些非洲部落把盐列为人类最有价值的财富，有时要走很远的路程去换盐。若别处也不能获得，就用沼泽植物经过一番很复杂的处理来取得盐。

人要生存总不能没有水。水中加上喜爱的植物成分，就变成社交场合适用的饮料。在水中所加之物方面，茶可算是使用最普遍的了。据说茶从阿萨姆传到中国，公元4世纪茶在中国已普遍生长。但有一件公元前59年的古老文书，以幽默的诗句对顽固的奴隶发号施令，其中即已提到"烹茶尽具"。[1] 最早的茶是用于医药方面的。茶叶和稻米、生姜、盐、橘子及牛奶一起吃，甚至加入洋葱同煮。

茶的刺激性和芬芳香味，使它变成世界上最为"社会化"的饮料之一。饮茶仪式属于亚洲发展起来的最佳传统。[2] 在巴拉圭，生活中不可缺少的茶被错称为"梅提"（maté），这原是呷茶用的带有管子的葫芦的名称。这里的茶特别具有刺激性。印第安人的任何集会，都不能缺少茶。

1　这件文书即指王褒《僮约》（载《全汉文》卷42）。从此可见，中国西汉时已饮茶成风，不必要到公元4世纪时才普遍。阿萨姆地区是野生茶分布地区之一，该地何时开始人工种茶尚无确切材料可以说明。——译者

2　亚洲饮茶仪式，当指日本"茶道"而言。这是镰仓时代从禅院中发展起来的一种习俗，敬茶、饮茶有很多礼节，并形成一种团体。——译者

另一种征服全世界的热饮料是咖啡。它的味道究竟如何，只有在咖啡的故乡——非洲饮过咖啡的人才能知道。咖啡因首先出产在阿比西尼亚[1]的卡发省（Kaffa）而得名，现在它的五十种品种已种植在地球上大多数热带地区。关于咖啡的知识传入阿拉伯和爪哇是在15世纪，不到两百年后它征服了南美国家和世界上其他地区。

当一群穿着包头外衣的阿拉伯人坐在棋盘前，以"神饮"消遣时，他们对待咖啡那种尊重传统的感情，非日本人饮茶仪式所能及。主人以非洲方式煮咖啡，把青的咖啡颗粒放在阴燃木炭的木碗中焙制，用木夹一颗一颗地翻动，焙好后放在木臼中用铁杵捣碎，精细粉末投入盛水器皿中煮沸，然后倾注入陶瓶中，再加上三四种调和咖啡的东西。经此复杂手续后，把宾客们的杯子斟满，《天方夜谭》式的气氛便充满室内，引起善于评鉴的宾客们的闲谈。

巧克力是得到普及的另一种美味饮料。巧克力由可可制造出来，它们都是中美印第安人的文化遗产。印第安人是从可可树的颗粒中发现这种饮料的。当白人探险者到达托尔蒂克人（Toltec）和阿兹蒂克人的国度时，不仅发现可可这种奇异的新饮料，还发现当地把可可粒作为钱币。有些印第安人（特别是在危地马拉），直到今天还以可可粒为通货。

古代墨西哥人用可可做饮料的方法是把可可粒焙烤、轧碎，在石板上磨成粉，加上香草和胡椒之类作为调料。糖是当时所不知的，只有富人才以蜂蜜和龙舌兰之类果汁，使他们的可可变甜。

公元1520年，可可的知识由西班牙征服者传入欧洲。一百年后，它从西班牙传到意大利和法国，在那里它成为非常普遍之

---

[1] 即今埃塞俄比亚。——译者

物。把可可加甜并弄成块状，便做成所谓巧克力。它征服世界是在荷兰人范豪滕（van Houten）发明把可可油分解出来的方法之后，由于这种方法可可才更加可口和易于消化。

虽然可可是中美地区的古典饮料，虽然这种植物现在已在很多热带地区种植，但作为原始人的饮料，它只局限于一定的地区，而对整个原始文化未必有大的影响。由于白人的提倡和经营，巧克力在世界市场上取得了它现在的地位。

咀嚼某种东西和享用刺激性饮料同样愉快。咀嚼出来的汁以及咀嚼动作本身，具有镇定神经的效果。美拉尼西亚、密克罗尼西亚、东印度[1]和马来亚群岛的原始人，视咀嚼槟榔为非常愉快之事。印度商人把处理槟榔的知识传入东非，就使那里土著居民的下颌忙碌不休。把一袋这样的特殊"口香糖"递给客人，是一种好客的态度，这其中有槟榔果的薄片、石灰或珊瑚粉末，包在胡椒属植物的绿叶之中。它有一种提神的苦味，但不利于牙齿的清洁。它把牙龈染成无法褪去的棕色。咀嚼槟榔的习惯产生出分布广泛的雕花小盒，用以盛放人们喜爱之物。

图 131 蒂汶岛的槟榔盒　　图 132 麻醉性植物曼陀罗　　图 133 曼陀罗草多刺的荚

---

1 主要指今印尼。——译者

哥伦比亚古代奇布查人，随身带着同样装石灰的小盒。他们特别喜爱另一种咀嚼物——古柯。远在现代科学认识到古柯碱（它是从古柯树叶中提取出来的）以前很久，哥伦比亚、玻利维亚和秘鲁的土著居民就把古柯树的苦叶和石灰同嚼，可以很快感到精神旺盛。特别是白人世界把古柯碱配制成更为危险和迷惑人的东西，使其嗜好者发生很多悲剧，所有文明国家的法律都加以反对。

造成世界性不幸的另一种刺激物是鸦片，它是从罂粟籽中提炼出来的。

从马可·波罗时代起，就知道大麻的危险，称之为"天堂的钥匙"。assassin（谋杀者）一词，即导源于大麻嗜食者之名 hachiché。几个世纪之前，年老的齐贝酋长（Sheik al Chebel）曾利用嗜食大麻而发狂的人们来杀死敌人。波德莱尔[1]的《人造的天堂》对大麻爱好者来说，是一部经典著作，它有许多热烈的、可怖的和奇怪的情节，这位伟大艺术家自身的健康也是被大麻所摧毁的。

史前"湖居文化"的居民，从其遗留的工具来看，已知吸食大麻和鸦片。很多原始民族确实有从各种植物中提炼麻醉品的整套知识，他们口服和鼻吸这些麻醉品，或经过调制后服用。

在原始人世界中，希望神游于"人造的天堂"的愿望时常是有宗教原因的。当部落成员们一起服用麻醉品而处于梦幻昏醉状态时，他们这种集会多半具有仪式的性质。有些部落仅有巫师知道麻醉品的"巫术"，另一些部落士兵们在临战前，借助于人工刺激来维持勇气。处于攫取经济阶段的部落，大概只有澳大利亚人知道麻醉剂，他们用编成的小盒盛放心爱的"皮曲

---

[1] 波德莱尔（Charles Baudelaire, 1821—1867），法国诗人和评论家，有诗集《恶之花》传世。——译者

利"[1]叶,咀嚼这种叶子使他们进入梦幻似的精神状态。

在新几内亚,人们每当"非常激动的时候"就服用一种野菌("伦达"),可以造成服用者的暂时疯狂。许多美洲印第安人非常熟悉麻醉品,他们所用品种很多,其中有美国新墨西哥州组尼人(Zuñi)用的曼陀罗草[2]、北美草原、墨西哥及其他地区神秘仪式中使用的一种仙人掌类植物 peyotl,麻醉性含羞草做的鼻烟,美国佛罗里达州的"黑饮"以及声名狼藉的印度大麻(marijuana)。后者对今日美国青年犯罪时常起重要作用。

轻微的刺激物和这些麻醉品有所不同,适可而止和过量也不能同日而语。烟草是快乐和友谊的最早源泉,仅有盲从的人才拒绝它提供的有益于人们思想的灵感。在朋友们相聚交换意见的任何地方,烟草的蓝色烟雾造成亲密的气氛;在安静的斗室之中,它引起许多发明者和哲学家创造性的思考;甚至圣人和僧侣也不反对来一次沉思的吸烟,作为自己无声的伴侣。

图 134 佛罗里达州北部 16 世纪"黑饮"仪式画

---

1 "皮曲利"(pituri),一种生长在澳大利亚的小树,学名是 *Duboisia hopwoodii*,木质软,开白花,叶中含有类似颠茄碱的成分。——译者
2 曼陀罗草(Jamestown weed),学名是 *Datura stramonium*。——译者

图 135　墨西哥古代抄本中成束的雪茄和烟灰缸

图 136　墨西哥古代抄本中的吸烟者

图 137　帕伦克庙宇石浮雕中玛雅人巫师吸烟

现代科学家对吸烟习俗的起源，看法未能一致。虽然林德伯罗姆1947年说过："大约现在大家都已同意，烟草是从旧世界传到美洲的。"当代的学者在这个问题上仍然相信诺登舍尔德所说："鼻烟、纸烟、雪茄、雪茄尖嘴和烟管，皆是印第安人的发明。"假如这样的话，首先到达美洲的白人，一定对土著居民"口中含着冒烟的草"的习俗感到惊异，而把这方面知识带回故乡。早在16世纪，烟草已普遍作为治疗牙痛、痛风和其他疾病的药方。法兰西驻葡萄牙大使让·尼科（Jean Nicot）把烟草介绍到法国皇室的圈子中，他把这种"药草"的碎叶作为药品送给梅迪奇的卡德琳[1]之子，而得到发明"尼古丁"的盛名[2]。

1　梅迪奇的卡德琳（Catherine of Medici, 1519—1589），法国亨利二世王后，出生于意大利佛罗伦萨的梅迪奇家族，故有此名。——译者
2　"尼古丁"（nicotiana）一词，即来源于让·尼科之姓。——译者

欧洲普遍吸食烟草，是后来的事情。从此对烟草是敌人还是朋友，一直存在争论：它是"罪恶之草"还是"神的呼吸"，这种争论延续了几个世纪。一个研究烟草最有能力的历史学家斯塔尔正确地指出："再没有哪种植物，像烟草那样对人类经济生活和文化生活有广泛影响的了。"

烟草最早用于仪式之中，印第安人的"和平烟管"是著名的例子。享用烟草的形式即使在其故乡美洲大陆，也是多种多样的。南美有"卷烟"。图卡诺－印第安人以刻成的大叉子，来吸巨大的雪茄；"雪茄"一词即来源于中美语言。加利福尼亚的丘坎西人（Chukchansi）、加绍恩人（Gashowu）、塔奇人（Tachi）、伍克查米人（Wukchami）、约旦奇人（Yaudanchi）和约尔曼尼人（Yauelmani）等，流行把烟草吃下去的方法。另外的方法还有太平洋沿岸最北边的印第安部落把烟叶和烧制的蚝壳粉混在一起。有些地区把烟草调和在水中饮用。据克娄伯说："丘坎西人认为，吃烟草后就能发现邪魔。"拉布拉多的印第安人把树皮做的烟卷献给被杀死的熊吸食，以此仪式来抚慰熊的灵魂。每当爱斯基摩人得不到白人吸的烟草时，就依赖他们自己的"老牌子"——阿塔毛雅[1]。

北美许多印第安部落种植烟草，并广泛进行交易。另一些部落则采集各种野生的烟草。约罗克人种植的唯一植物就是烟草，否则他们就是一个非农业民族了。

烟草传入其他原始地区，引起不同的反应。在新几内亚，不仅吸食而且咀嚼烟草，男人、妇女和孩子用交换来的烟草卷成自己的"雪茄"。而波纳佩地区与此相反，土著居民"决不欣赏吸烟之乐"。其他太平洋岛屿的居民，仅把烟草当作咀嚼槟榔的

---

[1] 阿塔毛雅（Atamaoya），爱斯基摩语，就是烟草之意。——译者

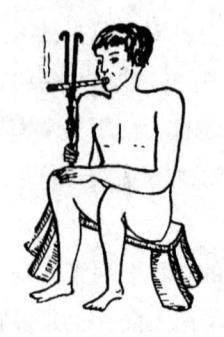

图 138 图卡诺－印第安人用叉子吸雪茄

图 139 喀麦隆北部的陶烟斗

图 140 海达－印第安人木制烟斗

"调味品"。非洲的土著居民，却是十足的瘾君子。施韦泽把加蓬的兰巴雷内（Lambarene）地区称为"尼古丁慢性中毒之地"，并说妇女甚至是比男人更为过量的吸烟者；人们由于过分沉溺于吸烟而患失眠症，"为了麻醉自己的神经，竟继续通宵地吸烟"。英美烟草公司一个雇员，对于东非的卡维龙多人（Kavarondo）这样写道："我们包装香烟是四支一盒，因为卡维龙多人一次要吸四支烟，嘴的两边各衔一支，两个鼻孔各放一支。"

潘格威人种植四种烟草。努尔人在烟中加入灰和牛粪，以

"改进"烟味，这种混合物是以连着南瓜壳烟斗的巨大陶烟管来吸的。

从北美用"神圣的烟管石"刻成的简单烟管，到全世界用黏土、石片和木头做的富有装饰的烟管，各民族制造来装"神草"的容器，真是种类繁多。许多非洲故事中，烟草的起源解释为黑人的神所赐予的奇妙礼物。丛林中烟管的兴起，归属于生活应尽情享受这一观念。

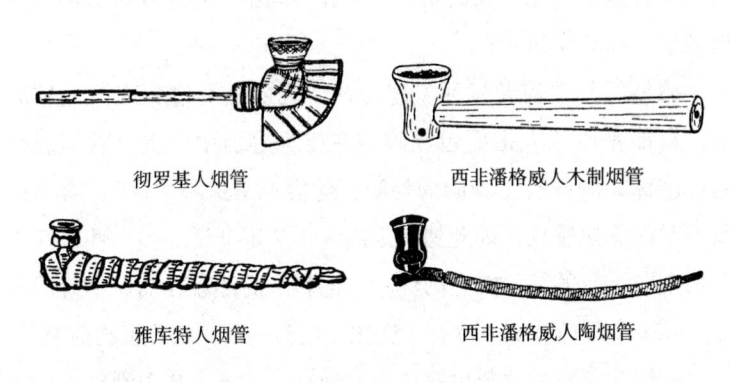

彻罗基人烟管　　西非潘格威人木制烟管

雅库特人烟管　　西非潘格威人陶烟管

图 141　几种烟管

在发达文化的烟管之中，印度、中国、波斯和阿拉伯的水烟袋，大概算是最风雅的了。它的结构是一个盛水容器（通常是椰子壳、鸵鸟蛋壳、陶制或瓷制的器皿），上端连着带有烟袋头的管子，盛水容器上另一根细的管子上有特制烟嘴，吸者从烟嘴吸冷水清滤过的烟。一群伊斯兰教徒黄昏时坐在院落树荫下讨论世界和自身的事情，同时就安静地用带有各种管子的

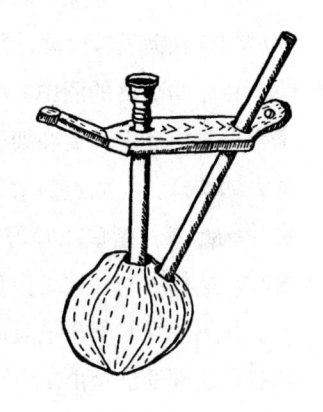

图 142　非洲水烟管

水烟袋吸烟。这里水烟袋的名称 narghile，源于波斯语 *nargil*，意即椰子。阿拉伯人和印度人的水烟管，在非洲许多地区被原始人所仿制。

当一群人吸烟消遣、亲切地交流思想和讲述漫长的故事时，若缺乏一杯含有酒精的饮料，总是美中不足。酒精是最古老的饮料，绝非文明的产物。法国香榭丽舍大街咖啡馆银盘中的开胃液、英国俱乐部中的威士忌、法国摩泽尔和莱茵的名酒和香槟酒，所有这些在原始农民制造的酒和啤酒中，在早期牧人的发酵奶酒中，都能找到先驱。

酒精的制造需要发明发酵方法。它的发明过程大概比较简单，可能是原始人把面包弄碎放在盛水容器中，次日看到表面起了泡沫，底部有了凝固的物质，他尝一下这种"水"，有一种不寻常的愉快感觉，因此他决定进一步从事此道。另一些未开化者切割龙舌兰的茎，喝它的汁，并把剩余的汁放在葫芦中带回家去，几个小时后看到果汁有了变化，他尝一下，认为值得研究。

一切含酒精的饮料可归结为两种：一、酒，其中酒精直接从糖中取得。二、啤酒，其中酒精是糖加上淀粉产生出来的。牧人饮用的以乳糖发酵的酒，是酒的旁支。

在原始部落的酒中，棕榈酒是非常普遍的一种。常见的方法是把棕榈树砍倒，支在架子上，树干向上一面开出像孩子的手那样大的切口，下面点燃微火，树汁便聚集在切口之中。用葫芦把树汁装起来，储藏在有盖容器中让它发酵，三四天后即制成酒。这时，丛林中的狂饮（像我们的鸡尾酒会一样普遍）就可以开始了。在热带气候下，早晨取出树汁，中午即可发酵，泡沫就冒出容器。这种发酵是由于空气中有酵母菌，把树汁中的糖变为酒精和碳酸。沉淀于器底的就是酵母菌。

许多非洲部落制造棕榈酒不用砍树法，人们爬上长着多汁嫩芽的树顶割开切口。黄昏割开，次晨酒即做成。这时挂在树上的葫芦，便成为丛林中旅馆主人对酒徒们表示欢迎的标记了。潘格威人那带有泡沫的黄色棕榈酒，有一种"令人难忘的奇香"。

阿兹蒂克人的"奥克梯"（octli）酒，是龙舌兰酒（pulque）的先驱。后者是用龙舌兰大的花柄酿成的。许多北美印第安部落用仙人掌类植物酿酒，如帕帕戈人（Papago）就是这样。每当酿酒季节还要举行一系列庆祝活动，其巫师要举行祈雨巫术。玉米、甜薯、木薯和甘蔗都能酿出酒来，供热带那些快活的狂欢者饮用。

印度康代人（Khond），用一种棕榈树（salopo gaxo）酿酒，每天可提供酒达20到25公升。当开花时节，他们"除了饮酒外啥事不干"，这是一个无限制的狂欢和跳舞的季节。婆罗洲的"梅金纳甘"节，也是一次欢庆活动，只有富人才能举行，他们的"内西"（nassi）酒是用稻米做的。当酒做好后，就敲锣集众，还准备大量的猪和禽类供庆祝者大吃大喝。

啤酒是阿佩切人心爱的饮料，他们是用仙人掌的块茎来制造啤酒的。玻利维亚东部诺泽人的啤酒，更多的是用野蜂蜜、玉米和丝兰酿造。为了促成发酵，有些部落用揉捏之法，有些部落则加以咀嚼。

非洲酿造啤酒的人比酿造其他酒的人更多。每个深入黑大陆的人，都曾被邀请到土著的"啤酒花园"中，加入全村欢乐人群的行列。

喜马拉雅山原始部落流行的啤酒，是用粟类和其他谷物制成的，称为"马鲁瓦"（maruwa）。他们酿酒用的"啤酒桶"，是一个盖着香蕉叶的竹筒。饮者以小管吸饮，一次又一次地向竹筒倒热水，直到酒失去刺激性为止。佛教僧侣和世界其他地区的宗教人士一样，是酿造啤酒的专家。

图 143　比属刚果酿造啤酒的妇女

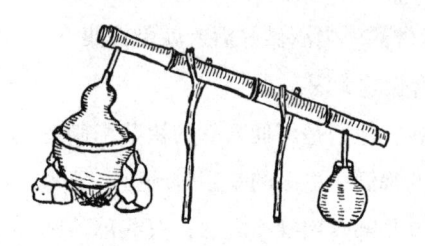

图 144　摩鹿加群岛的棕榈酒蒸馏器

蒸馏法的发明，使饮料的酒精成分大为提高。它是如何发明的，只能做些推测。很可能是热带阳光晒热了盛酒的容器，使器盖内凝聚酒滴，人们发现这些酒滴比容器中的酒更为浓缩，将盖子延伸出来再加上使酒精蒸汽冷却的装置，蒸馏设备便创造出来了。印尼摩鹿加（Moluccas）的土著居民就是这样从棕榈酒中制造他们的"白兰地"的。爪哇、泰国、锡兰和印度的马拉巴尔（Malabar）海岸，有很复杂的蒸馏设备，使人们制造许多类型的"白兰地"。

公元 1253 年就有传教士指出，从西伯利亚中部布里亚特山脉到西藏北部的广大地区，以及在吉尔吉斯地区，制造了著名的"柯米斯"（kumyss）酒。马可·波罗在旅行中也尝过这种酒[1]。1251 年，阿布·加塞[2]把这种酒描写为"像蒸馏两次的谷物做的白兰地一样清澈"。"柯米斯"酒是用骆驼和驴的乳制成的，发酵物用的是奶油块。

图 145　吉尔吉斯人的蒸酒器

图 146　雅库特人装"柯米斯"酒的马皮袋子

原始人的故事和诗歌中充满了关于饮酒和酒徒的妙句。坦桑尼亚西北部的哈雅人（Haya）谚语云："赤身的人制造啤酒，穿衣的人来喝。"这颇有社会批评的意味，即表示穷人生产而富人享受。多哥的克潘杜人（Kpando），当用葫芦传酒时，有互相谄媚的习俗。客人把最后的酒滴在地上，然后给自己起一酒名，其他人对此加上恭维的评语。如他说："挡路的蛇。"其他人就说："它是不怕棍子的！"若他说："乌龟壳。"朋友们就大喊道："我们是老乌龟的壳。"没有哪种昆虫和小动物能伤害这种有壳保护之物。

婆罗洲北部的杜孙人的酒歌是富有才智的：

外面池塘是大的，

1　马可·波罗记载这种酒是用马乳做的，参见《马可·波罗行纪》（冯承钧译，中华书局 1954 年版）第 69 章。——译者

2　阿布·加塞（Abu al-Ghazi, 1605—1663），是有关蒙古史和鞑靼史的著名作者。这里的 1251 年疑为 1651 年之误。——译者

我们没有头痛；
房里池塘是小的，
而我们得了头痛病。

据探险者斯塔尔解释，歌的含义是他们在田野的池塘中饮水，不会感到什么不舒服；而房内小池塘，即装酒的器皿，却使他们头痛了。

从希腊的安纳克利温[1]和中国的李太白以来，各个时代诗人们都高唱酒之歌。阿兹蒂克人的"克西朴"（Xipe）神，也以"夜饮者"而著名。他们的龙舌兰酒在最早时期仅限德高望重的"年老男女"饮用，仅仅当举行盛大的"泰库胡汤特利"（Tecuilhuitontli）宴会时，所有男女甚至孩子才被允许没有限制地享受它。

图 147 中世纪末期欧洲人的"酒吧间"

公元前2500年前的埃及人，就酿造出四种不同的啤酒，而关于这种"神圣的"饮料的起源故事可以上溯到公元前4000年。一件象形文字的文书说："不要让啤酒压倒你，你倒下来跌碎骨头也没有人向你伸出手来。朋友们继续喝酒，并且说，'滚他的吧！喝醉的人'。"本书作者在一个美国黑人小教堂中也听到同样的话："不要成为一个罐子，当上帝打开后发现里

---

[1] 安纳克利温（Anacreon，约前575—前485），希腊抒情诗人，诗中充满对喝酒和爱情的歌颂。——译者

面只有啤酒。"这两者之间是何等的相似!

从远在公元以前埃及的一位学者写给其学生的信中,可以判断当时埃及学生普遍沉溺于啤酒:

> 我听说你离开书本,听任自己寻欢作乐。你每天黄昏从这条街走到那条街,啤酒的气味使人们远远离开你。它摧毁你的灵魂。你的本领看来就是爬墙并闯进人家,人们躲开你,你伤害他们。

若把吃喝、抽烟之类看成原始人娱乐的仅有因素,那我们对人类各种族成员所享有的愉快生活就缺乏正确理解了。舞蹈、游戏、运动之事,由于它们自身的优点而时常举行;原始人普遍爱好娱乐的态度在这些完全清醒的活动中表现出来了。

原始人的孩子,也有从事游戏的权利。地球上所有民族都有玩具的发明,以此来使其幼儿的童年增加光彩。这些玩具或者为了单纯的娱乐,或者为了教育的目的。非洲的潘格威人孩子们用圆石子玩一种"弹子"游戏。他们的"九柱戏"用的是棕榈籽实。他们有玩偶、豌豆枪、鞭打的陀螺、拉线的傀儡、巫术性的游戏以及九连环、高跷、小型复合弓、动物捕机和鼓。他们进行拔河和赛跑。总之,他们有一个快乐儿童所想要的一切东西。

乔罗蒂-印第安人妇女为小女孩制作的玩偶,是这类玩偶中非常奇特的一种。玩偶的头非常小,很难引起注意,因而把文面图样画在身体之上。原始世界孩子们看惯了裸体,这些玩偶不会引起什么想象。

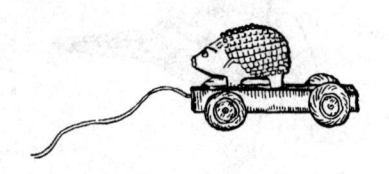

图148 苏萨遗址出土的刺猬玩具(公元前2000年)

古代埃及的玩偶,同样具

有现实主义风格。它装有可移动的双臂和头发织成的假发,假发中还织入小的黏土球,模拟努比亚的女仆发式中特有的油脂球。另一种令人喜爱的玩具是"面包师在工作",在木板上安装一个可动的人形,当拉线时这人就将一块黏土前后移动,"揉捏面团"。埃及人还为其子孙建造了玩偶房屋,有镜子、柜子(带有可移动的抽屉)等小家具。他们还有拉线的动物玩具,鳄鱼的下颌会上下移动。人们豢养的爱畜则是猴子和有壮丽头饰的鸟(如戴胜鸟之类)。

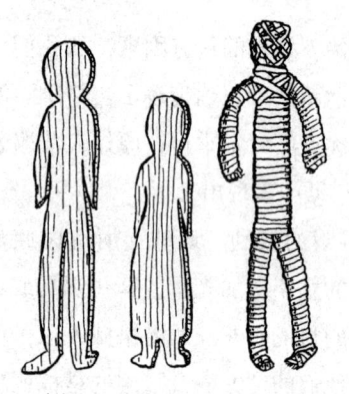

齐佩瓦-印第安人用榆皮和柳枝做的偶人

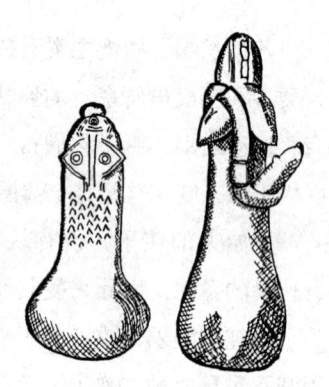

乔罗蒂-印第安人的陶制偶人
(左:女人 右:抱女孩的女人)

图 149 原始玩偶

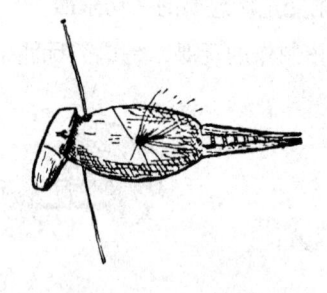

图 150 弓弦上跳舞的木鸟——圣克鲁斯群岛的玩具

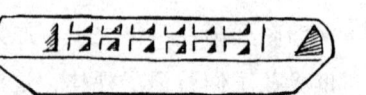

图 151 潘格威人的游戏板

全世界成人的游戏像人们想象力本身那样的丰富多样。跳舞占有主要地位，但即使是很原始的部落（如澳大利亚）也有角力、掷矛比赛、球戏，特别是跳绳。跳绳在玻利尼西亚、美洲、非洲和世界其他许多地区也为人所知。我们所能想象的一切室内游戏，在原始人中都能找到先驱或同类之物，从记忆性游戏直到根据机会原则的板上游戏，后者很易于使原始人的钱输得精光，就像白人的赛马一样。这些游戏中最著名的大概要算是"曼卡拉"（mankala）了，它在整个非洲大陆普遍流行。

非洲乌班吉河部落则热衷于"苦卡"（kuka）游戏。在闹市上，人们失去成堆贝币。这种游戏纯属"雄性"的活动，正如探险者莱德（J. Leyder）所说："妇女不玩它，她们没有时间。"

有些原始部落甚至在丧礼中也要游戏，决定胜负者被想象为死者灵魂。这一习俗在南美印第安部落之中特别发展起来，民族学家卡斯坦（R. Karsten）曾对此给以生动的描述：

> 夜晚的其余时间消磨在玩另一种游戏上。这种游戏是用烧着的棉花球来进行的。在死去的印第安人胃部放上木板，板上放一个个点燃的棉花球，玩者排列在尸体两边，把棉花球吹来吹去，使它不停地移动。每一个玩的人发现球在自己面前时便把它吹向另一边，那里的人又把它吹向另外的方向。游戏的目的在于免除从死者身体发出的一切危险，因为人们害怕病魔会再带走活着的亲属中其他的人。

但是，这样不愉快的目的并不能阻止参加者纵情游戏的狂热。南美为了使死者忘却活人，有举行宴会的习俗，甚至今天在现代化城市中仍很流行。厄瓜多尔操凯奇语的印第安人"在灵魂日（Day of the Souls）把食物献给死者"。现代墨西哥人在"灵魂日"上街售卖有着花式糖饰的头骨形糖果,这种上面用糖写着名字首字母的糖果成为情侣们深情互送的礼物。

南海的军舰鸟也为娱乐性运动提供许多机会。军舰鸟的崇拜是一种普遍的习俗,特别在瑙鲁岛民之中。持有这种鸟的人必须是"神圣的人",他戴着羽毛手镯,作为这种鸟神秘的"丈夫",就像威尼斯的"道吉"[1]戴一个戒指,作为海的丈夫一样。鸟要先加驯养,在双翼和尾巴之中刻上主人的个人标记,这样便易于从空中把它们辨识出来。当驯养一只新鸟时,所有邻人都激动起来,快乐地高呼:"现在它乞食了!"主人用鱼饲养它们,用自己的嘴给它喂水。当它们训练得可以长久依附主人,再放它们自由,然后它们就能参加和另外的鸟的竞赛,比赛飞的高度和技巧。

岛上有许多品种的鸟被当地运动员加以驯养和训练。其中有一种夜鸟,其名字("埃德圭")竟成为当地唐璜[2]的绰号。白天的运动项目是斗鸡、斗猪和斗鱼。虽然蜻蜓被认为是"死者的化身",孩子们也加以驯养,使它们停留在离家很近的树枝上,在那里它们攻击飞过的其他蜻蜓,给予旁观者以很大的欢愉。

这类游戏是一种正规的运动,虽然在原始人娱乐之中,玩耍和运动的界限时常难以划清。

散步这种简单的运动不甚普遍,由于它是非常自然的活动,很少引起注意。原始人中的徒步者,时常负载着沉重的背袋,走过长距离的难走道路,即使如此,他们并不认为在创造纪录。

跑步也不引人艳羡。人们为了获得生存,跑步是太需要了,

---

[1] 道吉(Doge),威尼斯共和国的地方行政长官名称。——译者
[2] 唐璜(Don Juan),传说中的西班牙贵族,出现于很多文学作品中,是一种乱追女人的风流男子典型。作者这里是说瑙鲁对风流的男子便称之为"埃德圭"。——译者

以致很难被看作是一种专门的运动。像澳大利亚人、布须曼人和霍屯督人（Hottentot），能够持久地追赶猎物，直到使它们累死。据科尔布（Peter Kolb）1719年报道，人们骑在马背上也赶不上霍屯督人。另外具有特殊天才的赛跑运动员是塔拉奥马人（Tarahumare），他们住在墨西哥北部的马德雷山（Sierra Madre）上，其他部落公认他们为"拉雷马利"（ralamari），即"善跑者"。他们能不停顿地跑上两百英里的距离。加利福尼亚湾的提布隆岛（Tiburon Island）的吉里人（Geri），能够追赶一头强壮的鹿致死，能够在短时间内捉住一匹飞跑的马。他们能做这样的表演，是由于从幼年起即受训练，由于他们有比例适当的细长身体和对自己力气的充分珍惜。

爬高同样创造了惊人的记录，但在原始社会中也不被认为是一种运动。在高树之顶摘取果实，从鸟巢中取蛋，割取野蜂蜜，等等，所表现出来的爬高能力给予人们以深刻印象，甚至具有同样爬高技巧的旁观者，也要以特别尊敬的言辞来称赞这些爬高优胜者。

最吸引原始人运动迷的运动是跳高。东非的瓦托西人——一种身材特别细高的部落，认为这是令人羡慕的强健体魄的表现。年轻人如不能跳到自己身体那样高，就不被承认已经成人。他们利用低的白蚁窝或类似之物作为跳板，可以不费力地跳到平均两米多的高度。

投掷是许多民族喜爱的运动，石头或者就是最古老的铁饼。熟练的猎人准确的手和他们那些武器，把他们训练成投掷运动的最早冠军。北美印第安人观众中的鉴赏家，对投掷表演者的技巧和才能比起他们的力气更为重视。甘蔗、海狸齿、坚果和黏土块都可作为投掷器，表演有一定的规则，两群人彼此进行竞赛。在组尼人之中，投掷游戏具有宗教仪式性质，其设备要奉献于战神

（这种游戏的保护神）祭坛之上。

飞去来器是澳大利亚人古代的狩猎和运动器具，也曾传到地球其他地区。它在北美印第安人某些部落、印度和埃及都有发现。在埃及，直到19世纪末整个军团都装备有飞去来器。

斐济岛、美洲、非洲和新几内亚还流行以投矛比赛解决部落的争端，可以看成是运动员精神的高度表现。

在发达文化和很多原始部落之中，角力都是一种令人欢乐的运动。从澳大利亚到巴西，从非洲到芬兰，从玻利尼西亚到高加索，从东南亚到日本，在每个地方角力都引起雷鸣般的喝彩。在日本，"相扑"选手列入国家英雄之中。

拳击同样存在于各个发展阶段的文化中。汤加岛的土著国王，每隔一定时期就命令他的臣民举行拳击比赛。原始拳击或者不用手套，或者用一种厚的绳垫作为手套。太平洋的莫特洛克群岛拳击者使用鲨鱼齿，使拳击之手变为危险的武器，谁先倒下就算失败。原始运动事业中，甚至也有裁判员。在夏威夷，当出现不公正的行动或斗拳时间延续过长时，裁判员就进行干涉，他用木棒把拳击者双方隔开。

对原始人来说，游泳不算是一种运动。但玻利尼西亚岛民们骑在木板上破浪前进，进行激烈的竞赛，凡是不倒下而首先到岸的人就是胜利者。

所有运动中最普遍的一种，大概要算球戏了，长期以来它为印第安人、黑人、欧洲人和埃及人所喜爱。我们许多著名的游戏可以在原始部落球戏中找到来源。这些部落的球戏常具有巫术性或象征性的意义，这证明它有悠久的历史。

马科－印第安人每当捕鲸鱼季节快到时，就用鲸鱼鱼骨和一根象征战神的棍子玩曲棍球戏。古代阿兹蒂克有一部法典认为，光明之神和黑暗之神彼此玩球。而墨西哥古代统治者责任之一，就是当午夜时守望着大熊星座，人们认为那是"星星玩球的地区"。球戏（特别是北美印第安人的球戏）如此多种多样，本身就值得研究。加拿大球戏和其他有双球门的球戏，使用着大小、形状不同的球，其中很多是用软皮（如鹿皮）内塞草或植物纤维做成的。欧洲足球的先驱，是爱斯基摩人皮壳内填物的足球。

古代埃及人用两个半圆形的皮或好的亚麻做壳，内塞稻草或切得很好的芦苇，缝在一起，做成直径约四英寸的球。五颜六色的硅石做的小球非常易碎，玩球者必须要有巧妙的技术。

在发达文化中，单纯的娱乐或消遣和定期的宴会、庆祝会之间的差距，有显著的发展。事先决定在规定时期举行胜利庆祝会、周年纪念会、婚礼和宗教的或国家的假日，有一种紧逼的感觉，和原始人思想意识完全不协调。而原始人那种普遍的、自发的、时间不定的各种方式的娱乐，并不亚于古典时期及前古典时期的官方庆祝活动，在这些经过教会、国家或社会批准的活动中，盛大的游行、跳舞、演剧、游戏和大吃大喝的宴会结合在一起。

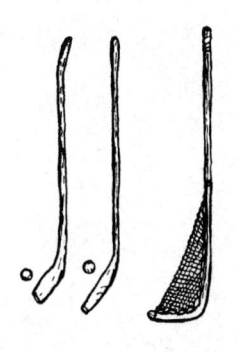

图152 莫诺－印第安人的曲棒球（左）和帕萨马科迪－印第安人的网球拍（右）

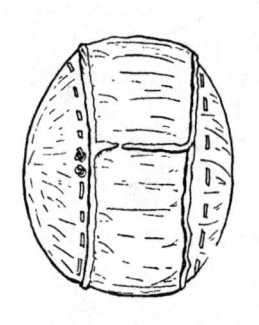

图153 曼旦－印第安人的足球

哥伦比亚奇布查人把一年分为界限分明的三段，其中有一段是专门从事宴会的时间。伊斯兰教徒的快乐季节是"九月斋"[1]以后开始的。对天主教徒来说，快乐季节随着"圣灰日"[2]而结束。文明的宴会按计划进行，无论它的东道主是家庭、集团、俱乐部、政府、教会或国家，计划性和目的性侵入联欢之中，使得我们的集会更有魅力。但它是否比得上丛林中和草原上那些为快活而快活的集会所特有的欢乐，是大可怀疑的。

---

[1] 九月斋（Ramadan），每当伊斯兰教历九月，伊斯兰教徒每天坚守严格之斋戒，从日出直到日落。——译者
[2] 圣灰日（Ash Wednesday），距复活节前约七个星期，是大斋期的开始。是日有些教堂象征性地把灰点在人的前额，以示悔罪。——译者

第七章　陆路和水路交通

当我们闪闪发光的汽车在公路上呼啸而过，当我们的铁道载着飞快的火车驰向终点，这时旅行者常常因现代交通取得的高度成就而感到自负：我们是"无所不往"。

但是，尽管我们的旅行工具及其高速度甚至在一百年前还是很难想象的，把地球广大空间联系在一起的道路——军用的和商用的道路——却属于人类最古老的成就。一条重要的小径，无论是通往水塘的小路还是越过高山通过沙漠的商道，一再被使用就成为历史悠久的通衢。当从茂密的丛林、岩石和树木以及其他障碍物中清除出一条道路时，便赢得了宝贵的时间，使人们能到达富有食物和水的地方，使前往贸易地点的旅行有了保障。由于道路指示出可靠方向，在荒野中迷失的危险大为减少，邻人可以去拜访，新的地区能够去开拓，民族大迁徙和文化因素的传播由于道路而易于进行了。从黎明时期起，道路便是和平或战争的伟大标志，道路把人和理念联结起来。

古代和今天一样，道路是部落之间、民族之间、城乡之间以及海岸和内地之间贸易的重要命脉。历史上伟大道路的故事，就是历史本身的故事。

非洲的商队和猎人，从乍得湖和廷巴克图到北海岸，从尼罗河、尼日尔河到苏丹，来回走动。苏丹的索科托、卡诺和类似的贸易中心，吸引着商人们。从埃及到所谓"赫克利斯之柱"[1]的古老道路是传奇性的。全部黑大陆，从地中海到内地，过去是且今仍然是布满着纵横交错的小径。

欧洲沿着多瑙河这条值得骄傲的河流两岸，史前时期就兴起了多瑙河文化，而且几千年来成为文化交流的中心。古代欧洲的"盐道"，把矿区的矿产品传播到贸易中心，甚至今天还保持"盐道"这一名称。这条"盐道"的终点是在萨勒河上的赖兴哈尔（Reichenhall）和哈雷（Halle），而多瑙河、易北河和卢瓦尔河是它的商业航线。

小亚细亚从巴格达（Baghdad）到巴士拉（Basra）的道路，在《天方夜谭》以后就永久留在人们记忆之中。通过乌拉尔山脉和里海之间的道路，民族迁徙一浪又一浪地流向欧洲。马可·波罗曾沿着古老的"丝绸之路"旅行，从撒马尔罕到兴都库什山，从戈壁大沙漠到北京。通过这条"丝绸之路"，珍贵的中国丝绸从中亚和前亚（Anterior Asia）传入罗马帝国。中国和罗马之间的贸易关系，开始于公元前114年。[2]据托勒密[3]报道，从凉州[4]到帕米尔高原的旅行要花费七个月的时间。

美洲玛雅人每年要前往距离很远的地方，从事伟大的商业远征。土著居民甚至还把从西卡兰努（Xicalano）通过原始森林到

---

1 "赫克利斯之柱"（Columns of Hercules），指今直布罗陀海峡而言。赫克利斯，希腊神名，相传他力大无比，直布罗陀两边山崖是他所立。——译者
2 公元前114年为汉武帝元鼎三年。这一年张骞已第二次出使西域归来。是年被西方汉学家视作丝绸之路的开通之年。——编者
3 托勒密（Claudius Ptolemy），公元2世纪上半叶人，亚历山大城的天文学家和地理学家。——译者
4 指今甘肃武威一带。——译者

洪都拉斯产金地区的著名道路画出地图。1524—1525年科泰斯[1]曾在这条道路上进行过冒险的旅行。

原始小径并不壮观，但它和大的道路同样古老，或比道路更为古老。它比道路更具有标志方向而不是道路的性质，其路线主要由该地区是否难走来决定。若地形允许，它蜿蜒地通过捷径和山的垭口横穿大陆。美国开辟者的带篷货车曾在棕色人种[2]的古老小径旅行。许多州的和联邦的公路循沿着印第安人的小路，从奇努马（Chinuba）到庞恰特伦湖的路易斯安那（Louisiana）的道路仍然以"印第安人道路"而著称。科罗拉多州的公路就是建立在"圣菲小径"（Santa Fé Trail）之上。

如众所知，地球上大的河流是货物交流和人类迁徙的决定因素。几千年来，尼罗河、黄河、幼发拉底河、底格里斯河、圣劳伦斯河、密西西比河、密苏里河和亚马孙河，是和人类历史紧密相关的。水上道路刺激了商业交换，创造出文化中心。下刚果的河流把整个部落转变为商业民族，这一现象在世界上屡见不鲜。

人类最早的建筑成就之一就是运河的修建，运河把大的水路联系起来。著名的隋炀帝（604—617年在位）是很了不起的，他的专家们修建了一条光荣的皇家运河。在亚马孙河地区，特别是莫霍斯省（Mojos），人们很早就修建许多运河来努力解决洪水泛滥问题。现代科学家倾向于相信在奥里诺科（Orinoco）和里奥内格罗（Rio Negro）之间的大水道是人手修建的。

河流和水道可以把国家和国家、民族和民族联结起来，而它们对必须横渡河流才能到达目的地的旅行者也时常造成障碍。为了克服这种障碍，使道路越过横阻的河流，人类发明了桥梁。原始部落为越过河流和深渊，从最简单的设备到技术复杂的坚固建

1　科泰斯（Hernán Cortés, 1485—1547），西班牙对墨西哥的征服者。——译者
2　指印第安人。——译者

筑物，所创造的方法是多种多样的。

在喜马拉雅山崖石上，有原始牧人挖出的洞，旅行者在洞中插入竹梯，缓慢而冒险地爬上爬下。利用竹竿，也可以渡过深渊。在小河对岸树顶上系以牦牛毛做成的绳索，旅行者吊在绳索所附横棒或编成的座位上，可以像打秋千那样荡过对岸。两岸系上绳索的溜索桥，是秘鲁安第斯山印第安人常用的渡河设备。南美艾马拉人（Aymara）建造浮桥；瓦里人（Huari）在小河中安置竹柱，像走钢丝一样前进；基切人则使用悬桥这样的建筑物。博托库多人（Botocudo）和西里昂人，将一两根藤子架在河上，即可作为桥梁。

图 154 秘鲁的溜索

构造复杂的交织的藤桥是原始造桥者的最大成就之一，这是美拉尼西亚人、非洲人、南美人、印度人和印度支那人的一项文化财富[1]。这种桥梁编织得像网一样牢固，形如一个长的半圆形篮

---

[1] 中国西南少数民族也善于建造藤桥，并已有悠久的历史。《史记·西南夷列传》记载今川西南地区有"笮人"，据后来的注释，他们即因当地有这类桥梁而得名。——译者

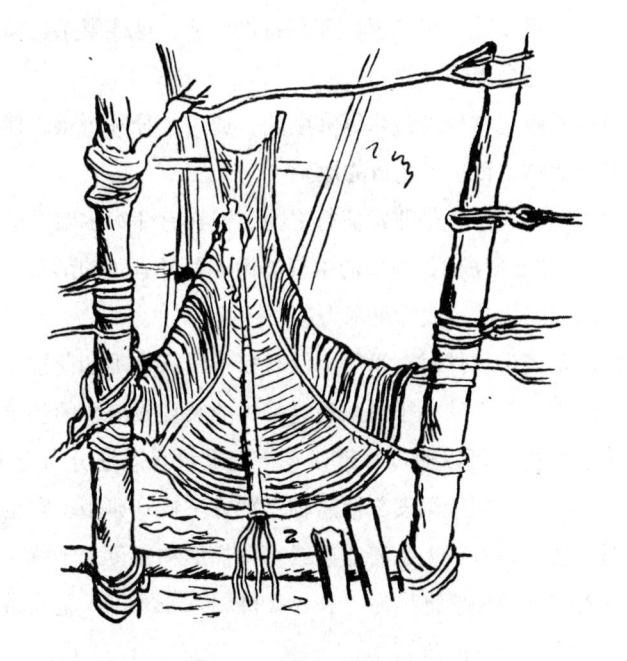

图 155　危地马拉的藤桥

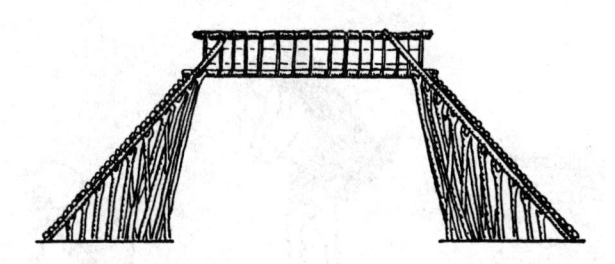

图 156　奇布查人的木柱桥

子，每边高达行人的肩部或臀部，岸边牢实地打桩，作为拴结藤子之用；时常也把藤子附着在崖石或伸出水面的树干上，另安置一根固定的横木，以防流水冲扫行人的足。

最简单的一种木桥自然是横在一条小河上的已倒树干。但如河流宽阔，便要建造出结构复杂的木桥，平稳地横架于柱子或树权之上。在喀麦隆、美拉尼西亚和哥伦比亚，这样复杂桥梁建筑造型之美，是令人惊异的。

旅行者就是这样通过水路和陆路，通过小径和桥梁，使自己和携带的货物、食物到达目的地。

为了爬山，手杖是非常流行之物。但在有伟大木雕家的地方（例如非洲和婆罗洲），简单的木棍被做成各种夸张的形状，并成为等级的标志，甚或成为巫术力量的标记。

当需要携带物件时，世界上没有哪个民族是不知使担子易于负载之法的。头上的担子可以通过编织的圆环或填物的垫子来支撑。背上的担子可以通过背带或头带把重量合适地分布于全身。在亚洲和南北美洲印第安部落这种负载方法特别典型。它也存在于非洲，通常是背带上系着篮子或一种梯形物，负之于背。古代墨西哥人把这种梯形物称为"卡卡喀利"（*cacaxtli*），把头带称为"米卡帕利"（*mecapalli*）。

图 157　阿兹蒂克人的背物装置

背上负担的并非都是无生命之物。亚洲和北美的母亲背着婴孩，这种方式使母子都很舒服。南美印第安人的婴孩是包在织成的宽带中，悬吊于母亲的肩头；有时也用梯形结构，母亲走路时就把婴孩捆扎在上面。古秘鲁的印加人的大型"安福拉"

罐[1]，接近底部有两个特制把手，穿上绳子可以负之于背，以代替头顶这样的习惯。在较早文化中，负载重担是全体人的命运，人像牲畜一样负重是普遍的现象；但古代发达文化的封建主却把负载担子的穷人看作低贱的等级。许多高贵的僧伽罗人头戴雕琢的梳子，显示他们这些人的头上是决不负物的。

最简单的手提包是网袋，这为许多民族特别是美洲民族所使用。非洲和亚洲使用皮袋。编织成的各种袋子和篮子、亚洲和美洲流行的圆锥形背篮、非洲流行的方形硬篮，所有这些服务于同一目的，即把货物集中起来以便运送。

扁担有非常古老的渊源。它是一根长的硬木，担在颈上，两端悬以重担使之平衡。由于两端重量必须相等，故使用两个形状大小一样的水桶或两捆一样的重担，最为合适。典型的扁担起源地是在亚洲，但南美的发现者在这个大陆有些地方的土著居民之中也曾发现此物。诺登舍尔德告诉我们，当西班牙人强迫印第安人背负重担时，印第安人非常痛苦，他们习惯于以颈来担。

两个人或更多的人抬一根横木，其上悬以重担，这种方法应用了另外的技术原理。它可以携带各种重物，从猎得的动物、沉重的信号鼓直到死人的尸体。这种运输方法在非洲、亚洲、南海地区和南美某些地区，都非常普遍。

一个人由自己同胞抬着走，这是统治者、贵族和为了某种理由不希望面貌为周围所见的人才能享受的特权。这些与众不同的"骑者"所用的担架，由扁担发展而来。担架就是把靠椅或吊床附着于两根或四根木柱上，由脚夫来抬。在非洲，尽管任何装置都可用来抬人，都能强调权势者的权威，但担架仍然是首领、王子和有权势的白人旅行中最喜爱的"客车"。坐着担架到处走是

---

[1] "安福拉"（amphora），原为希腊古代一种盛酒的宽耳罐，后用来泛称一切带耳的罐。——译者

图 158　秘鲁库斯科陶瓶上所见背罐方法

图 159　阿拉斯加和墨西哥的背带

图 160　中国的竹担架

图 161　印第安人妇女背婴孩的装置

图 162　比属刚果莫巴利人妇女背水

图 163　墨西哥印第安人的扁担

中国高级官吏的特权；在中国南部它是能过水平较高生活的人旅行的传统方法。

在世界其他地区，哥伦比亚的奇布查人酋长坐在吊床中由他们的奴隶抬着走；秘鲁印加人统治者则坐在封闭的担架中旅行，他是这样的"神圣"，甚至不许其臣民看见自己的面孔。为了保护他神一般的面貌，担架前后有人跑步相随，为他清除路上行人。"王座之前垂帘"源于同样的概念，是埃及、阿比西尼亚和非洲其他地区一直到最南端的潘格威人的神圣传统。把神圣的或尊贵的面孔隐藏起来的愿望，使担架变为轿子。这种在古代道路上抬着走的"小房子"，从巴比伦和埃及直到古典的罗马都曾普遍使用，特别是贵族妇女们用它来从事旅行。十字军东征以后，轿子传入欧洲其他地区，17 世纪时它以"椅架"（porte-chaise）之名风行一时。

  在所有上述情况下，动力都是人的身体，其担子的重量沉重地落到双足之上。温暖地带许多原始人并不感到保护双足步行时免于受伤有什么必要，但为了增加速度或使其足印不易辨别，仍引导出许多足具的发明。古代探险者梅森的观点是有道理的，他把原始人的鞋子、凉鞋和鹿皮鞋称为实用的最初运输手段。在那些灼热的沙子使赤足难以着地的沙漠地区，在那些尖利的石头可能伤足的地方，就流行保护性的足具。例如，炎热的罗劳玛（Roroima）地区的印第安人用一种棕榈（Mauritia palm）的叶子制造凉鞋。南非布须曼人所用凉鞋，则是原始凉鞋中最好的一种，它保护跑步者的足免为卡拉哈里沙漠所伤和防止足在松散的沙地里陷得太深。这样的凉鞋也是这些部落常用的狩猎装置，使部落成员能徒步追踪猎物，经过几天不停的追击，不允许猎物休息和吃东西，最后使它们力竭倒地。

  凉鞋使人的双足在大地上更加安全，而滑具或冰刀则使人能在冰面上"跑步"。从旧石器时代以来，亚洲和欧洲就知用骨头制造冰刀。北欧古代文献"冰岛文学"《埃达》（Edda）曾提到"冰骨"，13 世纪荷兰人"冰骨"发展出带有铁刃的冰刀。我们今天所用全部由金属制成的冰刀，是美国人1850年设计的。[1]爱斯基摩人用海象牙刻成的滑具，与古代骨冰刀毫无不同，猎人把它系在靴子上，在冰上追捕猎物。

滑雪板是为了在雪上而不是在冰上滑行，青铜时代的"滑木"是它的先型。欧洲和亚洲最北部的滑雪板，和我们所用者形式无别。它以桦树皮为底板，四边用驯鹿或海豹的皮覆盖，在两根带有骨尖和小铁箍的滑雪棍帮助下滑行。拉普人的滑雪板比起上述原始的滑雪板较长和较宽，没有皮毛的覆盖，外观上更接近现代滑雪板。它成为运动器具而不仅是狩猎装置，是在挪威的特里马克高原的山区首先发展起来的。在美洲原始人文化财富中，没有滑雪板。

滑雪板着重于速度，而另一种北极的发明——雪鞋，则是为了在深雪中安全散步。这种足具在世界所有北极地区都具有重要性。"雪鞋文化"源于亚洲，而远在爱斯基摩人散布到美洲大陆北部地区以前就传入美洲，并一直传到加利福尼亚北部。这种足具用鹿皮之类柔软皮革做成，猎人的足安置在其中间，用皮带绑扎起来。美洲的北极地区，实际上是古典雪鞋的中心，欧洲非常粗糙的雪鞋不能与美洲那复杂的雪鞋相比拟。

在拉布拉多内地的猎人之中，纳斯科皮人属于最有技巧的雪鞋制造者之列。雪鞋木制部分由男人刻成，而绑扎则是妇女的工作。

图164 东部雅克斯人用驯鹿皮覆盖的滑雪板

---

[1] 中国宋代即知溜冰，称为"冰戏"。清初宫廷举行"冰戏"，在冰鞋下已嵌铁条。时人有诗云："铁若剑脊冰若镜，以履踏剑摩镜行。"故至迟17世纪时中国已有金属冰刀。——译者

目睹他们制造一双雪鞋（"阿沙姆"），是很吸引人的事。他们将一根桦树棒放在热水中泡软，然后在膝盖上弯成拱形，作为雪鞋的架子。为了使其保持正确的形状，把底边两端（后来形成所谓"尾巴"）用皮绳牢固地系在一起，其中间则用支撑物撑开。纳斯科皮人雪鞋平均长度约为3英尺，最宽部分约为2英尺。当上述架子充分干却后，加上十字形支柱，并用骨钻打出成排的洞，由妇女们用弄湿的鹿皮带在洞内穿来穿去，交织成有整齐图案的牢固的网眼。她们以其准确性和细心做成完美的成品后，将皮带在中心部分结成一连串的圈子，人们裹着鹿皮的足就置放于其中。

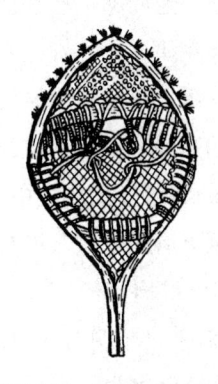

蒙特纳斯-纳斯科皮人雪鞋　　欧洲阿尔卑斯山雪鞋　　加拿大巴芬兰爱斯基摩人雪鞋

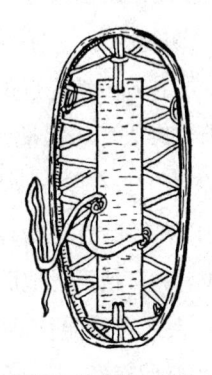

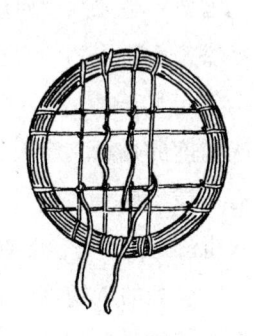

图 165　几种雪鞋

用这样雪鞋装备起来的猎人，很早就发明了一种在雪上或冰上拖曳其武器、粮秣和猎物的古老装备——雪橇。它大约是源于在动物皮上拉东西。杀死的熊、麋、大角鹿或驯鹿，原来是拖拉回来的，不久就用板代替了这样粗糙的方法，这就产生了雪橇。新石器时代遗物证明，它的年代是悠久的。在欧亚北极地区，特别是芬兰和狩猎的拉普人游荡的地区，我们发现了雪橇的最古老形式，是以一块木板或几块木板简单制成。加拿大北部的平底长雪橇整个底部都接触地面，它是纳斯科皮人冬天不可缺少的运输设备，用来在雪上拖曳各种重担——小孩子、捕获的动物、木柴和送往坟墓的死者尸体。它的材料是长约 15 英尺、宽 12—15 英寸的桦树板，底部两块主要木板以 4 根横柱联结在一起，前端上翘部分是借助于热水做成功的，并有第 5 根横柱加以支撑，各个部件都钻有洞，用鹿皮带牢固地绑扎起来。当这些印第安人夏季乘独木舟前往他处时，他们把自己的平底长雪橇保存在狩猎地带的树顶之上。

爱斯基摩人及其相邻的印第安部落、撒摩耶特人（Samoyed）、吉雅克人（Gilyak）和亚洲北极地区其他民族，他们那带有滑板的雪橇，是雪橇一种较复杂的形式。这种滑板型雪橇（特别是爱斯基摩人所用的），可以假定为比较晚近的发明，诺登舍尔德认为它起源于旧大陆。爱斯基摩人原始雪橇大约是没有滑板的，今天养鹿的爱斯基摩人仍在使用。在欧洲斯堪的纳维亚民族之中，有所谓"夏季雪橇"，用以在针叶林平滑地面上运送木材。埃及人也流行这种方法，在沙上和其他平滑地面拖曳重担。

满载的雪橇重量非一人之力所能移动。似乎自黎明时期起，人类就知道利用最古老的驯服动物——狗的拉曳之力，来减轻自己的负担。狗队拉曳着史前人类的雪橇，正如它们今天在北极荒野中拉曳原始民族的平底长雪橇一样。

狗的古老驮伴是驯鹿。直至现代，在北欧和亚洲仍把驯鹿和麋鹿一起作为负重之用。驯鹿用于拖曳，较用于骑乘和取奶为早。这一点对于牛的家族也是适用的。西藏的牦牛是最早驯服的品种，中国其他地方的水牛稍晚。欧洲"湖居文化"人们（最早讲求生活舒适的人）的住宅中，曾发现了驾驭母牛和公牛的轭。

欧洲旧石器时代已知道马的野生品种，从新石器时代起马就用来运送重担。"带纹陶"时期的遗存中，曾发现了马具。公元

图 166　黑足印第安人的橇

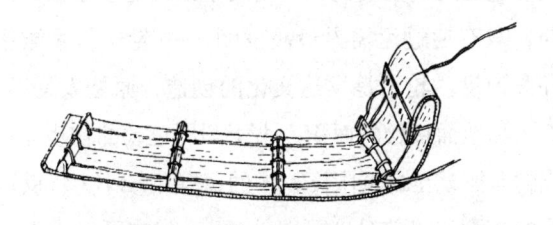

图 167　蒙特纳斯－纳斯科皮人的雪橇

前 3 千纪，马从亚洲经过小亚细亚传到巴比伦，到达埃及已是中王国的末期。北非人是培育良种马的能手，公元前 2000 年他们这一著名的传统就开始了。在美洲，哥伦布到达以前人们是不知道有马的。

在南美，远在哥伦布到来以前，骆马和羊驼就是人类的助手，今天仍是如此。亚洲的驮畜种类甚多，有狗、牦牛、马、驯鹿、骆驼、单峰骆驼、瘤牛（zebu）、象和驴，甚至羊从黎明时期直到今天也拉着人类的车辆。但是，并非大地上所有民族都会利用畜力运载，澳大利亚、南海地区、日本和全部黑非洲[1]，原来都不知道载重牲畜为何物。

动物用作乘骑较之用于驮运要晚一些。但是，小亚细亚的库尔蒂皮（Kûl-Tepe）发现了公元前3千纪中叶的骑乘人像。亚洲的"骑马文化"是非常古老的文化。到了晚近时期，北美平原印第安人和玻利维亚的查科人这样的南美部落，也非常喜爱马。他们实际上就是生活在马背之上。查科人的马鞍是内垫稻草的皮鞍，马刺是骨片做的。

在草原部落中，古代曾以狗拉橇（其结构是在两根棍棒上捆系着重担放在地上拉），后来马代替了狗。这种橇是运送帐篷、孩子、木材等非常古老的方法，在亚洲仍为吉尔吉斯人（Kirghiz）所使用。他们用骆驼拉橇，骆驼背上还可骑一个人。

从磕磕碰碰的笨重的橇，进化到平滑的运输手段，经过了很长的道路，只有通过运输界最高发明——轮子，才能达到真正的舒适和高速度。轮子是发达文化的创造，原始人是不知道的。由于减少了和地面接触的面积，由于圆周运动的初步运用，由于重量造成的摩擦减至最低限度，大的负载用较小力气就可以运送了。沉重的东西，以前是"不能动的"，现在可以由人力或畜力运送了。

轮子最早的考古发现，其年代可上溯到美索不达米亚的城邦文化。据推想，滚动的概念源于在滑动木头上运送重物的实践。埃及人就用这种技术来移动方形石块，建造金字塔。最古老的轮子由实心圆形木盘做成，牢固地联结在随轮转动的轴上。后来有了改进，结果发明出车毂，并把中心部分挖空，交叉部分逐渐愈

---

[1] 撒哈拉沙漠以南的非洲大陆的旧称。——编者

挖愈薄，到了青铜时代便引导出车辐的发展。早在公元前2700年，小亚细亚就知道有辐的车轮。

货车是运输的普遍方法，而双轮车最早却被描绘为仅有神才能使用的乘具。当凡人开始欣赏这种双轮车的舒适的时候，也只限于统治者，后来才由富人分享，古典时期它是贵族所喜爱的进行运动的乘具。轮子在神话中的意义是代表太阳、神和幸运，这就使它成为人喜欢的装饰。关于把燃烧的轮子滚下山或把木圆盘抛上天空，以庆祝冬至和夏至的习俗，其各种解释都把轮子和超自然力量联系起来。

两轮车比四轮车古老，而独轮车或手推车（在中国它时常装置着帆）也属于最古老的车辆。中国南部的独轮架子车只需驾驭着或推着它走即可，它减轻了负载者的工作。中国北部所谓"大车"用于长途旅行，在两轮之上安装着篷帆似的结构，使人想起美洲开辟者著名的带篷货车。

在几个世纪以前的战争中，掌握有轮车辆是决定性的战略因素。所有古典文献研究者，都熟悉由战车和罗马人带轮投石机组成的防御工事，它在古代历史上起过重要的作用。

中国是许多伟大而奇妙的发明的发源地，以致许多白人旅行家以为中国的人力车也是"典型的东方运输方式"，但是对中国人来说，它却是"洋车"。这是美国人的一项发明，距今仅一百年。住在横滨的基督教传教士果伯（Jonathan Goble）的妻子有病，医生嘱咐做"轻微的室外锻炼"，传教士在一个日本木匠帮助之下设计了这种车子。一个精明的法国人看见了它，认识到它的可能用途，于1874年把它介绍到中国。对于使用担架和轿子的古老中国人来说，它的吸引力太大了，竟成为一种产业的核心。现代中国城市中，大约有四十万人力车，冒着危险行驶于现代汽车之间。但是，它的命运已经注定，要成为历史的陈迹，因

图 168　古埃及人的双轮车
（公元前 1400 年）

图 169　中国人有帆的独轮车

为政府已得出结论说，拉人力车的职业会"降低人格"，而这一法令却不适用传统所允许的担架和轿子。

古典战车和货车发展为更为舒适的车辆，从"顶有流苏的四轮双座车"直到现代的汽车。这种发展就像 19、20 世纪许多技术变革一样，是很迅速的。轮子的使用已有几千年之久，而机动车是从 19 世纪末才开始。把两者的历史加以比较，我们真想知道将来使用轮子的乘具将具有何种形式。

在丛林中为旅行者开辟出小径，在深渊和小河上架起了桥梁，人类的天才并不就此止步。只要天然河流指示出可以遵循的方向，人类就乘船沿着水道漂流。

一根漂流而下的树干，为水上旅行提供了最古老的方法。在新几内亚内地的水道，仍可看到这种原始的方法。当探险者芬茨奇（Fintsch）的船只接近岛屿时，土著居民骑在树干上甚至树根上，以很熟练的方式围着他的船只划动。从漂流的木头逐渐发展出独木舟，它的分布是世界性的，是早期运输的普遍形式。

从澳大利亚到太平洋岛屿，从苏丹到欧亚的北极地区，许多原始的旅行者都知道独木舟。它的中空部分时常是烧出来的。在哥伦布到来以前，南美游徒民族仅有的船只便是独木舟，时常长达 60 英尺，人们乘它冒险出海。玻利维亚查科地区的瓜图人和帕雅圭人（Payaguá），驾驶独木舟沿着河岸航行，用的是针形长桨，形式和热带森林地区的曲柄桨有所不同。辛古河上游的大独木舟，以木板隔开为其特征。

北美阿拉斯加东南海岸印第安人独木舟的特殊之处，是制作精细并饰有人们喜爱的雕刻。克里格（H. W. Krieger）曾强调指出，"海岸印第安人喜好木工"，"木工几乎使他们着魔"。他们用整根杉树中间挖空做的长独木舟，据描述是"首尾部分高高翘起，用杉树板做成，上刻有花纹，内容为神话的和写实的动物形象，用作图腾和装饰。过去有些船备置杉树皮的席帆，长达 40 至 60 英尺。舵是没有的，船尾用一根桨来驾驶。巴腊诺夫（Baranoff）岛上锡特卡（Sitka）的土著居民乘独木舟沿着斯基纳河一直航行到辛普孙港，距离达 300 英里以上"。这些独木舟能容纳乘客五十人。

非洲某些独木舟，特别是喀麦隆的独木舟，布满雕刻和龙纹；而苏丹的独木舟则较为粗糙。东非坦噶尼喀湖的渔民，又另有特别的独木舟。据白人神父描述，其制作法是先选好树，若太高就砍断，若太矮则连根掘出，把树干上根须、树枝和树皮去掉，用一把斧头，加上一种工具"伊苏"（iesso）的帮助把它挖空，留下两块厚木板作为足踏。白人神父还指出，弯曲的树也时常用来做独木舟，以致有些独木舟看起来"好像是不能直行"，实际上它们当然是能直走的。东非独木舟可以使用八年或更长时间，并且在舟上缠绕着祈求好运的符箓。一条新独木舟下水要举行巫术仪式，其中包括吁请祖先保护和对那些有危害新船罪恶企图的人和魔鬼发起一连串的攻击。

欧亚大陆北部的独木舟大概是进口货，并非史前时期的遗产。芬兰和俄罗斯北部沼泽地带，保存有很多古老的文化遗存，但未发现一个独木舟；而爱沙尼亚的村民们至今仍会建造独木舟，称之为"拉尼马"(Läänemaa)。米甸多尔弗[1]在注入北极海的西伯利亚河下游，看到过独木舟，认为它是在"极圈之南部制造出来的，从那里传给北方的民族"。

粗糙的树皮船大约和独木舟同时或更为古老。火地岛的雅马纳人（Yamana）和他们的邻人（锡克兰人除外），用三片树皮以鲸鱼的触须粗糙地缝在一起，做成树皮船。它们时常由妇女双手持一根桨来驾驶，她的丈夫则在船头走来走去，拿着鱼叉做好准备，而孩子们忙于照料船的中部燃着的火，并不停地向外戽水。

某些非洲部落（如苏丹中部和东部的尼格罗人）建造同样脆弱的树皮船，同时也使用另一种水上工具——木筏。这些木筏是用一排纸草茎扎起来的，或用一种树的树干堆起来的，两者在尼罗河上游地区都很常见。南美木筏用的的喀喀湖的软木制成。在印度，木筏出现在科罗曼德尔海岸。木筏也是北美加利福尼亚部落喜爱的运输方法，卡米亚人用12—14排木头建成长达15英尺的木筏，能载7个人。托巴托拉贝尔的木筏只有其一半长，两端呈方形而且无边缘，当乘它刺鱼时只需要两个人。

图170 新几内亚的树根筏子

图171 独木舟

---

1 米甸多尔弗（Alexander Theodor von Middendorff, 1815—1894），俄国科学家和旅行家，对西伯利亚地区自然地理和民族情况有丰富的记述。——译者

最奇异的木筏是下科罗拉多的"科利塔"（corita），是以编成的篮子涂上黏合剂而成，专作摆渡之用。阿萨姆土著居民巨大的黏土圆形容器，同样是奇异的，它载着乘客可安全渡过较短的距离。

皮筏是水上运输的另一种古老方法，它是在动物皮缝成的袋子里充满空气，并配备一个木制的或骨制的架子。在美索不达米亚、努比亚、印度和巴比伦的河流中，就漂流着这种膨胀的皮筏。草原印第安人的皮船是将一个圆形牛皮筏安在弹性木架上，外形很像一把张开的伞倒转过来。南美的鹿皮筏"皮罗塔"（pelota），是最近由阿根廷帕姆帕斯草原阿比波尼斯－印第安人中的高乔人（Gaucho）传入的。

图 172　玻利维亚的的喀喀湖软木船

图 173　北印度的皮筏

北亚的大皮船以海豹皮为筏，并有着动物肠织成的帆。史前欧洲曾广泛使用类似之物，拉普人那有皮篷的船就是其最后的代表。爱斯基摩人及今天其他北极民族的皮船，称为"卡雅克"（kayak）和"乌米克"（umiak）。"卡雅克"通常只乘一个猎人，只有阿拉斯加南部和阿留申群岛的土著居民在这种船中设置两三个座位。它以浮木为架,覆盖着缝在一起的海豹皮,仅为猎者留一个狭小圆孔,猎人穿着皮衣以防水。一个盛放鱼叉和鱼叉绳子的木浅盘和一些绳索,再加上一根单叶的或双叶的桨,便是猎人仅有的装备。他靠这些东西就可驾驭这很轻的筏子到处漂流。"乌米克"是敞口船,在大木架上覆盖以皮。它晚于"卡雅克",可能起源于东北亚。格陵兰仅用它运输,不用于狩猎,被称为"女人之船"。

接近北极地区猎人及其近亲部落的桦树皮独木船,是一种非常有效的水上运输工具。不能把它和上述火地人吱吱作响的树皮船混为一谈,它先进多了。它是印第安人用"加拿大船树"或"纸桦树"(Betula papyrifera)的整片树皮缝起来的。用"缝"字来描述是恰当的,因为仅有很熟悉和有经验的剪裁者,才能在没有金属工具和白人的铁钉的帮助下做成这样的船。选好适合的树以后,用海狸齿做的斧子在其顶部和根部,切出深深的一圈,然后再垂直地切一道,便可小心地把树皮剥下来。当男人忙于这项工作时,其妻子便就地采集云杉的根,去掉黑皮,把白色的根裂成易弯曲的长条来煮,煮后留在水中,以保持其弯曲性,这是作为"缝线"所需要的。所有材料一旦齐备,独木舟建造者便准备建造地点,这可说是独木舟的"床"。这里地面必须是坚实的,上有少量的沙。树皮朝外的一面向下放在"床"上,然后向上弯曲,安在杉木做的底架上,以两根弯曲的长棍做的另一架子从外面卡住树皮。架子一旦安好,便在内堆大量重石把树皮压倒,并把重叠部分去掉,这样剪裁工作便完成了。下一步的工作是把已裁好的部分缝在一起。这是妇女的事情,她们先在树皮上按着距离相等的间隔用驯鹿骨钻出洞来,用云杉根做的线来缝。当各个部分以规整统一的方法缝在一起后,便在船身内建造出船舷。这时仍放着的石头便可以去掉了，因为船的形状已经固定。下一步是用煮过的云杉树胶来黏合缝的地方。妇女现在退出，再由男人在船内安上横的或竖的梁架（用云杉砍出来的），使独木舟最后具有一种圆底的非常对称的形状。

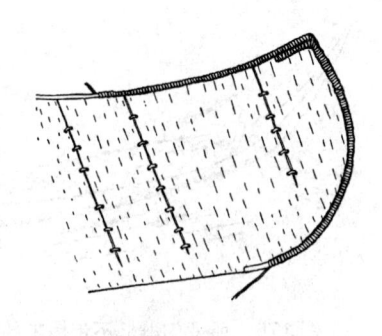

图 174　蒙特纳斯－纳斯科皮人用桦树皮缝成的独木舟头部

这种独木舟和平底长雪橇，大约是任何印第安人家族最重要的财富了。拉布拉多的许多印第安人家庭掌握三个或更多这样的独木舟，从夏天宿营的大湖地区迁移到狩猎的荒野地区，以便寻找重要的毛皮。春天独木舟又载着他们沿着小河回来，小河便是拉布拉多腹地野生树林中的"街道"。

仅仅那些曾经看过制造这些船所用的技巧、细心和完善工艺的人，才能想象这些船的美丽。在加拿大大量湖泊中缓慢划动着树皮独木舟，是值得骄傲的景观。

原始人建造的最著名的船是南海地区的独木舟，以具有一个或两个"横架"（outrigger）为其特色。它们代表原始造船业的最高技术成就。

所罗门群岛的独木舟称为"芒"（mon），是没有"横架"的，但其他岛屿典型的独木舟一般都有"横架"。海顿[1]给它下了定义："横架是横越船身延伸出去的平衡装置。"玻利尼西亚大的航船中的第二"横架"，时常为另一个附着于大船的独木舟所代

1　海顿（Alfred Cort Haddon，1855—1940），英国人类学家，著有《人的研究》（1898）、《南洋猎头民族考察记》（1901）、《英属新几内亚的迁徙传播》（1920）及与他人合著的《大洋洲的独木舟》等。——译者

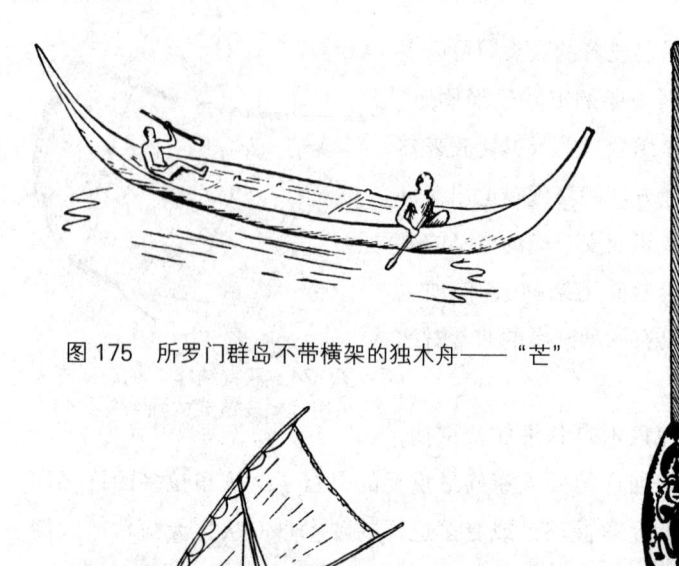

图 175 所罗门群岛不带横架的独木舟——"芒"

图 176 印尼马都拉海峡有帆独木舟的横架

图 177 所罗门群岛的桨

替,这种形式源于印度尼西亚。较小的独木舟上时常载着装备齐全的小房,内有椰子、渔具、装水葫芦和炉灶。炉灶中的火保持不灭,使旅行者生活舒适。较大的船装备着露兜树叶织成的帆:新几内亚东南部和圣克鲁斯群岛的帆是燕尾形的;密克罗尼西亚和玻利尼西亚的帆是三角形的;美拉尼西亚的帆是正方形或椭圆形的,时常附着于单桅或双桅之上。锚是大石头或填满石头的篮子。舵悬吊在船的尾部。

这些岛屿土著居民的航海术相当发达,并有正式的航海图,以决定航行的方向。由于对海潮和星位非常熟悉,他们可以安全地在海中航行。加罗林群岛和马绍尔群岛上,还有定期的航海学校。北极星是北方的标志，南十字座是南方的标志，东方和西方则由其他许多著名的星来决定，这是哈姆布鲁奇（P. Hambruch）在他研究南海航海术著作中所叙述的。

原始人利用自然界提供的方便条件，发现了在陆地和海上旅行和迁移的许多方法。当我们搭上20世纪巨大的运输工具时，便认为自己是道路和河流的主人，但也应该考虑到我们并不像原始人那样，会自己建造和驾驶交通工具。我们不能独自掌握运送自己和物体的能力。

仅仅从航空时代开始以后，古老的陆路和水路才在很大程度上失去意义。我们发明了能飞过天空的奇妙的"魔术地毯"，而丛林中的旅行者只能在梦中见之。

第八章　丛林中的华尔街[1]

每当发生财政危机，无论其为通货膨胀或通货收缩，我们必定要失去对钱币这种媒介物的信任。这时，我们这些文明的牺牲者苦恼不堪，不免偶然想起一些遥远的海外岛屿上那种牧歌式的简单社会，以为那里是经济有保障的理想避难所。殊不知那些质朴的原始人也有苦恼，与我们并无不同。一张美元和一个贝壳之间，仅有外表的区别。百老汇大街[2]上人们签出一张支票付款，和印第安人胡帕（Hupa）部落成员从皮袋中摸出红啄木鸟的头来付款，是完全一样的。全世界钱币的形状可以各不相同，但是随钱币而来的苦恼却是相同的。

原始民族普遍使用介类的壳为钱币。贝那边缘厚厚的发亮的壳，在地球上偏僻地区用作交换媒介，已有若干世纪之久。捞贝之法比较简单，把椰子树叶抛掷于水中，当这种软体动物爬上时就采集它们。各民族商人都用这种原始钱币贸易，这种贸易扩及中国、日本、东印度群岛和东非的马菲亚岛。13世纪旅行家马

---

[1] 本章讲述货币及财政制度起源。华尔街是美国纽约银行和金融机关集中的地方，故以此为喻。——译者
[2] 百老汇大街，纽约最繁华的街道之一，豪华商店和夜总会等多集中于此。——译者

可·波罗指出，中国的秃落蛮[1]使用贝币。他写道："这是一些发亮的贝壳，就像以前狗颈上所戴的一样。"

发达文化有时也选择其他交换媒介。中国其余的省份就用银和铜来代替贝壳，西藏则使用银；而在非洲，贝币的使用仍很普遍，其价值视部落所在地区到海岸的距离而异，愈远者其价值愈高。非洲腹地每件东西都可用贝币来付款，甚至白人传教士收集捐款也以贝计算。在布博卡人（Buboka）之中，一把斧头值150个贝，一块印度棉布值600个贝。你要买两块欧洲肥皂或一袋干蚱蜢，需要100个贝。在多哥的巴萨里人（Bassari）之中，一个新娘的价值是15000个贝，外加一头牛，这对要讨她的新郎来说都是高价的奢侈品。一个陶制偶像值300个贝，约合美元五分。古物和墓石、税金和罚款，全都用贝偿付。一个人在贝币方面破产，和在美元或英镑方面破产是一样地容易。

图178 胡帕－印第安人的红啄木鸟头"钱币"和麋鹿皮"钱包"

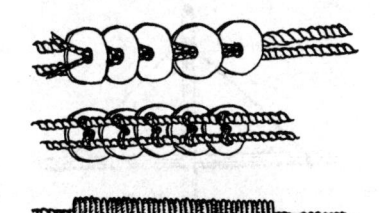

图179 贝壳钱币

图180 新几内亚东南部的介币

---

[1] 秃落蛮，即土僚人，当时分布在云南南部。据马可·波罗记载，除了秃落蛮地区外，当时的"金齿"（今保山）、"哈剌章"（今大理）都以海贝为货币。参见《马可·波罗行纪》（冯承钧译）中册第117—119、128章。——译者

另一种介类——长牙贝（Dentalium edulis），为阿拉斯加和普季特湾之间古代印第安人所使用。妇女们从温哥华河岸边把它挖出来，它因光亮的白色和类似小型象牙的匀称形状而成为有价值之物。

南海岛民们几乎不用贝或长牙贝。他们不满足于仅仅使用介类天然的壳，而把介壳做成"钱"的形状，以绳索穿起来。这是他们"造币厂"经过认可的产品，故受到重视。

美拉尼西亚最为杰出的通货是螺币"拉沙"（nassa），也称为"迪瓦拉"（diwarra）或"塔姆布"（tambu）。制造它需要特殊的技艺，只有首领才有权利制造，妇女不能参与其事。"迪瓦拉"是用一种半英寸长的有着驼峰形壳的，即动物学家称为驼螺（Nassa camelus）的介类制成。这种介类发现于纳坎奈（Nakanai）沿岸，那里的土著居民用网从海底把这种珍贵之物捞上来，储藏于他们的小茅屋中，对这种动物尸体腐烂后发出的臭味满不在乎。

图181 加泽尔半岛的介币——"塔姆布"（"迪瓦拉"）

当西南季风的时节过去不久，许多人就从加泽尔半岛、塔利利海湾和邻近的岛屿，冒险乘着有"横架"的小船出发，前来捕捉"帕拉塔姆布"（土著居民对未加工的螺壳的称呼）。出于对宗教的热诚，"迪瓦拉"或"塔

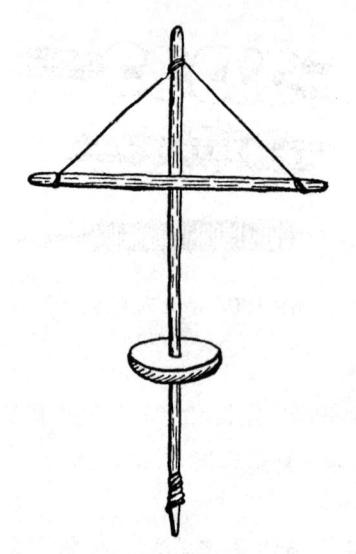

图182 新几内亚制造介壳片的钻子

姆布"的捕捉和加工，全部过程都和隆重的仪式相伴随。对新生的男孩第一句祝词便是："愿你长成一个伟大的强壮的人，使你可以多次旅行到纳坎奈地区，取得丰富的'塔姆布'。"这种旅行大约需要一个月的时间。

对这一地区所有土著居民来说，"塔姆布"是最珍贵的财产，其价值高于生命和健康。"塔姆布"之名就意味着"伟大和神圣"，其所有者甚至可以不朽，因为据说仅有富人死后才能到纳坎奈地区，即出产"塔姆布"之圣地。

土著居民制造"塔姆布"之法是把螺壳压在椰子壳的小洞中，用一种介壳工具锋利边缘削去驼峰，在洞穿以后全部弄干净，进行复杂的漂白处理，使它有一个白色的外表。最后，将"塔姆布"穿成串，先穿在树皮条上去掉壳上最后的黄斑，再穿入藤条。

人们在自己小屋中不想存放过多的"现金"，除必需的以外，个人财产其余部分都保存在"人民银行"或公共的"塔姆布"房屋里。这种房屋隐藏在灌木丛中，并有固定看守者来防卫。钱串系成环状，有时大如车轮，包在露兜树叶中，再用绳子捆好。这样的一环可以包含500㖊[1]的"迪瓦拉"，外形很像一个笨重的轮胎。

土著居民在把他们的财富存入"银行"以前，常坐在小屋前量他们的"迪瓦拉"钱串，体会占有财富的一切愉快。这和文明社会的财迷一次又一次地计算他们的银行存款，是没有什么不同的。

"迪瓦拉"在这些岛民之中起着重要的作用，他们日常生活中没有哪种活动不需要"迪瓦拉"。每件东西都以"迪瓦拉"来买卖，甚至小孩子也是如此，其价值为10—15串的"迪瓦拉"。

---

[1] 英制长度单位，每㖊约合1.83米。——译者

一个新娘的价钱与此大约相等。妻子们被催促不断地工作，使她们的丈夫们尽可能换得更多的"迪瓦拉"，从而可以增加自己的权力和影响。

战争时期，珍贵的"塔姆布"（"迪瓦拉"）钱串就埋入地下。有着大量钱串的财主被称为"拉莱"（luluai）或"帕团"（patuan），意为"首领"或"大老板"；而没有什么"塔姆布"的人则称为"拉弯"（luwean），意为"可怜虫"。

"迪瓦拉"甚至还可用以衡量非物质性的价值。没有什么错误是不能用支付"迪瓦拉"来补偿的。对于通奸，三五串是足够的了；谋杀大约需要五十串；偷窃需要二十串。偷窃"迪瓦拉"本身算是难以原宥的最大罪恶了，仍可用支付一笔规定的款项的办法赎罪。秘密会社因为喜爱"迪瓦拉"，有时滥用土著居民的宗教观念，借口神的意愿对天真的人们罚以"迪瓦拉"。战争时首领要想得到同盟者的帮助，必须慷慨地付出"迪瓦拉"。这种对钱的重视，与文明社会完全一样。

介币的另一种形式是将数千个介壳圆片系成一串，常常长达数码。加利福尼亚印第安人就用这种钱币购买新娘，或在收养孩子、丧葬、赌博甚至缔结和平协定时用它付款。印第安人也像南海岛民一样，用人体各部位来量这种钱串，从指尖到肘，从乳头到乳头，从肩到肩，等等。美洲这种钱串（wampum）是由白色或紫色厚壳蛤的壳的圆片组成的。把它织成环状，也可作为缔结条约的法律证书。

南海地区的介壳圆片和"迪瓦拉"相反，主要由妇女制造。它被赋予货币的价值，不是由于材料，而是由于人工造成的"钱币"形状。这种钱币著名的"造币厂"，坐落在所罗门群岛、布干维尔海峡的岛屿、班克斯群岛及其他地方。加泽尔半岛许多部落称这种介币串为"佩利"（pele），用它换取螺币"拉沙"。据图恩瓦尔德[1]说：沿着布干维尔的布因海岸（Buin Coast）用10—20呵长的介壳圆片买一头猪或一个寡妇，谋杀罪要付100—120呵，一个姑娘的价值高达150呵。

介壳圆片呈白色、黑色、紫色或红色，红色的见于波纳佩地区。其制法是把大的介壳打成碎片，压在木板上，用石头把它两边磨光，用一种原始的钻穿孔，然后穿在木槿类植物纤维做的绳索上，其边缘用浮石小心地锉平，使它们都具有标准的圆形。

在大洋洲的特鲁克群岛和莫特洛克群岛，小的圆片偶尔用果壳制成。马里亚纳群岛的岛民们则用乌龟壳薄片做成的钱串。

介壳圆片钱币属于最古老的交换媒介，在史前坟墓中即有发现，当时人们是把全部"财产"和死者一起埋葬的。

介壳圆片和其他被认为是有价值之物联结起来，就是所谓"猪币"（pig-money），在巴布亚新几内亚的新爱尔兰岛就时常使用它。它是将多达两万个介壳圆片和玻璃珠穿在一起，中间编入植物纤维和狗齿，下端时常饰一个或几个猪尾。用这种钱可以买猪和妇女，买妇女时要再加上两串狗齿。

据彼特里（H. Petri）的说法，这样一串"猪币"大约有13码长，在一大串黑色和白色圆片之中每隔一定距离夹有大的果壳圆片，下面是染成橙色或黑色的植物纤维条织成的方块。四角饰以介壳圆片和猪尾。钱串其余部分则为很多串白色圆片、橙色圆片，外加椰壳和四枚狗齿，末端垂悬着一个珍珠蚌的壳和三条猪尾。

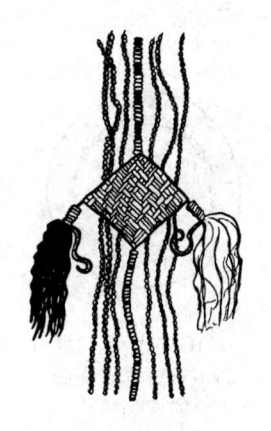

图183　新爱尔兰岛"猪币"串的一段

1　图恩瓦尔德（Richard Thurnwald, 1869—1954），奥地利人类学家，对所罗门群岛和俾斯麦群岛、新几内亚岛等地做过考察和研究。——译者

介币另一种形式是臂钏。在密克罗尼西亚，主要是由鸡心螺（*Conus millepunctatus*）的壳做成的；在美拉尼西亚，是由砗磲（*Tridacna gigas*）做成的。彼特里记述它们的交换价值是二十个砗磲臂钏换一座小茅屋或一个独木舟；图姆略（Tumleo）的土著居民用一个臂钏可以买一大批西谷椰或一只大的黄色极乐鸟，用两个臂钏可以买一条看门狗，用十个臂钏买一只猪。最有价值的是有黄斑的介壳做的臂钏，它们是用木弓和一条树皮做的锯类工具，从大的介壳上切下来的。在加罗林群岛中部和西部（特别在波纳佩），这些臂钏是由螺壳做的。同样之物在史前时期即已使用。

珍珠蚌壳是另一种分布广泛的"钱币"。在加罗林群岛它被称为"加"（*jar*），呈铲形，有孔，用椰子树条穿起来。雅普岛仅允许妇女使用它为通货，因而它的当地名称意为"妇人之钱"。而雅普岛男子则使用完全不同的通货，即石头钱币。

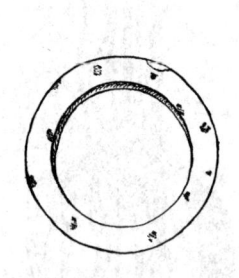

图184 所罗门群岛用黄斑砗磲壳做的臂钏钱

图185 雅普岛的珍珠蚌壳钱币——"加"

图186 雅普岛的石钱——"费"

雅普岛这种有名的石钱称为"费"（*fei*），是由帛琉群岛[1]产

---

1 "帛琉"（Pelew）为旧称，今称"帕劳"。——编者

的一种石灰岩——霰石（aragonite）做成的巨大石轮。雅普岛男人们为了采集这种石头必须进行一次数百英里的旅行。石钱和"迪瓦拉"一样，在其产地并不作为货币，而远地的部落却使用它们。这种石灰岩在没有任何金属工具帮助下被从岩壁费力地取下来，放在木筏上由独木舟拖着运回雅普岛。

这种钱币很大，呈扁圆形，中有钻孔，似乎像一块磨石而较薄。它的价值根据其大而薄的程度而定，其直径有高达五码的，这大概是世界上最大的钱币了。它的大小是以手量的，1900年一个直径为三拃的"费"可买一袋椰干或大约十美元的商品，一个大的"费"相当于一个妇女、一只独木舟、一头猪和大量的各种各样水果的价值。

这种大得出奇的通货要使用于日常贸易之中，当然很困难。因此，"费"总是陈列在人家门前。商人把货物卖给远地的人们，仅仅查看一下主顾的"费"的外貌及所在位置。他拥有的"费"可以遍布全岛，但对每一个这样的石轮并不进行实际的占有。雅普岛土著居民要用"费"支付税款或罚金时，白人统治者只是在其上简单地标明地方官吏姓名的开头字母。若此钱币再易换主人，就把开头字母擦去。中国[1]和印度新石器时代的发现说明，这种通货有非常古老的渊源。

新赫布里底群岛和伊萨贝岛使用大理石环为钱币。当地的猎头者用它可交换一个人头、一头很好的猪，或一个中等身材的年轻人。新几内亚南部地区，宗教仪式用的火成岩斧是公认的通货。它们的"造币厂"在默纳（Murua），从那里向西流通到巴布亚海湾。猪、食物、独木舟和土地均可用这种货币换取，巫医进行一次成功的"巫术治疗"后，也以它收费。

---

[1] 作者说中国有石钱，或指四川广汉等地发现的大石璧而言。参见郑德坤《四川古代文化史》（华西大学博物馆专刊，1946年版）第34页。——译者

在白人看来，最有价值的石头通货自然是宝石或半宝石"钱币"了。它们是稀有之物，故时常用来衡量价值，而不是日常使用的通货，虽然也有很多地方是当钱使用的。古代中国就曾以翡翠为钱币。[1] 今天婆罗洲的土著居民则以玛瑙为钱。乌奇奇（Uchichi）土著居民的通货也是玛瑙，外加碧玉。加勒比海地区用软玉购买奴隶。直至今天，珍珠还是非洲的科尔多凡、达尔福尔和印度之法定钱币。

1624年探险者布劳恩（Braun）提到他在喀麦隆的阿博什高地遇到一种称为"阿格里"的神秘珍珠（当地人称"阿布格"），两三把这样的珍珠甚至可以买一个人。据当地传说，"阿格里"珍珠采自本叶（Bonyae）地区，那里的矿井现已沉陷，这就是它值钱的原因。仅有首领及其妻子们才被允许拥有"阿格里"珍珠钱币。

探险者和商人把玻璃珠带到全世界，购买各地土产。有些地方把这些玻璃珠规定为货币，其价格随着风尚和爱好的改变而波动。请看南美印第安人吧！他们把全部财产投资于蓝色珠子上，而不是近代流行的红色珠子，他们过去的财产便变得一文不值，就像20世纪30年代经济危机时期某些股票一样。

非洲玻璃珠货币的使用非常广泛，易受风气改变的影响，因而人们多次试图把某种珠子价格"稳定下来"，但各种吸引人的产品不断进口，使这些努力遭到不可克服的困难。乌干达国王苏纳（King Soona）企图通过种植来收获大量玻璃珠，使自己不致受欧洲进口商的控制，但可悲的是这种企图只能成为笑柄。在克罗海岸流通着玻璃珠钱币，据当地人的看法，这是他们祖先从灌木丛中开采出来的，他们认为这种玻璃珠能在土壤中"生长"。

帛琉群岛居民喜爱一种"神圣的"矿物钱币，称为"奥道斯"（audouth）。由于它非常稀少，故人们把它小心地窖藏起来。

---

1 作者在此处不知误引了何书。玉类在中国似未曾作为正式通货。——译者

据六十年前白人贸易者估价，一块最佳品要值四千美元，这就说明为什么这些钱币未曾流通和很少示人。据彼特里说，这种钱币在当地"整个部落生活之中，起着决定性的影响"。

比较重要的交换媒介还有齿币。它通常由稀有的兽齿做成，多半在动物生长期加以人工的改形。其最奇异的一种是野猪的獠牙，要取得最高价值，必须使它长成环状。把幼年野猪上獠牙拔出来，就使下獠牙的尖端向下，几年就能变成环状，达到"理想的"的形式。巴布亚人特别欣赏这种钱币，他们把它戴在臂上。

狗齿钱币分布非常广泛，不仅新几内亚，还有俾斯麦群岛和所罗门群岛，都发现了这种钱币。一只狗仅有四枚犬齿可作货币。把这些犬齿穿在三根平行的绳索上，即可以用来买猪、食物和陶器。一个妇女或年轻男子值一百个狗齿钱币。

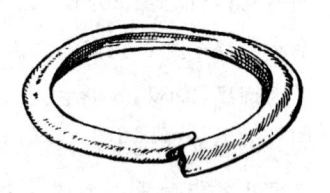

图 187　新几内亚野猪獠牙钱币

在新几内亚，这种钱币是部落之间贸易的重要流通手段。据施米特（P. Joseph Schmidt）报道，北部巴布亚人制造手镯用来在达尔曼海港交换烟草，然后在克斯用这些货物交换狗齿，又在维塔姆用狗齿买值钱的红土，在维斯科林，他们又用红土交换西米和荷包，接着又用这些货物交换陶器，最后换回大串的狗齿。

新几内亚另外的钱币是袋鼠和负鼠的牙齿。布干维尔北部和其他地区则喜欢蝙蝠的牙齿"里基"（reki）和海豚的牙齿"巴乌"（baiu）。海豚牙齿钱币也在圣克里斯托瓦尔（San Cristobal）和马兰他（Malanta）流通。班克斯群岛居民选择野猪齿为钱币。斐济群岛和吉尔伯特群岛诸部落的钱币则用抹香鲸的牙齿制造。欧洲人探险者曾报道过关于齿币比值的一个例子：非洲豪萨部落用一吨象牙和这位探险者交换价值不到美元五十分的棉布衣服。

"动物钱币"并不限于齿币，羽毛钱币也曾广泛使用。圣克鲁斯群岛土著居民用小片羽毛织成带状，作为"辅币"，至于财富真正的标志还要看是否拥有大卷像屋顶木板瓦一样的羽毛。这样的一卷包含羽毛两千片之多，据斯佩塞（F. Speiser）说，其价值等于两头大猪或一个女孩的身价。羽毛包在树皮布（tapa）中，悬挂在火塘之上，防御昆虫，并且可向任何来访者骄傲地夸示自己的财富。这些羽毛卷世代相传，当其中红色磨损以后便失去价值了。富人们在灌木丛中建造自己的"银行金库"，来安放他们的财富；有时全部落的财产都放在竹桩上公开展览。制造这些羽毛卷，要杀几百只禽鸟，以提供足够的羽毛，才可获得高价。鸽子、蜂鸟和小鸡的羽毛，均可制造这种钱币，但小鸡仅有眼圈四周好的毛才能选上。这种钱币的编织是妇女的工作。班克斯群岛是把小的红色羽毛系成一束或织成项圈，有时也加上白色羽毛，把红色羽毛衬托得更加显目。圣克鲁斯群岛偶尔把这种钱币织成腰带形。

在玻利尼西亚，羽币和羽毛首饰达到最完善的地步。库克（Cook）1777年发现，这里鹦鹉的黄红两色羽毛是珍贵的钱币。岛民们用羽毛装饰的神像和著名首领用无数羽毛精巧织成的衣服，是许多白人博物馆中最宝贵的藏品。

威劳米兹（Willaumez）和法兰西群岛[1]（French Islands）把食火鸡的羽毛和大腿骨用作钱币，这种通货之所以得到高度珍视是因为这些岛上没有食火鸡。

阿萨姆北部有"头骨钱币"，是杀牛以后留下的牛头。婆罗洲猎头者则用人的头骨作为财富的中介物。

地球上最奇异而又广泛的钱币，是"食物钱币"。当然，部

---

[1] 今称维图群岛（Vitu Islands），与威劳米兹均在太平洋西部，今属巴布亚新几内亚。——编者

图188 圣克鲁斯群岛的
羽毛钱币卷（上：单枚羽毛钱币）

图189 班克斯群岛的
羽毛钱币项圈

落使用它们是因为坚信充当钱币的这些东西是不会朽坏的。

盐是非洲很多地区公认的通货。盐币常常是用块形或砖形的石盐做成的。潘格威人在盐以外还加上一团煮过的木薯糊，称为"坎克"（kank）。印尼的尼亚斯岛以干猪肉为通货，竟没有受到卫生部门的阻止。古代墨西哥人的最小货币是可可粒，甚至今天还在边缘地区流通。中国许多省份广泛流行以砖茶为"钱币"。砖茶就是把茶叶压成砖头大小的块状。

一定分量的稻米也时常作为小的钱币使用，特别在苏门答腊和菲律宾的伊高罗人（Igorot）地区。亚洲许多地区直至今天还用米支付薪水和税款。东印度的木薯粉钱币是很著名

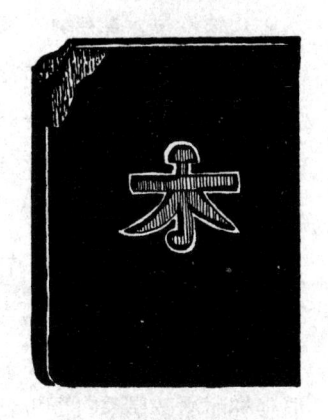

图190 砖茶钱币
（印有"木"字）

图191 阿比西尼亚的
石盐钱币

的。印度尼科巴群岛的通货是一对一对的小坚果。在西藏,就选择了核桃。[1]关于植物性通货,还有干的香蕉皮和姜类的根,均见于加罗林群岛。瑞典的拉普地区,甚至今天还使用古代留下的干酪钱币。

充当货币的还有刺激品。印尼的尼亚斯和西伯利亚东部把烟叶用于这一方面。西非的白人商人用烟叶支付货款,一片烟叶等于最小的"分币"。据艾伯特·施韦泽报道,在加蓬共和国的兰巴雷内,一片烟叶可买两个菠萝,所有小费也可用烟叶来付给。七片烟叶做成一支"烟头",约值七个法郎。施韦泽告诫去非洲旅行的人说:

> 假如你要买食物,不要付钱,只付烟即可。假如你要防止被偷窃,坐船时必须坐在盛放贵重之物的箱子上。人们在水面上从嘴到嘴地传递着烟管,假如你要旅行舒适,给甲板上每人的手里塞两片烟叶,你将比付给白人钱币的人早一两个小时到达目的地。

比较危险的货币是在中国海南岛流通的鸦片烟。[2]沿着刚果卢安果海岸,使用白兰地酒为货币,也是同样的危险。这里是把白兰地倒在杯中或瓶中,来支付大小不同的款项。一个鸡蛋雨季时值半杯甜酒,旱季时提价到一满杯。一只山羊值三瓶甜酒和一件棉布衣服。虾夷人[3](Ainu)使用米酒付款,米酒是他们从日本人那里得到的。这种酒类钱币非常危险,因为它容易引诱持有者把自己的"财产"喝光,变为醉鬼。

---

1 西藏有无此俗待查。——译者
2 这里所说假如是指在有法定货币情况下,民间偶以鸦片烟为交换媒介,那么1949年前中国云南等地亦有这种情况,并不限于海南岛。——译者
3 今多译作"阿伊努人"。——编者

随着橡胶贸易的发展，许多原始部落把橡胶球作为交换手段，非洲多哥地区人们甚至用以代替其传统的贝币。

与白人钱币概念最接近的是金属货币。特别在非洲，金属货币与其他货币同时使用。在那些不同文化相接触的地区，货币种类总是很多的，这已成为一种规律。这些金属货币并不具有我们所认为的钱币形状，而时常采取工具和武器的形式。

东非的塔波拉（Tabora），被土著居民称为"恩雅叶姆比"（Unyanyembe），意为"锄的地区"。其所以得名是因为六十年前由乌辛贾（Ussindja）土著居民运来十五万个铁锄"叶姆比"（yembe）作为货币单位，再加上矛、刀和白人的枪支，均作通货之用。1906年潘格威人对贸易主要物品规定了固定价格，尽管他们是采用铁矛钱作为标准货币，而由于各种不同的文化和经济因素交错在一起，其他钱币也是同样被承认的。这就有可能把当地价格折合成英国钱币。例如，一个潘格威人的男子要寻求婚姻之乐，也必须为其新娘付出下列款项：

要付之物	折合英币		
	英镑	先令	便士
矛6000支	20	0	0
枪12支	6	0	0
火药2桶		4	0
野猪獠牙70个	3	0	0
羊2只	2	10	0
铁罐2个		10	0
衣服10件	2	0	0
帽子5顶		12	6
盐13罐	1	0	0
刀子2把		2	0
珠子2包		2	0
烟管2支		1	0
打火石2袋		1	
棉花1帽子（满满的）		1	0
	共计：36英镑	3先令	6便士

图 192　谈生意时排列出来的刚果钱币

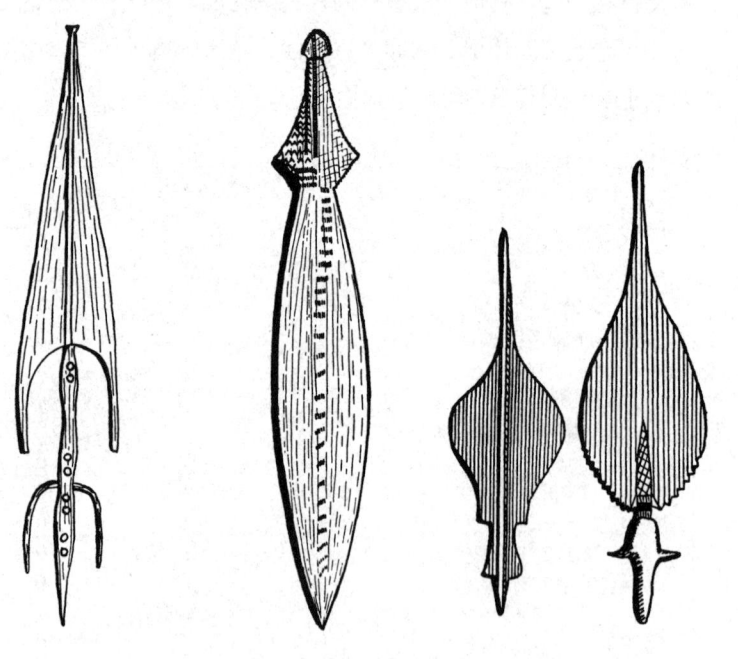

图 193　北刚果的铁币　　图 194　刚果的铜币　　图 195　西非的矛币

由上可见，潘格威人新娘的价钱是一笔可观的数字，这常常使得许多年轻小伙子成为终生的单身汉。

非洲金属钱币绝不靠欧洲进口。远在白人掌握冶铁知识以前，他们就知道在熔炉中冶铁的方法了。

非洲铁币喜爱采取常用工具形式，使一些货币宛如微型工具。例如，潘格威人的古老铁币形如小斧，用植物纤维的绳索穿在一起，呈扇形，这样的十束约值四分之一美元。但现在这种钱币已很少见，现在潘格威人的货币是铁矛头，其价值据其大小和工艺而定。一个普通的铁矛头约值美元二分，特别大的铁矛头约值美元二十五分，它们特别被用于购买女性。其他物品的价格是：

象牙	200 个铁矛头
犀鸟	10 个铁矛头
大老鼠	10 个铁矛头
烟管	1 个铁矛头
汤勺	2 个铁矛头
欧洲人的枪支	100—200 个铁矛头
豹的胡须	10 个铁矛头

东非的乌散道伊人（Usandaui）也使用矛币，而西非班图人兼用斧币和矛币。巴森戈人（Basongo）则用投掷刀。非洲的俾格米人与相邻部落交换铁刀币和矛币，他们采用所谓"无声贸易法"，买卖双方把货物堆在指定地点，而彼此互不见面。

在上比努河沿岸，流通一种稀贵的货币，它是钉子和别针。与此相反，加利福尼亚的波莫-印第安人则选择了白云石和镁矿石精心磨成锥子为货币。

有一种特别的欧洲钱币曾在非洲土著居民之中普遍流行,这就是所谓"玛丽亚·特雷莎银币"(Maria Theresa taler)——一种值三个马克的德国古代钱币。它经过近东和苏丹进入黑大陆,传遍北非和西部阿拉伯,甚至越过赤道。这种银币在非洲土著之中太普遍了,他们竟对钱币一面所装饰的奥地利女大公肥胖的半身像崇拜起来,因他们对身材苗条之美是毫不欣赏的。

另一种外国钱币也曾征服了原始人地区,这是墨西哥银圆,全远东都把它当成公认的通货。而印度卢比在西藏和东非流通。在阿比西尼亚部分地区,子弹壳曾被作为货币,这些过去战争的遗物,竟用来解决和平的交易。

刚果的珍贵货币是一种做成圣·安得烈(St. Andrew)十字架形的铜条。刚果斯坦利(Stanley)水域的钱币是沉重的半圆形铜条,上面有美丽的装饰。西非许多地区都知道这种钱币,人们称之为"曼尼拉"(manilla)。特别在贝宁王国,它是公认的通货,16、17世纪著名的青铜板上时常出现这种钱币。

古代中国具有各种材料和各种形状的金属钱币。最古老的一种是非常薄的青铜铲,有着四方形的銎口。[1]中国制造青铜铃和其他铸币,可早到公元前3世纪。"磬币",亦称"月币"或"桥币",以呈半月形状及卓越的工艺和精致的装饰而

图196 西非贝宁手持半环形铜币("曼尼拉")的商人(公元16世纪青铜板上所刻)

---

1 这里当指空首布而言。——译者

铲形币　　　　　桥形币（也称月形币）　　　　铃形币

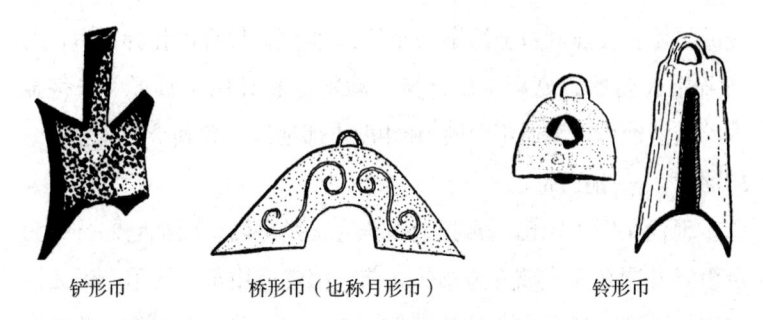

图 197　古代中国青铜钱币

著名。[1]汉语中钱的意思就是"锄"，反映出锄是中国古老货币的原始形式。

东南亚地区以锣为货币，用它来购买妻子和支付罚款，也用它来积累财富。西部印度用金属鼓作为货币。黄铜环是西里伯斯岛的地方钱币。非洲班图人使用铁珠。巴森戈人使用纯铜装饰品或合金装饰品。北美的海达-印第安人（Haida Indian）则使用上有装饰的铜片，作为货币。人们喜爱这些"铜"，就像南海地区喜爱"迪瓦拉"一样。

图 198　海达人仪式上用的钱币——有刻画的铜片

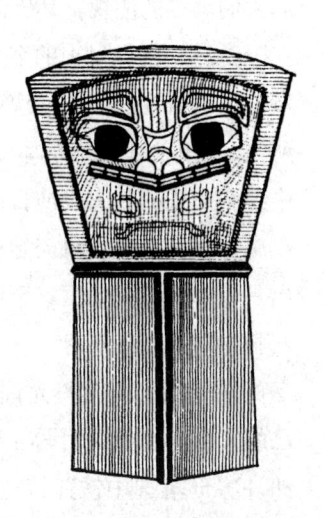

但是，黄金仍是一切金属之王。地球上没有哪个地区能抗拒它的诱惑。许多原始部落公认金条和金沙为珍贵的交换媒介（我们所知的金币他们是不会制造的），但对黄金的定价各不相同。世界上不少地方，日常贸易用银，黄金被选中作为买卖珍贵美丽

1　所谓"青铜铃"，或指中国古钱学家著录的铃形币而言。它和所谓的"磬币""桥币"是货币还是装饰品尚难肯定。——译者

物品之用。在非洲黄金海岸[1]和阿散蒂地区，以金沙作为钱币，阿散蒂用著名的金砝码（作奇怪小动物形和日用工具形）来称金沙。金沙钱币也流通于中国[2]和印度支那地区，尤其是最迷恋黄金的国度——墨西哥。

现代文明国家已不再把金条作为交换手段，而把它们分铸为金币。各国在完全放弃金本位之前，都曾使用黄金铸币。但无论在现代国家，还是在非洲沙漠，一块真的金币一旦露面，总是引起人们渴望的注视，其价值是得到公认的。

美洲和欧洲过去的金币到哪里去了呢？若有人感到奇怪，作者可以报告在撒哈拉沙漠西部绿洲中亲自见到的一个"金币贮藏所"。那里的乌累德奈耳（Ouled Nail）部落的年幼舞女，对沙漠中寻欢作乐的牧人表演自己的技艺。这些女孩子在干黏土建造的小房中狂弹吉他，每当她们举起手臂，绸衣的宽袖滑下来，就露出一串串用各文明国家金币做的手镯。这些金币都是从她们的朋友和主顾中搜集来的。

许多原始部落只允许一个人或经过选择的一群男女制造自己的货币，正如文明国度只准政府在造币厂中制造铸币一样。非洲许多部落选中铁匠铸造货币，这有助于解释为什么铁匠是部落中很受尊敬的成员，仅列在皇族之后。苏门答腊的科林提人（Korintji），将铸造红铜环或黄铜环钱币的特权授予两个指定的人，他们有光荣的称号，分别称为"潘伽威·简南"（Pagawei Djanang）和"潘伽威·达拉"（Pagawei Radja），这种荣誉可以传给子孙。

许多原始部落在铸币之外也有"纸币"，和文明社会一样。

---

[1] 今加纳共和国。——编者
[2] 中国直接以金沙为货币事，似盛行于古代云南某些地区。参见《马可·波罗行纪》（冯承钧译本）中册第118章。——译者

现代铸币导源于原始的铁工具和粗糙的金属条，而纸币便可上溯到很多民族使用的布币、席币和皮币。

美拉尼西亚东南部的萨摩亚人，以织得很好的席子为交换媒介。雅普岛的席币则较为粗糙，它被卷起来用绳索捆成一团。

美国西北部印第安人用毯子进行交易，它代表相当大的购买力。西伯利亚土著居民用毛皮缴纳税款。北美许多印第安人以海狸皮为钱币，而南美一些部落则用浣熊皮来进行交易。美国西北部印第安人还使用其他毛皮，如特林吉特人就使用麋鹿之皮。凡是使用这类钱币的地方，就能发现各种布币也同样在使用。

拉布拉多的印第安人一年举行一次传统的商业活动，他们把获得的毛皮送到"哈得孙海湾公司"，以便购买过冬物品，这可看作是使用"皮币"的另一种方式。直到最近这些印第安人的珍贵毛皮仍用"海狸钱"（简称为 M.Br.）为单位来估价，这是该公司过去发行"海狸钱"和印第安人做生意的一种遗迹。"海狸钱"代表一张最好海狸皮的价值。

在苏丹和上新几内亚，长时期流通布币。西藏人以"哈达"（一种丝织物）专作付款之用。[1] 古代日本对诗人以衣服来付费。《天方夜谭》故事中也有同样的习俗，这已为读者所熟知。这种钱币和玻璃珠情况一样，常由于风尚的变化而影响其价值。例如，塞内加尔北部的摩尔人（Moor），只承认一种特殊的海军蓝印度棉布为钱币，他们凭嗅觉就能把冒牌货识别出来。

白人统治者在席币上盖上官方印记，也是导致纸币发明的一个方面。如葡萄牙人在安哥拉就是这样做的，他们只承认这种盖过印的席子为法定通货，允许用它交税。

从这种纤维质的钱币到西方世界普遍作为交换媒介的"真正

---

1 哈达是藏族一种礼仪用品，即使用作交换媒介也只能是偶然的事情。——译者

的纸币"之间，只有一小步距离了。远在13世纪马可·波罗就报道"大汗"使用纸币的情况，这种纸币是用桑树纤维做成的：

> 制造这种纸要大张旗鼓，胡乱花钱，似乎是在熔化银子和纯金。每张纸上都要由指定的官府签名盖章。在这些手续照章完成以后，陛下委托造币厂最高长官再在每张纸上盖上朱红印玺。这样，它才被承认是有效的钱币。任何仿造者将被判处滔天大罪而受惩处。[1]

中国汉代使用奇怪的皮币[2]，后为所谓"钱票"所代替。"钱票"和赌博所用筹码相似。中国过去有，且至今仍有这种黏土、瓷或漆所制的"钱票"。中国人举行葬礼，要象征性焚烧冥钱，这是一些代表票据的纸片，用以愚弄那些爱钱的死鬼。南美欧洲人办的公共汽车公司发行一种用马来树胶做的车票，竟被土著居民当钱使用。

几乎每一种古老货币都围绕着无数的神话传说，把货币与神、祖先和自然界存在的各种鬼联系起来。这些信仰势必增加了钱币的地位，阻止了抢劫和伪造。"文明的"银行抢劫犯仅有被监禁的危险，原始的抢钱者则要被处死，而且被认为得罪了神，将受到永恒的惩罚。因此，这种罪行在很多部落中几乎绝迹。

帕帕欧群岛（Papao Islands）土著居民和很多原始人一样，认为他们的货币有不平凡的来源，是由神鸟和神鱼创造出来的，而且把它们藏在岛屿沿岸神秘之处。当钱币易手时，要加上附加费，用以抚慰"钱币的感情"。

---

1 这段话见于《马可·波罗行纪》（冯承钧译本）中册第95章。——译者
2 汉武帝元狩四年以白鹿皮为币，行之不久即废。见《汉书》之《食货志》《武帝纪》。——译者

在伊斯兰教中心麦加，很多妇女喜欢佩戴古代威尼斯金币作为神符，全然不顾其上有着基督和圣马可的像。在西藏，印度卢比也同样被用作神符，而这却由于他们对自己宗教的虔诚，因为卢比上维多利亚女皇的像被误认为是达赖喇嘛的头像了。

美洲西北岸的铜片货币各有名字，保存在它们自己的"房子"之中，每天有食物供奉。妇女们被严格禁止进入它们的房中去。这些"铜钱"据推想是一个来自月亮的人送给部落成员的；另外有人相信它们是由城堡建在海里的一个强有力的首领带来的。

这种对钱币的崇敬和我们崇拜财神（Mammon）有所不同。因为它深入原始人的灵魂，比起现代人尽可能攫取大量必不可缺的美元的愿望更为强烈。

世界各地都是既有小心谨慎的储蓄者，也有挥金如土者。美拉尼西亚的岛民们和我们的情况一样，是挥霍他们的财富还是小心地把财富堆放在储蓄银行中，全有自己的自由。为了安全地保存珍贵的介壳钱币，他们把"银行"建立在村落中心，由一个官吏看守着。那里的人们花费"迪瓦拉"时那种舍不得的心情，和我们花费"先令"时一样。加纳的萨拉加地区的买主在织成的钱包中装上20000个作为零花钱的贝壳，潘格威人臂上背包中装着铁币，阿比西尼亚人放在欧洲弹夹中的子弹壳，其效用是相同的。同样，在赌博时，非洲多哥的巴萨里人把贝壳押错了地方，和蒙特卡洛[1]浪子把搜罗来的钱作孤注一掷一样，都是要一输而光的。

坟墓中的死者甚至也无法逃避他们的债主。西非埃韦（Ewe）部落的死者身上由亲属们盖上贝壳，使其生前债主可能收回欠款。

---

1 蒙特卡洛（Monte Carlo），摩纳哥著名赌场。——译者

纳税无论是用美元支付，还是用贝壳、席币或食物性货币来支付，都是令人讨厌之事。博木人（Bornu）每个男性公民要纳税 1000 个贝壳，拥有一群牛要加 1000 个贝壳作为"出售税"，养一个奴隶还要交纳"享乐税"2000 个贝壳。

但是，每个地区都有自己的财主。非洲纳沙卡马（Nassakama）的国王把自己土地卖给非洲有限公司（African Company Ltd.），每年可得 30 万个贝壳的养老金。

投机商是最聪明的巫师，在原始社会也有这类人大显身手。阿散蒂部落的一个土著居民在 1860 年很机灵地抛出全部贝币，其时兑换率是每一美元换 85 串贝币。他等到 36 年后，兑换率提高到每一美元换 216 串贝币，又买回大量贝币，因而成为当地最大富翁。

非洲科尔多凡高原 1820 年由官方引进一种铁币"哈沙什"（Hashash）。菲律宾苏禄群岛由苏丹规定了一种用于通货的棉布的兑换率，无论棉布进口增加或减少，不再更动。

每当由于风尚改变，或进口太多，原始部落便面临着通货膨胀。这时，像文明社会一样，唯一可以挽救投资者财产的方法便是实行一种明智的金融政策。例如，1840 年博木人的君主奥玛（Shah Omar）宣布，"玛丽亚·特雷莎银币"和西班牙钱币从此为法定货币，贝壳为法定的辅币，这样来消除其他各种交换媒介的通货膨胀。

但如通货收缩，也能威胁一个民族的经济稳定。第二次世界大战时在荷属东印度群岛发生了一个有趣的例子，荷兰的官方记录是这样报道的：

> 对位于遥远前哨的印度尼西亚人来说，金和银是没有价值的，他们长时期以色彩美丽的海产介类的壳为钱，这些

介币过去是经过危险的陡峭山路从远处带来的。介壳易于腐坏，故必须时常补充更新。

但能找到这些特殊介壳的海岸，已落入日本人之手，由于缺乏钱币势必造成通货收缩，整个地区面临着经济体系瓦解的危险。

最后，统治这个地区的荷兰官员只能派出一个官吏去澳大利亚解决这个问题，荷属东印度委员会（Netherlands East Indies Commission）接着又派人去澳大利亚海岸搜寻这种介壳，未得到什么结果。后来有一天，一个官员高兴地冲进委员会的办公室，大喊道："不会发生通货收缩了，我们已发现了钱币！"

他带领惊奇的荷兰官员们到墨尔本百货商店，那里把这种发光的介壳卖给澳大利亚儿童作玩具。荷兰官员遂带回一袋一袋的光亮介壳，从而恢复了当地人民的繁荣和快乐。

在地球上仅有很少部落在某种程度上不依靠钱币来解决生计问题，其中有澳大利亚的狩猎者和采集者，他们不分贫穷和富有。但一个社会一旦形成复杂的经济形式，钱币的概念便进入人民的生活。至于钱币是贝壳、石头或皮革制成，还是金属制成，那只不过是偶然的不同和地区的差异。对于所有知道买和卖的秘密的人来说，贫穷的痛苦和财富带来的权力，则是到处一样的。

第九章　从信号鼓到报纸

　　白人探险者进入以前未到过的沙漠、草原和丛林时，会发现土著居民对于他们的到来并不感到惊异，有时甚至已为探险团成员准备好营房和食物。若问这些人如何知道来访者的到达，他们总是含糊和推诿地回答说："我们听说。"或者简单地回答："我们知道。"原始人生活在荒僻的地区，没有现代化通信系统，究竟是如何获得这一消息的呢？

　　澳大利亚牧羊场中忠实的土著工人会突然不见，几天以后又回来工作，仿佛什么事也没有发生过一样。若问他们，则吞吞吐吐地解释说："部落召唤我们回去，若不遵从召唤，将被处死。"这曾使许多牧场主大惑不解。什么召唤？在澳大利亚灌木丛生的贫瘠荒野中如何通知他们？

　　冒险进入原始地区的文明人必须估计到这一事实，即原始人也曾发明一种完备的"无线电报"系统。他们传播消息的古老方法简单易行，短路、无线干扰、磁暴或罢工都不能损害其效能。在空旷地区为生活而斗争是残酷无情的，人们生命的得救或毁灭，常取决于传递消息的快慢。白人很难获知土著居民密码的秘密，但他们一旦注意到这种密码复杂而又完善的特性，就不得不对其创造者的智慧表示敬佩。

最简单的交际媒介当然是语言，传递消息的其他听觉方法是由语言发展出来的。与听觉方法相对照的是传播消息的视觉方法，它的发展导致了文字的发明。我们今天所用的无线电和报纸，尽管方法十分完善，仍然要通过耳和目起作用。这是传达消息的两项原则。这两项原则从很早时期起即服务于同样的目的。我们发现，原始通信中听觉方法（语言和声音）多由领域狭小的社会所采用，而视觉方法主要发现于占有广大空间的部落之中。

农业民族的社会是狭小的，其最大政治单位不过是村庄，故在这里发展出主要建立于声音或听觉原则上的通信系统；另一方面，游牧民族集团散布于广阔地区，则发展了视觉的通信系统。视觉系统最后导致古代发达文化中文字的发明，图画文字是其原始的形式。

在发达文化出现以前，听觉和视觉这两项原则已经完善，并混合起来成为通信机构和其他组织的复杂工具，专门致力于对当时公众的启蒙。书写技术最初是由祭司所发展的，并保守秘密为他们自己服务，但这并不意味着所有通信方法原来都服务于宗教的目的。从最早时期起，促进各种通信系统发明的就有两种力量：一种是宗教的推动，还有一种是理智的要求。

在原则上，现代通信方法和原始人传递消息方法之间并非如人们所臆断的那样有什么根本的不同。电报、报纸和无线电，无论其传布消息的有效范围如何广泛，也不能把消息立即传到所有公众中去。

直到今天，许多文明社会乡村所用的通信方法仍和原始民族类似。当村镇传呼员摇铃把村民们召集在一起去听市议会的公告或宣布召开下次会议时，所用方法正与新几内亚、非洲、南美的土著居民通信系统相同。在那些地方，由村庄的鼓把重要消息传到社会中去。在"文明的"社会的落后地区，不识字的送货妇女画出一些符号代表萝卜、面粉或家庭零碎用具，来记下订货的项目，这和北美印第安人使用图画记事来记录传说、歌谣和他们部落的胜利，有什么不同呢？

还可以再做进一步的对比。我们在手帕上打个结，使自己不要忘记某件差事；我们在袖子上缠上黑纱，悲痛地表示家族某一成员的死亡；路标告诉我们应到何处去；锣声召唤我们去进餐；古代宣布人有罪要折断一根棍棒；欧洲过圣约翰节[1]要在山顶上升起火来。我们在这些场合所用的表达方法，和澳大利亚人的传信木刻，塔斯马尼亚人表示悲痛的画身，西伯利亚部落羊肠小径中的树枝标记，刚果卢安果的裁判官宣布判决时撕的草叶，以及草原印第安人、南美的普埃尔切人（Puelche）、澳大利亚人和巴布亚人的烟火信号，又有什么不同呢？它们都能拼出一些信息，并能为有关的人所了解。

语言是人们通信的最古老方法，地球上没有哪个民族是没有语言的。语言并不仅仅靠说话起作用，也可用人的发音器官发出的种种声音来表达。锡兰的维达人和中非的俾格米人以一种特别的低声歌唱来传达消息。第二次世界大战时，一个美国陆军妇女队的下士马加里特·哈斯廷斯（Margaret Hastings）因飞机失事落在新几内亚山谷之中，听见"一种古怪的连续不断的声音，愈来

图199 比属刚果的锣

---

[1] 圣约翰节（Saint John's Day），每年6月24日漫礼教徒纪念圣约翰诞生之节庆活动。——译者

愈大，愈来愈近，像一群狗的叫声"。结果证明，这是一种信号，召唤当地人到出事地点来援救。新几内亚土著居民对这处"无线电话"是非常熟悉的，他们以设立转播消息的中继站的方法，从这个山顶到那个山顶相互召唤。

对于吕宋岛北部的尼格利陀人的传呼信号，探险者万劳维堡将其区分为五种不同的类型。据他描述，这五种是：

（一）尖锐的没有变化的呼喊声，声调很高，表示"你在哪里？"时常在森林中使用。

（二）与上述的呼喊声相似，但声调较低，表示"发生了什么事？""你需要什么？"时常用于森林中，作为对第一种呼喊声的回答。

（三）与以上的呼喊声相似，但较短促，紧接着另一种低而短的声音连续发出，表示"来吧！""一切很好！""由这里来"等。时常用于森林中，也可作交替的传呼，把消息一直传到住处和集会地点。

（四）长的尖锐呼喊声，开始声调很高，渐渐低落直到消失。每当发生暴风或雷声隆隆的时候，在场所有的人便齐声发出这种呼喊。

（五）"仅仅表示感情的呼喊声"。

胡仑－印第安人（Huron Indian）和易洛魁－印第安人（Iroquois Indian），以一种所谓"剥头皮的呼喊声"宣布战争中杀死敌人的人数。斯万顿[1]指出，在克里克－印第安人之中，"咳嗽声也形成一种通信方法"。他能辨出什么是"死亡的咳嗽声"，什么是"战士成功地带回战利品的咳嗽声"。

科贝特（J. Corbett）告诉我们，印度原始村民当老虎来时，

---

[1] 斯万顿（John Reed Swanton，1873—1958），美国人类学家，著有《海达人类学研究》（1905）、《美国东南部的印第安人》（1946）等。——译者

牲口受到威胁，便使用这种方法向毗连公社的邻居们报警：

> 一个人站在居高临下的大崖石上或屋顶上喊叫，先引起邻人的注意，然后发出一种高声呼喊，传出有虎的信息。在很短时间内这一消息便从这个村庄到那个村庄传播开了。因此，通常在老虎开始攻击不久，人们就已知道。

但无论呼喊者站的地点如何具有战略性，人的声音总是微弱的。因此，以人为的工具代替声音是必然的发展，这样可以扩大范围，使所有要传知的对象都能听到。西班图人为此发明出一种使用信号管的复杂通信系统。苏丹东部和喀麦隆北部则使用信号笛。喀麦隆的伍特人、南美的泽瓦人（Zueva）和卡里布人（Carib）、加罗林群岛和阿默勒尔蒂的岛民们，都用号角和螺号来召集群众，鼓舞战斗的武士。我们近代军队用的军号与此类似。

另一种非常杰出的听觉的通信工具是木槽鼓或信号鼓，这是西非、南美和新几内亚那些简单农业社会的文化特征。[1]制作它需要将整棵树或一段树干中间挖空，留下两端不动，上面留下一条长而狭的槽，可以插入一个或几个鼓槌。由于鼓槌大小和鼓手所用力量之不同，可以发出高低不同的声音，结果便有可能发展出无穷无尽的密码系统。

这种信号鼓也有较小的，或者是具有不同的形状（如某些非洲部落的鼓作盒子形状）。法属赤道非洲乌班吉河一个部落——班达人有两种显著不同的鼓。第一种叫"林加"（linga），是大树干做的鼓，放置在四足架上，用两根大小不同带有硬橡皮头的棒

---

[1] 木槽鼓的分布远不限于作者所列举的地区，它也存在于东南亚和中国西南地区。古代苗族曾经使用。直至20世纪50年代云南西盟佤族还有木鼓，用来召集群众和祭鬼。——译者

敲打。这种鼓主要用于村庄之间的通信。第二种叫"奥克朴罗"（*okporo*），较小，呈圆锥形，用手或一根轻棒敲打。它主要是在部落举行埋葬仪式时作伴奏之用。

鼓发出各种信息，或具有仪式的性质，或宣布即将出猎等当前大事。探险者哈夫（Hives）和拉姆利（Lumley）进入尼日利亚一个村庄，事先就响起了强有力的鼓声。它通知所有能听见的人说："到市场来吧，不要怕，来吧！白人在这里，要对你们说话，不是谈战争的事，来吧！"几英里内都能听到鼓声，隔一定时期重复一次，保证每人都有机会听懂。这种大鼓规定要安置在市场中心，就好像是一个地方电报局，所有重要消息都从那里传播给全体居民。

许多南美印第安人使用同类的鼓，常常多出一个伸入槽内的舌头。这种鼓有时沿袭着古代墨西哥和中美地区鼓的名字，称为"蒂彭纳茨利"（*teponatzli*），古代的鼓可能就是它的先驱。哥伦比亚的泽瓦人、厄瓜多尔的卡拉人（Cara）、奥里诺科河和亚马孙河地区的希维罗人（Jivaro）和图卡诺人（Tukano），都用这种鼓召集群众。敲鼓用的是有橡皮头的棒，很远距离都能听见。鼓声宣布敌人的到来，号召建立防御工事，或召唤村民参加和平的集会。鼓上时常有优美的艺术雕刻作为装饰。

加泽尔半岛和新几内亚的其他地区一样，当地居民创造出多种多样的鼓点密码，能够表达出要传播的任何事情，如来访者的到达或狩猎野猪的成功。几乎每家都以有鼓为荣，彼此以鼓相互通话，就像我们使用"合用电话线"一样。北部巴布亚人有大的木槽鼓，称为"道本"（*döbön*）；还有小的手鼓或滴漏形鼓，布满雕刻，一端蒙以蜥蜴皮，称为"佛岗"（*voagön*）。后者当他们跳舞唱歌时作伴奏之用，前者用来传递消息，不仅用于"向大家广播"，也可用于两个人之间私人通信。传教士约瑟夫·施米特是这种鼓语言的专家,他设法听了许多私人的和公共的击鼓会话,以大小不同的点表示各种音量的方法巧妙地记录下来。下面例证便是他偷听的结果。

例如,黄昏时丈夫饥饿地回到家中,发现妻子仍在濒海的湖中捉鱼,他要召唤妻子回家。如一个棕皮肤的人名叫沙加姆,就是这样敲出信号的:

······ | ······ | ······

最后六个鼓点代表沙加姆的个人姓名,是他自己的"签名"。

不仅个人而且整个民族都有自己的"主题歌",使听者能立即区分发出信号者的身份,分出这是一个人呢,还是整个集团在说话。氏族"签名"叫"莫罗布"(*möröb*)。例如,不只是沙加姆一个人的妻子,而是所有妇女离开家时间都很长了,就不需要各人召唤妻子回家,而由氏族本身以一种简单的"莫罗布"信号"说话":

●●●●●●●●| ······●●●●●●| ······●●●●●●●|
······●●●●●●●●●●| ●●●●··········

个人的或"莫罗布"的每套鼓点都有名称,这使村庄中老妇们易于知道最新消息而说长道短。例如,她们听到名叫"甘卡巴利特"(*gankabarēt*)鼓点,她们立即知道某家订货送到了,而送货的孩子发现无人在家,故他打出"甘卡巴利特"来通知他那不在家的顾客:

·········| ······| ······| ······.| ······| .

鼓的信号使私人事务能为公众所知,这一特点给予小偷以很大的苦恼。他听到关于抓小偷的"那波罗姆"(*naboaröm*)鼓点,知道全社会将被这种声音所激怒，马上要给他一顿好打。他可以立即躲起来，但"那波罗姆"的声音仍在他耳边不断回响，告诉他即将发生不愉快的事情：

……| ……| ……| ……

每天发生的欢乐之事和悲剧，就这样为大家所共享。

每人都喜欢听到公房发出邀请，这是由"烟草鼓"的信号——"沙盖杜本"（*sākēin döbön*）广播出来的，有四种不同的音量，如下列所示：

●●●‖ ●●●‖ ●●●| ⋯●| ⋯:| ●⋯| ●●●●●|

所有人都因听到阴郁的单调的"鬼魂说话"的信号——"布拉格阿坦"（*brag atān*）而感到难过，它通报社会成员中有一个成年人突然死亡。

信号的复杂性要求细心地收听。为了易于收听，鼓点以前还有一个为了易于辨认的介绍性信号作为先导，如每个氏族信号（"莫罗布"）的固定"电台呼号"是：

⋯●●●| ●●●●●●●●●●●●●●●| ●●‖

部落鼓点的种类无穷无尽，标准信号有警告鼓点、采集鼓点、槟榔果鼓点（号召每人带槟榔果到公房中来）、椰子鼓点、猪齿项圈鼓点（把这些"钱币"带来做交易，如购买独木舟）等。

鼓声专用于人，对尊严的鬼神是不适用的，神要求一种笛子"布雷格"（*brag*）的声音。这种神圣的乐器只有男子才能吹奏。教会年轻人吹笛子是成丁礼的主要任务，谁不会很好地玩笛子，在社会上就没有威信。"布雷格"笛的声音也被认为是一个神灵

222　事物的起源

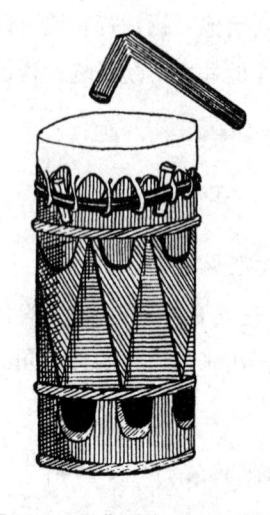

图 200　西非潘格威人的战鼓
（鼓槌用酒椰树的髓制成）

图 201　喀麦隆的信号鼓

图 202　南美图卡诺－印第安人的信号鼓

图 203　非洲人的木槽鼓

的声音，神灵听到笛声就被吸引来了。如吹者技巧使"布雷格"神满意，他就进入笛中而被带入祭堂——"布雷格"房里，再进一步举行仪式。

视觉的通信方法较之听觉的通信方法，分布更为广泛。视觉通信方法借助于可见的信号，从人体可能提供的信号开始，正如语言是最简单的听觉通信方法一样，人体的姿态就是视觉通信方法的最简单形式。姿态可以用来表达关于数字、物体、状态或方向的简单答案，或再加上一系列模仿性姿势组成整句的话，用以达到相互会话的目的。关于第一类姿态语言的例证，有喀麦隆的蒂卡人用姿势表示数字；有草原印第安人用姿势表示单词，如梳发的姿势表示"女性"，模拟圆锥形的姿势表示"帐篷"，借助于两手相背的姿势表示"死亡"，"太阳"是一个圆圈，"树"是表示出树枝的形状，等等。关于第二类姿态语言（即用模仿性姿势组成句子）见于印第安人之中，双方不发出任何声音就能说话。这种信号语言给予古代作家阿达尔（Adair）以深刻印象，他生动地描述道：

> 现代美洲野蛮人就像是熟练的古代希腊罗马的哑剧演员和近代土耳其的哑人，借助于姿势、动作和面部表情，描述要说的最琐屑之事。两个相隔很远的印第安族，彼此一句话也听不懂，却可一起交谈，相互了解，并订立协定，而不用一个翻译。这样的事令人惊异，似乎是很难置信的。

这样，原始人就解决了文明人从未解决的问题，这就是从巴别塔[1]直到联合国会议成员之间语言不同都需要冗长翻译的问题。许多美洲和非洲部落使用过的或正在使用的信号语言，就是荒野中的"世界语"。

仅仅最近无线电的发明，才改变了关于视线比声音传得更远的古老信念。在以前视觉通信方法只有在可及范围内才是有效的。因此，在人类姿态之外再加上其他信号，发展视觉通信的有效性和可见性，使其能达到更远的距离。

例如，一个印第安人认出一群野牛，他便匆忙登上能为本村人所见的高地，双手将一块毛毯高举过头，又缓缓落下，这是

---

[1] 巴别塔（Tower of Babel）故事，见于《旧约全书·创世记》。相传古代巴比伦欲建高达天庭之塔，因语言不通，终未能建成。——译者

一种促使整个公社行动起来的信号。这就是他们的"摩尔斯密码"[1]。毛毯一起一落有时再加上升起和覆盖烽火的方法，使其更加完善。升起的烽烟可使更远的距离都能看见。假如手边无火，则把灰土抛上抛下，也可起到同样的效果。西明诺-印第安人（Seminole Indian）"当狩猎时，分成几队，彼此用烟火信号联系，来保持一定的距离。他们点燃火使轻烟上升，又用毛毯覆盖使烟停止"（斯万顿语）。南美普埃尔切人和兰基尔斯人（Ranqueles）以烟火信号指挥战争行动。古代高卢人（Gallian）在和恺撒作战时也使用过烟火信号。

光线信号可以达到同样的效果。锡比克-印第安人（Cibicu Indian）1902年就使用过。当新来的政府代表团在锡比克人代表陪同下，由山脊向峡谷走去时，"代表就开始发信号"。据里根说，"信号用的是一种小的反光镜把阳光射过去"，以宣布白人来了。"峡谷里的反光镜则回答说：'好，我们好了，我们已备好丰富的食物。'……"队伍到达时发现"峡谷中每个印第安人已被信号召集在一起，迎接他们"。

重要信号必须不断重复才行，为此就要有赋予一些重要信号以持久性质的方法。这就是路标、警告标记、吁请援救标记的目的，在某种意义上也是财产标记所要达到的目的。

肖肖尼-印第安人（Shoshoni Indian）在石堆上立柱作为信号指明到有水地方的确切方向。开蒂克莫（Kiatexamut）的爱斯基摩人中的旅行者，沿途插上草缠的棒，表示他们走过的道路。非洲多哥的埃韦人走路，让熟悉丛林的人走在前面，用树叶和草来覆盖"错误"的小径，以此向后面一群人指示出"正确的"道路。通古斯人砍倒一棵小树，上附一支箭，箭头向下，指明捕机

---

[1] 摩尔斯密码（Morse Code），一种电报密码名称，发明者是美国人塞缪尔·摩尔斯（Samuel F. B. Morse, 1791—1872），因以为名。——译者

所在处。假如箭头向上，则表示猎人已离开附近地区。

但路上标记不仅为了旅行者，它也可能是一种要求他人远离危险地区的警告标记。阿佩切-印第安人在通往发生疾病地区小径上，置放死的猫头鹰或猫头鹰画像，两者都表示死亡。据报道，当他们发生天花时，通往他们营地的所有小径立即放上猫头鹰画像，"使印第安人不敢冒险走这条路，结果便无人染上天花"。

这些标记使过路者趋吉避凶，另一些则号召他们去指定地区，援助某些需要援助的人。我在加拿大印第安人蒙特纳斯-纳斯科皮人之中看过这种标记。他们在北极气候下孤独地生活在广阔的狩猎地带之中，同族之人常常相隔几英里。严峻的生活条件使他们发展出一种相互帮助的有效信号系统。要求公众帮助的标记，任何人看了都必须做出回答，拒绝回答就被认为是犯罪。经

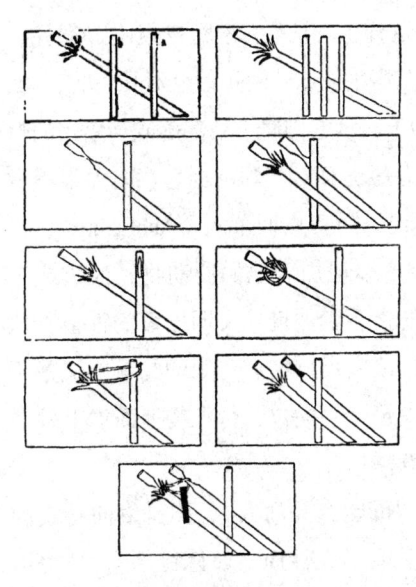

图 204　蒙特纳斯-纳斯科皮人表示需要援助的信号柱

图 205　澳大利亚西部的传信棒

常是苦于饥饿或风吹雨打的遇难者，在沿路都插上有刻痕的信号棒，指示出遇难营地的方向。一个人看了这信号，或者立即前往，或者因他自己也没有适当的装备便在原来信号棒上加系一个信号，声明他何时回来，或告诉后来的过路者应做些什么事，来加入这个"慈善团体"。这些信号棒可以表达出事情的全部，不仅说明受难营地的方向，还借助于刻痕的深度和形状，说明疾病的性质和罹难人数。援助者给其他过路人的信号以树枝编成的圈来表示，若刻痕染黑则宣布其他人再去为时已晚，因为遇难者已经死亡。

财产标记是向公众宣布物件属于某一个人或一个集团，它在许多民族之中普遍流行。宣布本身是对盗窃者的一种威胁。集团所有的财产，如爱斯基摩人的独木舟、拉普人及通古斯人的驯鹿群，亦加以标记。驯鹿是在耳朵上切出标记的，或在其肢体上烧出标记（如撒摩耶特人即是这样）。个人、家庭或集团，都各有自己特殊的财产标记，其他人禁止使用。阿拉伯人对其骆驼、羊、马加上标记"瓦斯姆"（wasm）表示它们属于某部落或某集团的财产。加拿大和美国的印第安部落也有财产标记。它在南美很不常见，只有埃姆巴雅人（Mbaya）、阿特卢斯莱人（Ashluslay）、奇里瓜诺人（Chiriguano）把财产标记加于他们的动物、奴隶或工具之上，甚至加于妇女身上的也不少。近代文明国家的牲畜养殖者仍保留这一古代习俗，并付诸实用，如比赛用的马就要佩戴所属厩房的标志。我们自己手提箱、手提包、行李袋上面加上姓名的大写字母，也属于同类范畴。

另外一些通信不是发向"可能有关的人"，而是发向特定的个人或集团。这种通信可以具有私人性质（如订货单），也可以具有政治的或外交的内容。在这一类通信方法之中，有澳大利亚人的传信木刻，它起着帮助传信者记忆的作用，需要传信者加以解释。它的内容有邀请参加宴会或成丁礼及商业上的订货。例如,"沙土商号"要"袋鼠商号"火速送来麻醉品"皮曲利"若干,保证迅速以矛和飞去来器付款,便送去一根木刻,作为正式的订货单。

原始人部落之间使用的"外交传信包"或"外交传信棒",具有国际性。如印第安人送给美国政府一包东西,其中包括饰有羽毛的谷穗,内填烟草(代表"和平的烟管"),其周围悬挂饰有黄色羽毛的羊毛绳。这信的意思是"请总统吸烟"。易言之,它是一种和平的宣言。

西藏东部 Lutsu 人送给敌人一种点缀着羽毛的木刻,则宣布战争的到来。[1] 它告诉敌人:几百个战士已准备出发,将像飞鸟一样来到。非洲的尼姆－尼姆人(Niam-Niam)是在敌人小路上插上一根谷穗和一根鸡毛,在其附近树枝上系上一支箭。它的意思是任何人如漠视这些标记,特别是还想抢劫田园和杀别人的鸡的话,即将死于箭下。

这样的信偶尔也具有很强的私人性质,甚至可能作为情书。西伯利亚尤卡吉尔人(Yukagir)的一个姑娘刻在桦树皮上的情书(或曾受欧洲人的影响),就属于这一类。这是一封失恋者写的忧伤之信。如图 205 所示,房中(A 和 B)坐着被遗弃的姑娘——本信的作者(C),交叉线表示她的痛苦,C 的右上方虚线表示她的发辫。她的情敌(F)是一个偷走她爱人的俄罗斯姑娘,梳着辫子和穿着裙子。G 就是那不忠实的爱人。上方的交叉线就表现他迷恋俄罗斯姑娘之事。情敌 F 到 A 之间的交叉线(J)切断从 G 到 C 的爱情之线。M 代表作者的痴情。O 是一个尤卡吉尔人,他向本信作者求婚。P 和 Q 是 F 和 G 这一对姘头生的孩子。概括

---

[1] Lutsu,疑指今四川大凉山彝族(自称"诺苏")。至于木刻加羽毛表示宣战的方法,中国西南很多民族都有。——译者

起来，这信应读如下：

> 你为那俄罗斯女人离开我了，她挡住你到我这儿来的路。你甚至和她生出孩子来了。我经常感到痛苦，虽然另有男子向我求婚，我还是只想念你。

帮助记忆的"信"的另一变种，是借助于计算盒、结绳或贝串（wampum belt）来进行记录的方法。厄瓜多尔的卡拉人把大小、形状、颜色不同的卵石放在木盒中记录数字或事件。秘鲁沿海地区也使用同样的盒子。秘鲁古坟中发现的结绳"魁普"（khipus）是颇为著名的，用它可以"记录"行政事务、登记税收数字及其他。诗歌和其他文学作品，也曾以"魁普"来记录，但主要仍是为了提醒对口语的记忆。绳子的不同颜色表明要记录的事物（包括省、部落、不同种类的人等），绳结不同形状表明数字，旁边所加绳子则是"注释"。有一种政府官吏，称为"魁普卡马约克斯"，是这些"魁普"的专门保管员。结绳的使用不限于秘鲁，古代中国及其文化所影响的地区是"结绳记事"的另一中心。[1]这种方法至今仍为南美许多印第安

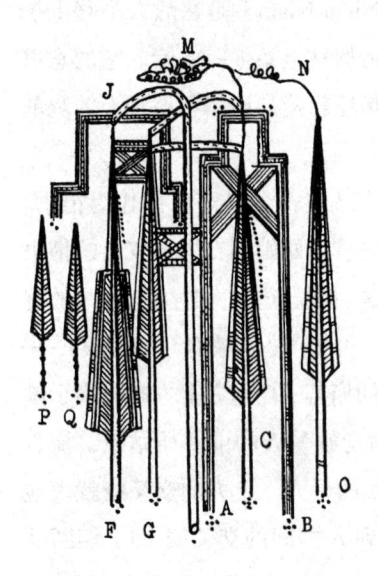

图206 尤卡吉尔人一个姑娘刻在桦树皮上的情书

---

[1] 关于中国古代及现代少数民族保存的结绳记事之俗，参见拙作《从原始记事到文字发明》。——译者

部落所使用。

北美的贝串（偶尔和图画结合起来）充当订立契约的法律证书。尽管原来仅有订约双方才能解释其"内容"，而在其排列和颜色（白色和紫色）所代表的意义为众所周知以后，便逐渐变成传递消息的一种普遍方法。1682 年威廉·潘恩（William Penn）在沙卡马克孙（Shakamaxon）和林尼列纳佩－印第安人（Lenni-Lenape Indian）首领订立有名的领土条约，便用这样的贝串，现珍藏于宾夕法尼亚州历史学会之中。

所有这些传达信息方法的共同点即具有持久性质，这使其重要性超越于古老的声音信号和光线信号之上。但是，它们仍然需要对所用符号做出解释，而且是正确的解释。

图画具有更多写实性质，它们能够自己说话。我们在视觉的通信方法之中已看出有一种图画来表达信息的倾向。北极部落、草原印第安人，西加罗林群岛和帛琉群岛土著居民的图画，则提供了这种传递消息方法的卓越例证。在这些民族图画记录中，找到了有关日常事务、特殊事件和部落传说的叙述。记录内容正解与否，经常受到社会的检查，凡是有意识报道错误消息以影响舆论的"阴谋宣传家"，要处以重罚。

在图画文书中，北美印第安人的编年史（或称"年终纪事"）是众所周知的。它借助于人物、动物和景物的绘画，使其部落历史上的重要事件得以永久流传。美国特拉华州的印第安人，在"白脸人到来以前时期"，有所谓"华拉姆奥卢姆"（walam olum），意为"忠实于生活的绘画"，用以记录他们和其他部落的生活和冒险。我们在其鹿皮、衣服和帐篷上，可以发现画着洪水、战争、食物丰收、烦恼和不幸，以及他们民族历史上重大事件的详细故事。

图画记录读起来有时就像吸引人的报纸标题。例如，爱斯基

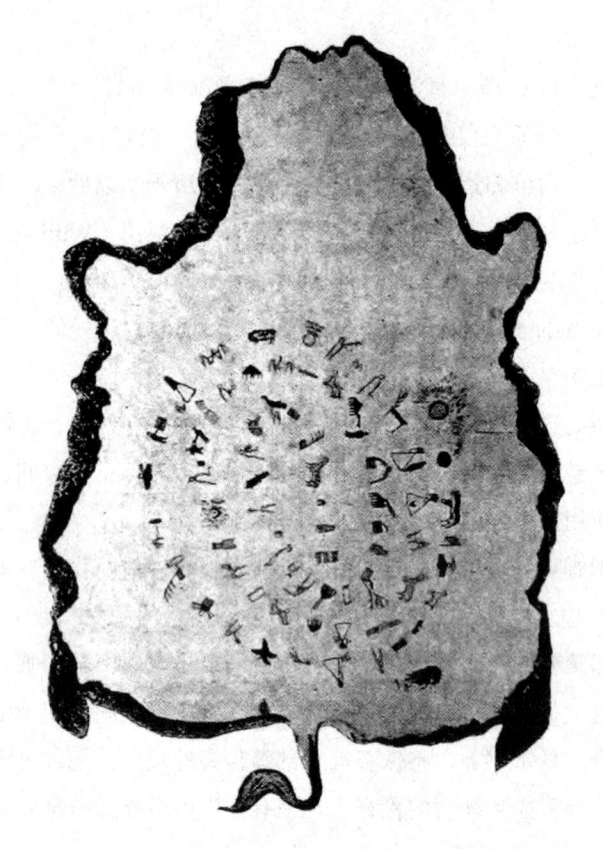

图 207　苏－印第安人（绰号"孤犬"）画在牛皮上的"年终纪事"

摩人以十二个相连图形记录猎取海豹之事，就是非常生动的。如图 207 所示，左边第一个人是作者或仪式主持者，其右手指着自己，而其左手指的方向则表示事件的过程。在旁边那个持桨者说明狩猎是乘独木舟去的，其后的小人说明到达第一站所需要的时间（右手加于头上表示睡觉，左手举起一个手指表示一夜）。圆圈内有两点的符号表示大家在第一站停留的情景：一个小岛，上有两座茅屋。岛的右边作者接着叙述，狩猎者所到第二站也是小岛，但无人居住，在那里人们睡了两夜，故旁边那个人举起两个手指。从这儿开始故事进入高潮，人们看见两个海豹。这是以下面那个人伸出右手两个手指指着海豹图形来表示的。猎人准备好投枪，但它们却是被弓箭射中的。狩猎目的已经达到，人们能够回到耐久的冬季住宅去了，倒数第二个图形表示坐两个人的独木舟，桨向后划动，最后那个图形便代表他们的雪屋。这样就结束了猎取海豹的故事，它是由第一流"记者"记录下来的。

图 208　爱斯基摩人图画文字

但是，即使是这样生动的图画记录，仍具有帮助记忆性质，仅仅参与其事者和记得其事者，或者是听到解释过每个图形的人，才能充分了解其意义。图形如仅就所描绘对象来说，其解释界限是很宽的，它们所传达画者的思想较之图形本身，是更重要的因素。

在大量使用图画记事地区，白人侵略者时常从中获得好处。他们可以通过当地的人才来传播基督教。墨西哥的天主教神父为了便于传教，把全部《教理问答》画在大幅布上，做礼拜时拿出来宣讲。

从写实的图形发展到线条化的抽象符号（我们称之为"字"）经历了漫长的道路。从图画到字母之间没有什么飞跃，其间经过很多阶段：符号表示的句子、单词文字、音节文字，最后是由固定地代表声音的字组成的拼音字母。一直到出现意义不变的确定的文字，任何识字的读者能用它复原口语时，才谈得上真正的文书，这是发达文化才有的特征。这一演化是从具体的图形到抽象的符号，从说明性图画到概括的文字。在长期发展过程中，文字的原始形式湮没了，要一一认识出来殊非易事。

中国、巴比伦、苏美尔、亚述和埃及这些发达文化的文字，为这一发展提供了很好的例证。埃及的象形文字能够复原为事物或概念的原始图形。例如，石罐的写实性图画，大约属于公元前 2900 年；经过八种不同的中间形式，转变为书写体"hnm"，大约属于公元前 400 年。又如，公元前 3 千纪的纸草卷写实性图画，最后变为抽象符号"md 3.t"。中国直至现在，其文字仍保持一种奇怪的简化的图画形式，它们原来就是表达物体或概念的图画。

亚述楔形文字从很早时期即从其自然主义的形象中脱离出来，很难从这些字体中辨认出原始的图形。

我们自己的字母可能上溯到腓尼基人（Phoenician）。多少世纪以来，它几乎没有什么变迁。现代某些怀疑论者说它"浪费"。萧伯纳（G. B. Shaw）就是字母最有名的一个敌人，他一再建议英国政府指定经济学和统计学的专家组成一个委员会，来创造一种新的英文字母，每个音以一个符号表示。第二次世界大战时，他表达这样的意见：鉴于每个字母每天要拼上几百万次，"假如把腓尼基字母打乱，再补充十七个希腊字母，每个字母仅代表一个音，所节省的费用足够支付战费"。不管怎样，我们的字母几千年来是工作得很好的。

人类若要为文字发明者竖立纪念碑，把这些天才辨认出来是不可

图 209 古墨西哥人描绘结婚仪式的经文（用绳结把新婚夫妻的衣摆系在一起，结婚仪式即结束，年轻的新郎背着新娘来到一间内室，四个拿着火把的侍女陪伴着他们）

能的。没有任何人可以宣布为这一成就的创始者。但我们可以说,发达文化中的祭司们对于他们国家文字的发展和完善有很大的功劳。

书写的知识和把语言永久记录下来的能力,就意味着权力。历史上那些行使政治职能的人,巧妙地运用了这一权力。有了书写的知识,一个新的时代开始了。历史可以记录下来了。传统、法律和教义,过去保存在记忆中的知识和伟大文学作品,能够写下来保存到统治者的图书馆和庙宇去了。但普通的公民则被排除在外,书写知识仅为祭司、政府及其仆从们所掌握。

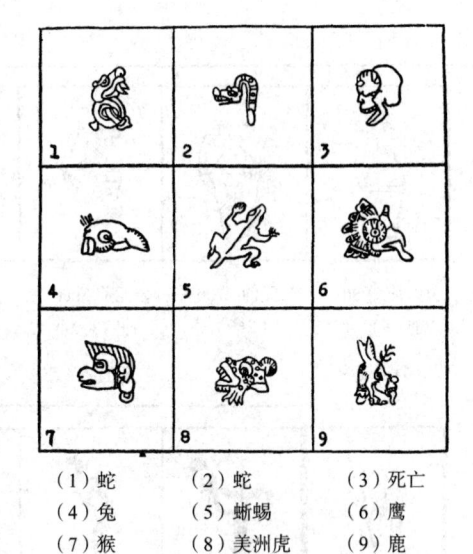

（1）蛇　　（2）蛇　　（3）死亡
（4）兔　　（5）蜥蜴　（6）鹰
（7）猴　　（8）美洲虎（9）鹿

图210　古代墨西哥二十周历中的九个符号（也用作字母表方案）

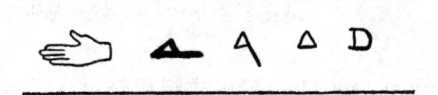

图211　字母"D"的演变
（从左至右：埃及象形文字、埃及字母、腓尼基字母、希腊字母、拉丁字母）

书写材料对于使这种新技术得以保存下来,起过重要的作用。巴比伦人和亚述人使用的黏土板是一种最早的书写材料。印度人以棕榈叶为书写材料[1],而埃及人则使用纸草。远在公元前3千纪,埃及人即知把纸草茎切下来,粘卷成"书"。大约到了公

---

[1] 应指贝叶经。——译者

象形文字

| 公元前 2900— 前 2800 年 | 公元前 2700— 前 2600 年 | 公元前 2000— 前 1800 年 | 约公元前 1500 年 | 公元前 500— 前 100 年 |

象形文字（书面体） ／ 僧侣体文字 ／ 世俗体文字

| 约公元前 1500 年 | 约公元前 1900 年 | 约公元前 1300 年 | 约公元前 200 年 | 公元前 400— 前 100 年 |

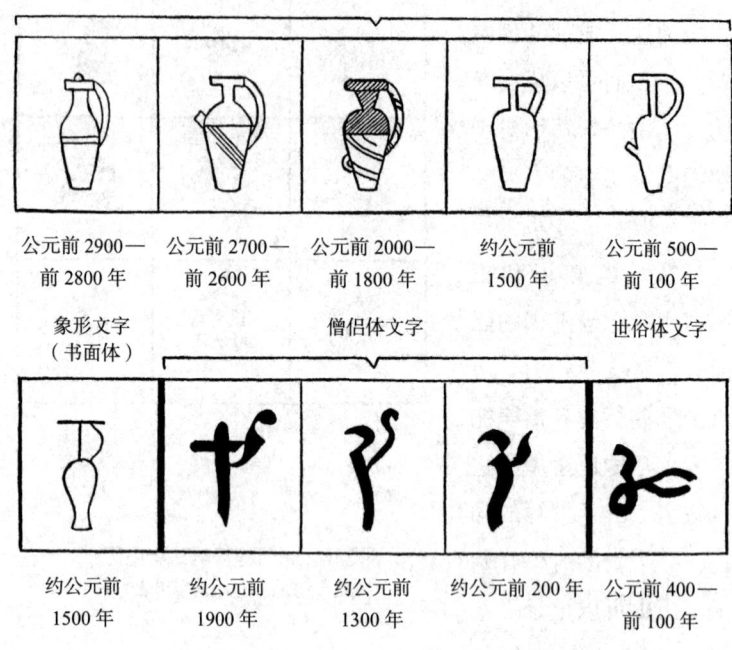

图 212 从图画到字母——埃及象形文字"带把手石罐"的演化

元前 1400 年，羊皮或粗皮经过化学处理去毛和鞣化，表面再用硫黄石打磨光滑，用作"书写的纸"。这种新材料使卷状书籍成为过去，而导致方形书籍的出现。

羊皮纸是一种很昂贵的材料，所以古老写本用海绵擦去字迹（如为粗皮则刮去字迹），再用来书写。这种节俭的习惯，使得现代科学有办法从重写过的羊皮纸上认出最早一层的文字，导致许多古老书籍的发现。这类的羊皮纸文书称为 palimpsests，导源于希腊文 *palin psestos*，意思就是"刮去"。大英博物馆保存了一件这样的文书，11 世纪叙利亚文写在 9 世纪罗马文书之上，罗马文书又覆盖着 7 世纪时格拉尼·利采安（Granius Licianus）以一种拉丁文字体安色尔体（*Unzial*）写的抄本。

	象形文字	

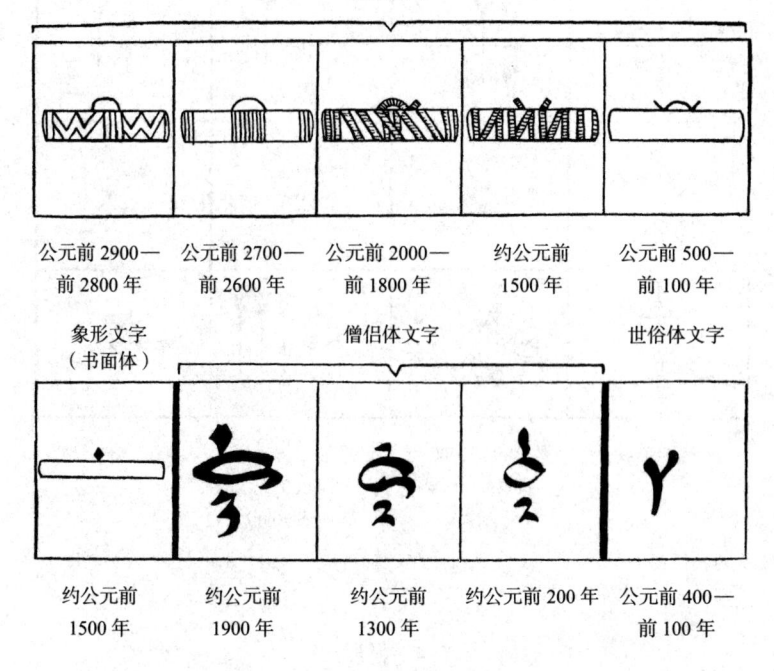

公元前 2900— 前 2800 年	公元前 2700— 前 2600 年	公元前 2000— 前 1800 年	约公元前 1500 年	公元前 500— 前 100 年

象形文字 （书面体）	僧侣体文字			世俗体文字

约公元前 1500 年	约公元前 1900 年	约公元前 1300 年	约公元前 200 年	公元前 400— 前 100 年

图 213 从图画到字母——埃及象形文字"纸草卷"的演化

书写材料的重要性还表现于下面的事实：拉丁文的"书"（*liber*），即意为"树的内皮"或"韧皮"；希腊文的"书"（*biblos*）即代表"纸草"。两者都是他们写书的材料。

书写材料非常珍贵，抄写书籍手续烦苦，使得有书成为少数人享受的一种特权。只有纸和印刷术发明以后，才打开珍贵书籍广泛传播的道路。

中国人公元 2 世纪时发明了纸，关于这一天才的发明者的姓名已有记载，他就叫蔡伦。[1] 他用树皮、破布、麻和渔网来进行第一次造纸试验。公元 8 世纪时，战争中被俘的中国人把纸的知

---

[1] 作者这里引用了过时的说法。最新考古材料表明，中国西汉时期已有原始的纸。——译者

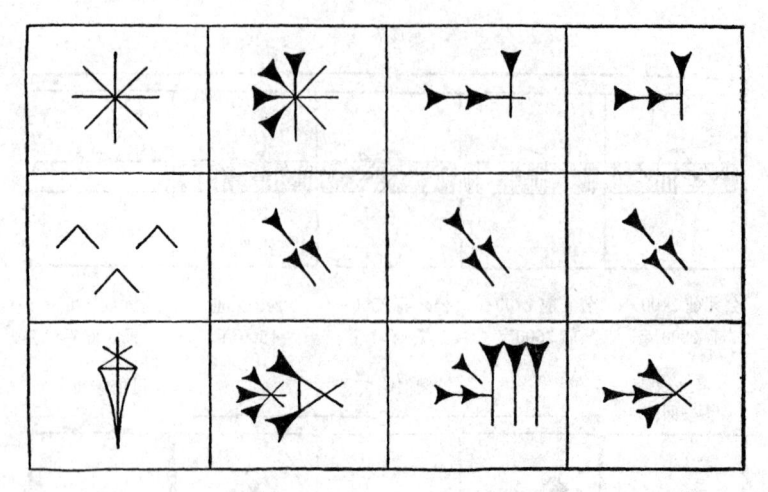

公元前 3000 年	约公元前 2000 年（汉谟拉比时期）	公元前 1000—前 600 年（亚述时期）	新巴比伦时期

上排：代表"星""神""天""上面"的音节；中排：代表"山""土地"的音节；下排：表示"匕首"的图画符号和文字

图 214　楔形文字

图 215　中国的文字

识传到了西域。公元 794 年巴格达建立了一个官办造纸作坊。造纸的知识随着阿拉伯人传入欧洲，1340 年在意大利的法布里亚诺（Fabriano）建立了第一个造纸的磨。大约一百年以后，又有了印刷术的发明[1]，这就为"知识普及"打开道路，标志着我们心目中所谓书籍的开端。

书的主要任务过去和现在都是传布知识和技术，给人以娱乐，原来并不是作为传递消息的媒介。把印刷文字用于传布消息，是随着"宗教报告"和改革派小册子而来的，其年代不早于16世纪。第一批定期发行报纸的日期可以上溯到1609年，在今天德国的奥格斯堡和法国的斯特拉斯堡出现。非常有意义的是古代盎格鲁-撒克逊语中报纸叫 getidan，德语中报纸叫 Zeitung，两者都是"消息"的意思。

随着报纸的发展和尽快获知消息的热情日益增长，新闻事业发展起来。从骑马传送消息的驿差，发展到现代新闻机构及电讯的使用。实际上，电讯的任何一种形式，无论是雷达、电视、无线电报或无线电广播，都是今天为耳和目服务的奴仆。它使听觉的和视觉的通信方法同样有效，而原始人是不能掌握这种"巫术"的。

但除了这些高度精密的现代化新闻通信系统外，在我们文明中至今仍保留许多最古时期的通信方法。例如，触礁的水手射上天空呼救的信号弹，铁路上和陆海军使用的视觉信号，使我们想起原始人的烟火语言和光信号。汽笛呼号与"摩斯密码"，和原始地区信号鼓的鼓点是紧密相关的。无线电广播播出消息，这对地球上多数居民来说，不过是白人一种新的"巫术"装置而已。

---

[1] 作者这里大概是指欧洲印刷术开始时期。此前很久，约公元7世纪时，中国已有雕版印刷。——译者

第十章　无书的教育

　　教育是当代的要害问题。我们很多人认为，一个人由于环境恶劣未受教育，便丧失了重要机会，是很大的不幸。现代政府相信教育的重要性，"投资"于学习机构，收回的"利息"便是大批受过教育的男女，可以充当有能力的领导人。教育及其一套精心设计出来的体系，因为书本而加强。书本是一种可用钱买的智慧源泉。假如文明社会没有书本教育，那将像什么样子呢？

　　可以肯定的是，没有书本教育，我们也会有医生和传教士，有律师和被告，有婚姻和生殖。但我们的思想观点将有所不同。我们将强调"事实和形象"的教育，更强调记忆，强调应用心理学，强调人和人之间融洽相处的能力。假如我们教育体系仿效过去那样的无书的教育，我们会有最民主的"学院"。在所谓"野蛮人"之中，所有知识靠口传来继承下来，并为所有的人所共有，知识教给部落每个成员。因此，每个人都被平等地赋予生活的能力。

　　这是"起点平等"的理想条件。现代仅仅有进步的教育才试图恢复"起点平等"。在原始文化之中，对于传统教育的寻求和接受传统教育的义务是联系在一起的。原始文化中没有"文盲"

（假如可把这个概念应用于无文字的民族的话），而我们强迫国民受义务教育在法律上规定下来，德国是 1642 年，法国是 1806 年，英国是 1876 年。大量所谓"文明"国家迄今还没有义务教育。这就说明距离我们确信必须使孩子们分享过去"少数幸运儿"积累起来的知识，还有很长的道路。

在荒野中，教育与钱财无关，所有人生来都有受教育的权利。这里没有匆匆忙忙的现象，而在我们的社会中，匆忙时常妨碍一个正在生长的人全面发展。这里的孩子是在父母面前生长起来的，因此丛林和草原中不知"青少年犯罪"为何物。这里不需要离家谋生，故不会忽视了对孩子的教养。这里的父亲们不会面临着没有力量为孩子们"购买"教育的问题。

原始人和动物一样，完全有自由把生存所必需的技术传给后代。他们由于和动物密切接触，曾看过树袋熊教其幼儿如何爬上它们赖以为生的"由加利"树，看过浣熊母亲向其幼儿显示吃食物以前先洗一下的高明技术，看过海豹教导幼儿游泳，他们便这样来教育自己的后代。尽管这些技术仅仅是物质生活的需要，并不能包括在我们所理解的"教育"概念之中，但它们无疑仍具有精神价值。

地球上任何民族的教育都包括双重目的。第一个目的是传授谋生的技术。第二个更重要的和更费力追求的目的是培养孩子、少年和青年男女的道德、智力和宗教意识，以便将自己和社会维系在一起。原始人这种责任感，使他们超过周围的低级生物。为了达到这些目的所采取的方法，和人类皮肤颜色及方言种类一样，是多种多样的。他们传授手艺使用的是口语，不是使用印刷的书，而这一点无关紧要。他们没有专职教师，而母亲、父亲和受到尊敬的老人便是进行传统教育的指导者。

没有成文历史的民族为其儿女提供什么样的世界呢？他们的

世界缺乏我们以为是进步的一些小东西,而在许多方面却较现代专业化的文明世界更为丰富和复杂。愈是古老的社会,离专业化的概念便愈遥远。

原始人认为,可见世界和不可见世界之间并无界限可分。石头、山崖、月亮、星星、植物、动物都有生命,是人的同类,带有对人类友好的或敌对的力量,需要不断地侍奉和禳解。甚至使用日常工具——掘土棒或磨板、动物捕机或背篮,也需要遵守一定规矩或禁忌。这对我们来说似乎是多余之事,而对原始人来说,却是与野草的籽实、白天和黑夜、鱼和鸟一样的实际。不遵守这样一些不成文却关系重大的规矩,可以造成整个社区的危险,全部落时常要对一个成员的无礼行为负责。

例如,普埃布洛-印第安人中的组尼部落,把一切物件尊崇为"霍以"(*ho'i*),意即"活人"。加利福尼亚州托巴托拉贝尔的居民,若不致简短的祷词,就不敢挖掘那神圣曼陀罗草(*Datura meteloides*)的根。克里克-印第安人的姑娘和妇女,如果在"每月隐居时期"[1] 敢提前离开,灾祸即会降临整个部落。一个人忽略和滥用神圣的规矩,可以危及全体的安全,这使教育成为整个集体的重要问题。大自然中的危险,无数会报复的精灵,使原始部落需要其后代保持一种恐惧和敬鬼的态度,这是没有这种危险的文明社会很难理解的。

因此,关于谨慎和敬畏的教育不能过早开始。当新生婴孩出生和命名的仪式举行完毕,婴孩在凡世的生活似乎一切正常,他的摇篮和身体便要立即以符箓、祈祷和祝愿来加以保护;而他发展着的灵魂要更加小心地看守着,并逐渐灌输古老的智慧。从一开始,当母亲拾柴、在地里劳动和制造日用器物时,孩子便由母

---

[1] 某些原始部落妇女每月来月经时,要单独居住,参见本章下文。——译者

图 216　蒙特纳斯－纳斯科皮人婴孩从祖母背上看世界

亲背着到处走。他骑在母亲的臀部（如在非洲），或是在母亲所负的一种机巧的背具中（如印第安人那样），看望着世界，这时他已参与了母亲的全部活动。不久以后，他的小手指便要伸出来握母亲所持的工具了。他凝视着母亲进行神圣的舞蹈向死去的鬼魂祷祝，凝视着她手持的仪式用物，凝视着她与亡灵对话。他的眼睛时刻追随着母亲的活动。

原始人儿童在幼年时期完全属于母亲。她深深地爱着他，用爱称呼唤他，有意识地和有意义地安排好他的环境。美国俄克拉荷马州的奇克索－印第安人（Chicksaw Indian）喜欢把男孩放在豹皮上睡觉，使他们能获得这种猛兽的狡黠和精力；为其女孩选择小鹿的嫩皮或小水牛的皮，使她们长得温柔和羞涩。

原始人几乎不对孩子们施以体罚，虽然有恐吓孩子使其服从的其他方法。如西非潘格威人使用的方法是这样的：男子或较大孩子在住宅外面挥舞吼声器，发出声音，说是"吃小孩的"精灵"埃比本古"（*Ebzibongo*）搞的花样。另一种方法是用木棍敲打土地，边敲边念："坏人……来了……"这些方法使孩子早就对不可知的力量有所了解。齐佩瓦-印第安人有同样的方法，他们以熊爪"要来抓了"这样的话恐吓小孩。有时真的来了：一只旧的鹿皮鞋填满了东西支在棍棒上，从外面慢慢伸进帐篷中作为"熊爪"，使那小"犯人"大为恐怖。

在犯了严重过失情况下，偶尔打一下是必要的，但很少有认真的鞭打。克里克-印第安人流行一种惩罚顽皮孩子的奇怪方法，母亲用锋利的双齿长嘴鱼（two-toothed gar-fish）下颌骨来抓孩子的下肢，直到流血。这种貌似残酷的行为基于这样的信仰，即流血有益健康，而不是仅仅从惩罚来考虑。

无须说明，所有原始民族都按部落标准来训练孩子保持身体的清洁。许多印第安人和爱斯基摩人对此特别严格，他们的孩子们从幼年时期便习惯于在小溪中洗浴和时常浸在水中，有时甚至下水之前先要把冰敲破。

原始人的孩子和我们的孩子一样，榜样是最早的教师，培养机智、端庄、礼貌等品质更是如此。例如，羞耻意识本非人之天性，它在世界各地表现形式各不相同。新几内亚的北部巴布亚人的小女孩不因裸体而害臊，但若有人见她的巾结未系在头上，她便面红耳赤了。非洲和南美有些部落完全不穿衣服是不要紧的，若吃饭时被人看见则认为是粗暴的触犯。

西非潘格威人有"奥孙"（*oson*）一词（意为"害羞"），不断出现在他们的嘴边和心目之中。当他们便急时，由于"奥孙"之感，迫使他们发明这样细微的暗示："我要去拾柴"或"我去看一下捕机"。白人探险者不理睬这些暗示，使他们十分憎恨。他们还忌说"厕所"（"埃杜克"［*eduk*］）一词，婉转的说法是："到村落主人那儿去的路在哪里?""假如我有困难,从哪里回去?"当他们拜访其他村落时,主要的行动就是要机智地这样提出问题。没有哪个有教养的潘格威人愿意说这一忌讳之词的。

忌讳甚至还扩大到对待鸟的方面。火地岛的雅马纳人认为,有一次他们的祖先因为飞来一只"拉克苏瓦鸟"而愉快地叫喊"春天来了"(他们把它当作"春天最早的知更鸟"),便侮辱了这种很敏感的鸟。结果,这被触犯的春天的使者竟送来冰雪,死了很多人。现在这种鸟飞过时,人们便沉默地站着,尊重它们那害羞的感情。

问好的习惯殊为复杂,原始人给予更多的注意,因为不遵守它可能导致坏运气、疾病,甚至导致战争。有些部落当客人到达时畏缩不前,直到客人走近得足以看出他们和平的态度为止。有些部落用跪下或平躺在地这样侮辱自己的方式迎接客人。脱下帽、鞋或其他服装,为了尊敬而不敢正视,或者转过身去背向客人,这些都是向客人问好的方式。许多原始人认为,对客人致辞是粗鲁的,他们沉默地邀请客人来家款待,仅当客人休息过来以后,才彼此交换第一次问候。斯蒂芬森在加拿大马肯济地区拜访一个陌生的部落,一大群人集合起来,每个部落成员走向前来这样自我介绍:"我是某某,我脾气是好的,我没有刀子,你是谁?"擦鼻子也是一种普遍的致意方式,并用以表示激动。洪都拉斯的米斯克托人则用鼻子摩擦身体,称为"听香气"。探险者报道说:"我们接吻受到他们的憎恶,并被看作是吃人的温和姿态。"

所有这些习惯,儿童耳濡目染,不用教导即变成他自己行为的一部分。许多原始人认为,从婴儿到青年是天使,是可以不负责任的。一个孩子不能被定什么罪,他的错误行动是易于忘却的。正如特斯曼所说,许多西非部落认为,孩子是"人类生存的最早阶段,就像未变成蝴蝶前的毛虫一样"。潘格威人把人类分为两群：一种是好的，称为"比宾"（bebin）；一种是坏的，称为"本古斯"（bongus）。他们毫不迟疑地把孩子列入"比宾"之中。特斯曼还说，二十岁的青年请求宽恕自己的错误，就宣称他们"不过是孩子"，因此属于"好的"一类。这种观念在其他部落中也不以为非，组尼人神圣仪式中"科耶姆西"（Koyemci）小丑虽是成年人扮演的，却称为"神话中的孩子"。[1]

当儿童黄金时代最早阶段已经过去，男孩子就有一种跟随父亲的强烈倾向，并模仿父亲捕兽、猎兽、战争、捕鱼或其他行动。这种很自然的英雄崇拜，引导他们制造小工具和武器，其形状酷似父亲所持之物。捉蚱蜢或老鼠的小捕机，是仿照父亲捉大动物的捕机的原理制成的。他们制造的捕鱼装置、种植工具、猎袋、弓弩、鼓和很多其他"玩具"，证明这些未来的部落成员，正在走着自己的道路。正在成长的男孩子在父亲和朋友们注视之下，逐渐掌握了本族各种发明和手工技艺。

女孩子也是一样。她们模仿母亲制造鹿皮鞋、烤木薯、采集橡子、纺织和化妆，开始是作为游戏，后来则是专心致志，直到获得这些技术的全部知识为止。各个部落的父母亲都鼓励孩子们在这方面努力学习，不断教导他们关于技术和手艺的起源、神话中把技艺带给部落的祖先、有关的动物精灵、决定成败的超自然力量以及一切信仰和传统。

孩子们就是这样逐渐脱离了"天使"般的天真阶段，而进入青春期的烦人状态。像在我们社会一样，他们现在变得淘气，经历他一生中典型的不稳定时期。他们的游戏有时已缺少天真的成分，其行为反映本集团的道德标准。他们可能变得非常害羞和拘谨，或在应该保持婴儿天真状态的年龄非常逼真地模仿双亲的行动。

---

[1] 参见本书第十一章。——译者

新几内亚、美拉尼西亚和西非许多部落的孩子们在这方面发展较早,当其他部落孩子们还公然故作天真时,他们的天真已不复存在。他们那半孩子气的行为,使得模仿本民族神圣习俗时,颇有亵渎的意味。例如,西非的潘格威人把祖先头颅保存在神圣的木桶中,罩上尊贵的木雕;而其孩子们却把猴子头保存在棕榈树心做的小容器中,以模仿双亲在必要时举行的神圣的头颅舞蹈。

在这阶段,正在长大的孩子们时常感到长者对他们的态度发生了变化。不是所有胡闹都得到原谅,而由于他们还不属于成人"圈子之内",这些行为又得不到应有的容忍。他们被剥夺了孩子的利益,还被排除在成人所享有的特权之外。

家族利用这种情况要求孩子们从事某些不愉快的职责。孩子们被兄长们支使得团团转,同时不被允许参加成人的事情。例如,厄阿莱耶(Euahlayi)部落男孩子还未正式被接纳为成人时,在任何情况下都不能点火,因火代表成年男子的生命。古代克里克-印第安人的年轻人则"被强迫去点烟、取柴、帮助战士们调制'黑饮'[1],并执行公共场地的贱役"。老作家斯万顿说,这种待遇是"为了刺激他们发奋,出外冒险去获取一个头皮,或用他们的话来说,提着头发把人头带回来"。因为仅仅这样做了以后,他们才被当成男人。

许多部落年青男女当发育成熟时,即受到注意,通过仪式把他(她)们接纳到社会中来。也有不举行成丁礼的,如托奎蒂尔(A. Turquetil)介绍的哈得孙海湾的爱斯基摩人、弗格林(E. W. Voegelin)介绍的加利福尼亚的托巴托拉贝尔部落,就是这样,但这是例外而非通例。即使如此,托巴托拉贝尔部落的姑娘还要由母亲或祖母"教以妇道",小伙子则由老年男子"时常教导关

---

1 参见本书第六章。——译者

于打猎习俗和行为的准则"。爱斯基摩人姑娘发育成熟,便采用妇人服装,在头上戴上帽子。

无论是否举行正式的仪式,类似我们发达文化宗教中的"坚信礼"实际上是存在的。在青年发育成熟时,要完成对他们的教导,教给前辈传下来的熟练技术、部落道德和宗教知识。教他们"公民学",教他们关于社会行为、互助和所有"能做的和不能做的事情"。假如要举行一次正式的"毕业典礼"之类的仪式,那么在其前还常要有专门进行教导的一段时期,灌输关于身体的、教育的和神的概念,为即将到来的严格的成丁礼做好准备。

关于把那些丛林、沙漠和灌木地带的年青男女接纳进入本民族社会之中的成丁礼,论述颇多。瑞士科学家斯佩塞是一个最好的解释者。按照他的说法,原始成丁礼的深刻意义在于共享部落的重要食物。这些食物是生命的源泉,附托了某种神秘的力量。神仅对经过成丁礼神圣仪式而获得特权的人给予礼物。孩子原由父母喂养,当跨入成人门槛时就允许分享成人这些礼物,而为此必须博得丰收之神的仁爱。在从孩子过渡到成丁礼这段时期,他们不被允许触及一切重要食物,对他们来说这是禁忌。

在最古老的文化中,祖先是附托于重要食物上的神圣力量。祖先崇拜为许多发达文化所继承,一部分原因即在于此。农业社会的"丰收之神",被看作是神圣的食物保管者,而祖先仍在凡人和"丰收之神"之间起着中介人的作用。祖先帮助参加成丁礼者赢得"丰收之神"的喜爱,除给予食物礼物之外,又给他们以成人的体力。为了获得这种体力,孩子必须"死去",成年人必须"出生",所有成丁礼仪式都要举行这种象征性活动。这一想法导致出成丁礼的一系列节目:食物禁忌开始,死人精灵把孩子绑架而去,共享食物的准备(参加者隐居起来由精灵教给关于食物及取得食物的规则),男孩子增强体质以进入成熟期,在代表死人的魔鬼的帮助下共享食物，食物禁忌解除，参加者被接受为完全长成的人。

但并非只有男孩子才经受成丁礼的仪式。最早的文化中，男人从事狩猎，妇女负责采集植物性食物，两者对维持部落生存是同等的重要，故两性都要以同样的热诚分别经受这种仪式。在农业阶段，栽培植物之事是至高无上的，女孩子成丁礼的重要性更是远远超过了男孩子。

男孩子在成丁礼仪式中必须显示出他已充分具有一个成人的素质。考验个人的勇气是在强迫下进行的。孩子时期象征性的"死亡"，常导致真正的残废。他们长时期隐居在荒野之中做智力和体力的准备，远离温暖的家和亲人，在扮演精灵的老人引导之下经受严格的考验。最后把决不能让妇女

图 217 新几内亚古代成丁礼用的魔鬼面具

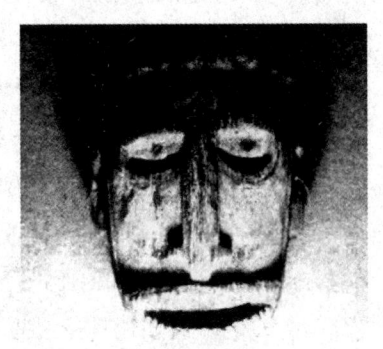

知道的秘密告诉他们，这是成丁礼的高潮，此后他们才能分享成人的特权。

一个男孩子几岁才可举行这个"毕业典礼"，并不是固定的，可以是九岁或十岁，也可以是十五岁或十六岁。有时要等待聚集一群人来共同参加，而气候条件或食物条件又会使仪式延后或提前举行。

这些仪式的情况究竟如何？由于这是属于部落神圣的传统，具有非常保密的性质，故关于实际过程很难获得可靠材料。部落以外任何人几乎不让接近这种仪式，探险者当然也不例外。仅有那些与土著居民有过长时期密切接触而同时又掌握人类学专门知

识的人，才有可能揭示成丁礼的秘密。例如，英国探险者豪伊特自己就经历了澳大利亚东南部的库尔奈部落的成丁礼，古辛迪（M. Gusinde）在南美火地岛最南端的锡克兰人之中生活多年，最后被接纳为该部落的成员，这些人为我们提供了具体而正确的描述。

古辛迪在锡克兰人中的经历是一个生动的例证。该部落受人尊敬的老人经过沉思之后，选定一个日期来解脱那些即将成人的年青一代"沉重的义务"：把本族历史上根本性秘密显示给他们，并且授予他们随着掌握秘密而俱来的特权。对年龄并不加以限定，但需要精神上的成熟——对异性保持威严的态度、充分的毅力，最重要的是要有保守秘密的能力。老人说："我们要看这个人是否能管住自己的舌头，是否不再搞孩子气的游戏，以及是否能掌握我们的手艺。如他还不符合我们的期望，就让他等下一个仪式再参加。"假如他具备这些条件，他就被接受为候选者"克洛蒂克"（klótek）了。

当一群"克洛蒂克"选好后，要选一个导师，即由一群参加成丁礼之中年龄最大者的父亲充当。此后，由聪明人选择一个合适的地点，它必须是完全隐蔽的，最好位于森林的外缘，有一个大的草地与部落营地隔开，并要靠近盛产驼马和野鹅的海岸，能为这一群人提供食物。在森林的边缘建造了小茅屋，称为"哈因"（ha'in），作为这些"克洛蒂克"之家。此后，他们与家庭告别，妇女们号哭起来。"克洛蒂克"全身画成红色，"由于恐怖而浑身颤抖"，由他们的领导者护送着进入"哈因"。很快一个戴着面具的魔鬼出现了，这些年轻人从小就知道它是神通广大的"绍特"。现在，"绍特"向一个个"克洛蒂克"发动进攻，直至"克洛蒂克"们发出无可奈何的呼喊，前额冒汗为止。这时要他们用自己的手揭去"绍特"的面具，他们惊讶地认出原来是一个部落成员扮成的。现在告诉他们,自小相信的"绍特"是魔鬼的概念是错误的。这是使妇孺畏惧的一种聪明方法,谁要出卖这个秘密将被立即处死。

"克洛蒂克"的日常训练非常严厉。在神圣的房屋"哈因"中每人的位置都有严格的规定,既不许说话,又不许笑,眼睛望着地上。他们只有一点点食物,几乎不可以睡觉。白天和许多夜晚在老

图218 火地岛锡克兰人成丁礼中恐吓青年人的"魔鬼"

人领导之下翻山越林,作长距离的行军。他们必须定期练习,增强射箭的能力。当他筋疲力尽回家以后,还必须局促于划定的位置上,静听关于"公民学"和"历史学"的教导。下列的教导就是他主要的课程:"勤勉,可以信赖,尊敬老人,服从,利他主义,乐于助人,喜爱交际和做忠实的丈夫。"在这些基本课程详细讲述以后,就要对他们揭露部落神话的秘密了。他知道了妇孺坚信为超自然力量的所有"魔鬼",都是戴着面具,身上画上红、白、黑色的部落中男子所扮,其中占统治地位的是使妇女更加迷惑的女鬼"沙朋"和她的丈夫"绍特"。

几个月以后,训练进入高潮。这就是由年高德劭的老人讲述锡克兰部落最神圣的秘密——起源神话。开始时总是这样说:"古时,太阳和月亮、星星和风、山和河,都在地球上漫步,它们都具有人的形象,就像我们一样……"根据这一神话,以前部

落是由妇女统治的，后来她们背叛了男人，男人举行起义。在起义过程中太阳、月亮、动物才变成现在这样的形象，并逃到现在它们所在地方去。男子为了保卫自己的未来，决心创作出戴面具的魔鬼的故事，现在这些魔鬼即由男子来扮演。谁要出卖这一秘密，将就地处死。但这是不需要的。锡克兰的男人保持这一秘密已有若干世纪，今天仍然如此。每当成丁礼的最后一夜，皓月当空，那些以前的"克洛蒂克"们掌握了新的秘密，随着老人慢步从神圣小屋中走出，仪式性地越过草地，这时妇女们怀着畏惧远远地望着他们。

当我们考虑到锡克兰人是已知的最原始部落之一，便会对他们的忠实和他们对公民道德的重视深为惊异。若与我们百科全书式的很少灌输道德观念的学校教育相比较，他们这种教育形式似乎一点也不野蛮。豪伊特在澳大利亚狩猎者和采集者部落之中的经历，同样给人以深刻印象。

所有举行成丁礼仪式的部落，都以显示起源神话的核心秘密作为仪式的高潮。例如，组尼-印第安人参加成丁礼者，在高潮时要学习他们部落与古老的"卡特西纳"（*Katcina*）面具相联系的"真实的"故事。这种面具出现在每年丰收宴会中，代代相传。

像面具这类秘密，我们倾向于解释为寓言或故事，而在原始人心目中，却代表宗教、历史和道德范例。这对他们来说是真实的事，就像我们看待英国《大宪章》和美国早期清教徒[1]的事一样。它们的影响确是极为强大，因为祖先在天之灵和自然界的精灵仍在原始人之中活动，任何时候都会干预个人的命运。假如对他们不敬，就会遭到报复；假如正确对待他们，就能带来幸福，

---

1 美国早期清教徒（American Pilgrim Fathers），指 1620 年移居美洲建立普利茅斯殖民地的一批英国清教徒。——译者

而且他们都还是活着的。我们历史上最有力量的不朽人物，也无此本领。

这样，无怪乎在人的一生中，认识这些秘密的真相，成为一个非常重要的时刻。虽然那些神圣的形象是由俗人扮演的，仍无损于他们神的性质。

有些成丁礼仪式特别强调"死亡"和"复活"的主题。参加者在隐居时期时常从头至足画成白色，表示他们已不再是活的人，他们

图219 霍皮人成丁礼中对男孩子进行鞭打

的孩子阶段已经死去。一直要到他们最后和祖先在天之灵或丰收神交往以后，才再生为强有力的人。而在此以前，他们不仅在精神上受恐吓，肉体也要备受折磨。

曼旦-印第安人每年举行的成丁礼仪式，在这方面具有特别残酷的性质。它的高潮是一种名叫"波克杭"（*pohk-hong*）的可怕的钩悬仪式。参加者的皮肤由一个祭司切割出口子，以便用钩。祭司戴着面具，很难认出他同样是人。钩上还附有沉重的水牛头骨，麦克劳德（W. C. MacLeod）对其细节有生动的描述：

曼旦人房屋有四根中柱，参加成丁礼者被用绳子缚在钩上举起来，悬挂在一根柱子上。他身体赤裸，手持巫术袋，钩上还系着盾牌。当悬挂完毕，便由一个随从将他旋转起来。他因旋转而虚脱，然后一个旁观者高呼："死了！"把他

弄下来放在地上。他一直躺到真的死去或苏醒过来，无人理睬。假如真的死去，被认为是"大神"带走了（这是很少发生的），苏醒则认为是"神"使他复生。

这样还不够，"再生"后的年轻人，还要牺牲左手小指，作为对"大神"附加的奉献。

潘格威人的习俗差不多同样残酷。他们将隐居的"学员"置于一种特别有毒的蚂蚁（房内弄进二百窝蚂蚁）叮咬之下，并用一种有毒的植物荚毛刺出血泡。这一切是伴随着高呼"我们杀你"来进行的。隐居期间，"学员"身体赤裸，画上代表死亡的白色。他们的性器官则盖上小的羽毛圈。他们玩一种特别的木琴，使任何有可能目击的人躲开。当最后被接纳为成人时，身体便画成红色，表示"复活"的愉快和生命的活力。

创造这些伤害方法的想象力，真是无穷无尽。尼罗河的努尔人，划破"学员"的前额，从这个耳朵到那个耳朵。新几内亚的北部巴布亚人，用锋利的叶子刺他们，或用荆棘鞭打他们。成年时实行割包皮或刺花的习俗普遍流行，有些学者把这种习俗解释为"象征性的阉割"，其实这也意味着暂时的死亡。

年轻人"毕业"以后真像是另外的人了。通过连续的绝食、学习、受苦和揭示部落秘密而结束其孩子阶段，通过各种考验和伤害而幸存下来，这使他们终身感

图220　西非潘格威人参加成丁礼者
　　　　身画白色玩弄木琴

到骄傲。他们又这样培养自己的孩子，尽一切可能对孩子实行必需的训练，使他们的孩子准备好接受最重要的考验——成丁礼。

据我们所见，在原始民族之中不存在"男女合校"。教给男孩和女孩的知识和性的规矩是各不相同的，考验又具有秘密的严酷的性质。更重要的是丛林"学院"课程包含有巫术意义，这些都不允许男女混杂。两性各有自己的终身秘密，这是部落力量的要素，故当举行成丁礼时需要将男性和女性严格隔离。

女孩精神上的成熟和体质上的变化是同时的，许多部落选择第一次月经为成年的标志。世界普遍知道这样的习俗：已婚或单

图 221　安哥拉中部恩戈恩戈河范耶姆巴部落女孩子的成丁礼

身妇女,和女孩子一样,在来月经时住在单独的小屋中,自己照料自己,完全隐居,以一种特制的盘碟吃东西,使用的工具和器物要与他人分开,有时用后还要烧毁。当隐居时期结束,要沐浴净身并换上新衣服后才能露面。所有这些也可能是象征死亡和再生,在她们生育年龄要连续举行的。在来月经时期,妇女与男子严格地隔离开来,这不仅是一种风俗习惯,而且是神圣的法律,任何违反被认为将要使犯者个人和社会全体生病或死亡。

第一次月经时期的隐居被当成愉快之事。许多部落(特别是非洲部落)以唱歌和跳舞来庆祝,如多哥的克潘杜人把刚成年的姑娘称为"佐泽菲福"(Dzodzeafefoe),并唱着这样的小调向她致敬:

> 新鲜的植物!新鲜的植物!佐泽菲福,庆祝她的青春期。我去看她。她的父亲是富有的,她的母亲也是富有的。要杀一只小鸡,煮给她吃,并为她准备果浆。一切都为了向她表示敬意。

新几内亚女孩子第一次来月经时,是送她礼物的机会,如送她腰带、手镯和用珍贵狗齿做的项圈。但在接收这些礼物之前,她要受相当于"公民学""家政学"的冗长教导,并忍受在胸前刺象征月亮的花纹及在咸水湖中举行仪式之苦。女"学员"们要躺在浅水中,由老妇人在她身上走过。巴拉圭的埃姆巴雅-印第安人女孩子一旦发育成熟,要被教授有关"理论的"课程一个月或更多时间,由母亲充当女儿的教师。北美印第安人许多部落对此事也很重视。阿佩切-印第安人女孩子成丁礼比男孩子成丁礼更为复杂,"学员"们在被部落中其他妇女追赶之后,挨一顿殴打和经受苛刻的检查,此后她还必须在一张新毯子上随着鼓声跳舞，被扮演小丑和恶鬼的人所驱赶。

随着农业母权文化中妇女重要性的日益增长，女孩子青春期的到来（这是她生活中的里程碑），较之在较早社会中更受重视。姑娘青春期非常复杂的仪式的故乡是西非，她们从准备进入成年生活的"学院"中举行成丁礼，发展到建立永久性的妇女秘密会社。会社操着法律大权，用来惩戒和恐吓男性居民。这种妇女组织权力愈大，其成丁礼便准备得愈加严格。

在黄金海岸和奴隶海岸[1]的"精修学院"[2]——杰弗（Jevhe）中，"学员"的第一课便是剃光身上的毛发，用冷水洗浴后全身涂上仪式用的油脂。她要丢弃以前的衣服，由祭司给以特制的白色棉布新衣。她还要被迫采用一个新的名字，如用旧名将受严惩。所有这些都是作为过去的她已经"死亡"的象征。

她还要学习和使用一种新的语言——"阿布格贝"（*Agbuigbe*），这是妇女俱乐部所有成员用的秘密语。她必须学习新的礼节，向长辈表示问候时必须下跪和拍手，拍出奇妙的节奏。老年妇女每天给她们上音乐课，还要教给她关于纺线、编织席子和篮子的要点，直到最后她掌握合成毒药的秘密。严格训练的目的就是消灭女孩子所有天然的感情，仅仅在她能高度自我控制后，才被允许离开指定地点，并做一次短距离的出行，为"杰弗"集团取得水和柴。如她在履行这一职责时偶尔遇到自己家庭的成员，也必须视若陌生人。

所有这一切都是在威胁和残酷的惩罚下进行的。当"杰弗"的权威人士最后认为她是"完成品"了，才允许她离开会社，作

---

1 西非贝宁湾的旧称。——编者
2 精修学院（Finishing School），欧美专为已在普通中学毕业的姑娘而设的学校，内设音乐等课程，为她们进入社交界做好准备。这里用来比喻非洲原始民族为女孩子举行成丁礼的地方。——译者

为一个新妇人回到家中，这就意味着"毕业"。这是一件大事，称为"从'杰弗'中解脱出来"（dede le jewe me）或"从油里解脱出来"（dede ami me），要由祭司举行仪式，用一只活鸡的血来表示她的新生，而且把她用五颜六色的花朵和羽毛装饰起来，送还她的父母，家中也欢乐地接待她。但在四个月内不允许她说当地语言，而只能使用秘密语"阿布格贝"。

虽然她在秘密会社的"学院"中仅停留短暂时期，但此后她就算是经过教化的人了。这一点还会发生更多的影响，即她有希望成为"专家"，她可以再回"学院"经受考验，可在秘密会社圈子内获得更有影响的地位。即使她离开集体去结婚，如发生婚姻纠纷的话，她也可以要求会社保障她的权利，会社可以允许她在那里暂时安身，会社的权威人士将为她说话，丈夫如要求她回家，必须付出一笔可观的罚金。

这些"学院"在教完精修课程以后还要继续存在，继续为"校友们"提供保护，增强妇女在家族中的影响和社会上的地位。

全非洲存在几百个这样的妇女秘密会社，如喀麦隆南部的"水仙会社"，巴科科（Bakoko）的"利西莫会社"，维伊（Vey）的"沙会社"，等等。许多会社有职务的女会员有权不露真相，戴着特殊的黑色木面具，面具上刻有卷状假发，还有一整套穿戴和化妆方法，用以强调其"超自然力量"。

其中最有名的一个是尼日利亚的蒙迪兰（Mendiland）的"本杜俱乐部"（Bundu Club）。那里把成员分为三个等级。一、初学者，称为"迪格巴"（digba），在宗教仪式中充当助手。二、女巫，称为"劳米"（normeh）。三、妇女最高官吏，称为"索韦"（soweh），女巫要执行她的法令。"迪格巴"仅是新入学的学生。其余妇女则有权组成固定的秘密法庭（Vehmic court）。她们身穿盔甲似的黑衣，脸和手画上白色油彩，头戴雕刻的黑色面具，可

图 222 西非"本杜"秘密会社"初学者"的面具

图 223 西非"本杜"秘密会社的女巫

以惩罚甚至杀死那些敢于冒险接近神秘地点的任何男子。"索韦"能发出"魔力",使侵入者失去知觉。侵入者若拒绝付出一笔罚金,将被远卖为奴,或在"索韦"魔杖一指之下被处死。

"迪格巴"们毕业后,这种教育肯定会在她们心目中留下痕迹。它引导出女权的高度发展,反过来又引起男子的反抗。他们也组织起秘密会社,以便自己不至于处于软弱地位。男人在自己的"学院"中对男孩子进行专门的教育,使他们成年时期可以应付危险。这些教育机构同样发展为固定的"俱乐部",欢迎已毕业的"校友"参加。

在发达文化中,这些秘密会社所拥有的政治、教育和社会权力终被削弱,行政权力被政府拿过去了;年轻男女的教育则由祭司引入更保守的宗教轨道。秘密会社失去其复合性质,组成秘密会社的不同因素各自分散了。它们留下的遗迹便是今天遍于全世界的学生会、女学生联谊会以及无数的俱乐部和社团。

发达文化的教育机构和我们今天的教育机构，并无太多不同，虽然那些民族的教育比之今天课程更加丰富，更和宗教概念交织在一起，更使用强加的方法。在印加人、阿兹蒂克人、埃及人的社会中，在伊斯兰教、佛教和喇嘛教的神秘教义中，教育之所以发展水平很高，就因为它是阶级和等级的特权。对当时那一小群富人来说，现代的上学为了毕业以后可以赚钱的主张，是完全不存在的。他们关心的是使其他人保持完全无知的状态。古墨西哥第四代王伊茨库特（Itzcouatl，1427—1440年在位）时期，有大批经典被公开烧毁，因为"它们抄本太多"，"很多人特别是农奴"假如都能熟悉"黑色和红色"（这是对以红黑两色写成的经典的美丽形容），会造成很大的危险。

因此，文字的发明有利于少数人，而不是对所有人的祝福。在印刷术发明以前的年代里，知识被看成是一定阶级的特权，这些人蔑视所谓"无知者"，并且不让他们接触刻在石头上和写在纸草或羊皮上的知识。在西藏的《死人书》中，古代喇嘛对于知识保密有这样的告诫："普通人能干出什么好事来呢？"

这和原始人完全民主的教育方法、"起点平等"的教育原则，形成鲜明的对比。一个人需要全体人的知识，整个社会的智慧为部落每个成员所运用，这一理想因发达文化中阶级的发展而被摧毁。教育变成富人的特权。统一的舆论不复存在了，每个阶级和等级对思想、知识和礼仪各有自己的标准。每个阶级和等级的年轻人也成长为各不相同的人，不再按传统认可的共同理想而成长了。

发达文化中这种教育的社会不平等，这种一小群人受教育和广大群众无知状态的发展，使得高质量的教育仅对一小群娇生惯养者有利，优越的学校教育又因奴仆围绕的家庭教育而加强。父母努力使孩子掌握智慧，以便将来取得领导地位。

这一切并不意味着这种教育是不严格的。相反，体罚和禁欲是重要的课程,两者可以看成是成丁礼的遗留。为了向神致敬,孩子们要用荆棘刺舌头、割耳朵和进行其他折磨。如阿兹蒂克人语言中"半夜"一词,意为"一个人自我申斥的时候",就说明了这一点。阿兹蒂克人父母亲把撒谎看作是最坏的罪行,不老实的孩子要用荆棘来刺其嘴唇。男孩子不守规矩用荨麻鞭打,女孩子如外出时间太多则戴上足镣。父母对孩子的道德教育有很高的水平,与我们的教育原则可以做比较和对照。

古代墨西哥父亲们对儿子的长篇教导中有这样的训诫:

尊敬所有比你年长的人。决不要责备那些犯错误者,下一个犯错误的可能就是你自己。别人和你说话要专心地听。假如可能避免的话,决不要抢在老人的前面说话。在饭桌上决不能在老人之前吃喝,而只能沉默地等待。假如你接受了一件丰厚的礼物,不要自鸣得意,假如你接受的是一件小礼物,也不要不当一回事。不要让财富使你自高自大。决不要说谎。不要沉溺于诽谤性谈话。不要树敌。你被任以公职,首先要考虑人们可能是试探你,即使你是一个最好的候选人,也不要一下子就接受这个职务。仅仅在他们催促之下,你才接受它,这样可以赢得他们的尊敬。我想用以上这些话来武装你的心灵,你要欣然接受它,不要拒绝,你一生的幸福将有赖于此。

母亲对女儿也有类似的话:

决不要忽视你的纺织和编织、缝纫和刺绣。不要睡得太多,不要在阴暗处躺得太久,要透一透新鲜空气。过于敏感会产生懒散和其他恶行。不要表现出你不喜欢某种职业。你如不能满足父母对你的要求,要有礼貌地请求原宥。不要过分自傲,神是按照自己的智慧来分配礼物的。不要和那些不守规矩的、不诚实的、懒散的妇女交往。不要多在街道和市场上露面,这些地方能使你毁灭。假如你拜访亲戚,手里要拿着纺锤,表示你自己是有用的人。我的女儿,这就是今天我要说的一切,愿神保佑你!

姑娘们有了这样的准备,便可安全上学了。学校共分两种。一种是讲学的会堂,白天上课,晚上住在家中。另一种是庙宇学校,要在严格监督下寄宿其中,可以是短期的(像在精修学院中那样),如她自愿也可以终身在那里充当神的修女。

阿兹蒂克人对男青年的教育,花样很多。贵族家族的儿子十二三岁时送到祭司院中交给祭司训练,主要课程除了宗教仪式外还有严格的体质训练、天文学和他们国家的历史。毕业以后,便要转学到"歌舞所"中。"歌舞所"是一个易使人误解的名称,其实它远非娱乐之地,而是培养战士的教育机关。

其他发达文化的教育形式,仅在细节上有所差异。斯巴达人(Spartan)的教育理想是进行严格的训练,培养吃苦精神和守纪律的品质。

又经过若干世纪以后,全体人才有可能接触到较高的教育。印刷课本、公立学校、从教士中分离出来的专职教师,所有这些有利于近代"人人机会均等"理想的实现,这样又使教育主要目标恢复到原来的样子。

虽然我们的教育在课程项目方面丰富多彩,我们在培养人们精神的发展方面却不能和早期人类相比拟。由于强调职业性的课程,由于不完善的社会制度迫使人们急于赚钱,在课程表中太缺乏真正的精神鼓励了。我们对生命和自然现象的"合理"解释,又剥夺了人类心灵中原来拥有的许多好的推动力量。

我们克服了石器时代的"迷信",却丧失了像原始人那样和自然的密切关系,丧失了对其他人和对动物的尊敬。我们"事实和形象"的教育,比起早期人类是否有所增进是很难肯定的。那些在我们以前曾在地球上散步和劳动的人们,对于道德、命运和生命需要的认识和评价,似乎更为接近历史的核心。

第十一章　表演开始

从最早时期起,人们就把演戏当作最好的娱乐方式。今天的许多原始民族,拥有相当多的戏剧和芭蕾舞等节目。

下面的摘录不是引自蒙特卡洛俄罗斯芭蕾舞团的节目单,也不是对别的舞蹈团各种舞姿的介绍,它只不过是南海地区巴布亚人一次表演的部分内容:

当英雄托马麻基(To Marmaki)发出开始的信号,所有的鸟[1]便一对一对地站好位置准备跳舞。在最后站着两只猫头鹰,前面是两只乌鸦,再前是两只燕八哥。在这些鸟之前站着两只白尾鹰、两只鹰、两只鸽子、两只杜鹃、两只矮鹦鹉和两只红鹦鹉。两只高贵的鹦鹉组成第一行。

舞蹈由猫头鹰开始,它们面向观众的行列优美地跳着旋转舞。当它们经过敲着鼓的音乐师之前时,那些妇女说:"瞧这两个!谁能喜欢它们那周围有着丑陋的白色装饰的深陷眼睛?"实际上它们却是你所能想到的最可爱的猫头鹰。

---

[1] 这里的鸟是指舞蹈中男人扮演的鸟人而言,他们头戴鸟头或插羽毛,身披羽毛之衣,模仿鸟的动作。有关情况可参见海顿的《南洋猎头民族考察记》。——译者

当乌鸦舞过时，妇女们说："亲爱的，它们不是太黑了吗？谁愿意要它们？"然而这两个却真是漂亮的乌鸦。

现在，燕八哥出来跳舞了，那些任何事物都不能使她们中意的妇女们耳语道："它们是多么丑啊！黄色的嘴，羽毛上还有少量白点。"

当骄傲的白尾鹰开始动作时，妇女们又谈论道："谁能受得了它们那肮脏的黄色？"

在鹰跳舞时，每人都能听见妇女们的闲聊："瞧！它们有白色的颈部和红棕色的羽毛。它们是谦恭的，但仍然是丑陋不堪！"

接着下面是整洁的小鸽子。妇女们喊道："瞧那白色的颈部。它们认为自己在做什么？谁愿意要它们呢？！"

杜鹃是下一对，当它们在群众前舞蹈时，妇女们嘲笑它们："你们有带斑点的羽毛，是多么缺乏吸引力啊！如何会有人喜欢你们呢？"

在此以后，红鹦鹉和矮鹦鹉走过来，但妇女们继续贬低鸟们的优美动作和嘲弄它们的羽毛的辉煌色彩。她们真正享受到的唯一愉快就是那些刻薄谈论。

最后，高贵的鹦鹉舞过来了，妇女们继续把贬词倾注到它们的头上。但当它们举起翅膀，里面的紫色条纹便显示出来了。这种颜色是如此美丽，以致妇女们立即忘记了嘲笑。紫色羽毛在阳光下像宝石一样闪光，无论谁看了都想抚摸一下，看是不是真的。妇女们抛掉她们的鼓，跑出自己的行列，试图缠住这些高贵的舞蹈者。这使鸟们大为受惊吓，它们发出一声野性的呼啸，展开双翅飞入天空。

这段文字包含原始民族一次正式表演的所有因素——舞蹈、

面具、音乐和乐谱。它表明这些原始民族有深厚的艺术情感，对演戏效果有细致的审美观点，对特征、色彩和个性有不寻常的认识。这种表演有尖锐的对白及其针对性，它也表现出旁观者如何参加到戏剧中去。

尽管经历了几千年的演进，尽管现代舞台设计有高超的技术，尽管节目单上列举的"后台"人员有几十个之多，戏剧（无论为一般性的戏剧还是特殊的戏剧）在基本概念和表现方法上，都未曾有所改变。现代舞台的基本要求在戏剧开始阶段即已流行。

当想更多了解演剧的最早根源的艺术好奇心，把我们引导到卷帙浩繁的图书馆中，去和舞台及戏剧的历史打交道时，我们被介绍给中世纪的神戏和更早的雅典阿提加（Attic）的悲剧及其先驱——纪念塞特神[1]的合唱队，这里面便有戏剧的古老形式。演戏的成文历史一般都是到此止步，而把人类在戏剧方面的最早努力隐藏在朦胧的不可知的尘雾之中。

关于演戏的成文历史，我们已经听到很多。古典希腊有两种类型的戏剧，在情绪上和内容上各有不同，但又自始至终相互渗透。一类是有庄严风格的神圣的古典戏剧，另一类是娱乐性的建立在插科打诨之上的讽刺喜剧——"米姆斯"（mimos）。"米姆斯"作为一种插曲、开场白或余兴，渗入了和打断了伟大悲剧延绵不绝的阴郁气氛，在那些紧张激烈的陈述中为观众提供出一种短期的安慰。它那机智的喜剧形式，加上它对日常琐事的嘲弄和对当时居领导地位的公民的讽刺，在文学上达到高度的完善。这方面的作家有希腊的赫仑达斯[2]，公元前3世纪人，其作品保存在

---

[1] 塞特（Satyr），希腊神名，具有半羊半人的形状，生活在森林和山中，喜欢纵欲和大吃大喝，故纪念他的节日人们要举行狂欢活动。——译者
[2] 赫仑达斯（Herondas 或 Herondes），希腊诗人，他的诗多描绘粗鄙之事。有一卷写有他的诗作的纸草文书保存下来，可辨认的还有约 700 行。——译者

大英博物馆的纸草文书中。还有罗马的拉比里乌斯[1]，连恺撒都属于他的崇拜者之列。

古典悲剧和喜剧的遗产，中世纪时在法国得以复兴。当时基督教兄弟会（像法国的 *Confrérie de la Passion*）的演员们演出宗教性的神戏，而其世俗的同事——那些"无忧无虑的孩子们"却举行幽默的亵渎神灵的娱乐。后来，在英国，代表这两种潮流的是皇家小教堂（Royal Chapel）合唱队的孩子和漫游的戏子，再次分别代表严肃的成分和愉快的成分。阿提加的"米姆斯"的影响，像根红线贯穿于不朽的戏剧文学之中，从莎士比亚笔下的小丑和莫里哀笔下机智的侍从，直到歌德《窝尔普尔济斯节[2]之前夜》中的女巫，所有这些都是古代丑角的后裔，时常混入一些戏剧的严肃成分中，它们因戏剧两种相反的成分（悲剧和喜剧的）而得以加强。

当教堂宣布历史上快乐的神祇是魔鬼的时候，当宗教的禁忌（特别在伊斯兰教国度）阻止演戏的时候，爪哇和土耳其的影戏仍保持古代的传统，贡献出一种具有"米姆斯"精神的滑稽戏，用以满足人类对娱乐的渴望。我们戏剧中的庞奇和朱迪[3]也有同样的性质，而不是什么别的东西。

但是，希腊人的纪念塞特神的戏剧又是从哪里继承来的呢？在悲剧沉重的脚步中独自以轻快的步子跳跃的机智的讽刺家们又是从何而来的呢？这样一些戏是如何起源的？最早的戏剧像什么样子？它们的主题和舞台是什么？谁坐在观众席上而谁是"明

---

[1] 拉比里乌斯（Decimus Laberius，前105—前43），罗马骑士阶级，滑稽戏作者和诗人，曾著叙事长诗记载恺撒对高卢之战。——译者

[2] 窝尔普尔济斯（Walpurgis），英国女圣徒女，她曾使撒克逊人基督化。每年5月1日前夕是纪念她的节日，相传是夜女巫将与魔王宴饮于哈尔茨山（Harz）。——译者

[3] 庞奇（Punch），朱迪（Judy），均是傀儡戏中著名丑角名称。——译者

星"？仅仅当我们对原始文化的戏剧和演出进行比较研究时才能找到答案。今天，我们发现自己已能对希腊的"米姆斯"和现代戏剧追本溯源。

普罗伊斯（K. Th. Preuss）把墨西哥戏剧和希腊戏剧加以比较，结果发现两者都起源于原始人生殖器崇拜仪式中的丰收神。"米姆斯"（如后来对它的称呼）的最早形式，不必认为属于低级的滑稽戏性质（这方面的因素仅是由丑角代表的）。阿提加喜剧合唱队中的化妆表演者和为了尊崇道尼苏斯[1]的舞蹈者，都是代表经过化妆的植物神。这种神在古代墨西哥为了鼓舞植物界所赐礼物的更新而举行的宗教宴会上是大量出现的。但是，在发达文化中（墨西哥人是其中之一），"米姆斯"和宗教戏之联系是如此牢固，因而"米姆斯"神祇的起源被贬低为仅仅是讽刺的因素，甚至贬低为纯粹娱乐性质的猥亵的滑稽戏。

原来，丰收仪式被认为是促使自然界周而复始的更新，获得雨水以及从而获得田地丰收，迫使植物之神生产出农业果实所必需的。在新旧世界发达文化中，自然界的"死亡"和随之而来的复活，都要举行宴会来庆祝。奥西尼斯[2]、安东尼斯[3]、坦姆兹[4]、阿蒂斯[5]、迪米特[6]和上述的道尼苏斯，都不过是丰收神的名字。他

---

[1] 道尼苏斯（Dionysus），希腊奥林匹斯山众神之一，原为植物之神，后为葡萄和酒之神。他的节日要以开怀畅饮来纪念。——译者

[2] 奥西尼斯（Osiris），埃及主神之一。传为太阳神荷拉斯（Horus）之父。——译者

[3] 安东尼斯（Adonis），希腊神名。传植物是靠他的血生长的。他又是维纳斯女神之夫。（参见本书第二章注）——译者

[4] 坦姆兹（Tammuz），巴比伦农业之神，为其妻伊什塔（Ishtar）所杀。后又复生，故成为植物周而复始的象征。——译者

[5] 阿蒂斯（Attis），弗里吉亚植物神。——译者

[6] 迪米特（Demeter），希腊女神，掌管土地与农业，也是象征繁衍与婚姻之神。——译者

们的死亡和复活要加以庆祝。在哑剧式舞蹈中，扮演这些神的演员举行表演的目的就是要增加田地的收成、促进狩猎和家畜的丰收。这些模仿性的舞蹈就是戏剧的开始。

但是，模仿性舞蹈很早就有了，实际上它们和人类本身一样古老。在旧石器时代晚期洞穴中发现的崖壁上的画，表现了旨在使猎物（如野牛、野猪、熊和鹿）大量增加的丰收舞蹈。画是在严守自然主义风格下完成的。演员是部落的巫医或巫师，戴着代表不同猎物的各种面具。

图 224　法国阿里埃日旧石器时代洞穴画中戴着动物面具舞蹈的巫师

今天代表旧石器时代人类文化水平的最原始部落，如澳大利亚人、维达人、火地人和布须曼人，有同样的模仿舞蹈，想以此增加采集植物和猎取动物的数量。他们在和与部落最重要食物有关的超自然力量交往时，以戏剧方式进行象征性的表演。

表演者非常注意学习动物的举止，学习它的跳跃和行动的姿态。例如，看过澳大利亚人袋鼠舞的探险者，对表演者伟大的模拟能力，表示一致的羡慕。

这些古老部落，在丰收戏剧之外，还表演历史戏，如那些以古代传说中的祖先迁徙故事为内容的历史戏。演员的人数可多可少。演员的朋友和亲属们，用五颜六色的颜料和羽毛把演员们装饰起来，这起着面具的作用。另外一些澳大利亚人的戏剧，以象征性和模仿性舞蹈形式演出，其主题为死亡和复活、爱情和嫉妒、友谊和仇恨。没有哪种模仿性舞蹈是没有一个主题的。

以上这些戏剧在某些方面仍具有严肃性或崇拜性。与此同时，还有只致力于纯粹的模仿性娱乐的另外一类表演，它可称为歌舞剧。这种类型的戏剧与宗教崇拜毫无关涉，虽然它们同样是古老的。这类表演提供审美观念的满足和肉欲的刺激，与宗教仪式的恐怖显著不同，其中最著名的便是澳大利亚人的"科罗薄利"（corroboree）。

举行"科罗薄利"的机会很多。当一种重要的野生果实成熟时、当出战之前、当一次快乐的狩猎之后、当与邻近部落会见时，都要举行"科罗薄利"。特别是在不同部落之间媾和的时候，一定要举行"科罗薄利"，并以此作为缔结和约的见证。

与传统崇拜仪式的歌和经文固定交替不同，"科罗薄利"时唱的歌和说白都是即席创作和富有机智的。任何愉快的观念都能转化为诙谐的言谈和姿态，随之而来的是异想天开并表现为古怪任性，在快乐的观众合唱之中一再重复。

这种澳大利亚戏剧，尽管结构松弛，还是有着精心准备的高潮，这就是画身的演员在朦胧的月光下突然出现或隐没。这时有一支见不到的乐队敲着打击乐器，刺激着旁观者的神经。表演的愉快和诗的激情，均随着"科罗薄利"来到澳大利亚人之中。这种"科罗薄利"有时是很有艺术魅力的。

但"米姆斯"以及以后的现代戏剧并不是由这类纯粹娱乐性表演发展出来的，它来自宗教崇拜性的演出。在最古老的文化中即可找到"米姆斯"开始的证据。

当宗教性戏剧长期延续着对观众灵魂的太重压迫时，有了一种要求安慰的愿望。于是就创造出一种戏剧角色，以其滑稽和突然出现来驱除对神圣巫术的恐惧，把笑带回给人们，与宗教仪式性戏剧那种真诚形成鲜明的对照。这一角色是快活的开玩笑者，是愉快的英雄，是"米姆斯"中那些才华焕发的演员、滑稽家和丑角的老祖宗。他不受"审查官"的框框套套所束缚，在各幕之间愉快地即席表演，围着那些在神圣戏剧中扮演神的演员而跳跃。

每当澳大利亚灌木丛中出现画身的佩戴羽毛的这类小丑时，坐在"包厢"里的老人便失去自己的尊严。他们注视着小丑的古怪动作，眼睛因为过度的笑而湿润了。他们声称"因为激动而笑破了肚皮"，并且正确地认识到横膈膜是快乐的发源地。

在这些场合中，令人可笑的不仅是人的行为，而且还有动物的特殊习惯。塔斯马尼亚人的袋鼠舞中，这种带着袋子的动物笨

图225 苏－印第安人的灰熊舞

拙的跳跃被完全模拟出来。有一种模仿鸸鹋的"芭蕾舞",重现了这种鸟吃东西时头部的僵硬动作。舞蹈者还表现白人的马和二轮马车,他们拿着缰绳和鞭子,沿着舞台奔跑,像马一样点着头并且惟妙惟肖地嘶叫。

丑角的娱乐因素甚至闯入了非常严肃的成丁礼之中,给烦恼的参加者以短暂的喘息之机。火地岛的雅甘人的海豹舞,便是这样奇异的插曲之一。舞蹈的人们随着歌唱的节奏而前后摆动他们的身躯。他们像海豹那样慢吞吞地走动,用"鳍状肢"搔抓胸部和手臂,并且不时发出嘶哑的吼声,其间夹以彼此诉苦似的哼哼声。这使观众中的那些狩猎专家捧腹大笑,为了报答那些有才能的演员,爆发出喝彩之声。同样精彩的是他们对海鸟"卡拉帕"(Karapu)的模拟。"卡拉帕"慢慢走近,夹紧翅膀,发出这种鸟特有的鸣叫,作为高潮的是"一群鸟的突然登陆"。这些动作都做得如此逼真和准确,甚至白人探险者也看得入迷。雅甘人丑角拿手好戏还有表演两只兀鹰争夺一块肉,这也引起一阵阵的大笑。

原始民族在"剧场"中所享受的愉快表明:戏剧效果的深刻根源并不在于复杂的舞台器械、个别的"明星"或时髦的剧作家,想象力才是最妙的角色——哪里缺乏它,就会发生"喝倒彩";它在哪里占优势,舞台便成为奇迹的世界。

我们上面所讨论的仅限于古老文化的戏剧和表演,从经济观点看属于攫取经济形式的民族。随着农业和驯养家畜的发展,人们更加依赖于那些能导致下雨或干旱、歉收或丰收、家畜生病或健康的神秘的超自然力量。这样,农民生活的本质就决定要通过努力表演和舞蹈,来满足那些控制他们食物供给的超自然力量,恳求它们的帮助和合作。

我们时常把简单的农业社会,特别像在非洲和南海地区那些农业社会，说成是"面具文化"。这说明当他们举行仪式和表演时，面具是生活中非常重要的因素。在面具表演中，面具是戏剧中的英雄，而不是戴着它的人；面具就是他所代表的角色，而不是他的外表。戴面具者实际上就是死者、祖先和动物的亡灵，这一概念有助于引起戏剧所引起的恐惧。

除宗教戏外，一般性的娱乐也有面具表演，这些表演表现日常之事、历史和神话。这一类中一个逗人喜欢的例子，发现在马科-印第安人的"杜克瓦利"（*dukwalli*）戏剧之中。马科人相信，地球上每种动物都曾经是人，因为偶然事故、疏失或犯罪，才把它们变成现在这个样子。这些"偶然事故"，便成为"杜克瓦利"的内容。面具装备有机动的小门，当表演达到高潮时开放，向惊慌的观众露出演员的眼睛、嘴和鼻子。爱斯基摩人使用同样的技巧，他们突然运用这种技巧，使目击者受到恐吓或得到娱乐。观众们的反应恰如我们在剧场中一样：对成功的戏，就报以喝彩，

图 226 美洲西北海岸印第安人面具——"布斯拉-马特拉"

图 227 美拉尼西亚的舞蹈面具

并使"再来一次";若戏不能获得公众的喜爱,便将受到嘘声,并从节目单中消失。

农业民族宗教崇拜性的戏剧,与这些纯粹娱乐性表演不同,他们把庄严的面具强加于丰收神。演员的艺术主要被引导到使严肃的宗教戏趋于完善。这些表演的目的是提醒演员和旁观者,戏剧的最终目的就是为了部落现世的财富而利用那些不可知的巫术力量。但是宗教戏(有时要进行几星期之久)也偶然被幽默和亵渎神圣的插戏所打断。插戏较之冗长的例行公事的崇拜仪式表演更能使旁观者感兴趣和愉快。在普埃布洛人、曼旦人、易洛魁人之中,崇拜性戏剧和娱乐性插戏交替表演是特别典型的。

普埃布洛人的一个部落——组尼人的祭祀,要有六种主要仪式,其中最重要的是"卡特西纳"。关于"卡特西纳",意思就是由画和面具所象征的超自然力量。每个这样的面具都有自己显著的特征,与所代表的神非常相像,故对组尼人来说它和超自

图228 西非富姆巴姆古代丰收祭中戴面具者

然力量本身是一致的。许多面具都是在崇拜"科科"（或者说是雨神）时才佩戴，雨神是如此神通广大，人们被他看一下就要死亡。本泽尔（R. L. Bunzel）报道说："科科"（koko）为了保护朋友们免遭此厄运，便"批准了面具舞蹈"，而且允诺"以雨的形象降临"。社区所有的男人都是"卡特西纳社会"的成员。他们所戴华丽的古老面具有一百多种，各有名称，而且以其装束细节之差异而区别。

属于普埃布洛集团的霍皮-印第安人有另一种仪式——"帕默蒂"节（Pamürty festival）。仪式是以扮演太阳之神"保蒂瓦"（Pautiwa）开始的，其面具上装饰有雨的符号。他是整个仪式的主持人，宣布演戏并安排所有表演者的轮唱。其他可辨识的面具中，还有火神、鹰和灰鹰、鸭子和鹭。这些角色的扮演者聚集在离村庄稍远之处，在那里他们戴好道具，由"保蒂瓦"引导，排成紧密的行列走向"戏台"。他们恰好在黄昏之前到达，在暗淡的阳光照射之下形成一幅赏心悦目的图画。戴鸟面具者展示他们五彩缤纷的羽毛，并且上下移动其手臂，以造成翅膀的印象。另外的面具佩戴者在其球形"头盔"下开始唱歌，并且摇动他们的响器，戏开始了。祭坛之前有献给"卡特西纳"的食物，着色的帘子充当背景，舞台地上则装饰着各种颜色的沙子。

大量的"卡特西纳"也出现于另外的场合。"波瓦穆"节（Powamû festival）以种豆象征性地再现大地的再生和净化时，"'卡特西纳'回来"是其主要节目。

此仪式由于"科耶姆西"的出现而被隔断，他是插戏中亵渎神灵的扮演者。"卡特西纳"仪式要求有十个"科耶姆西"，时常作为一个集团出现。虽然根据其服装很少，已容易把他们和其他舞蹈者区别开来，而每个"科耶姆西"仍有单独的命名和装扮。他们跟随着"父亲"，即由祭司选定的专门指导者。他们身体画

图229 普埃布洛-印第安人的太阳神——"保蒂瓦"降临并召唤"卡特西纳"

成粉红色,脸隐藏在黏土做的奇形怪状的球形面具之下。他们仅有的服装是一条黑色围裙,而在跳到最高潮时还喜欢把它移开。他们的生殖器用绳子系着,自由自在地展露出来,因为人们说:"'科耶姆西'完全有权去掉遮羞物,他们像孩子一样。"这种孩子气的未定型的角色享有神话赋予的特权。他们跟随着神圣的戴面具者,做各种滑稽的动作,其行动时常导致过度的淫猥。当他们经过房屋时,妇女向他们泼水,"以便引诱雨水的立即到来"。虽然他们是滑稽的可笑角色,却享有很高的尊敬。关于他们,老作家库欣[1]是这样说的:

> 他们是傻头傻脑的,而又像神和高级祭司那样聪明;因为他们说话就像疯子和狂人一样,谈论当时看见的东西,说出或许是聪明的言辞和预言。而且尽管变成了随从和被收养者,却是古代舞剧"科科"的解释者和哲人。……他们不以

---

[1] 库欣(Frank Hamilton Cushing, 1857—1900),美国人类学家,他对组尼-印第安人有深刻了解,著有《组尼族志异》(1883)、《组尼人民间故事》(1901)。——译者

人的名字命名，而使用有误解的名字。

他们无论在哪里出现，总是为人提供娱乐。一个"科耶姆西"会突然在舞蹈者中间跳起来，呼喊道："我的妻子和别的男人勾搭上了，今夜我自己进行一次小小的旅行。"他们有像变戏法者和魔术师一样的才能，在观众中受到高度评价。例如，他们烧一根羽毛，而在一次深呼吸之后又从嘴里把羽毛生出来，并且能使物件消失和再次出现。这使旁观者大为喜欢。

他们的助手叫"威特西纳"（wictcina），向站在两旁的人投掷黏土球或泥块，他们自己则用小箭来射，表示蜂刺，或用树枝作为他们的愚人棒。这是经过长久时期保存下来的丑角的另一属性。当这些原始丑角鞭打公众时，便"带走了坏运气"。

图230　普埃布洛－印第安人"科耶姆西"面具

在其他部落像锡利什人（Selish）、努力马特人（Nutlmatl）和纳弗和人之中，丑角又把使用愚人棒作为自己的特权，用以抑制旁观者的好奇心。纳弗和人中有所谓吞剑者，他把饰有羽毛的棒象征性地插入自己的咽喉。

在普埃布洛人仪式中，只有"科耶姆西"才是进行表演的演员，而"卡特西纳"面具的佩戴者仅仅执行严肃的舞蹈任务。这两种类型的戴面具者，一边是宗教性的"卡特西纳"，另一边是渎神的"科耶姆西"演员，必须被认为是完全不同的角色。他们互不侵入对方的领域，虽然两者原来都有宗教崇拜方面的起源。

"科耶姆西"以贪吃著名，喜欢收集可食的礼物，这种对食

图 231 普埃布洛－印第安人的"科耶姆西"跟随着戴面具的"卡特西纳"

图 232 曼旦－印第安人的牛神——"奥基赫德"
（出现在迎春的节日中）

物的爱好使印第安人中的穷人想扮演"科耶姆西"角色，他们出不起象征神的面具的昂贵费用。这一点反过来又损害了"科耶姆西"的名声，一个有影响的有教养的部落成员决不愿表演"科耶姆西"。

草原印第安人的太阳舞蹈节中渎神的插戏和"科耶姆西"丑角的表演，在许多方面是相仿的。在曼旦人的"奥基帕"（Okipa）仪式中，由魔鬼"奥基赫德"（Okihede）出来担当滑稽的角色。他的帽子上装饰有黑公鸡冠，他的脸隐藏在木制面具之下，面具的眼洞周围有白圈，牙齿由灯芯草代表。他的肚子上画着太阳，背上画着半月形。他佩戴着野牛尾，在大草原上乱跑。这魔鬼时常到村庄搜索，在小屋每个角落中寻找礼物。他也提供清除害虫的服务。

非洲也知道有这样的滑稽人们。这就是刚果盆地的著名小丑，称为"穆基什"（Mukish）。他闯入严肃的成丁礼仪式，诅咒那些想象中的妖怪。他的特点是玩把戏。他可以出现在高跷上，以高明的杂技技巧到处走动。假如他不想表现自己,可以把装备借给其他的人。

丑角的主要性格——多才多艺和万能——在世界各地都是一样的,哪里需要一个快活的即兴表演者,来和戏剧严肃部分相对抗,哪里就有这样的丑角。

丑角对食物和烹饪的过分爱好,一直到发达文化和中世纪及其以后都留下了印记。丑角的名字和他所在国家最喜爱的食物时常是一致的,在法国是"让巧克力",在德国是"汉斯香肠",在英国是"杰克布丁",在意大利是"通心粉",在荷兰是"腌泡鱼"。他的面具和属性恰和人类想象力本身一样的多种多样。无论他仅以画身和羽毛装饰为标志(如像澳大利亚那样),还是有精致的头饰和堪称艺术杰作的面具;无论他仅使用树枝或黏土

图 233　西非丑角"穆基什"　　图 234　西非踩高跷的"穆基什"

球,还是使用像高跷之类复杂的支撑物和巫术性特技:当他出现时,没有人会怀疑一幕愉快的插戏开始了。

丑角为了大开玩笑,甚至从文明人的"疯狂"中汲取灵感。易洛魁人的小丑模仿着溜冰者或火车头;新几内亚丑角受到人们在第二次世界大战中经历的启发,像"伞兵"一样张开双臂从树上跳下。霍皮人熟练地模仿一个科学家在纸上乱画数据的动作,进行丑化。在非洲,最能博得喝彩的小丑就是那些能以白人"不文明的"习惯取笑的小丑,像尼日利亚的约鲁巴地区就是这样。

在加利福尼亚有些印第安人之中,丑角"希利达克"(hili'idac)的职务是父子相传的,结果形成一种高度的职业自豪。这些民族没有丑角在场,就不举行哀悼仪式和洗脸仪式[1]。阿佩切人以敬神的舞蹈来治病,在举行巫术表演时使扮魔鬼的小丑和扮"奇登"神(cheden)的人混而为一。

同样的丑角也在西藏跳神中出现。他们出现在象征性的喇嘛教神祇和魔鬼之中,当他们滑稽地模仿那些神圣的舞蹈者仪式性步伐时,便引起一阵阵的大笑。这些丑角穿着骷髅服装,在相应的地方画着骨骼形,与众神戴着饰金头盔形成鲜明的对照。据说,他们曾是禁欲主义者,静心潜修到如此程度,甚至没有注意到被一个小偷剥去皮肤,从此他们便与小偷势不两立。他们常被召来发现任何窃贼的罪行。这也是"科耶姆西"所具有的一种能力。

在人们的概念中,丑角是快活的和傻头傻脑的,但又是很能给人以启发的角色;注定是可加以取笑的,但又不能嘲弄过分。

---

[1] 洗脸仪式,不知是否指一种襪被兼有赔偿意义的仪式而言。云南景颇族过去凡损害别人名誉则要赔牛若干头,称"洗脸牛"或"洗寨子牛",或与此类似。——译者

因为，如组尼人所说："'科耶姆西'是危险的。"即兴表演的天才，随着丑角自身进入马戏团（这是丑角的近代放逐地），只有他们仍像原始时期一样穿得五颜六色，只有他们能对尊严的客人肆无忌惮。那偶尔的悲剧性谈吐或即席流露的深刻智慧提醒我们，他们在古代曾作为神的合伙人。

从丑角的形象及娱乐性表演中，发展出新旧世界发达文化的"米姆斯"。由狩猎者和采集者的模仿舞蹈，到农民的丰收祭和生殖器崇拜的舞蹈，由这里又到发达文化的"米姆斯"，是一个不断发展的过程，在古希腊人民的戏剧"米姆斯"和我们时代的伟大世界性戏剧的开始阶段中，达到了最高峰。

至于丑角那些原始形象，由于发展变化一度消亡。丑角的真正意义（即作为神祇——丰收之神、雨神、植物之神、动物之神的对立面）似乎丧失，或至少在发达文化的官方宗教为了引导"异教徒"走上新轨道而采取的一些古老仪式中，变得歪曲和不易了解了。官方定的神戏和圣迹戏掩盖了丰收仪式的原始意义，仅在个别仪式（例如古希腊的伊柳辛尼的秘密祭[1]）中才保存其某些因素。丰收仪式的保存者——小丑，不再被理解为带来安慰和愉快地进行插科打诨的人了，他现在成为一个大杂拌（原来他仅是其中的一部分），他被误解为生殖器神的本身了。

但在表演和戏剧发展最后过程中，丑角又恢复了原来的目的；而且正如古代宗教仪式中旁观者一样，我们现代戏剧的观众们仍然渴望不时有点滑稽性娱乐。每当剧情发展到过分悲剧性和理智化，熟练的剧作家便插入一种与之相反的快乐的调子，或者是一个即兴表演的小丑，或者由舞台导演加一段生动的话。歌德

---

[1] 伊柳辛尼（Eleusinian），古希腊阿提加地区的地名，每年在此祭祀女神迪米特及其女儿珀西芬，并举行游艺会。——译者

在《浮士德》各幕之间隙，以训练有素的狮子狗为主演。勒新[1]则以踩绳者提供喜剧的因素。

最早时期的戏剧制作人，无论他是指导角色行动的作者本身，还是一个舞蹈指挥（像组尼人、霍皮人和很多加利福尼亚部落之中那些舞蹈指挥一样），其重要性都是得到承认的。他被当作"演出的大老板"，甚至可以偶尔扮演一个小丑的角色。在乔装假扮时，他可以批评一个坏的首领。他通过"讲疯话"，倒退着舞蹈，使用自己充分的权力以诱导老人们撤换不胜任的头人，并选举新的头人。

关于舞台，开始是一个广阔的露天场所。但即使是像火地人那样的原始部落也会熟练地计算观众距离舞台多远最为合适，效果最好，不允许观众过于接近表演者。从保存面具的专用小屋，发展出单独建造的舞蹈房屋，像爱斯基摩人和其他许多部落就是这样。普埃布洛人及其有关会社，在专为表演而明确划分出来的地区演出他们的戏剧。

在发达文化之中，市场及庙宇的门道成为剧场的入口；或者把国王的宫廷当作演戏的场所。据萨哈根（Sahagun）和神父阿索斯塔（Acosta）的描述，阿兹蒂克人剧场是"一个四方形露天平台，一般位于市场中心或者在某些亭阁的脚下。此平台建得很高，使四边的观众都能看到"。在科泰斯的《记事》中，我们发现其中有对阿兹蒂克的一支特拉蒂洛科人（Tlaltelolco）剧场的描述。它是"用石头和石灰砌成的，高三十英尺，每边长三十步"。即使在最早文化中，舞台入口也是为演出者单独保留的。虽然实际上可能是既无门又无告示牌，还是像真有牌子一样，上写"不准入内"的禁令。

---

1 勒新（Gotthold Ephraim Lessing，1729—1781），德国著名的戏剧家和评论家。——译者

面具是演员的财富，是他的"戏装"。他可以有自己的面具或仅掌握面具的图案，或者是两者都有。假如他拒绝参加演出，整个表演就得停止，发生这样的事，其他部落的人是无权穿戴他的"戏装"的。特别神圣的面具，时常是全部落的财富，是可以由专门技师甚至是其他部落的专门技师定做的。如马科-印第安人就有由尼蒂纳特-印第安人艺术家雕刻和制作的最佳道具。

组尼人把"卡特西纳"面具分为两类。一类是古老的和永久性的"卡特西纳长老"，为扮演众神者所佩戴，它是全部落的财富。另一类是"舞蹈的卡特西纳"，为

图235 霍皮-印第安人的舞台帷幕（上面绘饰长角的祭司形象——"阿洛沙卡"）

集体舞蹈时所用，它是任何买得起的富人都能定做的。据本泽尔所说，"'卡特西纳长老'面具受到很大的尊敬，它们是危险的"。很有意义的是"科耶姆西"也属于"卡特西纳长老"面具。

这些面具在舞蹈之后要拿到保存它的人家中，"用鹿皮或布包裹着以防尘土，悬挂起来或放在罐中。危险的面具都要放在罐中保存。面具是决不能放在地上的。每餐都要给面具供饭，一些人带着食物进入面具的房间来喂它"。人们说："进去喂祖父去吧！"危险的"卡特西纳长老"面具被设想为超自然力量的礼物，"世代相传"。它们的特点是现实主义的缺乏，那云似的符号和像动物或花之类的花纹，只有部落中的专门人才才能"识出"，这使辨

认它们成为一门学问。演戏就是成丁礼中一项主要课程。

面具（包括使用经文和唱歌）的所有权是一种财产，因此我们可以说这是一种固定的原始版权。新几内亚的穆里克人所戴面具"瓦伊姆诺"（*vaim nor*），只有一个名叫德贾连（Djanein）的村落居民才能制造。正如施米特神父所说："所有其他村落必须到那里定制，至于面具'劳因'则只能在卡劳（Karau）制作。"

这一点也同样适用于确定为某个氏族专有的歌曲。这种严格的版权在最早文化即已出现。例如澳大利亚西北海岸地区，据埃尔金（A. P. Elkin）报道，"每当在珍珠蚌的壳上刻图样时就唱一支特殊的赞美歌，而做这种图样的只限于懂得这种歌的人"。易言之，即歌的所有者，其他人是不行的。在同一地区舞蹈和歌曲以其发明者名字而命名，而且严加保卫，防止他人侵夺。歌的所有者可以"批准"一个"助手"和他一起唱，就像加利福尼亚东南部的卡米亚人所流行的那样。他们的歌只能为男子所有，其版权是一代一代传下来的。

歌也可出卖或遗赠，而且凡向所有者交付版税的人可以被批准"借"歌。谁要使用就得付报酬，这种观念在组尼人之中发展得如此强烈，以致他们不能设想基督教牧师们传教时如何能把《圣经》上新鲜的故事随便讲出来，而"不收费用"。温尼巴戈人如未经作者批准（除作者外任何人都不被批准）就讲故事，会被当作盗贼和说谎者看待，而且即使故事是逐字逐句遵照原样，也被认为是"错的"。

原始人的演戏不是一成不变的，虽然某些舞蹈和唱歌属于舞台上永久性的"台柱"。每一幕不断变化，被缩短或加长。用许多方法来扩大节目单，邻近部落的戏和舞蹈可以借用，但那是享有版权的，取得上演权必须付报酬。上演权要从所有者（无论其为个人还是整个部落）那里购买，其他部落即使通过一次拜访可以记得演出的全过程，也不敢不付报酬就把这戏列入自己的节目单。

原始人和我们自己一样，演戏的重要因素是观众。观众意味着整个部落，甚至有时还包括受到邀请的邻近部落。演出目的是使大众得到娱乐。演戏是每个人的事情，它对部落成员个人和全体都有贡献，它是真正公众意志的表现。门票是不存在的，因为既没有想捞钱的主办者，也不需要支付演员的薪水。我们职业的批评家惯于把一个戏"捧成功"或判处"死刑"，原始人与此相反，观众本身就能无误地和毫不宽容地表达自己的意见。

原始人的音乐几乎是戏剧不变的伴侣。即使戏剧本身不是音乐性的，也有各种各样的乐器来加强效果，如拨浪棒、鼓、笛、响棒、配乐用的弓、竖琴、吉他和喇叭。

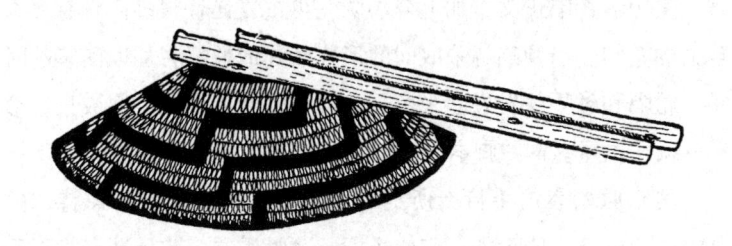

图 236　尤马－印第安人当作鼓的篮子
（鼓槌用杨木制成）

原始人的音乐比我们的音乐更加强调节奏，而且这种节奏甚至比我们的交响乐更为丰富、复杂和多样化。原始人把不同的节奏主题交织在一起的技术是如此伟大，以致如霍恩博斯特尔[1]所说，我们不可能"乍听之下就把握住原始音乐节奏的复杂性"。

近代音乐最近背叛了和谐的传统（许多世纪以来和谐被当作

---

[1] 霍恩博斯特尔（Erich Moritz von Hornbostel, 1877—1935），奥地利音乐学家，是比较音乐柏林学派的奠基人。他用自己的记谱法，记录了许多原始民族的音乐。——译者

音乐所能有的最佳方案），这和原始人音乐所达到节奏完善的最初阶段的方向是一致的。

原始音乐不像我们的音乐那样有和谐的韵律，但却有旋律的节奏。古希腊的德谟克利特（Democritus）关于人类最早为了想模仿鸟的歌唱而创造音乐的观点，据一些土著居民的歌证明，可能部分正确。但音乐艺术并非是从这样的想法中发展出来的。人类想模仿的不是鸟歌的"旋律"，而仅仅是鸟类愉快的颤声。这些颤声加进了人类的旋律。

最早的乐器是人类的声音。在原始歌唱中，由于歌唱者音域高度不同偶尔会使用平行的八度音，因而有时会创造出一种多音的印象，即使如此，总是严守单一旋律的。最古老的"歌剧乐谱"是领唱者唱正文，加上合唱队一再重复元音很多而没有什么含义的叠句。当领唱者采取问的形式而其他歌唱者加以回答的时候，轮唱和对唱便发展起来了，和伴奏乐器的音响一起成长，形成歌剧，虽然歌词"脚本"仅仅存在于演出者的记忆之中。

关于原始表演主持者所拥有的乐器，根据霍恩博斯特尔的分类法，应分为四大类：实体乐器、薄膜乐器、弦乐器和吹奏乐器。实体乐器是敲击乐器，最简单的一种是人手伴随着唱歌和舞蹈而击拍。在像澳大利亚人这样最古老的文化中，响棒、拨浪棒和附加性的节奏装置已被使用，有时和葫芦或空心树做的原始响板合在一起使用。帕帕戈－印第安人是成对地使用响棒，他们上下搓动它，偶尔用它敲打一只翻转过来的日用篮子，以扩大其音量。同样的想法导致马来半岛的原始部落把韧皮席卷起来，有节奏地以棒敲打，形成一种远处都能听到的破裂声。用竹管猛敲地面，同样是马六甲的有效敲击乐器。认识到挖空的木头可以发声，便导致木鼓的发明，它在很多方面可为舞蹈、表演和展示"超自然力量"提供高潮。在较小的打拍子的响器中，广泛分布的是拨浪棒之类，可以用所能想象出的各种材料，如葫芦、鹿蹄、茧、木头、陶器、铁和青铜制成。还有铃，在西非乐器中特别常见。从吊在树上的响棒，经过长期演化，引导出发达文化中的钹和三角震动器。

绷起来的薄膜，可用来制造发声的"薄膜乐器"。最古老的形式是牛吼器"瓦尔迪尤弗尔"（Waldteufel），它在澳大利亚人神秘的宗教仪式中起着重要作用。不经过成丁礼的人是不允许看见它的。它的非洲同类物是"默利吞"（mirliton），用于同样神秘的场合，以改变人类的声音和音调。在举行神圣仪式时它掩盖歌手的身份，而且严禁妇孺看到它的真相。近代的"卡佐"（kazoo）——一种"在里面唱歌"的乐器，是牛吼器之类发展

图 237 非洲击鼓者

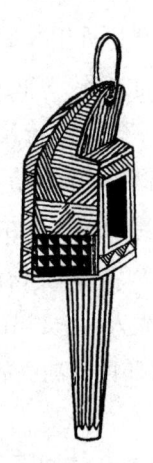

图 238 潘格威人的薄膜乐器——"默利吞"
（以蜘蛛蛋壳为膜）

出来的。这类乐器中最重要的是蒙皮的鼓,在地球上所有农业地区都能发现。

弦乐器甜蜜的声音给原始人的表演加上抒情的味道,它在弓发明之后即已出现,弦乐器就是起源于弓的。而如我们所知,弓应溯源于人类最古老的机器人——动物捕机。单弦的乐弓,或者说一弦琴,是最古老的弦乐器。它再加上更多的弦和响板,就发展出竖琴、诗琴、七弦琴、三角竖琴、吉他、小提琴、大提琴及许多变种。

吹奏乐器的声音是柔和而有力的。从吱吱叫的笛子到奏乐的喇叭,这些送音机械被有效地用来强调原始戏剧的剧情高潮。从简单的管子或笛子,发展出差异很大的各种形式,或者是"将羽毛切断做成像藤管一样的羽毛口哨",或者是从非洲直到南海那几十种竹木和金属制的笛子。马六甲土著居民喜欢风琴"阿奥"的声音。"阿奥"是将许多管子悬挂在树上的一种装置。一群笛子缚在一起导致了各种大小不同排管的发明,从几英寸到六英尺或更长,大小都有,它是我们风琴的基本形式。

非洲和新几内亚特别流行笛子。在新几内亚,神秘的布雷格笛是"布雷格"神的"声音"[1],而面具则是他的"脸"。鼻箫、横笛和十字笛,是新几内亚几种著名的乐器形式。非洲人有用竹、木和铁做成的笛子,由铁笛发展出喇叭。非洲的王子为了使他们的表演更加壮观,在宫廷中保持了一支由 30 个或更多的乐师组成的乐队。与喇叭有关的是号角,非洲使用的号角是一支羚羊角。犹太人在逾越节[2]仪式中仍保存着公羊角做的号角。约公元前 1400 年的欧洲史前时期的喇叭"柳拉"(*lura*)是青铜铸成的,

---

1 参见本书第九章。——译者
2 逾越节(Passover),犹太人的一个节日。相传此日上帝夜行埃及,击杀每家之长子,而遇以色列人之家则过门不入,故纪念之。——译者

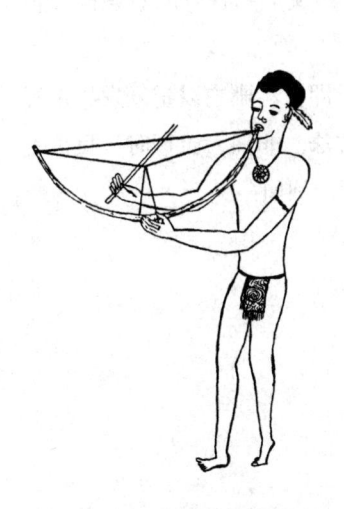

图 239　加泽尔半岛的乐弓

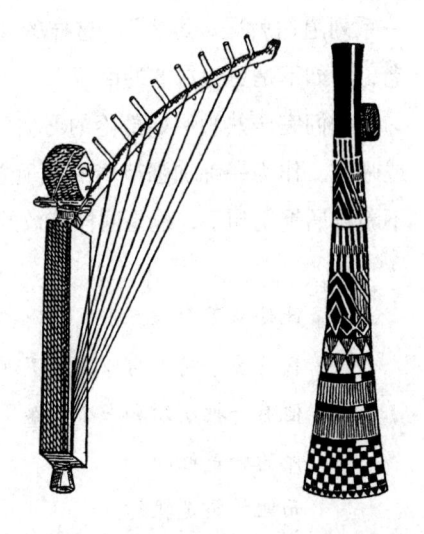

图 240　潘格威人的竖琴（左）和木制喇叭（右）

图 241　上尼罗河的吹笛者

它在斯堪的纳维亚和北欧日耳曼人祭祀性戏剧中起过决定性的作用。

这种或那种乐器的单独使用和在管弦乐队中的联合使用，产生出刺激神经的音响，似乎传达了超自然力量的声音和灵感，甚至对冒险来参观原始戏剧的白人观众也是如此。乐器的效能是惊人的，而且有高超的技术使用它们。从澳大利亚人的响棒到有节奏的鼓声，从西非有木琴伴奏的合唱队到斯堪的纳维亚和希腊的"柳拉"和三角竖琴，音乐把神的风韵加进人的演出之中。它在荒野的剧场中，和在我们时代的歌剧院中一样，曾吸引住演员和观众。

比节奏、音响更早的，还有道白。在传统的戏剧和唱歌中，一系列道白就是"经文"。这样的"经文"和音乐的意识同样古老,假如不是更为古老的话。

我们完全熟悉原始部落的习惯,即在舞剧中以重复发出声音或呼喊,作为一种加强节奏的表现方法。非洲人旅行时,负重者不断背诵重复句子,也是同样有效的。例如:

> 此处来了白人,
> 在许多事情上自以为了不起。
> 他有一把胡须和一个钢盔,
> 他的脸是红的,
> 而他的脚是软的。
> 哈哈哈!

这样的句子不断重复,竟把每天劳动的苦役变成了一种固定的"演出"。属于这一类的还有夏威夷人唱的歌:

> 科——科——杭纳,男人,
> 奥拉——库——杭纳,女人;
> 库莫——杭纳,男人,
> 拉诺——杭纳,女人。

这是一对对出席表演的名字,就这样一次又一次地重复着。

在澳大利亚、非洲和其他地方,合唱队领唱者唱的流畅的叙事歌是连续的文句和戏剧式的惊叹两者结合起来的,其他的歌唱者仅限于重复呼喊某些音节或一种单调的句子。

古老文化的原始综合性表演(syncretism)本身到了农业社会发生变化,在发达文化中便发展为文学的各种基本形式:诗、散文和戏剧。它们在古秘鲁的"奥兰塔"[1]中，在公元前 500 年印度的梵文古典戏中，以及在中国戏剧杰作中，成为文学的艺术；特别是 12 世纪的中国戏剧，那是在形式上和在思想上都是未曾被超越的。

但是，无论文学规律在其后来发展中如何复杂，任何文学杰作都要以感情和思想为基础，都需要感觉的细腻和表达的完美。在这方面，甚至伟大的世界性戏剧中最有名望的悲剧和喜剧也不比原始人某些抒情戏文更为高明。举例来说，像澳大利亚人为了崇敬住在树上的蝉而轮唱的歌就是这样。蝉是芬克戈吉（Finke Gorge）东面一个部落的动物图腾，该部落人民以一年一度的夜晚表演来敬奉它，由一大群得意扬扬的演员进行演唱：

当黄昏为西方祝福的时候，
小蝉喳喳地叫嚷。
他们歌唱，
谦卑地抚慰着唱歌鸟儿的胸膛。

从树上落下，
忘我地歌唱。
在晒焦的草上颤动着，
那夕阳染红的翅膀。
年青的蝉儿在歌唱，
在靠近小溪的"卢姆巴"树上。
这树负担沉重，慢慢地摇晃，
他入了梦乡。

---

[1] "奥兰塔"（Ollanta），古代秘鲁等地印第安人戏剧，约 16 世纪在天主教影响下形成。——译者

小蝉在歌唱,
　　邀请夜晚来到大地上;
　　夜晚轻柔地覆盖着,
　　灌木和我们的火塘。

第十二章 生命、自由和追求幸福[1]

文明时代以前人们的物质财富和精神财富，在其自然环境许可范围之内，是丰富多彩的。他们有充满舒适设备的家，他们掌握手工技艺，他们旅行、经营商业、传递消息，他们教育自己的儿童，他们有游戏和娱乐，他们认识到艺术的伟大。他们有这些好处，而免除了我们时代的许多苦恼。他们没有地主，没有收税者，没有失业的危险和政客的操纵。但是，我们却把他们称为原始人。

他们有道德规范，但他们有法律吗？他们不是安琪儿，谁来处理犯罪呢？他们没有警察，谁来维护法律和社会秩序呢？什么机构来代表全体成员的共同利益呢？

关于这些问题的答案是一片混乱，仅仅最近才有可能满足我们对原始人社会政治和法律制度如何发展的好奇心。人类学家关于原始人法律的报道，以及法律学家对原始人所做的人类学的报道，有许多是不正确的和异想天开的，因为缺乏了解和过分概念化而歪曲了事实。

---

[1] 这是美国《独立宣言》提出的人民应有的政治权利。本章讲述政治和法律制度的起源，故作者借用来作为标题。——译者

从古代到大发现时期，甚至一直到今天，在这漫长时期里原始人被描绘为神话似的东西——或者是住在伊甸乐园中快活的懒汉，或者是像野兽一样凶残的猎人。许多文明人观察者没有想到，原始人也是按上帝样子被创造出来的男人和女人，是"生来平等"的，他们也努力争取人的最高权利——生命、自由和追求幸福，而不管这种幸福的形式如何。

原始社会和我们的社会一样，政治机构（我们将要看到有许多种政治机构）的任务之一就是关心家庭、公社、地方集团、部落和整个民族的幸福和安全。原始社会中的政府和近代社会中的政府一样，其法律和社会的目标就是调节共同体内部和外部的生活，把大家团结起来，保证食物供给，维持已建立的秩序，保持边境内外的和平。

在澳大利亚土著居民、塔斯马尼亚人、布须曼人、维达人、博托库多人和火地人这样一些部落中，法定的地域单位是地方集团，而不是个人或单个的家族。在澳大利亚人之中，一个地方集团所占地域，从4000平方英里到10000平方英里，大小不等。这样一个共同体内有20个到100个成员。地方集团所宣布的地界，不仅本集团的成员，而且还有相邻集团的成员，都是熟知的。领土遭到入侵，引起整个集团而不仅是个人或单个家庭的反抗。

在塔斯马尼亚人之中，侵犯边界就等于宣战，这同样适用于澳大利亚的采集者和猎人，侵犯边界在他们之中时常导致战争。除去侵犯边界外，只有凶杀或掳掠妇女的情况，才会诉诸战争。报仇是集团的任务，而不是个人的或家庭的任务。

但是，原始世界的智慧和对人类生命的尊重，不允许把侵犯狩猎地带引起的战争继续到作战集团的一方全被摧毁的程度。时常是决定由每方出一样多的男子来作战。在很多情况下，通过一次集团安排的决斗以解决争端,实际上不等到作战者之一被杀死,就不想把决斗继续下去了,只要使一个人失去能力就足够了。博托库多人进行这样的决斗只用棍棒,而把弓箭留在家中。决斗时也可以一次对骂而结束,妇女们以互揪头发的方式参加决斗。

图 242 博托库多人解决狩猎地带纠纷的决斗

有时,一个地方集团由于人口增多和随之而来的需要,扩展经济基地,不得不侵入另一集团的地域。弗雷泽[1]报道,澳大利亚瓦拉赖(Walarai)一个地方集团有这样的情况:

> 他们派遣使者到一个毗连的小部落去,要求一部分土地。由于这是违反部落规定的事,同时对方自己的地域也不大,不能办到这一点,于是建议被拒绝了。前者便派人去说:他们要来夺取所要的东西。后者回答说:那样他们就要向邻近的近亲部落请求主持正义和进行援助。于是双方准备

---

[1] 弗雷泽(James George Frazer,1854—1941),英国人类学家和民俗学家,他的名著是《金枝》(1890)、《图腾崇拜和族外婚制》(1901)。——译者

战争。在会见时，像平常一样说很多愤激的言辞，最后同意次日每边以相等人数的成员来打个水落石出。但到了次日，只进行一场个人决斗便解决了争端。部落争端发生的普遍原因和解决办法都是这样。

我们社会也有发生争端的"普遍原因"，但近代那些入侵者不在谈判上花费过多的时间，而且国际争端绝不像澳大利亚人那样易于解决。

图243 黑足印第安人审判官——"狼羽"

虽然对侵越边界的人一般都要处死，但某些经过特许的使者，佩戴一些显著的标志，可被允许进入其他部落的地域，在别人安排下进行买卖、交换或商量事情。当出产必需的自然物（如制造斧子的石头、赤铁矿或大量需要的麻醉物）的地区属于某一集团时，特别会发生这样的情况。假如需要交换这些货物，先要正式通知有关的地方集团，在很多情况下未经允诺就进入外人地域，便意味着死亡。只有一次，全凭澳大利亚一个部落的老人伟大的外交手腕才使非法越境者逃脱了死刑。据豪伊特报道，澳大利亚东南部的伍德索伦（Wudthaurung）集团的一个人未经允许从伍伦哲里集团采石场取了石头。两个集团便在彼此狩猎地带的交界处会晤，讨论这一案件：

在会晤时，伍德索伦坐在一边，伍伦哲里坐在另一边，但保持可以听到对方说话的距离。每边老人坐在一起，年轻人在他们的背后，比利·比勒后面是本格里姆，比利·比勒要他"传话"，于是本格里姆站起来说："是你们某些人派这个年轻人来取制造石斧的石头的吗？"

伍德索伦的头人回答说："没有，我们没有派哪一个。"

然后比利·比勒对本格里姆说："告诉老人，他们必须告诫年轻人，不要再这样干了。当人们说需要石头，老人必须通知我们。"

本格里姆大声地把这话重复了一遍。伍德索伦老人回答说："这是对的，我们就这样办。"

他们并对那偷石头的年轻人提出强硬的告诫。双方于是重归于好。

这是地方集团为了保护地土地所有权而反抗外来者的典型事例。社会的团结性在和外界做斗争时表现出来，这使所有成员强有力地联系在一起，并使集团统一起来。考虑到没有哪个人离开自己的集团而不怕被杀，当然也只能如此。

保证对外和平是伟大的目标之一。在社会内部，保持和平和在获得食物方面彼此帮助，也是至高无上的任务。

食物供给决定于舆论所认可的社会互助。每一个人都知道维护自己社会的规矩。死兽的分配是有明确规定的，对没有收获的猎人也分一部分，这不是一种礼物，只不过是完成一项法定的义务。猎人杀死一只袋鼠，一条后腿给父亲，另一只后腿给叔父，尾巴给姐妹，肩部给兄弟，肝留给自己。在雅里戈人（Ngarigo）之中，杀死袋熊，仅有头归猎人自己，其他部分在其直系家庭之中和家庭之外分配。澳大利亚其他很多狩猎和采集部落计划分配食物之事，也曾见于报道。供给食物不仅是家族内部一项义务，而且还扩展为地方集团的义务。这对处于同样经济阶段的其他部落——布须曼人、博托库多人和维达人，也是适用的。在维达人之中，岩蜂的蜂窝要在所有家庭之间平均分配。

既然保卫土地和分配食物是整个社会的问题，那么就产生一个问题：他们有没有我们概念中的私有财产。这个问题不易回答。但我们可以说，假如"财产"的概念不是像盎格鲁-美利坚人法律那样用于广泛意义上，而是"作为一个人对某一事物的绝对支配"，那么这里是没有私有财产的。像武器、工具、装饰品和衣服这样一些东西，甚至是赤铁矿场，可以"属于"某一个人，但对这种私有财产第三者也有许多权利，并不是独占的。像我们思想中那样的个人财产意识，他们完全缺乏。例如给予个人的礼物很快即出现在别人手中，他是从原来受礼者那里收到的。法森[1]和豪伊特写道："个人是不被承认的，他没有独立的权利。"无论如何，对氏族有价值的和必需的动产决不能成为私人财产。

这样，个人全部日常生活都处在社会的和法律的照管之下，而社会实现内部和平的有力武器就是舆论。它可以预防性地迫使个人服从法律，它又可主动地给犯罪者带来惩罚。个人不能逃避不利的舆论，因为他不能离开本团体而加入另一社会，离开就意味着必然死亡。因此，在采集者和狩猎者之中，仅舆论就是强有力的调节机构。法律强制机构不需要十分的发展，仅能以不发达形式存在。

在社会内部，必须保持和平这一基本原则，不允许有对等报复（"以眼还眼，以牙还牙"）法律存在，甚至对最严重的罪行——集团内部的凶杀，也是如此。对于更多法律意义上的犯罪来说，惩罚是明确规定的。例如，塔斯马尼亚人对通奸者的处

---

[1] 法森（Lorimer Fison, 1832—1907），澳大利亚人类学者，曾与豪伊特合著《卡米拉罗伊与库尔奈》(1880)一书，摩尔根曾为之作序。——译者

罚是毒打一顿，并用矛刺穿罪犯的腿；博托库多人妇女与人通奸，由她丈夫打一顿和施以烙印；澳大利亚人对同样的罪行是以争执双方的决斗来解决，而决斗无论如何不会导致死亡。

在澳大利亚人和其他一些采集者之中，舆论的执行者是老人。他们熟悉生活和部落的法律，不仅告诉青年人关于氏族地域的边界，而且教导他们关于婚姻、成丁礼、食物分配等规矩，所有这些规矩都是从不可记忆的时候起就已存在。老人手中还握有裁判权，可以处理整个社会事务，以及在当事者双方不能自行解决而提出要求时进行处理。这些老人除了处理边界入侵外，还必须审理一个氏族成员被外氏族的人凶杀的事件，这种事件时常导致战争。在氏族内部，提交老人会议的是那些关于凶杀、妖术、

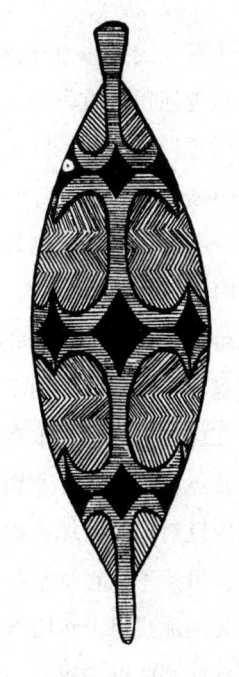

图 244　澳大利亚东南部默鲁姆比河的盾牌

图 245　澳大利亚人的矛

图 246　澳大利亚土著居民使用投矛器

违反婚姻规则、泄露男孩子成丁礼的秘密之类案件。惩罚通常是用矛把罪犯刺伤，而不是杀死他。

　　首领制度是很不发展的，或者是不存在的。体力或智力较强的人就能对本集团施以一定的影响，但他还得依靠舆论。据白人描述，这种文化阶段的首领的位置通常是白人给的，以促进白人和部落集团之间的关系。道孙（J. Dawson）公布过一个新的例证：澳大利亚最早的白人定居者曾和一些所谓首领缔结条约，割让十万英亩[1]的土地。这个条约的复本已由道孙提供出来。

　　简略说来，采集者和狩猎者法律生活的准则便是如此。事实表明，把这些部落描绘为无政府主义是完全错误的。相反，法律的概念和规定、法律的组织和运用，在已报道的事实中表现得非常清楚，令人惊异。这些原始法律的特点就是在边界遭到侵犯或发生战争时全体一致反抗外来者，对内反对那些破坏食物供给的规矩的人。私人所有制只是刚刚开始，虽然不能否认某些类似所有权的个人权利的存在，但那不是有关土地或对全集团有价值或生存所必需的东西。外部的压力和部落区域的壁垒森严，是舆论

---

[1]　1 英亩约合 4046.8 平方米。——编者

及其执行机构在集团内部维护法律规范的强有力的支柱。

收获者民族（生产阶段以前的原始部落另一大集团）的经济基础，使其法律结构和"政府"有多种特殊形式，与狩猎者和采集者有所不同。虽然这里的地方集团也握有一定地域的所有权，却不遵守土地神圣不可侵犯的原则。用现代术语说，那就是不动产的绝对价值已经转移到收获地带上去了，这部分土地对社会食物供给才是必不可少的。社会这部分领土的价值增长了，现在它作为集团生计的主要来源，在经济上和法律上都占有中心的地位。

收获地带面积有时是很大的。"本雅－本雅"生长区域可以扩展到 70 多英里。澳大利亚罗泊河的百合根生长区域和阿龙塔的大叶苹生长区域，大小与之类似。收获地带通常就是地方集团居住的地方，因为经济结构要求较为固定的生活方式，即使为了保卫食物储存也必须如此。这样，收获地带变成居民集中的主要因素。这些部落比起狩猎者和采集者，地方集团成员人数要多得多。

在狩猎者和采集者之中，侵越部落边界意味着必然死亡。而在收获者之中情况却非如此，这里对任何侵越边界者都不加惩罚。实际上，边界过于灵活，在某种意义上可说边界已被废弃。澳大利亚的班吉兰人（Bangerang）及其近亲部落，能到彼此区域去避难。有时两个集团甚至可以拥有共同的收获地带。当收获地带的果实成熟时，便邀请邻近部落来分享过剩的产品。

这些集会产生了重要的文化影响，就是说它们影响了对外政治，并且是许多新的法律制度（原始的"国际法""商法""版权法"）的源泉。例如，在澳大利亚，当收获者集会的时候发生了有巨大意义的文化因素传播。这些集会不仅是进行贸易、举行共同的成丁礼、举办"科罗薄利"和游戏的大好时机，而且也为部落之间带来了文化交流。柯尔（Curr）谈到卡比人（Kabi）时，曾描述有关"科罗薄利"戏剧的"巡回演出"的情况：

诗人曾把自己的作品介绍给邻近部落，这些部落邀请他们的同盟者来目睹演出并加以协助。在这种情况下，一次"科罗薄利"巡回演出了，甚至在那些听不懂一个字的地方，也以极大热情为其演唱。这些表演中的戏剧成分有时是相当多的。

版权法的概念对这些收获者部落来说，绝不是陌生的。他们有效地维护这种法律。在这里，我们已经发现一种国际版权保护法的开端。

许多探险者谈到所谓"中间领土"，这和因害怕敌对的邻人而放弃的边境地区（狩猎者和采集者之中常有这样的情形）是不相同的，而是由邻近部落之间缔结条约所产生。例如，澳大利亚的格雷戈里河两岸的部落，双方协定建立了一个中立地区，范围长100多英里、宽50多英里，作为他们集会的地方。这样一块地区有经济方面和法律方面的意义。在经济方面，禁止利用这块土地上的野生动物和植物，以便留作部落之间集会时食用。在法律方面，中立地区只是在那些自己领地内经济基础已有保障的部落之间才有可能出现。

就澳大利亚来说，收获地带和一般土地一样，无疑属于整个地方集团所有。在收获季节，个体家族可以暂时分得一部分收获地，但土地仍是社会的财产。在查科人和那些收获野生马铃薯的部落之中，在巴西的马托格罗索（Matto Grosso）的希安亚姆人（Hyanyam）之中，收获地带所有权也是属于地方集团的。至于北美的奥吉贝人、梅诺米尼人（Menominee）和温尼巴戈人，凯特林（Catlin）和斯库尔克拉弗特（Schoolcraft）两人的著作早就清楚地说明，收获地带属于地方集团全体，在每次收获之前重新分配给每个家庭。

除了收获物之外，采集的植物和猎得的动物经常是不能为采集者和狩猎者单独占有，而要按采集和狩猎部落流行的规矩那样来处理。澳大利亚的阿龙塔人（Arunta）和洛里察人（Loritja）对死的野兽有严格的分配和处置方法，有时狩猎者本人对自己的猎物完全无权处理。但是，处置猎物的权利也不属于政治性的地方集团，而属于一个小的单位——图腾氏族，它通常是一个经济单位。

在需要的时候，经济单位要负责供应个人的食物。在上湖（Upper Lake）沿岸，有一个古老的规矩："任何一个值得尊敬的家庭食物歉收，社会集团的全部食物储备可用来弥补不足。"波塔瓦托米（Potawatomi）收获者部落首领波卡岗（Pokagon）写道："我们的人民时常把每样东西分给别人，只要有人上门求援。"

除了图腾集团（有一个传说中的植物、动物或无生命物的共同祖先把集团神秘地联系在一起）和有政治内容的地方集团负责食物供给外，在收获者之中也发展出关于私人所有制的较为详细的法律规则。私人所有制受到部落保护。对财产权的侵犯是少有的，谁要破坏这些规则将受惩罚。

果树的私人所有制是存在的，而且时常受到尊重。阿龙塔人之中，树的所有权是在树枝上放一束草来标明。当有人发现一窝蜜蜂，他便在树根周围拔掉草并将小棒插在树上，对这棵上有蜂蜜的树做出标记。假如有人不顾这些标记，偷了果实或蜂蜜，受损害的一方有权把小偷用矛刺死。对任何未经猎人允许而取走已杀动物的人，也要给予矛刺的惩罚。一只已受伤的动物未经猎人允许而被另外某些人捕得，也使用同样的惩罚。但是，假如一个人向猎人提出请求，他是有权得到猎物的一部分的。

小偷偷了对维持生活无关紧要之物，不会有太坏的遭遇。假如他还回偷的东西，事情就算解决了。但假如他拒绝放弃偷来之物，原主有权用矛刺这罪犯的腿，或向他投掷"飞去来器"。

私人财产经常由长子继承。假如无子,就由最近的亲属继承。

通奸者有时要由地方集团给予暂时放逐的惩罚,为期约两三个月。在采集者和狩猎者之中,这样一种惩罚便意味着死亡。在收获者之中,则给予一种宽大的处分,而且只有在这样的部落才懂得对惩罚加以时间的限制。

这些部落中公共权力组织及其执行机构,表现出颇为一致的情景:首领制是很不发展的,虽然较之狩猎者和采集者,收获者的首领制更为明显地开始了,甚至首领继承制也发生了。成为首领要通过两条道路,即通过领导很多强有力的图腾氏族,或个人具有突出的才能。政治性共同体的舆论仍时常具有决定性的权力,政治性共同体就是指地方集团的全体成员,有时以老人会议或氏族首领会议为代表。经常有人提出,在图腾部落之中法律规则特别具有强烈的宗教性,而且其根源在于图腾神话。我却未曾发现任何可以支持这种理论的材料,相反,斯特劳(C. Strehlow)明确说,在阿龙塔人之中基本的法律概念不是导源于部落祖先,实际上是由老人会议发展出来的,老人们在成丁礼中把这些概念告诉了年轻人。

在这些部落之中,特别有趣的另一种法律制度是避难权和禁忌的规则,两者有密切的联系。收获地带是列为禁忌的,直到收获时期为止,在指定的某一天由一个权威人士解除禁忌,随后才允许收割。在效果上(而不是在原因上),禁忌又是和另一地点相联系,这一地点被当作图腾神灵的老家,或是部落神圣的图腾用具储藏地。阿龙塔人有一种制度明显属于避难权:罪犯或外人逃到这一禁忌的地点便安全了,不能加以捕拿,这里的动物和植物也列入禁忌。避难权大约原有宗教的渊源,却发生了重大的经济后果。这是原始法律目的转变的一个例子。

与采集者和狩猎者法律制度相反,收获者法律规则不再从属于部落地域不容侵犯的原则。侵入部落或氏族的地域不受惩罚，仅仅其中特殊的地方如收获地带或避难地才通过禁忌方法加以保护。但这里也有以地方集团为代表的政治单位，经济单位则是比较小的。

经济形式的不同和对外敌对关系的松弛，有两个明显的结果。一个是人口的大量集中，不仅有属于本集团的人，还有一些从其他地方集团来的人。另一个是法律上创造了部落之间一些制度（中间地域、部落之间的联欢）。在内部，法律和准则之间形成很大的差异。对外政治方面的改变如何巨大，从以下事实可表现出来：北美野稻地带住有四个不同部落，彼此和平共处。

在政治领域内部，收获者组织较之采集者和狩猎者组织更为严密。但最重要的是对那些与保障共同食物供给无关的个人权利（这是严密组织的对立面）也更加尊重了，例如版权法之类。但这些收获者部落也不承认个人对土地的所有权。

在北极猎人和受他们影响的部落之中，以维系社会、保障食物供给、保卫内外和平为目的的制度，与上面讨论的那些制度，面貌有所不同。几乎所有观察家都强调他们强烈的共产主义倾向。例如，爱斯基摩人借一只船，假如被借人有两只船的话，就不需要归还。猎捕鲸鱼则是整个社会的事情。北极民族的"共产主义特性"并没有发展到超过其他采集者和狩猎者部落的程度，我们在这些部落之中可以发现其社会已作为法律单位而建立起来。北极文化的显著特色是在明确的民主形式内向分立主义发展的强烈倾向。虽然我们还没有像博戈拉斯[1]走得那样远，他说楚克奇人"可以说一个单独生活的人便形成楚克奇社会的基层单位"。

---

[1] 博戈拉斯（Vladimir Germanovich Bogoras，1865—1936），俄国民俗学家和语言学家。原为民粹党人，后被流放科累河一带，开始考察东北边区民族，曾为楚克奇人创造出第一批教科书和文法，著有《楚克奇人的故事》（1899）。——译者

但我相信，在北极世界中分立主义是极易看出的。

地方集团的边界是不固定的。侵越狩猎地带不会被处死，无论其为陌生部落的个人或是一群人，经常是完全不加处罚的。阿姆河下游通古斯人，通常不只是在自己地域内狩猎，也在其他人，特别是吉雅克人的土地上狩猎，而从不发生任何争吵。狩猎地带大约最初是属于地方集团的，有时分配给几个家庭集团。这两条原则同时并存，或者有时互相代替。

政治单位建立在地域原则之上，而不是建立在血统关系之上。例如，在沿海楚克奇人之中，村庄并不是由几个彼此有亲属关系的家庭所组成，而是由有权狩猎的家族所组成。经济单位通常是比政治社会小的小集团。捕鱼单位便由一只船的船员和其家庭组成，由领头人分配猎获物。在亚洲的北极民族和阿拉斯加的爱斯基摩人之中，经济单位（无论其为一只渔船上的船员、一个狩猎的家庭或一群家庭）时常使用财产标记来保卫其捕获物。但

图 247　比属刚果曼格贝图人的头人会议

图248 喀麦隆班穆姆
头人会议的凳子

图249 葡属刚果[1]桑戈
首领权力杖的头部

是，不能证明这就是个人的财产标记。这种标记数量较小，而且属于很多的人，即属于经济单位。

保障食物供给，首先是经济集团负责，然后才由整个社会负责。在北极部落之中，社会每个成员的经济保障竟成为法律方面的中心，以致所有个人权利都退居次要地位。但这只是在一个人生命因缺乏食物受到威胁的时候，才付诸实施。

例如，在欧洲拉普人驯鹿饲养者之中，个人的财产标记得到广泛的使用，同时还有一种确定与动产有联系的所有权的明显倾向。但这些个人权利在特殊情况下随时可以遭到破坏。这一点非常突出，甚至偷取驯鹿也可以成为合法，假如小偷是为了自己需要鹿肉食用的话。从拉普人观点来看，虽然已确定的个人所有权明显遭到漠视，这也不能算偷。这样的事在牧人之中是不多见

---

[1] 今安哥拉的卡宾达地区。——编者

的，但却是北极猎人的典型例证。拉普人法律的这一部分是猎人的法律，而不是牧人的法律。

蒙特纳斯－纳斯科皮人中有另一例证，所达到的法律水平与拉普人相同。在特定的狩猎地带的狩猎权在任何时候可以被任何人破坏，只要这个人认为自己需要食物。外人可以在这里狩猎和安置捕机，但只能以此充饥和维持自己的生命。当需要的时候，他甚至可以捕食已在海狸窝上加以标记成为个人财产的海狸，但仅仅在需要时才能如此。

这种互助仅限于维持生命，而不能再进一步。它特别不适用于债务。父亲对儿子、寡妇对已故的丈夫，都不负有还债的义务。在家庭成员之间，没有像互尽义务这样的东西。这里的相互帮助不像狩猎者和采集者情况那样是由于外部压力的需要，而是由于舆论压力。舆论在不分阶级的社会里，较之在我们社会更有权力，并具有绝对权威的意义。

舆论在东北阿尔衮琴人之中，不仅对地方集团内部有影响，而且影响到集团之外；它能阻止一个名誉不好的本集团成员到另一集团去避难。在许多情况下，这就意味着此人要死在森林之中。政治权力不由首领掌握（即使有一个首领的话），仅仅由老人来掌握。归根到底，政治权力还要听从全体的舆论。

在中部爱斯基摩人之中，关于首领的缺少权力，鲍亚士[1]是这样描述的："他的权力只限于决定在一定时期把小屋从一个地方转移到另一地方，但各个家族不是非听从他不可。他可以要求一些男人去猎鹿，另一些去猎海豹，但没有必须要服从他命令的任何义务。"博戈拉斯报道的楚克奇人也是一样。楚克奇人首领这

---

1 鲍亚士（Franz Boas，1858—1942），美国著名人类学家，对美洲北部印第安人有深入研究，是人类学中批判学派的创始人，著有《原始艺术》(1927)、《人类学与现代生活》(1928)、《种族语言和文化》(1940)等。——译者

样一个职位假如不是由俄罗斯人人为地制造出来，那也处于无权的地位。根据我自己的经验，我可以说纳斯科皮人也是如此。他们之中的米斯塔西尼集团（Mistassini band）没有首领已经很久，尽管负责印第安人的机构下令另选，他们直到现在也未曾另选一个。

在阿拉斯加某些爱斯基摩部落里，我们发现了例外。有些部落可能受西北美洲社会结构的影响，不仅部落组织内有一个首领，而且还有垂直的社会分化，出现一个奴隶阶级。在阿留申群岛居民中，进一步发现了奴隶制的开端。在楚克奇人之中也是如此（可能受从南面来的游牧部落的影响），他们和西部爱斯基摩人的战争中，把战俘变成奴隶，但社会结构很少因此受到影响。

狩猎的捕兽能手依靠自己的个人能力，享有特殊的权力，因而经常在社会中充当调解人和"和事佬"的角色，但他们也没有绝对权威。假如一场争吵不能调解，或有一方不想讲道理，老人们是无能为力的。尽可能长时期保持和平，尽可能长时期使整个社会不被打扰，就是这些部落的基本态度。

在这方面舆论有着双重任务：首先是防止的任务，迫使个人行为正当和合法；其次是积极干预的任务，处理任何违反法律之事。但是，这里也只在有关集团要求采取行动，或者遇到有像威胁社会和平这样的情况，才进行处理。偶尔偷取捕机上猎物的小偷、侵越边界者或争吵者，不由社会去追究，而留给受害的一方或有关集团去进行惩罚。例如在爱斯基摩人以赛歌解决争端时，社会就扮演中立的旁观者的角色。

但当经济保障因某一成员的行为受到威胁时，社会要进行干预了。属于这样的案件有屡教不改的小偷、经常在别人土地上狩猎的人、总爱吵架和打架的人。总而言之，就是那些我们今天称为惯犯的人。其惩罚可以像蒙特纳斯－纳斯科皮人那样，将其捆在树上；可以像白令海峡爱斯基摩人那样对其加以殴打；也可以将其放逐或者处死。处死根据情况可以采取箭射、刀杀、水淹、镖刺或其他方法。

代表舆论的诉讼和执行机构是不一致的。在蒙特纳斯－纳斯科皮人之中存在四种执行法律的机构：首领及其会议、萨满教巫师、舆论，有时还有哈得孙海湾公司的经理。在楚克奇人之中，由一群社会选举出来的特别杰出的人来采取行动，最后，甚至单独一个人未经任何法律手续就可在社会命令或默许下，把罪犯杀死。为了证实罪行，时常使被告发誓，而不是由证人发誓。楚克奇人的被告者常吁请太阳援助，或指熊为誓。

我们已经充分讨论了互不相同的三大民族集团的社会，从文化上说，他们是人类社会中最古老的，相当于旧石器时代的部落和人民，并且保存了早期人类许多文化因素。他们的经济形式是攫取性的和非生产性的，这些部落法律制度的存在时常被人否定，但事实却非如此。这些攫取部落的法律当然不是由法官裁判的法律，它是人民的法律，是由人民制定并为人民服务的法律。

我们社会中人民对是非看法和法官判决之间的脱节状态，即正义和法律之间的对立，在原始社会是几乎不存在的。在法律概念方面，像在其他方面一样，个人是融化在他所生活的社会之中的，而他个人的行动又在整个社会结构中有所反映。个人和社会都很精通法律，而且原始人简单的法律原则也不需要有学问的法学家加以解释。这里几乎没有理论的立足之地，因为他们的法律本质上是实际的，是为了生命安全而创造的。法律的解释取决于这个目的，它的决定也取决于这个目的。

通过法律或上诉来纠正判决，都是不可能的，因为这是一种严格的上面颁定的权威性法律。做出判决的伸缩性相当大，这并不意味着法律机关的能力缺乏或混乱不堪。与此相反，令人惊异的是这些原始文化中法律是发展的，而且法律诉讼程序有确定的原则，这种原则经过传统认可和舆论表达出来。在不分阶级的社会中传统和舆论是很少分开的。

随着生产经济的发展，不仅社会结构有所变化，而且法律结构也发生变化。但这种转变不是突然的。在早期农民的法律组织中，我们仍能发现攫取性社会所具有的特征，特别在有关个人社会保障和领土原则方面。

较简单的农业社会主要地域单位是村庄，这就是有一定限度的土地面积，加上很多个体家庭和家庭集团的小屋，或者有一座单独的氏族公房，位于全村的中心。各处的部落看来都分成这样的村庄，有一个首领领导，他有时还要不固定地依赖一个更高的首领。但首领的地位很不重要。例如，新几内亚的卡伊人的首领地位仅表现在他拥有最大的一块田地，其大量财富必须用来对自己村民或客人进行义务性的款待。他的权力是很微弱的，只有代表权。首领完全无权决定生死，仅在战争的情况下可以例外，像少数南美部落就是如此。老人会议是有权威的。

在园艺部落之中，原来可能在世系计算和财产继承方面实行母系制，虽然由于错综复杂的原因，各地这方面发展情况都很不清楚了。今天，喀麦隆森林中部落的家庭已按父系来组织，但这种规则显然是近来才开始的，因为那里的妇女甚至可以做首领。在非洲克罗斯河（Cross river）诸部落中，巴克威里人（Bakwiri）、杜阿拉人（Duala）、巴坦加人（Batanga）原来的母系制组织仍然清晰可辨。

土地原来是公共财产。但土地耕作是创造了我们概念中的财产权，还是只创造了使用权，这还是有疑问的。出卖土地严格受到限制，这是一条原则。易洛魁人说："土地像水和火一样，不能买卖。"在美拉尼西亚和西非，土地也不是买卖的对象。仅仅在耕作过的土地上我们发现了氏族的、家庭的或个人的所有权的开始。

在西非、美拉尼西亚和南美,妇女们无政治权利,或者只有作为秘密会社成员的时候才享有政治权利。与此相反,易洛魁人妇女政治上处于显著地位。每隔两年由妇女分配一次可耕地,选举首领的也是她们。但她们的特权还不止此,在男子会议上甚至在决定战争和和平的时候,她们也享有否决权。她们还有权收养外人,并且能决定战争俘虏的命运。

在清理土地时互相帮助,流行于美拉尼西亚和南美,而且不很经常地流行于非洲。[1]这一事实表明,食物供给不是个人的事情,归根结底是社会的事情。但互助仅在需要时才更为显著,并且仅仅是用以防止发展出过于突出的富豪。

虽然土地通常不能为个人所有,可移动之物一般还是当作个人财产。这方面在西非地区特别发展,因那里秘密会社要收会费。秘密会社机构,比起首领制或老人会议,对部落法律的执行和发展起更重要的作用,特别在美拉尼西亚和非洲更是如此。

例如,喀麦隆西北部埃科伊人(Ekoi)的立法权和执行法律之权,掌握在"埃威恩比"(Ewingbe)秘密会社之手。"埃威"意为法律,"恩比"代表"豹会社"。它的成员可以接受也可以拒绝公开的法律。"埃威恩比"作为一切案件上诉的最高法庭,强调一种为攫取经济的部落所不知的制度:加入秘密会社和进入它的较高等级,通常依靠交付会费。任何人可以自由离开会社,但既然成员们有这样多的好处,这种事情实际上是不可能发生的。这些秘密会社的立法权时常发挥其权威的审判权力,深深地影响了民主的和闭塞的较小的社会,仅仅到了文化比较进步阶段,这

---

[1] 农业中原始互助习俗几乎是世界性的,在中国西南少数民族之中亦甚为流行,有各种不同的方式,如换工、共耕、全村性互助等。——译者

种审判权才转移到农村公社手中,那是以首领和老人会议为代表的。

下面的例子可以说明一个案件实际上是如何审理的。例如,巴科西(Bakosi)的一个债权人要求偿还一只山羊,欠债者拒绝偿还,他请求"洛桑戈"(Losango)会社的成员们给予援助。秘密会社通常是立即把自己的标记插在欠债者的屋前。由于提供这样的服务,秘密会社也要从欠债者那儿收取一只山羊。如果债务不能立即付清,如果会社的标记一直到了次晨还保留在欠债者屋前,那就要再付出一头牛供会社成员杀吃。毫不奇怪,任何欠债者都会急忙还债,并且满足秘密会社的要求。

假如一个人引诱另一个人的妻子并且拒绝赔偿损失,秘密会社以同样方式进行干预。

在巴沙人之中,由两个秘密会社——"门吉"(Mungi)和"乌姆"(Um)在夜间集会就发布命令、裁判和定刑做出决定。刑罚通常是处死,秘密执行。公众反应是:"'门吉'审判我们。"很多秘密会社帮助每个要求自己正当权利的人,对成员或非成员都是一样。

在旧世界这样的农业民族之中,经常是不知道有超过农村公社的较大的政治联盟。秘密会社就是他们国际交往的工具,其影响不限于村庄或部落,而且扩展到很大的范围,特别在西非和美拉尼西亚中是如此。但它没有引导出大的政治联盟或各个城邦的形成,这是值得注意的。

较大政治组织的缺乏,仅是旧世界才有的现象。在美洲相应的部落之中,我们发现有与此恰好相反的发展。最好的例子是易洛魁人的联盟——"纽约联盟",包括五个(最后是六个)部落,由一个中心会社领导,必须一致同意才能做出决定。尽管首领是世袭的,这个中心组织却是一个松散的结构。作为其成员的每一个部落自己可以作战或缔结和平条约，只要联盟的利益不受到影响即可。

与旧世界——特别非洲和亚洲——的征服部落的习俗不同，美洲部落之间联盟的倾向是很强烈的，没有形成国家的部落更是如此。这种倾向可能受白人的影响。例如彻罗基人（Cherokee）的情况就是这样，他们仿效美利坚合众国的样子，为自己创造了一种政府组织。一个部落征服另一个部落，导致阶级和专制政体的形成，这是旧世界的通常情况，特别在非洲是如此。但今天美国的印第安人之中却没有这种情况，仅有的例外是"博瓦坦[1]帝国"（Powhatan Empire），这个国家在其版图最大的时候，面积达8000平方英里，包括150多个主要是征服来的城市。

非洲部落和美洲部落之间另一基本不同是在诉讼程序方面。除了自助权和上诉于秘密会社的权利外，西非森林地区土著居民有一种很发达的审判制度，在首领和老人组成的老人法庭前进行审判。传讯被告有许多种方式，或者直接由有关方面来办，或者通过首领。获得罪证的方法是拷打、发誓、神判（如喝毒药之类）、证人的证实、其他目睹者或文件的证明。通过秘密集会上多数同意，才能做出判决。支配诉讼的是一种"调停"制度，一个债务缠身的欠债者可以付给债主一笔较原来契约数目少的钱，惩罚和其他痛苦的结局也可以交付罚金来避免。

这种正规的审判程序，是印第安部落所不知的。除去某些仪式和由当事人郑重声明之外，没有其他获得罪证的方法，特别是没有多种形式的神判。

游牧文化（美洲无这样的文化）的经济基础，经常混合有收获经济和农业社会的因素并受发达文化的影响，以致今天差不

---

[1] 博瓦坦（？—1618），北美印第安人阿尔衮琴部落的首领，曾在今美国弗吉尼亚州建立强大政治组织。但当时所征服地区无现代意义上的城市。——译者

多已没有游牧部落仍保留其原始形式,今天很多游牧部落都是一种混合文化。但尽管有很大的混杂,我们仍能确定由这种经济模式制约的政府的共同特征,特别是中亚和非洲的牧人之中政府的特征。

牧地时常是全部落的财产。边界线是没有明确划定的,这和收获部落文化情况类似。未经允许就在他人地域内放牧,并不受到惩罚。像这样的部落很难有什么法律职能,父系家庭单位各自为政的原则统治着一切。这就意味着过去的集体因素已为分立的倾向所取代。包括兄弟、侄儿、儿子和孙子的大家庭集团,甚至可宣布政治上的独立。

部落由一个首领所统治,他可以选举产生,或者从父亲那里继承职位。他的影响大小取决于本人的个性和对人慷慨,而这都意味着要依靠舆论。首领在做出决定之前,要听从老人会议,未经他们同意不能发出任何命令,特别是关于土地方面更是如此。这种会议,黑勒罗人称之为"乌马卡里"(*umakarere*),或如吉尔吉斯人那样称"白胡子"。首领不能处置土地,表现在下列事例:黑勒罗人首领和德国人缔结了关于割让土地的条约,但在土著居民眼里首领是无权处置土地的,由于对部落法律这样的忽视,导致了德国和黑勒罗人之间的战争。

在牧人各自为政的社会中,特别是在养骆驼和养马者的社会中,不存在较大的政治联盟。争端由有关的双方自己解决,特别在要求血亲复仇时是如此。支付"和解"费用或付给首领以赎金,以求赦免一个已确定的罪犯(特别是杀人犯),这样的习俗不是游牧文化原有的特征,它的产生一定有后来的影响。

游牧文化典型特征是个人财产的发展和财富的积累,其形式便是大群的家畜。这使阶级发展起来,并导致产生一个社会等级阶梯,富人和穷人之间区分愈来愈显著了。这种阶梯制度的发展，仅仅当游牧文化和农业文化相遇并互相混合的时候，才达到最高峰。

这些部落的继承法，是一种长子继承权，即只能由长子一人来继承。仅仅在伊斯兰教影响之下，我们才看到各继承人之间某种程度的平等。

在旧世界，特别在亚洲和非洲，游牧社会创建了大的政权和帝国，带来了政治巨变。他们的好战的"离心力"（或者说外向的态度），与农民的民主的"向心力"（或者说内向的倾向）形成对比。这种"离心力"造成文化传播或其他具有历史影响的变迁。

就在19世纪之初，还能看到牧人侵占定居农民部落土地的典型事例，这就是非洲富尔贝人对阿达马瓦的战争远征。这些侵略具有经济性质：他们要求新的牧场来放养瘤牛。在成为攻击者和侵略者之前，富尔贝人是生活在尼格罗诸部落之中的，受到这些部落的宽容，有时还受他们压迫，长期以来他们甚至给农民的首领以初夜权。但富尔贝人领导者斯丘·乌斯曼（Scheu Usmanu）把部落的人召集起来，激励他们反对从事农业的"异教徒"，他们变成征服者了，其结果便是在非洲尼日尔河和沙里河之间建立了索科托帝国[1]。

富尔贝人的征服是近代仅有的事例，使我们可以从各方面来研究在没有欧洲人影响情况下牧人和农业社会相会合的过程。富尔贝人征服阿达马瓦不是因为自己是牧牛者，而是由于战术高明。他们有佩甲的骑兵，而农业部落没有有效的防御措施。

在征服这些"异教徒"之后，富尔贝人把他们变为纳贡者和农奴，把阿达马瓦地区分割为一个个专制政权。这种政权即使从

---

[1] 索科托帝国（Sokoto Empire），1809年在尼日利亚北部建立的穆斯林帝国，1903年为英国征服。——译者

现代社会学观点来看，也是符合"政权"这一概念的。

这样的政权由一个"埃米尔"[1]或苏丹领导，由一大群官吏来支撑着，其中不少是从奴隶中选拔来的。在阿达马瓦，有一个首相"凯甘马"（kaigamma），一个武装力量的首领"萨里基·恩·莱费达"（ssárriki n lefidda），一个仪式主持人"萨拉马"（ssalámma）。除这些以外，还有许多较小官吏。国家分为许多省和州，由苏丹的家臣统治着，称为"拉米杜"（lamido）。在战争情况下，"拉米杜"必须提供军队，并且编列入伍。他每年还要向主子缴纳贡赋。

甚至"少数民族"在宫廷中也有联络人和领事——"加拉米达"（Galamida），作为自己的代表。他们在苏丹和本族人民之间进行调停。

土地原来属于苏丹所有。苏丹靠出卖土地和收税来增加收入。在各种税收之中，以市场督办"萨里卡·恩·卡苏阿"（ssárika n kásua）征收来的市场税数额最多。

法律事务由"阿卡里"（alkali）掌握，这是由苏丹任命的专职审判官；作为伊斯兰教法律来源的《古兰经》，通常就是他的法典。刑罚有断肢、降低等级或监禁。凶杀和再次犯偷窃奴隶或马匹的罪行的罪犯，则要处死。小偷要被切断右手。无力偿付债务者贬为农奴。血亲复仇可以用支付罚金来代替，罚金一部分归于苏丹。

上述富尔贝帝国的简单情况，可作为苏丹地区各族政府之代表。从西部埃韦人到东部的卡菲乔人（Kafficho）都是如此。它也可以代表蒙古人和匈奴人创立的政权结构。

在美洲，可以纳切兹人（Natchez）的政权为例。他们的"神

---

[1] 埃米尔（emir），阿拉伯人之酋长或都督。——译者

权主义"组织,同样有划分社会等级的原则。统治者有双重身份,既是高级祭司,又是国王(他的称号是"伟大的太阳")。在森严的等级结构中,奴隶是最低等级。其次是平民,称为"臭人"。他们都由贵族来统治。贵族本身又分为三个等级——"太阳""高贵的人"和"光荣的人"。

法律不允许集团内部通婚,一个集团仅能和另一集团结婚。这样,"太阳"(即使是国王及其姊妹)也只能从"臭人"等级中选择配偶。一般情况下,孩子属于母亲所在的等级,但当一个贵族娶了平民的女儿,他们的孩子仍属于贵族。

通过在战争中的勇敢行为,或通过从事国王(即政权)特别委托的宗教性服务工作(这时常是残酷的),有可能进入较高等级。借助这些办法,一个"臭人"能成为一个"光荣的人",一个"光荣的人"能成为一个"高贵的人"。但只有本人可以这样取得高贵的地位,而孩子们是不能继承它的。战争首领的位置,仅有"高贵的人"和"太阳"才能担任。

甚至在这种类型的社会中,由于所有印第安部落对国王一个人所代表的专制主义不满,也创造出一种限制办法,即有关和平和战争重大问题要在一种由年老首领和战士选举产生的会议上做出决定,不必通过统治者。最后的决定者是他们,而不是国王。各个阶级要向国王交纳贡赋。国王是对领土有支配权(虽然带有某种限制)的至高无上的君主。

最后列举的这些例证,表明它们已向发达文化的宪法和法律结构发展。在那里,全部法律程序——案例、规则、规范——都有文字写下来,以便居民们和后代了解。有成文历史民族的法律案件和方法不能很好显示法律制度的起源,而地球上比较古老民族的法律却做到这一点。

我们说处于文明的最早阶段的原始部落也有法律和法规,这

图 251 希卢克人的战士

图 250 西非贝宁 16 世纪象牙雕刻上的战士

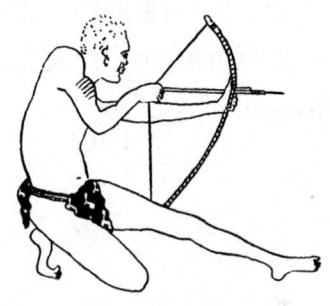

图 252 非洲吉尔人的战士

可以得到证明吗？

当然可以。因为他们那里不是混乱不堪，而是有法律和秩序。法律的规则渗透到整个社会生活之中。外面来的压力、社会内部的舆论，便是强有力的调节因素。土地的所有权原来是集体的，属于地方集团，仅把使用权有时分配给某个家庭集团或某个单独的家庭。土地耕作本身没有创造所有权。甚至在苏丹和埃塞俄比亚的帝国之中，土地还不是我们心目中那样的私有财产，土地属于国王。国王－祭司既是半神半人者，同时又是一个人，当人民的公益需要的时候，可以杀死他。土地仅仅在他有能力作为政权的体现者时，才属于他。食物也是集体财产，与此相联系的是集体要对个人食物供给负责。

私人财产的发展，在收获者之中明显地已经开始。这种收获者还发展出"版权法"和"国际法"。"避难权"在收获者、牧人和玻利尼西亚人之中有所发现，它的进一步发展要追溯到希腊人和墨西哥人的庙宇[1]。在牧人和玻利尼西亚人之中，阶级分化曾经得到很大的发展。

无论如何，以下这些是清楚的：原始人的土地和"政府"之间存在着密切的联系；土地属于氏族、部落或民族，而不属于个人；社会也要对保障全体人的食物供给承担责任。

在原始人之中，个人不是永恒的。永恒的是人民、土地和法律。

---

[1] 古代希腊和墨西哥庙宇可作避难所。这种习俗在欧洲一直遗留到中世纪和近代，罪犯跑进教堂即不能逮捕。如众所知，V. 雨果著名作品《巴黎圣母院》中对此即有描述。——译者

第十三章 巫术和不可知的力量

原始人的世界是一个巫术的世界。开始，原始人认为存在着一种"力"，奇妙的"力"是无所不在的，它的存在和石头的坚硬、水的湿润一样的确定无疑，和现代物理学上"以太"一样的普遍。这种"力"仅仅对于现代人来说是超自然的，而对于原始人来说则是真实的和自然的。原始人所知的"力"，名称各有不同。在马来-玻利尼西亚人之中是"马那"(mana)，在易洛魁-印第安人之中是"奥伦达"(orenda)，在苏-印第安人之中是"威坎"(wakan)，在阿尔衮琴-印第安人之中是"曼尼陶"(manitou)。原始人的目标便是承认这种"力"的工作，并参加进去，使用和掌握它。在原始人世界中不存在巧合，每件事物都有原因和联系，人们的任务便是发现它们。

在我们心目中，原因和效果之间的关系是我们逻辑思维的结果，特别是建立在自然科学的经验之上。在原始人心目中，原因和效果并不局限于物质世界的狭小领域，而是和可见世界以外的力量和现象相联系。对原始人来说，普遍存在的"力"完全是自然的，因为根据他们的思想方法，超自然的东西也是客观存在。我们称为信仰的现象，对他们来说却是知识的表现。他们一切行动和思想，是由"可见的和不可见的世界所有事物和因素都是相互联系相互渗透"这一概念所指导的。影响和利用这些神秘的"力"的努力，便称为巫术。

对巫术力量的信仰，不仅遍及全世界，形成有关生命的哲学和宗教的最古老形式，而且还保存了数百万年之久，甚至一直存在到我们的时代。以原始人来说，每件事物——无论是有生气的或无生气的——都具有某种巫术的力量和性质。我们知道，同样原因在相等条件下会导致同样的结果，而原始人却不承认这一永恒的自然法则。因此，他们把这样一些看不见明显原因的现象，如疾病、死亡、成功、噩运、雨水、暴风雨和日出，都归之于所有事物固有的某种巫术力量。

巫术最古老的形式之一是那些关于获得食物的巫术，但是个人决不单独举行巫术仪式。在最古老攫取经济部落之中，整群猎人是一个经济单位，共同把巫术力量联合起来举行一个盛大的仪式。史前人的洞穴充满了这种巫术表演的证据。在史前人的心目之中，猎物——熊、水牛、鹿——的图画和活的动物本身是一致的。当他们用矛刺中动物形象时，即将举行的狩猎就有了成功的保证。今天澳大利亚人用沙上的画代替史前人的赭石画，仪式的参加者用矛刺中画在沙上的猎物，来保证次日狩猎的成功。

图253 利比里亚对抗瘟疫的巫术面具

象征的形象若为象征的姿态所代替，也可以达到同样巫术的结果。在这种情况下，巫术仪式不是画猎物和刺猎物，而是由哑剧式的模仿所组成。澳大利亚人和许多北美印第安部落之中，就流行这种模仿猎物行为的现实主义巫术舞蹈。由这两种方法引导出来的是巫师用布和草做成动物形象，悬挂在小屋之中，加以刺击或射击。

同样的巫术行为，被用来保证和增加部落主要的食用植物。澳大利亚人哑剧式模仿采集果实，把石头当成想要得到的块根挖起来，并象征性地藏进采集篮中。在白人世界中，这些巫术仪式保存在"五月柱"[1]建造方面，虽然其原始意义在历史过程中已经变质。某些地区在降临节[2]后一周内，从树林中仪式性地取来一棵嫩树（多选取白桦和冷杉），偶尔还要有一个年轻人从头至足披着树叶和花，扮演树的角色。在这些庆祝活动中，巫术作用已不再是为了唤起一种或少数几种特殊的植物。"五月柱"及其变种，已成为所有生物的象征，是对古老的丰收神的崇拜。

巫术行为的对象不仅有动物和植物，而且还有自然力量。用象征性动作来鼓励日出和下雨，这基于下列信仰：人类在这方面的疏略将使它们不再加惠于人。假如人们不能以无休止的努力来促使它们工作的话，太阳将不再照射，雨水将不再落下了。

巫术行为中最重要的一种是用火作为象征，加强太阳的力量。特别是当一年最短的时候——冬至来临，太阳被想象为正处在疲倦中，要用巫术的火堆加以鼓舞。

例如，在纳弗和-印第安人之中这样的仪式是非常好看的。当夜降临，在一块围着松枝篱笆的空地中间的巨柱被点燃起来，并一直燃到天亮。庆祝者出现了，他们的头发披在肩上，他们的

---

[1] "五月柱"（May-pole），每年5月1日在广场立一柱，上饰鲜花，人们围以跳舞。——译者
[2] 降临节（Whitsunday），每年复活节后的第七个星期日，是犹太教和基督教的重要节日。——译者

面部和身体涂上白黏土以象征太阳的白色，这些模仿者代表"漫游的太阳"。他们的手中拿着羽毛装饰的舞棒，围着火堆排成紧密的行列跳舞。他们从东到西来回移动，模拟太阳的运行。虽然火的热力现在已经差不多达到不可接近的程度，舞蹈者还是尽可能地靠近它，用他们棒头上的羽毛球点火。当一个人成功了，小球燃烧起来，他立刻替换上一个事先准备好的新羽毛圈，这便是新太阳的象征。于是欢乐的呼声响彻四周。

仪式的高潮是对日出象征性地模仿。开始，出现16个男人，一个篮子中装着太阳像，他们围绕一个高柱唱歌和跳舞。突然他们往回移动，这时太阳像缓慢而庄严地在柱子上升起，并在柱顶停留片刻，然后降下隐没不见了。

黎明快到时，结束了仪式。涂着白色的舞蹈者再次出现，点燃一片正在冒烟的杉树皮，以一种模拟舞蹈表示战斗，并且跃过即将熄灭的火焰。仪式地点周围的松篱原来仅在东方有一个入口，表示太阳由那里来。当真正的太阳在天空开始自己的旅程时，东西南北都打开豁口，表示太阳向各方放射光芒。

广场中心和篱笆四个入口的太阳图画，出现在印第安人许多艺术品之上。墨西哥的火神，就称为"四方的主人"。这种象征性的画中心有一个代表太阳的球，由此引出四根线条，结果形成一种十字形装饰。在北美印第安人装饰艺术中时常出现的多种十字形，都不过是象征性的太阳画而已。

其他许多原始部落也举行同样的仪式，虽然并非都是那样苦心经营的。南非贝丘纳人（Bechuana）每当阴沉的早晨，必要邀请太阳来穿透云层。太阳氏族的头人在家中点燃新火，部落每个成员来取一点火种到自己小屋中去。

一切火的崇拜都起源于太阳崇拜，但其形式是多种多样的，像印度教徒、袄教徒、古代墨西哥人和其他地方的人，对火的崇拜各有不同。火时常是太阳的代表。

关于各种形式的祈雨的巫术，也不是无关紧要的。因为对植物来说，祈雨和祈求太阳同等重要。这些仪式的中心便是对雨的模仿，如把水流在地上，或者像澳大利亚某些地区那样甚至从切开的静脉中抽出血来；用到处散播的羽毛象征着云；偶然还用小的石英晶体抛向妇女，妇女们为了躲"雨"用树皮来保护自己。农业部落在干旱时节，把水洒在种植地，或以一种"邀请"方式玩水以便引雨。

巫术的关系不仅存在于事物及其类似的模仿者之间，事物和其名称之间的联系也是同样神秘的。甚至哲学家们，如柏拉图和亚里士多德，也相信事物名称像看不见的核一样包含在事物之中，而且事物的性质正是由名称决定的。仅仅在最近两千年，欧洲中部人民才发展出这样的概念，即名称仅是所指物体的符号，而事物是在我们描写它们的名称之外独立存在的。愈古老的文化，关于事物及其名称几乎合为一体的观念愈强，这一信仰就是巫术咒语和巫术言辞或呼叫的来源。对想要之物进行哑剧式模仿，时常混合以巫术言辞。有些澳大利亚部落仪式性地宣布他们猎物的名称，用来"加强"他们的丰收舞蹈。

这些关系到食物和太阳、雨水之类自然力的巫术行为，具有主动的、积极的性质，而另一类对人类有影响的巫术，时常是多少带有消极性。针对人的巫术，大约起源于人类本能的表达感情的姿势。我们当想到一个仇敌逃走了，或者有某种规定禁止我们去和他算账时，会不由自主地握紧拳头。原始人也有同样的感情反应，他们是经常带着武器的，会本能地做出一种威吓敌人的象征性动作。假如敌人不久以后偶然病倒或死亡，于是自然而然会推想原来姿势就是发生效果的原因。一旦这样一种因果关系建立起来，便导致出威吓的姿势能使可恨的人生病或死亡的信念。姿势因而发展为有意识使用的巫术行为，这种行为被肯定为能摧毁可恨的人。"人身巫术"便建立在这一信念之上。

马来半岛的奥兰贝纳人（Orang Benua）相信，他们之中某些术士有本领能在很远距离杀死一个仇敌，只要用匕首或其他武器对仇敌住处的方向简单地指一下即可。某些澳大利亚部落土著居民对预想中牺牲品的方向，投掷人骨做成的魔箭，他们相信这一支箭会一直飞到那倒霉的人那里，穿透他的身体，而不会留下可见的伤痕，其结果是使他突然生病，可能死亡。其他部落以一种小矛用于同样的目标，巫师在黑暗中进行深呼吸，同时把矛投掷出去。就是一块尖骨或一片木头，如经过对它唱着或念着巫术言辞，也可以用作巫术工具。

可怕的是一个人知道自己是这种妖术牺牲品时，时常会因此

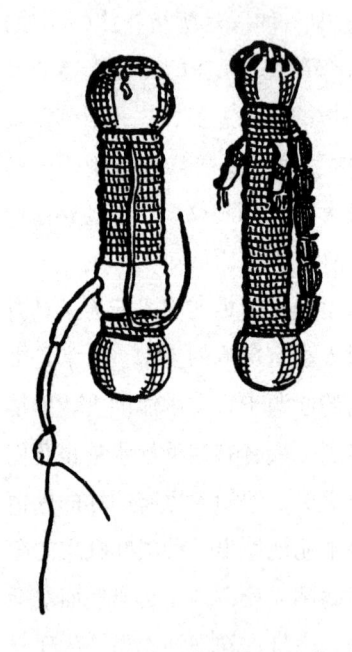

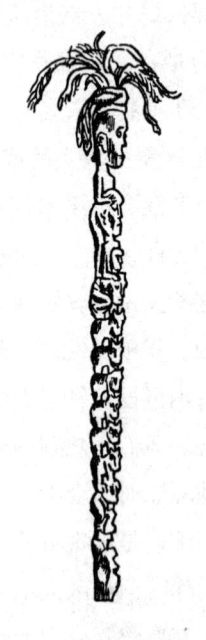

图 254　南非祖鲁人施行巫术用的偶人

图 255　婆罗洲巴塔克人的巫术杖

真的死去，因为他和仇敌一样强烈相信这种巫术行为的效果。在澳大利亚，一个土著居民在自己所有物中发现一片奇形怪状的尖骨头，其意义确切无疑，他感情上受到强烈震动竟达到如此程度，以致他开始苦恼起来，拒绝进食，有时即因过分紧张而死去。比他和他的仇敌更为强大的超自然力量"显灵"了，他注定要死亡的。

所有这些巫术病症，他们相信都是由于一种外来物件（如骨头、木头、石头或其他）所造成的。巫医的任务就是在这些受害人身上去掉外来物件，假如他们还想幸免的话。巫医用吮吸、挤压、唱歌和其他动作，来从事这项工作；而且所有高明的术士对于如何产生明显效果，还各有自己的私人秘密。

图 256 南非的纳塔尔的祖鲁人施行巫术戴的鹫皮

由人身巫术的最古老类型产生出许多种较晚的形式，都是通过对类似物的动作中取得巫术效果。对能使对方痛苦的微小细节，都要做出动作，认为他们会真的遭受这样的打击。

西伯利亚堪察加（Kamchatka）居民之中，当一个小偷不能被辨认时，便把动物的腱投入火中，认为罪犯身体相应部分也会痛苦地起皱，而把他暴露出来。在欧洲有些地区，一个被遗弃的姑娘半夜里用针刺她那不忠的情人的画像，或者刺画像前的烛光，说道："刺这光，我刺我所爱那个人的心。"她相信，她那薄幸的爱人一定会死亡。

体内的痛苦时常被归之于魔鬼在肠子上打结。无怪乎拉普人不希望他们衣服任何部分有"魔鬼弄出来的"结。德国某些农村地区至今仍流行这样的观念：病痛是女巫在人体某些部分打结而造成的。

在阿拉伯，用类似的巫术行为来辨认罪犯。巫师把全村居民集合起来，以他为中心围成一圈，所有人坐下来，他把一枚大钉敲入土中，念唱神秘的咒语，然后说："起来！"所有人都站了起来，仅有一个人肢体不能动弹，还坐在地上，这就是罪犯。罪犯自己信仰这种万无一失的侦探方法，故使这种方法生效了。

所谓"生命树"观念，是类似人身巫术的另一例证。在这种情况下，人的命运是和一棵新栽的或选定的树联系在一起。树发生什么事，皆要落在人的头上。

但是，象征性巫术行为，不仅可用来蛊惑人，也可用来去掉敌方投来的蛊惑，或者作为一种预防的方法。

有些欧洲村民用椅子的坏腿做成夹板，来治疗大腿的骨折。许多"禳祓"仪式，都是为了从人体中去掉病因。突尼斯的病人，特别是风湿病患者，从凯鲁万（Kairouan）清真寺两根柱子之间狭窄的地方挤过，借助摩擦来解除自己的痛苦。日本人在禳祓日跳着通过草织的环，使自己免除疾病。堪察加居民爬过木制的圈，来净化身体和灵魂。基督教的洗礼，是对新教徒的灵魂加以防御性的净化。

画猎物的像，在最早文化中时常是巫术狩猎仪式的中心，后来与此相类的是画人的像，针对它举行类似的巫术行为。人或东西的一部分画像，也可以用于巫术的目的。无论画像发生什么事，据认为在真人真物上也会发生。

姑娘象征性地刺蜡烛来杀死她那不忠的爱人，遵循的也是类似信仰。假如她以蜡制的心代替蜡烛，她的巫术就成为"画像巫术"一个真正的例子了。地球上到处都知道借助于画像的巫术行为。在马来半岛用蜡制成人像，来对"原主"进行诅咒，刺人像的眼会使他眼瞎，刺人像的头使他头痛，刺人像腰部将使他得胃溃疡,等等。假如要他死,就把人像从头至足地刺,并且就像对待真人身体那样把它逐步肢解。

有些美洲印第安人,按照真人形象熔制一个蜡像来"杀"他;或者把代表牺牲者的草人烧掉。马来人把一个男子和妻子的模拟像背靠背地系在一起,以"造成"他们婚姻的苦恼,这样就会使他们"彼此谁也不看谁了"。

这类画像巫术,绝不局限于原始文化,在历史时期也曾实行,甚至到我们的时代还存在。罗马人把它看成是去掉仇敌的一种合乎逻辑的方法,他们用蜡和铅做成仇敌的像,然后念咒语把它摧毁,想这样来杀死仇敌。中世纪悬吊模拟人像的习俗,一直存在到今天。甚至靠近奥地利的施蒂里亚(Styria)地区,还在念咒帮助下用锥刺进蜡制偶人的"心脏",来使真人得病或死亡。北英格兰农村居民仍然相信关于一个妇女的故事:她得了病,病得只剩下皮包骨,没有医生能帮她的忙,她另找村庄中奇妙的江湖医生。他要她寻找出那带给她不幸的东西,她终于找到一颗羊心,完全被用针刺穿,把它烧毁之后她就病愈。羊心被用来作为她自己的心的巫术代替品了。

与主动性画像巫术相适应,防御地借助于画像或象征性物体的巫术也发展起来。正像一个人或其心脏的像可以用来伤害活人身体相应部位一样,类似的摹拟像也可以驱除疾病。在认为恶魔进入人体会使人得病的地区,就对这种恶鬼的像——时常是动物的形象——加以刺击或射击。我们从《圣经》上知道的驱赶替罪羊的活动,就起源于古代驱赶病魔的"治疗"方法。仅仅在"罪恶"的概念发展起来之后,替罪羊才成为一个家庭或一个人免除罪过的媒介。犹太人在"赎罪日"(Day of Atonement)让一只山羊或一只鸟驮载着他们所有罪恶,把它驱入沙漠。印度的巴达加人(Badaga)在葬礼中把死者所有罪恶交给一只幼鹿"负载"，在大声呼喊中把它赶走。

在病痛被理解为神的惩罚的那些地区，要将病人像或生病部位的像奉献于神，希望他取走祸根。天主教的献祭起源于这种信仰，将各种材料做的全身像献给圣灵；或者将心、腿、足、臂及其他器官置于祭坛之上，以此治疗四肢和内脏的疾病。海涅在其《到凯维拉朝圣》一诗中对这种虔诚的信念有所描述：

> 谁供献一只蜡手，
> 将治疗他手的创伤；
> 谁给神一只蜡足，
> 将治愈他的病肢。

在德国的巴伐利亚，慢性头痛患者用烧土做成真人头一样大小的头像，内填大麦，悬挂于敬神行列通过的道旁树上。在法国的卢尔德之类的圣地，小教堂中填满了病愈者的手杖和撑拐，作为谢神的礼物。在马赛港的圣母院的美丽教堂（它的塔高耸于马赛全城之上），成百个船的模型在拱门上摇曳，这是船长们因为自己的船只在暴风雨中为圣母玛利亚所救而献上的礼物，或者是在远航之前他们希望用巫术方法保护自己的船只。

画像巫术另一变种的信仰是：生物的影子也是他一部分或者就是他的灵魂。假如一个巴苏托-尼格罗人（Basuto Negro）的影子为鳄鱼"捉住"的话，他就要死掉。在所罗门群岛上，一个人若踏着国王的影子要处以死刑。在马来群岛上，刺人的影子会使他"得病"。古代斯瓦比[1]的法律规定：一个自由人若为农奴所侮辱，允许他仪式性地打击犯罪者影子的颈部作为补偿。

---

1 斯瓦比（Swabia），古代欧洲一个公国名，大致位于今德国的巴伐利亚。——译者

人们普遍不愿画像或照相，这可以追溯到同样的来源。许多原始人相信，掌握了他人画像，就可以对他施展巫术力量。在阿尔及尔的卡斯巴（Casbah），拍摄美丽的景色和那里的居民，至今仍是一项冒险的工作。艺术家坎内（Kane）画了一个印度首领的像，后来他被严肃地询问：是否种下了能使首领生病的病因。当他用烟草为礼物来抚慰他的"模特儿"时，"模特儿"提醒他说：对冒着生命的危险来说，这点礼物未免太少。遇到麻烦的画家最后将一个复本伪充原画当众毁去，以此平息部落的不安情绪。

伊斯兰教有描绘人像将会伤害其灵魂的信仰，禁止一切人像的绘画。因此之故，在清真寺中至今仍是不设像的。

人的名字和影子或画像，具有同样的巫术性质。神灵、魔鬼或死人勾魂时常是通过呼喊人名来完成的。呼喊人名时常是反复进行，正如《浮士德》中所说："你必须说它三次。"关于人名被人知道会使他暴露在巫术报复行为之前的恐怖，引导出某些澳大利亚部落这样的习俗，即只给小孩起名，他们太小了，不会有什么仇敌。当孩子长到青春期，名字即丢掉了，他们仅仅以父亲、兄弟、叔伯等相称。

在澳大利亚东南部的吉普斯兰（Gippsland），人的名字是严加保卫的部落秘密，因而使外来者不能用邪恶的巫术来伤害那些名字的主人。许多美洲印第安人禁止指出名字，说到某人时仅用嘴指一下那人所在的方向。有时以绰号代替真名，来保护其所有人。这种习俗在近代罪犯之中非常流行。在阿比西尼亚，男巫若不知道人的真名便无力加害于人。对许多部落来说，略提一下首领或统治者的名字就是忌讳。婆罗洲生病的孩子要换一个新的名字，使他得到新生。

与名字巫术密切联系的是普遍存在的诅咒巫术。对一个不在场的仇敌做出威胁的姿势，时常再加上咒骂或诅咒："你死吧！"或"我杀死你！"当象征性动作完全没落而口头的威胁取而代之，诅咒巫术的力量便以最强有力的形式出现了。

所有严肃的发誓、诅咒，都可上溯到这个根源，甚至我们的法庭也要在证人的证词上加上"凭上帝发誓！"。所谓神判法有同样的起源，由上帝或超自然力量在公开考验中决定：一个人所说是否属实，是不是一个罪犯。在神判时，罪犯或无辜的人都必须拿一件危险的东西，吃下或喝下毒药，或者从火中走过，来证明他自称的无辜，其结果将决定他的命运。这里的毒药有时实际上是"无害的"，只是由于罪犯的良心发现和坚决相信考验他的这种饮料有不可思议的性质，才使他自我暴露。在那些使用真正毒药的场合，呕吐作为无罪的证据，不能吐出致死的饮料的就是罪犯，应该死去。

书写下人的名字，和画人像及呼喊人名一样，可在同样的情况下使用。印度教徒为了增加巫术力量，对施行法术的人像模型写下姓名。印尼的巴厘人（Balinese）要弄死一个人，便在寿衣或棺材上写上名字加以埋葬，以代替其本人。人的名字写在纸上，象征性地悬吊或焚烧，也可以摧毁本人。书写神的或非神的名字，和巫术物件的使用结合起来，便形成护身符、符箓或保证好运的符咒。整个伊斯兰世界，都盛行佩戴小袋子，内装写着神秘的词句、古兰经的语录和其他符号，作为保证好运的符咒。

上几内亚一个土著居民，有一次对白人探险者骄傲地出示他的巫术护符。这是一片纸，上面写着德文，责骂护符的主人是该地区最大的无赖。

为了增加书写下词句的力量，伊斯兰教徒有时把写的东西和水吞下，或者用一种金属碗喝水，而把巫术的词句刻在碗上。中国医生当药方不能很快配成时，便把药方用墨写出来，由病人和

图 257　刚果用河马牙雕成的护符

图 258　受崇拜的陶罐（西非）

水服下，或烧成灰由病人吃下。日本人流行的发誓方法是在纸上写出严肃的誓言，烧成灰吃掉，假如发誓者是一个说谎的人，据说这灰将成为毒药把他毒死。

有力的巫术还有从一个人身上取来物件，然后对他进行邪恶的诅咒。这样的物件有指甲、头发、唾液，甚至还有衣服碎片、武器零件等，都被当作人的一部分——他灵魂或精神的一部分，可以像人本身一样来对付。这种习俗遍布全世界。

在摩鹿加，人们要杀死仇敌，便搜集其遗弃的咀嚼物残渣、头发和衣服碎片，把它们混合物分别装入三个竹筒，一个埋于棺材之下，一个埋于那人房屋的台阶下，一个抛入大海。这种方法被认为可以万无一失地杀死仇敌。

从上述巫术信仰已发展出这样的习俗：所有可能为妖巫所利用之物要立即加以销毁。中非一个强有力的统治者——毛塔加姆乌（Muatajamwo）吐痰，一个奴隶立即把它埋掉，并把土弄平使该地点无法辨认。南海地区的首领们经常后跟一个随从，带着痰盂，对盂里的东西要秘密加以处理。

在捷克的波希米亚，房前留下灰土或废物仍被看成是危险的事，因为女巫会从中了解房内在干什么，并据此进行邪恶的勾当。在捷克的摩拉维亚，剪下的头发必须烧掉。在古老的苏格兰，落发和削下的指甲时常是要烧毁的。

这种有关个人废弃物的巫术，既然被看作是疾病的原因，故病人试图从自称巫师的人那里买回这些东西。在新赫布里底群岛，巫医靠搜集各种废物卖给原主，而过着舒适的生活。在挪威的塔纳岛，所有土著居民携带着小篮子，仔细收集他们的零碎物，当经过水流时便丢进去"淹死"它们。澳大利亚的纳林耶里人（Narrinyeri），把别人吃肉剩下的骨头尽可能弄到手，愈多愈好，以此掌握本部落其他成员的命运；如有人成为他的仇敌，他就容易用巫术方法来对付。

许多爱情巫术（这种巫术流行于全世界）的信仰者，时常用爱人的所有物或身体上的东西，迫使他或她回心转意。这些东西时常捆成一束，并通过巫术的发誓使它更为有效。例如，在霍皮-印第安人之中，贝格里霍勒（E. Beaglehole）曾对这种巫术如何进行有所描述：

> 一个男人钟情于某个姑娘，把她一些头发、唾液、一片围巾或织出来的腰带上的线偷来。把这些东西和一根祈祷羽毛放在一起，系在小袋子里。他祈祷姑娘将要喜欢他，并把小袋子放入口袋或系在腰带下。姑娘据说会"肚脐眼下起火"，而且只要他携带着小袋子，她每晚都来拜访他。这种爱情巫术是危险的，姑娘和这个男人可能会因爱情而发疯致死。当男人对姑娘厌倦时，他便把那些引诱物付之一炬。假如他爱上另外的女人，他又做了一个新的小袋子。

人身巫术还有一种奇特的形式，是利用人走路或坐在地上留下的印迹。这样的印迹挖起来放在容器中干却，土一旦消失，那人的健康也就衰退了。马来人用这种印迹的土做成人像,火烤或"杀掉"。这种类型的巫术也为谈情说爱者所利用,希望迫使对象们回心转意。巴尔干半岛上斯拉沃尼亚[1]南部农村的姑娘,把对她们不忠的情人的足印泥土挖起来,在其中种一棵"永不凋谢"的金盏花,她的情人的爱情便将像这花一样盛开而且绝不凋零。

巫术的世界观在人类文化最古老形式中,有力地发展起来。在农民之中,它转而支持一种关于死者及其灵魂的力量的强烈信仰,这种信仰在古代发达文化中发展到了新的高度。

在我们自己的文明中,尽管有近代科学的各项成就,仍然间歇地流行对巫术力量的信仰。特别在非常危险和感情极度紧张的时刻,原始人的世界观便俘虏了一部分"文明人"的意志。第二次世界大战期间,在避弹坑中和战场上许多士兵曾依靠某些保证好运的护符来鼓起勇气。这类物件被选来用于这样的目标,是和原始人创造的巫术密切相关的。

虽然在狩猎者和采集者文化中,我们已发现一种对死者灵魂力量信仰和认为死者随时随地继续存在的感情,但这种信仰并未强大到成为哲学和超越纯粹巫术因素的地步。这些只是在农业文化中才会发生。农民的经济形式和定居的生活方式,不允许在肉体上和精神上逃避"敌对的"力量,这就使崇拜死者成为他们世界观和全部生活的中心。在原始人心目中,死亡现象绝不是自然的,它是某种巫术带来的事情。有一种比死者强大的神秘力量征服了他,并抢走了他生活下去的能力。

活人身体中存在而死后即离开的东西,我们概念中称为"生命力",原始人就认为是灵魂。虽然原始人关于灵魂的内在属性和它的位置的概念确实是多种多样的。它可以是一个人的呼吸,也可以是他的体温、心、血、脑、肝、肾、影子或回声。它时常

---

[1] 今属克罗地亚东部。——编者

是能使他活着的一些东西。神秘的灵魂和身体不是不可分离的，这一点似乎可由做梦现象证明。当身体熟睡时，除去灵魂独自出外邀游外，还有什么其他东西呢？因此，灵魂存在于身体之外的能力就得到承认了。

然后合乎逻辑的结论就是死亡的时候灵魂永远离开了肉体。无论哪里，凡是人们相信灵魂有一个去处，便时常坚信死亡是因为灵魂厌倦了尘世才离开的。但这是后来的解释，开始是相信肉体和灵魂的分离只与巫术影响有关，而巫术影响是施展妖术的结果，是有人在犯罪。曾发展出许多办法和习俗来辨认并且惩罚这些有罪的术士。

那么，这些跑出来的灵魂如何活动呢？它去什么地方呢？普遍认为它是以一种影子的形状住在坟墓附近，虽然常常是时间不长，或者认为它在部落领土内到处走动，就像活人一样。在最早文化中，例如中部澳大利亚的部落中，我们发现一种与此并行的观念，即灵魂到一个明确规定的属于它的地方去了。一个孩子出生，那是一个老的灵魂离开这庇护所进入母体，当孩子长大后死去，他的灵魂只不过是又回到灵魂国土。他可以托生，也可以不再托生。这种古老轮回信仰，甚至在很原始民族之中即已发现，它是在印度发达文化中得到高度发展的托生观念的雏形。

这一观念又为种种附加的观念所进一步补充。当一个人被鳄鱼或老虎所杀时，他的灵魂便住进这些动物身中。假如一个人淹死，他自己便变成了水上的精灵。假如坟墓长出一棵植物，埋在下面死者的灵魂便存在于其中。尸体旁边出现的蠕虫，或是蝴蝶、臭虫、蜻蜓、鸟，特别是蜥蜴和蛇，均可看成是灵魂新的化身。死人甚至可以选择他乐于生活其中的动物种类。

尸体埋葬以前和埋葬以后的灵魂形象常有明显的区别。只要没有举行葬礼，灵魂总是作为一种带有威胁性的魔鬼停留在尸体旁边，甚至以许多可怖的伪装，出现在生人之前。在那些流行二次葬的地方，在最后仪式举行之前，灵魂一直住在尸体附近。假如一个人因为某些原因完全没有接受正规的葬礼，就宣布其为永远在活人之中游荡的孤魂野鬼。仅仅最后的正规的葬礼，才能抚慰死者的灵魂，这样灵魂才能自由自在地旅行到它的家中，即到该部落所设想的灵魂国土中去。有时灵魂国土和祖先来的地方是一致的，这是很久以前部落迁徙中废弃的地方，却仍然是灵魂的家。

灵魂国土的位置，时常与太阳运行直接联系。太阳神是引导死者灵魂去他们新居的向导。在所罗门群岛上，灵魂是和落日一起进入海洋。这一观念和太阳早晨升起就是出生、黄昏落下就是死亡的信仰是有密切关系的。因为地球上没有任何活的东西比太阳更早，太阳第一个"出生"，也第一个"死亡"。玻利尼西亚人有一个神话和这种思想相联系，即认为太阳神"毛以"不死，在他之后的人类也不会死亡。

太阳有时实际上成为死亡的原因，太阳神从天上用他的光芒来刺凡人，并把他们拉到自己的地方去，或者用他那光芒组成的网捕捉凡人，然后用矛把他们杀死，或者太阳被想象为光芒之网中的一只蜘蛛，是用网捕捉人类的妖魔。因此，墨西哥死神就是以蜘蛛为象征的。太阳神沿着绳子或梯子（以太阳光芒为象征）爬上天空，同时灵魂也是沿着同样道路旅行到他们的天国中去，这就是雅各之梦[1]中安琪儿们爬上爬下所用梯子的来源——安琪儿就是死者灵魂的人格化。在新西兰，葡萄藤可通往灵魂国土"哈瓦伊基"（Havaiki），祖先的灵魂又沿着同样的葡萄藤爬到地

---

[1] 雅各（Jacob），《圣经》中的人物。传为希伯来亚伯拉罕（Abraham）之次孙、以色列十二部落之始祖。安琪儿从天堂沿梯子爬上爬下的事，据说是他逃亡中在伯特利（Bethel）所见。——译者

球。在刚果王国，太阳祭司不被允许像一般人一样地死，而必须被吊在绳子上，沿着绳子他才能爬上太阳。

桥也可以通向太阳，或者船或独木舟也可运送死者灵魂到达太阳的乐土。希腊的船夫卡朗[1]的船，通过冥河（Styx）把死者灵魂送到地下世界，应出于同样的来源。

不仅桥或船可以把灵魂送往新居，动物（特别是鸟）也可以召唤来引导死者进入他们的国土。从这一观念发展出灵魂本身具有翅膀的观点。古代埃及人戏剧显示出这一发展的中间环节，在戏剧中人的形象和鸟的形象合为一体。古埃及鹰神荷拉斯明确具有太阳的性质，荷拉斯是王朝时期和前王朝时期国王们特有的称号。他们的权力中心在太阳城——赫利奥波利斯（Heliopolis），这个城的统治者就是以"哈克梯"（意为"住在地上的荷拉斯"）称号而著名的国王；鸟和太阳的结合本身，就表明了他那超越于人和灵魂之上的超自然力量。在基督教概念中，灵魂鸟的翅膀成为安琪儿的特色。

太阳本身可以描绘成一只鸟。我们仍然告诉小孩子：婴孩是鹳从池塘或湖泊中带来的，就是这种古老观念的再现。在古代许多地方，太阳是从水面升起的，而鹳由于它的红腿被相信与火相联系，因而也就与太阳相联系。

与灵魂旅行各种不同观念密切联系的是许多种原始埋葬形式，它们全起源于对死者灵魂的古老恐怖，或者像农民那样努力利用灵魂的力量为活人社会谋利。用闹声或诡计，来哄骗灵魂放弃他们的"罪恶的"意图，或者用食物和礼品来贿赂他们留在自己的地方，不要回到活人中来。在较晚文化中，这种观念引导出随葬的习俗，不仅随葬衣服、武器和装饰品，而且陪葬玩赏动

---

[1] 卡朗（Charon），希腊神话中的人物，他负责把亡灵渡过冥河送往地下，像中国民间相信人死后过奈何桥那样，要经过种种危险。——译者

物、骑畜和驮畜的灵魂，甚至还有奴隶和妇女在葬礼中被杀殉葬。尽可能杀很多的人，来使已死者灵魂快乐，这样灵魂就不会感到寂寞，而且不会再想给活人带来痛苦了。

据说所有灵魂希望有伴，故为他们选择旅伴而不要他们自己选择，似乎是聪明之举。为了使自己免被灵魂选中，有些部落杀死战争的俘囚或中计的外来者，这就是东印度群岛臭名昭彰的"科彭斯内仑"（Koppensnellen）习俗的起源。"科彭斯内仑"的牺牲品是那些不加戒备的寻找蜂蜜者和寻找水源者，埋伏者以突然袭击来杀死他们。所有这些行动都是为了在灵魂想要行动之前就满足他们。因为亲属多半是灵魂渴望报复的对象，又因为亲属会把这带有传染性的危险传给别人，他们不得不隔离一段时期。在此之后，他们必须时常举行特殊的禳祓仪式，来确定他们是否已从"死亡的毒药"中完全解脱出来。

另外的预防性措施是不要指出死者的名字，因为如前所述，宣布他们的名字会使他们可怕地显现。

图259 新几内亚的杀殉习俗——"科彭斯内仑"

从对死人的恐惧发展出相信死者灵魂有很强大的力量，这使得活人想从这种力量中获得利益，就像从其他自然力量中取得利益一样。要做到这一点，就必须使死者的灵魂尽可能地留在近处，而且又是在规定的地点。祖先的形象就是为这个目的服务的。

在澳大利亚中部，扁平形木头或石头代表一个男人或女人的灵魂，在出生以后就立即准备好。每个土著居民都有这种"灵魂木"或"灵魂石"，称为"哲仑加"（tjurunga）。虽然死者灵魂回到另外地方去了,"哲仑加"仍保持灵魂的某些内容。因此之故,活人们搜集从祖先直到新近死去的人的"哲仑加",看作最神圣的财富。这些祖先的灵魂石,全部搜集起来藏在部落区域之内,为了举行神圣仪式时使用。当举行成丁礼或为使食物供给取得更大增长时,它们的力量是会合起来进行"帮助"的。北部澳大利亚的"纳坦贾"(nurtanja)和中部澳大利亚的"万宁加"(waninga)是具有类似意义的东西,它们是由矛和人发扎在一起做成的,上覆红色和白色羽毛,在其顶上悬挂着一些"哲仑加",供仪式中使用。

从这些"灵魂木"和"灵魂石",发展出农民的祖先像,其中有很多是很著名的。但这些祖先像不是一个人生前或出生时制作的,而只是死后才制作。它们和活人的灵魂不能等同,但却包含另外的东西,即"死去的灵魂"。在它们发展过程中,除去宗教的和巫术的意义之外,又寓有纪念性标志的意思。

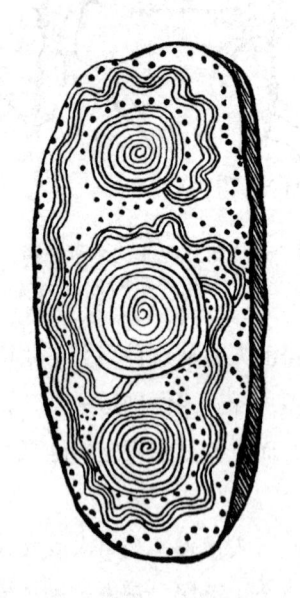

图 260　澳大利亚中部阿龙塔部落神圣的画石——"哲仑加"

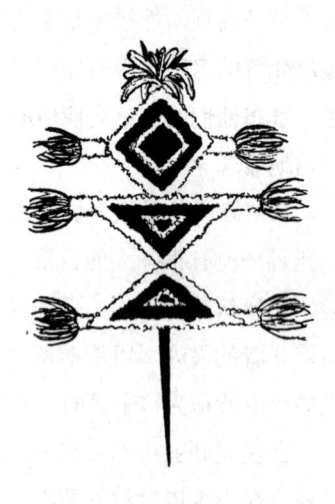

图 261　阿龙塔部落蜘蛛图腾集团神圣的"万宁加"

第十三章 巫术和不可知的力量 339

图262 海地人的祖先像

图263 印尼人的祖先像

图264 刚果西部的偶像

图265 荷属新几内亚[1]的祖先像

图266 南刚果乌鲁阿河的偶像形节杖

---

1 今印度尼西亚东部的巴布亚省和西巴布亚省。——编者

图 267　俄克拉荷马州保尼人部落的巫术束

在人造的祖先像处，死人的头骨或骨骼也作为含有"灵魂力量"之物而受到崇拜，并且这两种类型的偶像，偶然还结合在一起出现。

既然头骨时常被当成灵魂的座位，自然就要获得它、保存它。假如它属于一个杰出人物如祭司或首领，更是如此。头骨崇拜不限于对祖先的头骨，而且扩展到任何能获得的头骨，无论它是朋友的还是敌人的。

从死人崇拜和头骨崇拜，发展出面具崇拜及舞蹈和表演。刻成的面具，象征着灵魂、精灵或魔鬼。

但是，不只是人才具有强有力的灵魂。在所谓"万物有灵论"的世界观中，植物、动物、天体、山脉、河流，都被原始人赋予与其本身相等的灵魂和精灵。许多非洲土著居民砍树，在砍第一次后立即要倒一些棕榈油在土中，这样被激怒的树的灵魂就会从"攻击者"那里被引开，他因而可以免遭报复。北美印第安人乞求猎物原宥的习俗，出于同样的信仰。

爱斯基摩人对被杀动物灵魂的态度，自己有详细的解释。他们相信，海豹和鲸鱼生活在盐水中，经常口渴，它们所以允许自己被杀死，仅仅为了猎人会给它清水喝以作为报答。假如猎人在它们被杀之后忽略了倒一勺水到它们嘴中这一仪式，其他海豹会立刻知道，将不再给这不可靠的猎人以杀它们的机会。北极熊因为会舐雪，是不会口渴的，但雄熊却渴望获得人类的工具，如弯刀或弓钻之类，雌熊则想要妇女的小刀、刮刀和骨锥。斯蒂芬森说：

> 结果，一只北极熊被杀时，它的灵魂伴随着毛皮进入人的房内，并和毛皮一起停留几天。当此时期，毛皮挂在房屋末端，和毛皮挂在一起的是熊想要的工具，挂什么工具根据熊的性别而定。在第四天或第五天后，通过念咒把熊的灵魂驱赶出屋，当它走出时便带走了和它悬挂在一起的工具的灵魂，并在今后使用它们。

爱斯基摩人的猎人及其妻子用这种方法小心地公正对待被杀动物的灵魂，假如他们忽略了，不仅在动物之中而且在人们之中，都将声名狼藉。动物将"避开"杀它的任何尝试。"某些妇女在社会上就以这种非常不好的品质而闻名。假如这样一个妇女成了寡妇，她那不能小心地对待动物灵魂的名声，将阻止她得到第二个丈夫。"

正如上述"工具也有灵魂"的信仰所示，在万物有灵世界观中无生命的物件都是具有灵魂的。而且制造工具的工匠，特别是铁匠或木雕匠，也是神秘的有时还是危险的人。他们可以影响所制之物的灵魂。

甚至性善和性恶，也可归因于住在人们意志中不同的精灵，而病魔是从死者灵魂中发展出来的，它自由自在地到处游荡。它们以精灵和妖精的形式出现，与它们战斗或奉承它们的方式与人们认为能有效对付死者灵魂的方式相同。

从所有这些例证中，我们看到原始人世界中散布着看不见的精灵和生物,它们可以是活人的朋友,也可以是活人的仇人。它们都需要被给予特殊的照顾,这样才能倾向于友好。而它们未来态度如何是可以由有智慧者预卜或加以解释的。鸟的飞翔、水的流动、动物的内脏、投掷棍棒落下的方位或神圣动物移动的方式,都能暴露出那些沉默而又强有力的灵魂的意图,人们可据此指导自己的行动。从这些占卜的信仰,发展出掷骰子和玩纸牌的游戏,而借助纸牌或茶叶来"预测未来",可以上溯到这些非常古老的概念。

对灵魂力量的信仰和神话的最早形态(原始人对包括天地在内的伟大自然力量按照自己经验模拟其形象),最后都在相信有一种超越于人之上的超自然力量的信仰中,得到最高的表现。众多的神高踞于凡人之上,他们之中有许多是以特殊的作用和品质相区别的,差不多每一个都显示出从较早文化的观念中发展出来的痕迹。

古代发达文化中许多显赫的神祇,在外貌上仍然保持某种动物的属性。埃及神的体系特别提供了显著的例证。太阳神荷拉斯有一个鹰的头,他是吐火蛇(闪电)的主人,他靠吐火蛇的帮助来摧毁敌人。月神托恩(Toth)有一个白鹭的头。死神阿努比斯(Anubis)是蛇头。神的动物属性有时仅保持在乘骑方面,他本身还是具有人的形式。印度湿婆神(Siva)是一度被想象为一只公牛的老太阳神,现在是人的形象而骑着一匹棕红色的公牛。正是湿婆神作为一个太阳神,从黑夜的厩舍中把牛(光)解放出来。

作为宗教崇拜最古老形式的舞蹈,也被许多发达文化采用为神的一种性格。墨西哥人所有神祇都在舞蹈,他们被画成足上有铃,有乐师作为他们经常的伴侣。

祈祷,特别是固定的公式化的祈祷,和古代巫术咒语的关系

图 268　多哥闪电神的象征

图 269　西藏人神圣的祈祷词——"唵嘛呢叭咪吽"（以不同字体呈现）

是显而易见的。在西藏喇嘛教中，相信巫术性反复背诵的效果，由此引导出经常使用的转经筒，它为了虔诚教徒的利益而转动着"唵嘛呢叭咪吽"的神圣咒语。这种祈祷咒语有趣之处在于这样的事实，即所用的言辞和祈祷者个人心愿已没有直接的联系。祈祷者分明相信，咒语引起一度召来的神祇的注意，神就会自动地关心他的信徒的需要。所谓西藏的转经筒就是内有一片纸，上写神圣的言辞，借助附加上去的曲柄转动，就能当成祈祷者不停地"念经"，能毫不费力地重复千次以上。[1] 这种装置和原始人舞蹈中所用的拨浪棒停留在同样的水平，它们都是和古老的"巫术歌唱"相结合。这种转经筒有的是庞然大物，

---

[1] 这里描写的转经筒，很多藏族地区都有。小的手持旋转，大的是一个木制圆筒被安置在一根竖轴上转动，上书六字真言。——译者

在日本它是由一群"祈祷者"才能转动的，有的转经筒竟由水力或风力来驶转。

表达简单要求的非正规的祈祷，也同样古老。它们曾经是而且至今仍然是伴随着奉献神祇或精灵的礼物，以赢得它们的友好。最早观念中神是一种捉摸不定的东西，但能以礼物、牺牲或发誓来满足或影响它们。忽视这些奉献，将使神发怒。要由人类创造出一种自己和这些存在于可见世界之外的神之间的友好关系。神是高尚者的概念是随着道德观进入宗教领域的。

不同的人类天堂中，知识之树是一样的，仅所结的果种类不同。"善"和"恶"的概念没有绝对的标准，随着文化不同而异。上帝和众神主管着道德法典的实施。这些道德的性质是一个部落不同于一个部落，一个民族不同于一个民族，并且受制于历史的发展。

较发达的文化把神的影响扩展到死亡之外，神作为审判者，根据地球上每个人道德行为分别给予报偿或惩罚。仅有一个后加的因素不在这一概念之内，即基督教地区认为上帝有赦免权。

原始人以自己的形象创造了自己的神，神时常被赋予人类的愿望和爱好。在此以外神还有人类所没有的力量。正像世界上一些伟大的宗教那样，对这些力量的信仰建立在忠诚的基础之上。这种忠诚引导出神创造人的信仰。

牧师传教部分地或全部地代替了巫术和古老神祇的权力。但是，除非该部落的原始文化全部被摧毁，否则，基督教的教义和概念只有适合部落一般世界观才能全被吸收。尽管牧师在原始人之中连续不断地工作，白人努力的结果只不过是时常取得一个原始宗教和基督教的混合物。在这方面，拉丁美洲印第安人部落在"复活节前的一周"（Semana Santa）举行的节庆活动，提供了很好的例证。因为这里新的基督教信仰和古老的巫术神话相混合，

图 270　危地马拉的凯奇－印第安人庆祝复活节

是显而易见的。

　　仅仅当这样一些莫名其妙的信仰、神祇和忠诚成为原始部落世界的一部分，才能为原始崇拜者的思想所接受和能够接受。人再一次创造了他的神。

第十四章 每件事物都有自己的故事

即使在最寂静的荒野中,原始人仍为许多非其族类的精灵所围绕着。精灵的善和恶,与原始人的活动、希望和命运有直接的联系。他的动物邻居,他的植物朋友,他的星星祖先,他那些住在太阳、月亮、火山和河流中的神,都永远围绕着他。原始人和这些精灵连续不断地打交道,使得他的生活成为一部以永无休止的冒险为标志的令人激动的传奇。

原始人不能把这些冒险写在什么神圣的或世界性的著作之中,他借助传说来安慰自己的灵魂。传说在原始人环境中的重要性远远超过文明世界的发言。夜晚在小屋中、在营火边和在公房里的聚会,已成为强烈的精神交流的中心,超过了娱乐的范围,因为这里讲给后代的是有关古代的传统,后代将要一代一代地记住并传给自己的子孙。

古代的故事时常以这样的句子开始或结束,"那是这样传给我们的"或"老人是这样说的"。这不是没有理由的。原始人的神话是他们的《圣经》和历史书,是他们礼仪的法典和词典,是他们充满古代智慧的百宝箱和详细的心理学,最后的而同样重要的,还是他们的笑料和智囊。这些神话有一点是共同的,即它们都不是"虚构的",不是异想天开的(像我们听神话时所认为的那样),它们对讲者和听者来说,都是确实的真事。

没有成文历史的民族思想中所形成的和保存下来的神话,是一个充满珍珠的海洋。我们从其深处捞上来的一些,只不过是神话宝藏的一小部分。

原始人神话的主要特点在于对人类和自然环境不加区分。人、植物、动物、自然现象、天体、传说中的英雄和神,所有这些都在同等基础上和根据有关部落生活方式设想出来的环境中进行活动。原始人对外界事物的体质结构和心理构造毫无所知,于是便以人类自身作为外界事物性质和属性的尺度,而且天真地把自己的感情和习惯变为事物的"感情"和"习惯",而有些事物按照我们的概念是根本没有生命的。物质、自然力、植物和动物,所有这些都像人一样地思想和行动。这就是为什么没有成文历史的民族的故事和神话是如此丰富多彩,如此绚丽迷人。

动物的"兄长们"[1]坐在一起集会,有礼节地吸着烟,严肃地讨论关于动物王国的问题。狗像它那从事农业的人类兄弟一样,拥有一块种植地;豪猪在闲谈中寻求公正;珍贵的植物的根只有对其灵魂简短致辞之后才能挖掘;猎熊必须郑重地乞求原宥。巴西印第安人对害他的"邪恶的"石头和伤他的箭,要加以打击。弄伤一个人颈部的树,要仪式性地砍倒。虎氏族的成员若被指控"谋杀",氏族另一成员必须被处死。

这样的习俗一直存在到我们的时代。美国法庭认为一条狗伤害人要负责任。古代希腊法庭判决一块木头或石头有弄死人之"罪",要把它们严肃地抛到公社土地边界之外。我们的孩子责怪使他摔跤的椅子和桌子,而且和玩偶、球及其他玩具谈话,这出

---

[1] 这里指的是原始部落,有些神话中动物和人类本是兄弟。——译者

于同样的根源。南非布须曼人相信，鸵鸟用弓箭进行狩猎。澳大利亚人对重要的机密消息，彼此要低声谈论，怕被某些动物偷听到而轻率地到处传播。

伟大的自然现象——白天和黑夜、太阳和月亮、雷、雨、暴风雨及其他，对原始人来说都是有灵魂之物的显现，它们是像人一样的"人"。太阳进行狩猎，月亮被捕机所捉住，云是从神的烟管中出来的烟。这些看法在我们自己语言中仍然有所表现。我们说，太阳"升起""照射""落下"，风"吹"或"叫"，暴风雨"咆哮"，雪"降落"，水"停止"或"流动"，所有这些用语，就好像描绘什么活的东西一样。我们现代物理学的术语也使用同类方法。我们以"马力"为计算单位，说速度"增加"，甚至原子也是"自己分裂"，直到在宇宙中为超自然力量所"击碎"和在铀中为人类所"击碎"。

隐藏在自然力"身体"之中活的精灵，在原始人世界中被想象为各种形状。在美洲西北岸，雷是雷鸟创造的，它拍打翅膀，发出隆隆之声和形成暴风。特林吉特人认为，有四个兄弟因姊妹曾和蜗牛交配而感到耻辱，一怒之下变成了雷。"当它们扇动翅膀时，你就听见雷声；当它们眨眼时，你就看见闪电。"

太平洋沿岸一个已经消失的部落——阿尔塞人（Alsea），当雷声四起时要进行预防，并用这样的话来平息雷的发怒："我的朋友，你躲开吧！"当雷有震破房屋的危险，他们跳舞，以棒代替雷击打房屋，并把木桶翻转过来使雷高兴。当暴风雨到达高潮时，一个老人站起来暗示性地向他的人民说："世间没做什么错事，老天这样做不会有什么坏的意思。"

在非洲潘格威人地区，闪电是"一个黑球"，它把"粪便"以树脂形式遗留在它所击过的树上，树脂要作为神物加以崇拜。

在喀麦隆的班穆姆人（Bamum）和蒂卡人认为，有三种闪电:"斧头",会劈树;"白猴子",像猴子一样会破坏种植地;"公鸡",会杀小偷。澳大利亚人把地震、暴风、大雨的同时并举,归于一个简单的来源:一个外貌像人一样但腿臂较短的蛇,它住在洞中,在凡人面前常以蛇、黄鳝或大蜥蜴的形式现身。杀一条神圣的蛇,就可以造成地震。火山之蛇——"乌瓦仑"(Uvalun)和一个妇女结婚后生了一个儿子,儿子来到山中,在那里坐着吸烟,向上空吐出石头和火。地震之蛇是人看不见的,它的头上有一个带有鸡冠似的巨大之物。

太阳可以是一个神、一个英雄,可以仅是一个人,或者可以是一根燃烧的柱子。太阳光芒是太阳神射向地球的箭,或者是把地球从海洋中钓起来的鱼线。或者如组尼人所说,太阳有两座房屋,一座在地球上,另一座在天空中,它在两者之间每天旅行一次。

月亮可以是一个男人、一个英雄、一个神,或者是一个妇女。特别是对月亮上的山,有许多神话来解释。"月中人"可以是一个男人、一个女孩,或者是一只蟾蜍(如里奥阿塔古亚地区传说),或者是一只青蛙(如北美某些传说)。日食和月食是由于为动物所食。俄勒冈州的克拉马思人(Klamath)在日月食时说:"灰熊吃了。"加利福尼亚州的迈杜人在日食时说:一个青蛙因太阳吃了它的孩子而被激怒,故追赶太阳并把太阳吃了。阿尔塞人认为,"乌鸦经常杀月亮,还有鹰、小鹰、猫头鹰也来杀,每当杀月亮时,所有鸟惯于会集在一起",但是"即使月亮消失了,它还要重整面容,像过去一样"。日食则是太阳被"杀",每当此时,一个盗贼总要因他的大量财富(长齿贝壳货币)继太阳之后而死。而且阿尔塞人的水桶都必须翻转过来,"因为当太阳被杀时,不希望水变成了血"。组尼人的月亮是"每月重生一次,十四天到达成熟期,此后她的生命则要衰落下去"。

太阳也可以是一匹白马。在较发达文化中马充当太阳神的乘骑，这种信仰就是印度以马为牺牲的来源。在德国的汉诺威仍然流行的一种古代宗教仪式，可归之于同样的观念。在圣诞节时期，一个强壮的年轻的村民骑一匹白马走过，向住户收集礼物，他就是太阳神的现身，以接受礼物代替古代的牺牲。12月26日圣史梯芬（St. Stephen）的骑者越过许多欧洲人的田地，向回来的太阳要求在即将到来的收获中赐予丰收，是出于同样的来源。许多国家圣诞游行中，在基督儿时化身前面或后面的圣诞老人只不过是古老的太阳神。

时间开始时天地不分，不少原始人的创世故事，详细描述如何从地球上把天举了起来。乌伊托托人（Uitoto）的世界是创世主奈努马（Nainuema）创造的，他抽烟沉思，拿起空的土地，用足在上面踩踏，然后从地上把天分开。组尼人描绘世界这种最早状态的古老故事，总是这样开始："很久以前，当地还是软的时候……"

古代埃及太阳神什乌（Shu），把天从地上分出来。记录这一事件的某些古老图画表明：地神吉布（Geb）是一个男人，他上面站着一个代表天的女神努特（Nut），两者均由他们共同的父亲什乌支撑着。在努特身体上，还有众神乘舟旅行。

太阳乘舟旅行于天空的海洋，是地球上许多民族所熟知的，但既然天和地在地平线上似乎是长在一起的，故人经常相信每天两者在西方要分合一次，而每天黄昏太阳必须从两者之间小裂缝中通过。这是一件危险的事情，太阳在悄悄通过时经常受伤，被挤掉它的尾巴或大腿。希腊人的"西姆普莱加代斯神话"[1]认为两块岩石能开能关，就出于这种信仰。澳大利亚人的太阳神只有一

---

[1] 据该神话，黑海原有两块巨石，经常相互撞击，直至伊阿宋（Jason）求金羊毛之船（"阿尔戈"号）通过后才停止不动，形成今黑海之入口处。——译者

只好腿，另一只在旅行中弄成残废了。墨西哥人的太阳神同样是个跛子，某些古老的法典表现出他的左边残肢还流着血，但这里岩石被鱼所代替。这一观念引导出鱼夜晚吃了太阳而白天又吐出来的"约拿神话"[1]和上述"西姆普莱加代斯神话"相结合。关于落日为黑夜所"吞噬"，早晨又"吐出来"，光亮之球便重新浮现的神话，也是很古老的。

美国西北部海达人以鲸鱼吞食乌鸦（后者是神话中太阳神的人格化）的故事，对日落和日出提出了自己的解释。他们喜欢把故事画在神圣的物件之上。

非洲祖鲁人（Zulu）认为，当黄昏时天空出现一片红色，便是太阳为河里的妖怪吞食而"死"。在那些没有海洋或巨河的地方，太阳是被一只象或狼吃掉。"小红帽故事"[2]只不过是"约拿神话"的翻版，少女头上戴的红帽子就是落下的太阳，狼就是夜晚。有些地方认为白天的光明为代表夜晚的巨蛇所吞噬，这种故事中的蛇渐渐变成了神秘的龙。中国人认为龙从海中捉走了太阳。中国皇帝是太阳之子，要坐在金黄色的龙座上，他的旗子上表现着带有太阳红球的龙。

在许多民族的神话中，地球上的生活开始于太阳从鱼（大地怪物）的黑暗的肚子中首次出现，或者是太阳从它游泳的盒子中首次出来。与太阳一起出现的生物，都曾逃入盒子中或船中以躲避洪水。在这里，我们认出了"诺亚方舟"[3]，它的祖先就是古老的太阳神。

---

[1] 约拿（Jonah），《圣经》故事中人物，希伯来之预言者，因违抗上帝命令乘船逃遁，被飓风吹入海中，船为鱼吞食肚中凡三昼夜。——译者

[2] 小红帽（Little Red Riding Hood），欧洲流行故事，内容为一个少女为变幻成人形的狼所害。——译者

[3] 诺亚方舟（Ark of Noah），传远古世界发生洪水，仅此舟上人幸免于难。诺亚为希伯来族一个族长名，方舟是他根据神的指示建造的。——译者

洪水故事属于人类最古老的神话。它出现在印度、波斯、希腊和北欧的故事中。墨西哥人知道它；北极和临近地区的狩猎者、南北美洲各族、美拉尼西亚人等，都讲述着它。但是，过去假想这种洪水神话曾传布世界，已被现代科学所驳斥。洪水故事没有在中国[1]和日本出现，在佛教经典或埃及人和阿拉伯人之中也未曾发现过。但迦勒底人（Chaldean）记录的洪水和《创世记》（Genesis），可上溯到公元前2000年。

各种不同的洪水故事，是人类想象中最令人入迷的部分。科学家卷帙浩繁的著作中填满了这个故事。它也时常被原始人选来作为生命起源，或作为发生一次或几次"世界末日"后生物如何保存下来的合理解释。下面从几百个洪水故事中选出的一例，是加拿大的东部阿萨巴斯克人（Athapask）讲述的洪水故事的节录：

洪水故事[2]

开始人类和今天一样生活在大地上。但某个冬天，一些不寻常的事情发生了。雪下得这样大，把全世界都覆盖住了，只有最高的松树才在茫茫白雪中露出尖端。所有在人类中生活的动物，都急忙奔向天空，寻找温暖。松鼠跑得最快，爬上最高松树的尖端，在天空钻了一个洞，从洞中进入了天界。这个洞便是太阳。所有其他动物也急忙从同一个洞中挤进去了。松鼠距离热源最近，故他的毛皮被烤焦了，这就是至今他仍是红色的缘故。

熊是天上至高无上的主人，不喜欢光亮像现在这样从天

---

[1] 作者认为中国没有洪水故事是欠妥的。如众所知，大禹治水就是中国的洪水故事。云南二十二个少数民族中，有十六个民族流行洪水以后一男一女得救使人类得以绵延繁衍的神话传说。——译者
[2] 采自佩蒂托特（E. Petitot）的著作。——原注

上流到地球上来，就用皮把太阳洞遮盖起来。这样，寒冷世界的天又黑暗起来了。熊和他的儿子们把所有天上的温暖都搜集起来，装在一个大皮袋中，挂在天上一棵大树上。在旁边还挂着一些贮存着其他气候的袋子，一个里面是雨，一个里面是雪，一个是好天气，一个是暴风雨，一个是寒冷。现在又有一个装着温暖了。熊和他的儿子们躺在树下，守卫着装着温暖的袋子，并且告诉其他动物说："你们不准偷它！"在这些动物之中，谁有力量敢和强大的熊对抗呢？他们差不多绝望了。驯鹿知道如何跑得最快，建议尽自己的力量试一下。他向熊游过去（熊守卫着的树长在天堂的岛上），在熊能阻挡他以前就抓走了袋子。熊取来了船，但他划桨时，桨坏了，因为老鼠已偷偷把它凿穿，作为自己对公共事务的贡献。这就给了动物们把袋子拿走的一个机会。袋子很重，动物们轮流地把他挂在杆上挑着走。在从天上到地下漫长道路中，他们每夜必须休息。当一天黄昏他们准备宿营时，老鼠的鞋子走破了，就从袋子上割一块皮来补。这一行动不幸惹了大祸。温暖从洞中流出来，带着这样可怕的威力，以致覆盖大地的巨大雪毯很快融化了，变为惊人的洪水，不断上涨，甚至把最高的山也淹没了。

一个白发的印第安老人预见到这一事件，当雪融化时就曾警告同部落的人说："让我们造一个大的独木舟来救自己吧。"大家笑他。他们说："假如发洪水，我们能爬上山，那里洪水是不会到达的。"但他们错了，水捉住他们，他们淹死了，连最后一个人也淹死了。所有动物在洪水中毁灭了。洪水标志着世界的末日。

只有一个印第安人得救了，即那个老祖父埃特西（Etsie），他不仅造好了船，而且把每种鸟兽各带一对在身

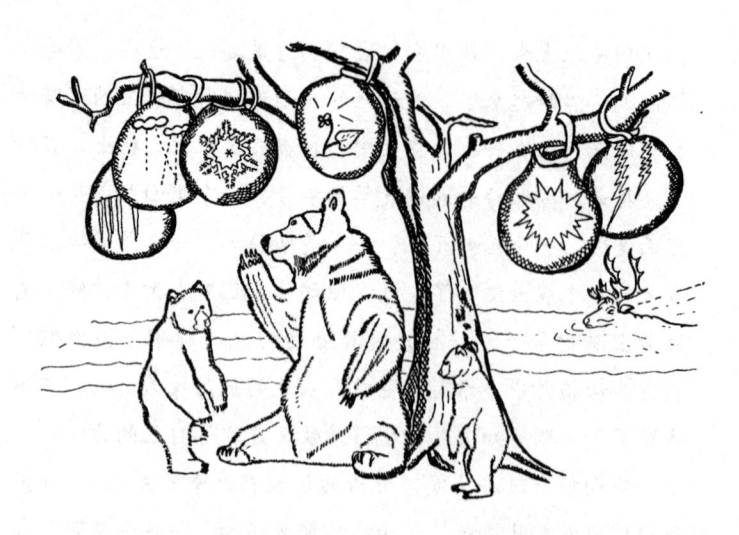

图 271　阿萨巴斯克人的洪水故事

边。动物们在埃特西的船上长期旅行，食物变得缺乏了，他们厌恶看见水，渴望土地，但毫无土地的痕迹。洪水毫未消失。所有水生动物试图潜水找到地面，但没有成功。鹰飞去寻找一些坚实的土地，也没有找到什么东西。鸽子试试他的运气，出外两天才精疲力竭地回来，嘴里衔来了一个松枝，他曾看见有些树的尖端露出水面。这就鼓舞了其他动物，他们开始再次潜水寻找陆地。鼠在试探中几乎淹死。水獭留在水里时间过长，几乎死去，在倒下之前说"没有"。最后，小喇叭鸭试试他的运气，当他浮上水面时，足趾之间带有一些泥土。他再试了一下，由于某种奇迹他成功地把大地举了起来。就是小喇叭鸭，把地球带回给今天所有活着之物。他是所有动物中最伶俐者。

原始土著居民的故事不仅解释了所有生物和物件（可见的或不可见的）的起源，他们生活中重要之事也成为神话故事的核心。动物的形状和颜色,都有"确实的"解释。负鼠有一张大嘴,是因为有一次对被它愚弄的鹿笑得过度。号叫的猴子决不下树,因为它害怕貘,它有一次偷了貘的笛子。动物现在之所以生活在丛林中,不像过去那样待在房内,是因为它们受一个人的儿子的哄骗。某些动物被认为掌握了灵巧的策略,身材很小,却以敏捷的思维胜过比它们身大的"兄弟们",我们的故事中的狐狸就扮演这种角色。在非洲和南美,海龟时常是聪明的家伙。有些动物以前是人,贪婪和自私的行为使"它们的手弯曲了"。但更常见的说法是动物乃人类的祖先。

有些动物被认为是"坏蛋"。像北方的狼獾是"印第安人的魔鬼",能从捕机中偷去诱饵,并松开捕机,它甚至偷食印第安人贮藏在窖中成束的珍贵毛皮。对非洲潘格威人来说,猫鼬"恩索姆"(*nsöm*)是偷吃鸡蛋的罪犯。

与此相反,其他动物则由于"高贵的"品质而受到崇拜。在非洲许多地区,作为短鼻鳄杀手的巨大蜥蜴是神圣的,潘格威人平等地对待它,并用它的形象作为心爱的装饰。在北极地区,特别是熊,那是和人同等看待的——假如不是高于人的话。"迫不得已"杀熊的猎人要把和解的烟管插入熊嘴;熊的尸体不能为妇孺所见,以免熊发怒。纳斯科皮人相信,所有动物都像人一样生活在部落之中,但熊却非如此,因为每头熊都"自成首领"。

许多乡土故事,结尾都有教育意义,它们就是为了教育目的而讲述的。它们警告一个人不要忽略了神,不要动邻人的财产,不要讥笑上年纪的人,等等;或者嘲笑那些有非分之想者,像兔子想仿效朋友海狸在冰河中钓鱼几乎淹死之类。

原始人故事中闪烁着他们所有的智慧和欢乐。在他们光怪陆离的描述和类比中,有的欢欣,有的崇高,有的大胆,还有一些则无意识地宣讲了深奥的哲学问题。在非洲,法庭上讲述动物寓言以强调一个法律观点，或者洗刷被告的问题。在其他地方，以严肃地讲故事方式，向神提出婉转的请求。整个原始人世界中，古老故事提供的娱乐和教育，有效地代替了教会和学校、电影和杂志。无论故事内容如何，它们都是好故事，人们喜欢倾听。滔滔不绝地讲述，偶尔也插入歌和诗，巧妙的休止增加了人们的悬想，而且所有修辞方面的技巧都被用来迷惑听众的意志。

讲述古代故事的权利时常属于一群人所有，或者属于单独一个人所有。故事讲述者通常是一个老人，他的称号是"故事的主人"。

婆罗洲达雅克人区分出三种不同的语言：人的语言、灵魂的语言、神的语言。按印度尼西亚人美学观点，讲述故事分为普通的和风格高尚的两种。达雅克人对讲故事的权威，给予"伦塔斯"（Rentas）的称号，"他的话使人听了高兴"，他的工作是当人们在公房中编织时，使大家得到娱乐。他心爱的故事主题有神、魔鬼、人、植物和动物，有"美好世界"的宝石花，有骨头像刀似的吸血鬼，有英雄阿白的事业，有侏儒的诡计；还有著名的审判，决定烤鱼的香味必须以可爱的鼓声来偿付。达雅克人故事要具备三点——真实、瑰丽和逻辑次序，才容易讨人喜欢。在行的听众是不易被愚弄的。

非洲的讲故事者喜欢说："像对火一样讲话。"爱斯基摩人和住在拉布拉多帐篷中的老人，当以简略的姿势和令人尊敬的声音讲述荒野中的秘密时，把北极光的奇妙景象用言辞表达出来。一只鸟不再是鸟，而变为某些神奇的萨满的使者。夜像有生命之物那样呼吸。星星和月亮、熊和海狸、雪橇和冰，开始以人的声音讲话。所有人听着这种缓慢而令人激动的声音，都似乎接触到宇宙力量的存在。

但故事本身总比单纯描述这些故事更好一些，下面就是少数

例子,它们都是按照本书主旨选出来的,有其共同的特点,即它们都是解释事物起源的故事:

太阳的起源

(澳大利亚人的神话)[1]

古时没有太阳,天空只有月亮和星星在一起放射光芒。地上没有人,只有鸟和一些动物,比我们今天知道的动物大得多。

有一天鸸鹋丁纳瓦和鹤布拉加在一起散步。但他们发生了误会,不久就开始打架。布拉加大发脾气,冲向丁纳瓦的巢,拿起一个蛋,用尽全力向天空抛去。蛋打中了天空一堆木柴,破成碎片,黄色的蛋黄流遍了木柴堆,并使它发生火焰,这样整个世界突然被燃烧的木柴照亮。到那时为止,地上只有很暗淡的光,现在为强烈的火光所掩了。

住在天上善良的精灵喜欢光明,想到假如每天有这样的火该多么好。于是他就创立一种规矩,每夜由做他仆人的精灵搜集木柴,当柴堆备好他便派晨星出去宣告:不久即要点火了。

但他注意到晨星的宣告只能为眼所见,不能唤醒地球上的睡者。他寻找一种声音能有效地与信号为伴。但他不能找到恰当的人发出恰当的声音。

一个黄昏,他听到公鸡"喔喔喀喀"的笑声。他对自己说:"这是我要找的人了。"每天早晨在柴堆开始发光之前,他就鼓励公鸡发笑。假如公鸡忽略自己的责任,就不点着柴堆。

---

[1] 采自帕克(K. Langloh Parker)的著作。——原注

从此"喔喔喀喀"很好地完成自己的工作,每天早晨他从未忽略在适当时间发出笑声。他在结束时要叫三次自己的名字:"喔喔喀喀!喔喔喀喀!喔喔喀喀!"

早晨,当精灵点着柴堆时,开始并不太热。快到中午时,整个柴堆烧红了,它给地球相当多的热量。在此以后,热渐渐减退,到黄昏只留下微弱的红色,很快变成灰烬。夜晚仅有极少的燃烧木块保存着,小心地包在云朵中,这样早晨可以容易把火再燃起来。假如有人嘲弄"喔喔喀喀"(他是很敏感的),他早晨就停止发笑,然后大地将再次为黑暗所笼罩。

月亮的起源

(新几内亚的故事)[1]

在我们的沃曲金村,有一次哥哥和妹妹单独在家。他们饿了,寻找一个西谷椰来做一餐饭。他们揭开母亲保存西谷椰的大陶罐,发现一个大的西谷椰,很圆,发出如此美丽的光亮,他们竟忘却了饥饿,开始在小屋外玩起来了。

太阳神伍纳考(Wunekau)从天上向地下窥视着他们的游戏,并且稍微降下一点以便更好地看看发光的西谷椰。最后,太阳用一片巨大的叶子遮着脸,免得烧焦了孩子们,来到可以谈话的距离,对孩子们说:"把你们的球抛得高一点,让我也能看看。"

孩子们这样做了,太阳抓住了西谷椰,不管孩子们如何哭喊,把它带到天空中去了。在那以前太阳的生活是艰苦的,白天黑夜都要履行职责。现在他把西谷椰做成月亮,作

---

[1] 采自梅厄(P. H. Meyer)的著作。——原注

为守夜的人。当月亮开始运行时,太阳就可以休息而且睡觉了。

月亮里的人的起源

(蒙特纳斯-纳斯科皮部落的托莫·卡瓦所述)[1]

古时没有夜晚,太阳和月亮在天上肩并肩地照射着,故永远都是白天。

一个印第安人,名叫泽加贝克,他追求黑暗,决定创造出夜晚。他是一个巧妙的捕兽者,能套住他想要的任何动物。有一次他的姊妹曾对他说:

"假如你想捉住一些不平常的东西,向我要一些长头发做一个套结,你用它能捉住其他印第安人不能捕捉的东西。"

那天,泽加贝克到他姊妹那里要一根她的头发。她说:"你必定在搞什么事情。"

"啊,没有。"他说,并且唱起歌来了。

她给他一根头发,他用来做出一个套结。他把套结小心地设置在月亮经常走过的小路末端。信不信由你,他确实把月亮捉在里面了。

夜晚降临了,大地长时间黑暗着,泽加贝克哭泣起来,对自己做的事情感到害怕。

在他家帐篷中,他有一大袋的动物,都是他用套结捕捉的,有老鼠、鼹鼠和其他小东西。

当月亮已被捉住,他要姊妹把盛有动物的袋子拿给他。

"你要它干什么?"她问。

"别管,把它拿给我就行了。"他回答说。

---

[1] 由利普斯(Julius E. Lips)记录。——原注

他放动物出来,请求他们啃咬套结,放月亮出来。动物们一个接一个地咬,但都无效。最后老鼠获得成功,把月亮解放出来。月亮再次跳到天上,追赶太阳,但她赶不上太阳了。从那时起,太阳和月亮就像我们今天看到的一样。白天和黑夜就这样创造出来了。

但泽加贝克不能忘却这次对月亮的冒险行动,不禁要再一次捉住月亮。

一天,他离开帐篷,准备打猎。

"你到哪里去?"他的姊妹问道。

"哦,我要去捉兔子。"泽加贝克回答。但他偷偷地走到

图 272　纳斯科皮－印第安人的月中人故事

世界边缘（月亮就是从那儿升起的），再一次设置套结来捉月亮。

当月亮升起时，她再次被套结捉住了。泽加贝克看见，很高兴，把月亮拿在手中就近地看，不再害怕。实际上他是太喜欢月亮了，竟急忙地走了进去。然后他割断了套结，月亮又升到天上去了。

从那以后，每天天黑他仍望着大地，我们称他为"月亮里的人"。

北美印第安人另一部落的海达人相信，月亮朗恩（Roong）有一次看到地上一个人，他很喜欢，就放出光芒，把这个人拉上去和他做伴。被劫的印第安人试图抓住自己的水桶，因为他想和家庭留在地球上，但没有生效。从那以后，他就在月亮上了。每当他翻转仍然持在手中的水桶，就有雨落到地球上。

在密克罗尼西亚，如哈姆布鲁奇和布兰代斯（A. Brandeis）告诉我们的那样，月亮中人像根本不是一个男子，而是一个从瑙鲁岛来的俊俏姑娘，她和祖母住在一棵很高的树下。姑娘名叫埃齐万诺科，长得非常美丽，使得祖母认为她不应和凡人结婚，而应从神祇之中选择夫婿。一天，祖母劝告姑娘用花朵和甜香的油装扮起来，给她一些巫药，叫她爬上树，愈爬愈高，一直爬上天空。以前还没有人能做到这一点。

埃齐万诺科按她所说的去做了。当她到达云中时，发现

图273　海达－印第安人画的"月中人"

一个瞎眼老妇,用烧热的石头把棕榈酒煮成糖浆,放在三十个椰壳容器中。姑娘渴得要命,便痛饮一番。老妇虽然眼瞎,还是发觉了这件事,威胁说:两个儿子黄昏回家要杀她的。姑娘试图得到饶恕,但没有用。最后,姑娘焦急了,建议为老妇医治眼睛。当姑娘触及瞎眼,立即有一些蜥蜴、臭虫和其他令人作呕的小动物从眼中跳出来,老妇重见光明了。这一成功使姑娘自己也大为惊讶。

老妇高兴地拥抱姑娘,把她藏在巨大的砗磲壳中,因为儿子回来要杀掉任何陌生人的。但第一个儿子伊古安回家时,注意到母亲在他走近时闭上眼睛(因他是太阳,没有人望着他而眼不瞎的),便问是谁医好了她的眼睛。这时,第二个儿子也回了家,他就是月亮默利曼。当母亲告诉他们发生了什么事,两人都要见见姑娘。姑娘从砗磲壳中走出,因为长得太漂亮了,两个儿子都要和她结婚。他们让她自己选择一个,并答应决不嫉妒。老妇问姑娘,两个之中谁应做她的丈夫。埃齐万诺科回答:

"我不能和伊古安结婚,他太热了,我不能望着他。但默利曼看来是这样的安静和温柔,我要和他去。"

有了这番话,默利曼便搂着姑娘一起驶向天空。当夜晚晴朗时,我们能看见他们正在一起旅行。

白天和夜晚的起源

(克里克-印第安人所述)[1]

动物们举行会议,熊"诺科西"担任主席,讨论如何分开白天和夜晚。

有些动物希望所有时间都是白天,另一些动物希望都是

---

[1] 据斯万顿的著作。——原注

夜晚。在充分谈论之后，地松鼠"丘-思洛克-丘"发言：

"我看浣熊'伍特科'尾巴上的圈圈是等同而相间的。首先是黑色，然后是淡色。我想白天和夜晚也应这样分开，像'伍特科'的尾巴一样。"

动物们为"丘-思洛克-丘"的聪明所震惊，采用了他的计划，像'伍特科'尾巴上的圈圈那样分开白天和夜晚，而且有规律地相互衔接。

熊"诺科西"出于嫉妒，抓破了"丘-思洛克-丘"的背，这样就使得地松鼠后代背上都有了条带。

火的起源

（克里克-印第安人是如何获得火的）[1]

所有的人来到一起，说："我们如何获得火？"

人们一致同意兔子应该试一试，为人去取得火。兔子越过大水来到"东方"，他受到热情的接待，为他安排了一次盛大的舞蹈。兔子进入舞圈，穿着华丽的衣服，头戴一种特别的帽子，帽子插入了四根松香棒。

在跳舞时，人们愈来愈接近圆圈中央的圣火。兔子也愈来愈舞近圣火。舞蹈者向火鞠躬，愈弯愈低。兔子也向火鞠躬，愈弯愈低。突然，因为兔子躬身太低，帽子上的松香棒点着了火，他的头成为一片火焰。

人们为不敬神的客人竟敢触及神圣的火而震惊，他们愤怒地向他跑来。兔子跑开了，人们在后追赶。兔子跑向大水，跳了下去，人们被阻在岸边。

兔子游过大水，帽子上带着火焰。他回到他的人民之

---

1 据斯万顿的著作。——原注

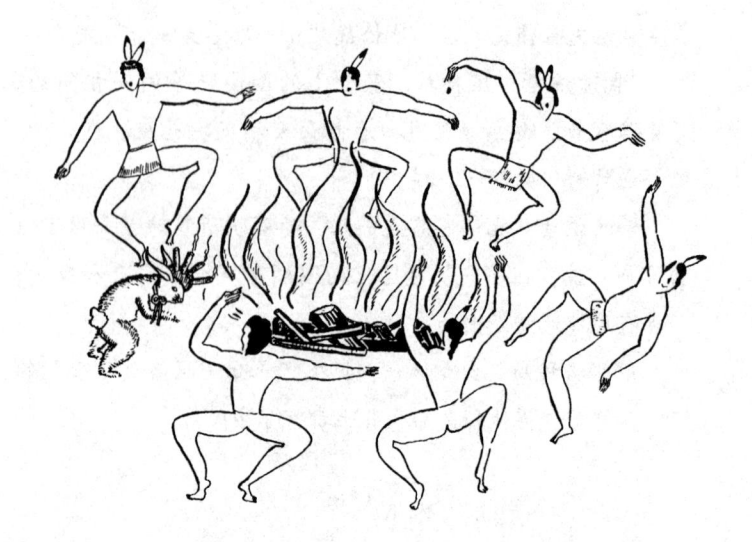

图 274　克里克-印第安人火的起源故事

中。这样他们便从"东方"获得了火。

死的起源

(英属东非[1]一个班图部落——卡姆巴人对这个问题的解释)[2]

天上伟大的老人说:"唉!我曾经创造了人,他们都死了。但我不想他们都死,他们应该复生。"

他创造了人,把他们分开安置到很远地区。至于他自己,则留在家中。

石龙子和织巢鸟一连三天来拜访老人。老人注意到织巢鸟非常爱说话,其中有真话,有谎言,而谎言多于真话。另一方面,伟大的老人认为石龙子是一个聪明的家伙,他的话是真实的。所以他就转向石龙子说:"到我所创造的那些人所

---

[1] 大致相当于今乌干达、坦桑尼亚、肯尼亚地区。——编者
[2] 采自布鲁泽(Brutzer)的著作。——原注

住之处去，告诉他们：当他们死了，甚至完全死了，也应再起来，每人死后还能再生。"

织巢鸟留在老人那里，同时石龙子到达人的地方，开始说："我听说……我听说……"嘿，他忘却了自己的使命。

织巢鸟对伟大老人说："让我飞一次，到石龙子旁边去。"老人告知他说："去吧！"当石龙子再次徒劳地对人类结结巴巴地说"我听说……"时，织巢鸟刚好到达。

织巢鸟立刻落下说："我们听说人死将像芦根一样毁灭。"但石龙子现在回忆起来了，说：

"不对，要我们来说的是，人死应该再生。"

因为两者都坚持自己的口信是对的，因为他们不能取得一致的意见，他们便请喜鹊来做仲裁人。

"织巢鸟是对的，石龙子是不对的。"这就是喜鹊的决定。

从此人必须死，而且不能再生。

橡子的起源

（卡鲁克－印第安人的神话）[1]

橡子以前是印第安人中伊克沙亚弗（Ikxareyav）部落的成员。这个部落在我们来此以前就在这里，他们现已变成动物、岩石、物件和卡鲁克人所珍视的仪式了。

有三个橡子姑娘——黑橡子、褐橡子和柱状橡子，她们决定自己应有好看的帽子，每人便开始为自己编织一个。那时伊克沙亚弗部落还住在天界。姑娘们编织时，感到有些不寻常之事正在发生，便互相说："我们最好走吧！人类要兴

---

[1] 采自哈林吞（John P. Harrington）的著作。——原注

起了。"

黑橡子没有完成她的帽子。褐橡子没有时间清除她帽子里面露出的草,所以她把这不好的一面翻过来就这样戴着。只有柱状橡子完成了她的帽子,并弄得干净。当她们准备就绪,又加入了槌状橡子,她有一顶好帽子。

突然,她们从天界落到人间。她们已预感到自己未来的

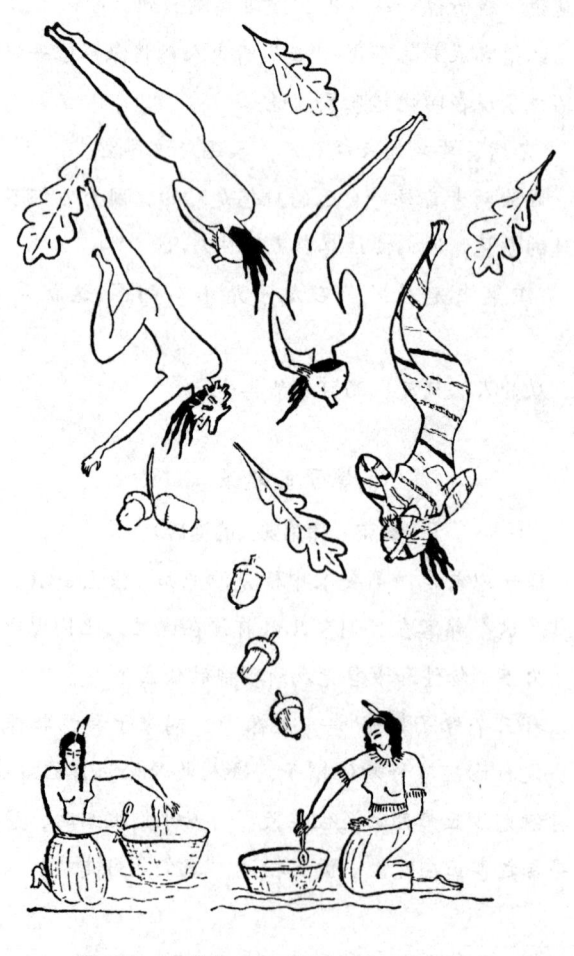

图 275 卡鲁克 – 印第安人橡子起源故事

命运，说："人类将以我们为羹汤了。"在下落时，她们眼花缭乱，便闭起眼睛，把脸转向帽子里。

当她们到达地上，彼此嫉妒起来。褐橡子希望柱状橡子和槌状橡子倒霉，仅仅因为她们有较好的帽子。这两者为了报复，则希望她变成黑色的。不良的愿望竟成为事实，因而今天没有人喜欢吃柱状橡子，槌状橡子也不好吃，因为难以舂碎，而用橡子做的汤如是黑色，那也不能算是好汤。

在她们落地以前，刚刚打扮过自己。黑橡子是脱光的，故今天我们把她从地上拣起，仍然是脱光的。褐橡子也没有过多地打扮自己，因为帽子未完成，她认为打扮也没有什么价值。

因为她们下落时，脸转向帽子，故今天她们的脸仍在帽子之中。

介币的起源

（美拉尼西亚加泽尔半岛上的传说）[1]

古时我们就有介币。我们到盛产介类之处仅有四天旅程，但现在要花我们六个月的时间。为什么呢？请听吧。

一天，人们开船做一次短途旅行前往产钱地区，全村的人都在岸边看他们出发。一个老人告诫道："对你们遇到的每件东西都要有礼貌。"他们离开了。

不久他们即遇到了寄居蟹，他谦恭地问他们早安。船上的人讥笑他说："瞧这家伙的丑脸，他不是令人作呕的吗？"他们没有向他致意。

寄居蟹对他们说："前去好了，你们不会找到多少介币

---

[1] 采自梅叶（P. J. Meier）的著作。——原注

的。介类将迁移到远处去了,像你们这样的人是不配有介币的。"

真的,人们连一个介壳也找不到。他们忧闷地空手而回,什么钱也没有。

有一天,一个男孩子饿了,向父母要食物,但他们什么也不给,责骂孩子说:"为什么不去吃你玩的烂泥,或者吃你那些玩伴的烂泥?"孩子忧愁地去到岸边,他遇到一棵躺在水中的老树。

"你遇到什么事?"树说,"为什么你这样忧愁?"

"我父亲和母亲责骂我,"孩子说,"我不知道怎么办。"

"跳进来。"树说。孩子现在认出他就是一只独木舟。他们游出海去了。独木舟中有椰子,孩子有吃有喝。他们飞快地前进,直到最后在纳坎奈(那里今天仍能找到介币)登了陆。独木舟现在建议孩子编篮子。二个、八个、十个,一直编到三十个为止,把他们迎着浪潮排成一行。

"退回!"独木舟说。突然巨浪来到,浪中充满了介壳,漫过三十个篮子,浪退回之前已把篮子中填满了介壳。

他们现在不再单独在岸边了,因为另一只独木舟已经登陆,是由公鸡驾驶的。公鸡对孩子十分友好,建议孩子乘他的船回家。孩子把充满介币的三十个篮子全装在公鸡的独木舟中,他们向孩子村庄的方向驶去。途中遇到另一只独木舟,一个食火鸡坐在里面划着桨。他们交换了礼貌性的问候后,便彼此驶过了。

最后,他们到达孩子的村庄。当孩子到父母屋里去时,公鸡留在独木舟中守卫着钱篮子。孩子到了小屋,看见一个埋葬用的高架已经建成,送丧的人已经请来,埋葬的每件事情都准备好了。

"所有这些都是为你准备的,"父母对孩子说,"我们想你是死了,我们花费了最后的钱来准备这些。"

孩子拿了一大袋食物,并请父母随他去岸边。他向公鸡道谢,把食物给他,并卸下三十个装钱的篮子。公鸡重新跳进船中,游呀游呀,一直回到纳坎奈去了。

"我们应如何处理这些介壳呢?"父母问道。因为他们的钱是另一种形式的。

"在他们之上钻孔,并用绳子穿起来。"他们就这样做了。孩子把介壳系成一个大环,给他的父母。

"拿着这个,作为你们为我花费的补偿。"他说。他的父母快乐地回家了。但孩子用其余的钱——那是很多的——建造了自己的小屋。现在他是全村最富有的人了。

在孩子引导之下,村民们有时远征到纳坎奈岛去(那里的最高统治者是公鸡和食火鸡),但他们从未像孩子那样发现那么多的介壳。虽然他们小心翼翼地向岛上两位主人致敬,虽然旅行要花掉他们六个月的时间,而能否找到介壳全靠介壳、独木舟、公鸡和食火鸡是否高兴。

图276 美拉尼西亚加泽尔半岛介币起源故事

陶器的起源

（东非乌卡姆巴人的故事）[1]

很久以前从白蚁窝中出来的最早人类有各种食物，但必须生食。食物是不加烹煮的。

一天，一个妇女从村庄出来到河边去，用一些卷起的叶子从河中取水。在岸上她发现了一块形状特殊的岩石，中间有凹洞。她把它用水填满，带回家去，置于灶上。黄昏她为家庭准备食物时，放了些玉蜀黍和豆汁在凹石中煮。看啊！它有一种美妙的味道，比生的食物好多了。

次日早晨，一个邻居进来，看见凹石，很是羡慕，问妇女是否还有一个给她。

"没有，"第一个妇女说，"我在河边发现时，那儿只有一个。"

"让我们到那里再找一个。"

这两个妇女去了，到处寻找，没有这样的石头，但有肥沃的光滑的黏土。她们取了一些，加上水，试图模仿凹石形状做一个。试了五天，最后做成了一些小东西，她们称之为黏土器。她们把它们放在火上烧，变得像石头一样坚硬牢实。

在家中，她们把这些黏土器放在火塘上，并邀请来所有妇女："来看，我们准备了这些土器，能够煮水而不会流进火塘。"

她们用来煮豆汁，其味美妙无比！其他妇女试图仿效，但不成功，无论谁想要一只黏土罐（或者说"利昂古"）必须向这两个妇女订货，要付出美丽的蓝色珠子作为代价。

---

1 采自林德伯罗姆的著作。——原注

她们又把所有男人喊来,举行一次庆祝会纪念黏土器的发明。妇女的丈夫们又特别请了神圣的老人。老人在妇女手上唾吐祝福她们:"噗!噗!噗!"老人这样做了并且说:"你们变得很聪明了,你们发明了黏土器。"

他们忠告妇女,在做黏土器时,不要让男人窥见,否则她们会失掉自己的技术。她们听从这一忠告。

这就是人类如何学会做陶器的故事,我们的人民从那以后深受其惠。

雪鞋的起源

(不列颠哥伦比亚的卡里埃-印第安人的神话)[1]

一个卡里埃-印第安人和松鸡紧紧挨坐在一起。松鸡慷慨地告诉人如何做雪鞋,那是动物们从最早时期起就用来在深雪中走路的。松鸡告诉了人每个细节,人们学会如何做框架了。当第一个框架做好,印第安人的妻子被叫进来,松鸡向她表演如何用皮条捆扎。这样妇女们便扎好第一双。人们谢过了松鸡,松鸡离开他们回家。

松鸡只走了一小段路便倒地而死,因为他说得太多。

这就是卡里埃-印第安人如何学做雪鞋的事。

即使我们有好的发明,我们也不应该说得太多。

逆戟鲸的起源

(特林吉特-印第安人的故事)[2]

海豹民族集团有一个人,是很有技术的木雕者。他想,印第安人如有逆戟鲸会高兴的。他便动手做一个。

---

[1] 采自詹尼斯(Diamond Jenness)的著作。——原注
[2] 采自斯万顿的著作。——原注

他先用红杉来雕,然后用青松,接着又用其他种类的木料。他把每种雕像拿到海滩去,试图使他们游出去,但他们都留在水面而不游走。最后,他试用黄杉,这一次他成功了。

他做了不同种类的鲸鱼。有一种被他用印第安人的白粉从嘴角到头画上白线条。他说:"这将是白嘴的逆戟鲸了。"

当他第一次放他们下水时,他领他们到海湾去,告诉逆戟鲸:他们可一直到海湾的尽头去,可以猎取海豹、鳙鲽和其他各种海底的东西,但无论何时不得伤害一个人。他告诉他们:"当你们浮上海湾时,人们将对你说:'给我们一些吃的吧!'"

鲸鱼遵从他的教导,从那时起,他们就驱赶水中生物上岸,这样印第安人就能捉住这些生物。

在此以前,人们是不知逆戟鲸为何物的。

海狸的起源

(卡里埃-印第安人讲述)[1]

一对新结婚的夫妇离开弗雷泽湖,到南方的山上去打猎,在靠近一条小溪的地方单独宿营。丈夫从早到晚不在家,妇人感到寂寞,在小溪上筑一条拦河小坝,以消磨时间。丈夫发现小坝使水深了起来,对他涉水过河多有不便,便用脚把小坝弄坏了。

妇女哭了起来,说:"为什么你要弄坏它?你不在时我是寂寞的,筑造这个消磨时间。"

次日,她做了另一个小坝,他又把它弄坏。这事一次又

---

[1] 采自詹尼斯的著作。——原注

一次地发生,她愤怒极了。

一天,丈夫打猎回来,发现一个很大的坝,横跨于小溪之上,水的中间有一座海狸的房子。他的妻子正跪在池边,手中拿着下衣,一见丈夫来到,她立即把下衣塞在两腿之间,跳下水去,进入海狸房子里。丈夫把坝弄坏,让水流走,但找不到她。然后他弄坏了海狸房子,仍然不能找到她。那夜,他一个人睡了。

他次日早晨去打猎,回转时见妻子已经修好了小坝,并正在为住房工作。她完全变成海狸了。她躲开了他的捕捉。

他害怕妻子不再出现,她的族人会责怪他杀死了妻子,故回去把她全家带来,大家聚集在岸边。

他们看见一只大海狸跳出水来,坐在她的房顶上。这就是那妇人,她那拖曳的下衣变成了大而扁的尾巴。她招呼族人说:"我的丈夫没有杀我,但我变成一个海狸了。现在回家去吧,因我不能和你们一起生活。"

这就是为什么海狸的肚肠和人类似,以及现在这世界上有了海狸的原因。

图277 卡里埃-印第安人海狸起源故事

猫的起源

（美国新墨西哥州的科奇蒂-印第安人的故事）[1]

在"画洞"有一个村庄。从这村庄出来了鹿、熊、狮子、山猫和野猫。他们说："现在我们将去东方尽量寻求最好的生活。"

在走以前他们说："只有一件东西我们未曾得到，这就是猫，但我们如何才能得到猫呢？"

狮子站在圆圈中间，所有古老的动物在其周围吸烟。狮子说："好，我准备好了。"他打喷嚏，从右鼻孔出来一个母猫；他又打喷嚏，从左鼻孔出来一个公猫。

由这两个猫生出来了所有的小猫。两个猫下临到科奇蒂人那里。狮子对猫说："你们现在是狮子的后代，有像我一样的面孔。当你们有小猫时，人们将需要他们，因为人们有了这些猫就不会再有老鼠了。他们将是房屋的看守者。其他动物将生活在山中，只有你们这两个猫将生活在科奇蒂人之中。"

事情就是这样的。这就是为什么我们今天有了猫。

黑人的起源

（法属刚果[2]的弗乔特人所述）[3]

万物开始时期，有四个人走过一片与世隔离的大森林。森林位于两条河之外，一条河是清的；另一条河呈黑色，而且有污泥。那时候所有人都是白的。世界上没有黑人。

黑河就在四人的道路前面，但从清河涉水而过是比较愉

---

1 采自贝内迪内特（Ruth Benedict）的著作。——原注
2 今刚果共和国。——编者
3 采自登内特（R. E. Dennett）的著作。——原注

快之事。考虑之后，他们决定通过黑河，两个人立即这样做了，另外两个却迟疑起来，并且跑开了。黑河中的两个人招呼他们，催促他们跟着来，但是没有用，他们跑到清河涉水而过。当两人从清河中爬出时，大为惊惧，他们看见自己变为黑色的人，只有部分身体——嘴、足掌、手掌——由于曾接触黑河，仍然是干净的。

当四个同伴再遇到一起时，决定分手。黑人到达自己旅程终点，发现仅有小屋，他们和住在小屋里面的黑人妇女结婚了。那些从黑河爬出的白人发现了大房子，有白人妇女在里面，便和她们结了婚。

这就是为什么一些人是白的，另一些人是黑的。

"道西之歌"的起源

（西非曼丁戈人的神话）[1]

有一位伟大的英雄，他的名字叫加塞，他打起敌人来很勇猛，并且大掠敌人的家。他想，他的光荣事业将永远不会被人忘却。

一天，他进行一次恶战后回家，看到一只鹧鸪坐在草上唱歌，鹧鸪的歌是这样的："没有一把剑有这样大的力量，能使佩带他的人永不被人相忘。啊，加塞，你的战争事业将要毁灭，因为他们来源于残暴的力量。唱这支歌的我也是一样将被忘却，但我的歌不会被遗忘。谢谢神祇，他允许我唱这支'道西之歌'。英雄、城市和国家总有一天将被忘却，但'道西之歌'不会，它将地久天长。"

当英雄加塞听见鹧鸪唱的歌，他有了心事，他开始沉

---

[1] 采自弗罗贝尼乌斯的著作。——原注

思。他到一位聪明的老人那里请求指教。聪明的老人说:"鹧鸪是对的,毁灭的是剑的事业。英雄、城市和国家将被忘却,但'道西'不会,这歌将会永存。"

加塞听了这番话,到一个铁匠那里。所有非洲的好东西都是由铁匠做出来的。加塞说:"给我做一个诗琴,这样我将用它弹奏'道西之歌',这歌因此永存。"

铁匠说:"我可以给你做一个,但诗琴是不能唱的。"

加塞说:"铁匠,做你的工作,其他是我的事。"

铁匠做了诗琴,带给加塞。加塞摸了一下试着弹奏它,但诗琴不唱。加塞对铁匠说:"怎么回事?为什么诗琴不唱?"

铁匠说:"这我以前已说过。"

加塞说:"让诗琴唱起来。"

铁匠回答说:"我做我的工作,其他是你的事。"

加塞说:"我该怎么办呢?"

铁匠回答:"诗琴是一片木头,它不能唱歌是因为它没有心。要靠你去为它提供一个心。这木头在打仗时必须放在你的背上,它必须吸收你眼中的泪和你嘴里的呼吸;你的忧愁必须变为它的忧愁;你的光荣必须变为它的光荣。木头必须不再是树的一部分,而成为你的命运的一部分。"

加塞根据这话,把他八个儿子喊来,对他们说:"今天我们都去作战,但我们剑的事业将不会被忘却,武器的声音将长时期存在下去。我和你们——我的八个儿子,将在名叫'道西'的歌中活下去。"

这样他们就去作战了。他们像英雄一样地战斗。加塞把诗琴带在背上,他那勇敢心脏的跳动,在木头中回响;当他胜利回家时,疲竭的汗水濡湿了诗琴。

他带八个儿子打了八天,他总是把诗琴带在背上。每一天有一个儿子被杀,加塞把他们的尸体背在肩头,他们的血滴在诗琴上,他的泪落在诗琴上。

夜降临了,所有的人去睡觉了,但加塞不睡。他单独坐在火旁。他想到自己的光荣事业,想到他们是空虚的,他在深沉的寂寞中再次哭泣起来。

突然,他听见附近有一种声音,像从自己内部发出的声音。加塞听着,开始战栗起来。他听见诗琴在唱,诗琴唱着那不死的"道西之歌"。不是他的事业而是他的眼泪,给了诗琴一颗心。那就是它能唱的原因。

从加塞到现在,几个世纪过去了。他的剑声已被忘却,但我们今天仍然唱着他的心灵之歌——"道西"。这歌是常存的,而且那些在我们之后出生的人还要继续唱它。

第十五章　人生旅途的终结

"人人难逃一死"的常识，永远高于我们所做之事和拥有之物，超越于我们的快乐和痛苦之上。《圣经》允许我们活"七十年"，或者"由于强壮之故，活八十年"，而在此之后我们必须"飞升"。现代统计学表明，我们许多人活不了这么长久。甚至科学的奇妙新药（据推想可望把人类生命延长到一百五十年），也不可能取消死亡的必然性。

我们对心脏终将停止跳动这一常识所取态度，取决于我们个人哲学对生命的看法，取决于我们能否和死亡协调起来的思想根源。法国著名文学家维克多·雨果著作中已判死刑的罪犯，在断头台的阴影下以这样的话作为安慰："所有的人都被判处了死刑，只是执行日期不定而已。"这种关于死亡必然性的深思熟虑，和原始人的概念形成鲜明的对比。虽然原始地区比起文明世界来，其周围死亡的证据更为明显，他们就依靠杀死活物为生；而对原始人来说，他必将自然而然地死亡，这一点并未成为逻辑的必然。他不承认死亡的确定性。

对很多原始人来说，死亡的状态是由于超自然力量所造成的不幸事件，大多数是妖术所害。一场致命的疾病是受了邪恶的影响，甚至偶然事故也是由于敌对精灵的阴谋。在澳大利亚、南北美洲、美拉尼西亚、非洲马达加斯加和其他地方，死亡起源于"非自然的"事件，人只是带着厌恶的恐怖来接受它。甚至超自然力量方面的失误，也会造成死亡，像一些古代神话所解释的那样。许多部落又相信，性交和死亡有关，是前者的"发明"导致后者的发生。

原始人对他们自己将来会不会死亡，丝毫不假思索。对某些精灵小心提防和进行崇拜，也许能实现在地球上永恒的存在吧——谁知道呢？例如，非洲的克佩尔人（Kpelle）崇拜老年男女，因为他们有足够的灵活性，多年以来避开了蜥蜴、魔鬼和嫉妒的祖先的攻击。

无论如何，下面这些是可以肯定的：地球上所有民族对于一个男人或妇女死亡后发生什么，有非常确定的观念。许多民族相信，死者在一个说得很明确的地方继续存在，这个地方和死者在地球上所处环境相似，而且所有民族都按照符合自己观念的形式来埋葬死者。

关于活人如何照料死者，即使是最原始的文化也使用了多种方法。要推测哪一种埋葬方法最古老，是不可能的。塔斯马尼亚人和澳大利亚人举行火葬或土葬；澳大利亚北部和西部的部落在树中埋葬死者，或者将死者葬在伸入高空的架子上，或者像在维多利亚州那样把死者遗体放在洞中休息。死人可以放在日光中或火中使其干却，然后置于树上或空心的树干之中。在圣克里斯托瓦尔[1]，知道有二十一种不同类型的葬法，从土葬、海葬、树葬、高架葬和葬在大袋子中，直到火葬和做成木乃伊。

所有这些安置尸体和照顾尸体的方法，并非单纯是关心死者

---

[1] 在古巴、委内瑞拉和多米尼加，都有名叫圣克里斯托瓦尔（San Cristobal）的地方。这里所说不知指哪一个而言。——译者

福利所引起的；而是害怕那些由于死亡的"偶然事件"被排除于社会生活的人从他们"伪装"为无能为力的状态下设法回来，以恐吓或伤害那些比他们长命的人。从史前时期到我们文明时期，关于死人会出于嫉妒而报复的观念，像一根红线贯穿于所有人类葬俗之中。塔斯马尼亚人在坟墓的土上压着石头，埃及人给木乃伊带上足铐，我们今天棺材上钉着铁钉，都起源于这种间歇发作的恐怖。

使尸体留在坟墓中的方法很多。塔斯马尼亚人把尸体捆缚起来，以防止移动。澳大利亚人用矛把死者颈部钉在空树做的棺材上，或者葬后再把整个的树棺付之一炬。在史前西班牙，把死者的头钉在棺材上是正式的葬礼，这一仪式被发现是由于遗骨表现出头部有用巨钉刺穿的"二次杀"的证据。这一习俗曾长期流行，后来明显地仅限于一定的居民集团。在今天意大利的阿拉戈纳（Aragona），这种习俗还存在于这样一种诅咒中："希望你像犹太人那样地挨钉子！"

整个地球上原始部落，就这样采取预防措施来使那些不会说话的"囚徒"不可能离开坟墓，不可能把他们力量用来反对社会。

死者被假想有许多种形状，这使它们的出现倍加危险。在澳大利亚东南，认为死者像星星一样站在天空，他们和部落的男巫有秘密的交往，甚至普通的男人和女人也偶尔听见他们的声音，并在早晨看见他们的足印。尸体本身可以照样

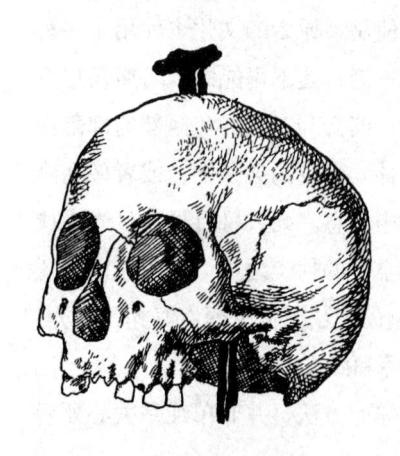

图 278　西班牙发现的带钉头骨

活下去，虽然出现时有细微的改变。第一个出现在澳大利亚和非洲某些地区的白人，被当成部落中死亡者的灵魂。

为了劝诱死者留在他的葬地，亲友们试图使他的新家尽可能舒适。脸和身体不让直接接触泥土，死者或被安放在崖洞中，以蔽风雨。澳大利亚人威梅拉（Wimmera）部落中，一个英俊的年轻人被葬在坟墓中，本部落的人认为，当十一月阴冷雨水落进去时，他"太不舒适了"，朋友们便把他挖出来给以比较好的葬处，即放在一棵空心的树中，为了他的舒适永远把树封闭起来。

此外，还要以言辞和允诺对死者表示敬意。但活人在做了这些姿态之后尽可能快些跑开，以免给以前的同伴有纠缠自己的任何机会。在最古老文化中，我们发现有把死者简单地暴尸于野让动物来光顾的习俗，由于其他的原因，这种方法在北极文化和猎人社会中特别典型。有时不待死的时刻真正到来，在被遗弃者还在做最后喘息之前，同部落人即匆忙离去，以逃避死者的精灵。

东部玻利维亚的莫霍斯－印第安人部落一个成员偶然淹死时，其他的人立即跑进树林，因为害怕死者会把他们抓去一个做伴。同一地区的诺泽人，用席子把死者包裹起来，用一种名叫"穆卡托"（mocatu）树的叶子建造一个小屋来遮盖遗体，然后即匆忙离开。

在那些把死者葬在高架上或树上的地区，以后要把骨头收集起来并埋入地下。遗骨的某些部分则恭敬地到处带着，以保证对死者的继续记忆，同时利用遗骨继承下来的巫术力量。

澳大利亚人用红色或黄色的铁矿石，来画这些骨头或头骨，把它们作为崇敬之标记加以保存。安达曼人把死者屈肢地葬入土中，或放在树上的平台上，以后收集遗骨做成装饰品，以供死者亲友佩戴。西部塔斯马尼亚人从还在冒烟的火葬堆上把骨头小心

图 279　澳大利亚阿纳姆兰的
　　　　科帕平加部落的头骨
　　　　（画有红白黄三色）

地收集起来，捆扎在兽皮中，由亲属们随身佩戴，作为对抗疾病和厄运的护符。这一习俗在近代日本人之中还存在，他们从火葬地点拣取遗骨，例如伤心的父亲拣取他们死去的孩子遗骨，保存在值得尊敬的地方。

另一种不卫生的死者遗存，是置放于高木架上尸体流下的液体。据认为，它有巫术的性质，可为活人自己所利用。澳大利亚昆士兰东部的某些部落如圭默伯拉人（Kuinmurburra）中的年轻人，把他们那些伟大战士的遗体放在木架上，让这种液体流在自己的身体上，以吸收死者的英雄气质；贝伦登克（Belendenker）地区土著居民用这种东西擦身体，使自己变得强壮；纳林耶里人把它收集在容器中，供他们巫术仪式中使用。

这种利用祖先巫术力量为活人谋利的努力，在农业文化甚至有更强烈的表现。由于定居和不能离开死者的地方，他们必须发现和死者建立永远的良好关系的方法。他们处理生和死的问题，都取决于和受制于他们和死去祖先之间的亲密关系。这些祖先的灵魂仍和他们一起生活，并继续生活在他们之中。虽然灵魂并非如我们意识中的那样不朽，但它活在身体某些部分，或以其他复生的形式活着。它在一定时期以后可以"老去"或"凋谢"。

在许多地区，例如在新赫布里底群岛，据推想灵魂可以再死两三次，直于完全消失为止。好像是只有不断地纪念和供奉牺牲来维系他们和活人之间的关系，祖先的灵魂才会"活着"。许多农业民族有一系列关于再生的思想体系，虽然还没有对发达文化中托生观念有所影响的道德观。例如,婆罗洲的达雅克人相信,灵魂住在"伟大的外界"的时间,要比住在地球上的时间长七倍,最后再一次回到地球,托生为一个蘑菇、一个果实、一片树叶、一根草或一朵花。假如人吃了这样的植物或其一部分,他就要生一个孩子,那草或植物的灵魂生活于其中。

活人在紧迫或必要时,呼吁死人帮助或支持。这些呼吁时常是以对死者灵魂定期念咒和祈祷的形式出现的,并加上礼物。这种不断保持小心谨慎的态度,和采集者及狩猎者非常不同,后者是不知对亡灵供奉牺牲的。

一个有生命的灵魂,据信是住在他身体某些部分——心、脑、血或肾之中,或者呼吸或影子之中。但死者灵魂的主要座位时常是在头部。头部获得重要的意义,成为巫术力量的中心,头骨是被专心致志崇拜的对象。特别在农业文化的最早时期,这种崇拜导致在人死后发掘他的头骨,因为据信头骨是神秘力量的宝座。这些头骨不仅要漆画和装饰,还时常用黏土复制成活人似的形象,眼睛是贝壳或石头做的。它们被保存在家中、公房中或特殊的容器中,作为宗教上敬畏的对象。在尊敬的头骨面前,土著法庭举行会议和谈话,在其支持之下做出至关重要的决定。

这种利用住在头骨中力量的愿望,不仅引导出保存已死家庭成员头颅的习俗,而且引导出获得尽可能多的甚至是陌生人的头颅的要求。仅仅为了获得这样的头颅,其他部落的男人、女人和孩子都可能被杀死。美拉尼西亚和南美是为这种理由而实行猎头的地区。北美印第安人以头皮作为巫术标记,对它高度评价,也源于同一观念。牺牲者愈是强壮和愈是杰出,他的头皮或头骨的巫术力量愈大。

不仅头骨,还有头的柔软部分,都加以保存和仔细地制成木乃伊。这种习俗在以人头为战利品的著名的希维罗-印第安人

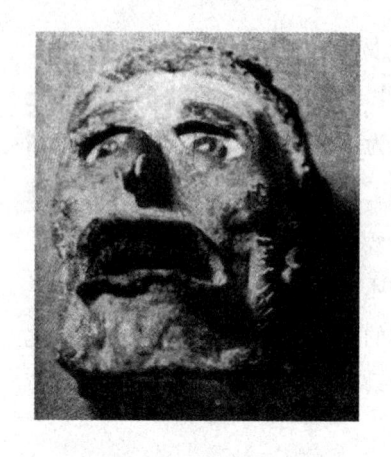

图 280　新爱尔兰黏土敷制的着色头骨

图 281　美拉尼西亚东部的人头房

中，得到高度发展。只有杀死一个敌人并曾以矛沾过敌人血的战士，才有制备这样战利品的特权。牺牲者的头发是细心分开的，从前额到颅切开口子，把头皮全剥离头骨，仅留下眼睛和舌头，然后把其柔软部分用植物纤维缝在一起，嘴唇用竹片固定地连接起来，只有颈部的开口不加以封闭。把这样的"皮袋"放在水中加热，在达到沸点前取出。这时它们收缩为大约原大的三分之一。部落的男巫师指导这一仪式每一个细节，现在他发出信号，制作人头的最后工作可以开始了。把热沙从颈部开口倒入，填满后的头又以热石头加以"熨平"，这个过程要反复进行，约达四十八小时之久，直到皮肤变得光滑、坚硬和有皮革的韧性。

格拉弗（Up de Graff）对这一制作过程提供了详细的描述。他说："整个的头现在有橙子那样大小，它非常像活人。事实上，缩小的头正是原头的雏形。每个特征、头发和疤痕都无改变，甚至面部表情仍然保存。"由于头发保持原来的长度，形似长长的鬃毛，和那保存下来的令人刺目的脸配合得很好。无论谁有机会在世界各博物馆看了这些战利品,将为它们造成的栩栩如生的印象而感到惊异,尽管它们的制作方法和来源是可怕的。

新几内亚那像活的一样充填的头,和希维罗人作为战利品的头不能等同,但它们外表同样给人以深刻印象。多罗人(Dorro)的猎头者做这种头的方法是用树皮和椰子纤维充填其中,拔去头发,并以黏土填在眼眶中。

农民对人头超自然力量的信仰,导致雕刻面具的发展。这是死者的代表。人们跳舞时要戴着它,不仅为了尊崇死者的灵魂,而且是为了把死者巫术力量转化为使社会获得利益和力量的源泉。

原始农民华丽的雕刻面具,或许是他们艺术和象征主义的高度表现。非洲面具

图 282 希维罗人的人头战利品

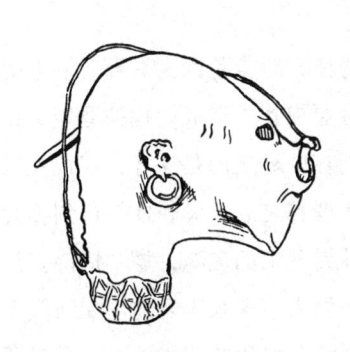

图 283 新几内亚的充填起来的人头

图 284 南刚果的木制舞蹈面具

有哥特式圣人的外貌。其他地区，特别是南海地区，这种东西表现出象征动物和魔鬼的整套打扮。新爱尔兰岛著名的面具"马拉甘斯"(malagans)，是死者灵魂真正的或象征性的代表。它们都以有死者个人姓名而著称，面具的基部时常雕成一个猪头形——这是亲人们敬奉死者的礼物。

新几内亚北部巴布亚人的习俗，说明了头骨及遗骨崇拜和面具崇拜之间的密切关系。在埋葬之后，他们立即放一个饰有雕刻的面具在死者的地方，死者一直在所在处受到尊敬，直到把死者下颌骨从坟墓中弄出为止。下颌骨由家庭保留着，它是尘世和亡灵所居之地之间的媒介。

但是，不仅死者灵魂到处游荡，活着的灵魂也不必束缚于他们的主要位置（头部）之中。灵魂随时可以离开身体。这些游荡着的灵魂冒险出行，正如做梦所证明的那样。这种信仰存在于所有人类的英雄故事和迷信传说之中，从希腊、罗马直到现代文明的落后地区。在那些地区我们可发现古老的故事，描述着一个老鼠、一个野蜂或类似之物，从睡觉人的嘴里出来，带着他的灵魂到梦境，等他醒时又回来。

由于巫术，也会发生陌生的灵魂进入睡觉者身体之事，造成我们称为神经错乱的精神状态。

一个人死后灵魂永远地离开身体，时常是因为有邪恶的巫师把它赶走。因此，农业社会中经常要寻找出造成死亡的罪犯。死者灵魂仍然在身体附近徘徊，特别在埋葬之前是这样，仅仅在二次葬即肉已朽烂时举行的最后一次埋葬之后，灵魂才旅行到神为死者而设的地方去。常常有从"外界"来的灵魂，像"接待委员会"那样，把新来的居住者安全地引入"未来"之地。如阿佩切人死者会遇到猫头鹰，由它携带亡灵到快乐的狩猎地带。有时死者对尚存人世的亲友要做正式的告别性的拜访。在波纳佩岛，死者尸体在葬前要从一个小屋带到另一个小屋，每到一处都受到活人的大声悲叹。一个男人拿着桨，一个妇女拿着织布机，和死者一起到墓地，在埋葬地点之上建造一个小屋，这些最近亲属便在那儿住五六夜。此后，拆掉小屋，悲哀的人为表示尊敬剪短了头发，才回到日常生活中来。

在潘格威人之中，寻找造成死亡的"罪犯"的工作，做得特别细致。葬礼就是一个机会，来发现死者是否是造成其他人死亡的妖巫。假如在死者内脏中发现"埃穆"（ewu）这种邪恶的东西，这死者便作为有法术的妖人，要分别对待，没有资格举行像好人（"光明之子"）一样的葬礼。为了辨明情况，在葬礼中巫师（或称"切开的人"）是重要的执事。在他们履行职责之前，一个老人从悲痛人群中走上前来，发表葬前演说，主旨是声言要进行一次血的报仇，假如造成死亡的"有罪的一方"被认出的话。在此以后，尸体被放在集会中心一大块树皮上，衣服、手镯、项圈等都去掉，被带到房后种植地中，紧挨着他那已经挖开的坟墓，那坟墓是用新鲜树叶铺好的。

现在这样的时刻已经到来，即由巫师决定死者是"光明之子"，还是邪恶的妖人。他剖开尸体，检查内脏，宣布判决。根据他的发现，死者或受到"好人"的葬礼，放在树皮棺材中；或者以专为邪恶的人而设的方式，把尸体匆匆处理。

亲属们为了哀悼死者，披戴干树叶以代替平常的服装，剃光了头，戒除性交，把自己禁闭在房内，有时把他们的面部和身体画成白色——死的颜色。

据信，潘格威人死者的灵魂可以是以野兽影子的形式，在地面上踯躅，向那些使他死亡的人寻求报复。另一方面，灵魂也可以是和善的。例如，一个贫穷的人死了亲爱的父亲，父亲可以为儿子牺牲第二次生命，把自己变成老虎，让儿子来杀虎，从而杀死他的灵魂。做出这样的牺牲，使其子能出卖有价值的虎皮和虎骨，能为自己买一个妻子。一个死去的潘格威人，在弥留之际认出祖先就在面前，还说"他们就在这儿"，并向祖先致意。在死者应祖先亡灵之邀去恩沙姆比（Nsambe）之前，他可以在树的阴影附近停留一段时期，人们夜间能听见他在那儿耳语。在大约一年之后，人们假定他是乐于离开前去恩沙姆比了，他的衣服礼仪性地陈列在他小屋附近，以一次欢乐的庆祝活动来纪念，这天的安排就是跳舞和大吃大喝。

恩沙姆比是灵魂所在地的统治者，是创造之神。那地方是模仿尘世的，但在每一方面都比尘世完善。恩沙姆比给灵魂大块种植地、动物和树林；有食物和许多妇女，由社会快活地支配。"坏人"受到原宥，每个人都有好的生活。但即使是灵魂，老了也不能永远留在天界，恩沙姆比"不能容忍丑陋的东西"，把衰老的灵魂逐出自己的地方。这些灵魂落到潘格威人的土地上，留在那儿，衰弱了，但还是看不见的，仅仅一些动物意识到他们的存在，特别是白蚁，它在这些衰弱的年老灵魂"身体"之上建造了小山（即白蚁窝）。当白蚁窝最后化为尘土时，这意味着灵魂也还原为原来的物质——尘土。太阳、月亮和地球都是从尘土起源的。

现在死者仅仅住在他的头骨之中了，那是由他的家族发掘出来，并和其他古老头骨合起来放在小屋的头骨鼓中的。在紧急时期，当恩沙姆比送来疾病或坏收成时，头骨被拿出来，以一种神圣的舞蹈领往各处，请求它对潘格威人的神祇说好话。假如这种恳求无济于事，头骨便失宠了，受到威胁和侮辱，长时期被抛弃在外。

白蚁窝的一部分，因为它们包含有死者强有力灵魂的某些东西，被搜寻来作为护符或祈求好运的符箓。关于白蚁是人的灵魂的一部分，这一信仰是广泛传布的，特别在南海地区。

以跳舞纪念死者的永别，是从非洲到南海和美洲农民的普遍习俗，一般是在第一次埋葬后一年左右举行。

为了抚慰死者，要以象征性的或死者实际所有的物件随葬，这样他们到另外地方旅行过程中可以用适当的形式装备起来。许多部落把死者留在尘世的所有物毁掉，不仅为了向死者表示不想"劫夺"他们，而且为了同时毁掉可能"传染"死亡的一切东西。

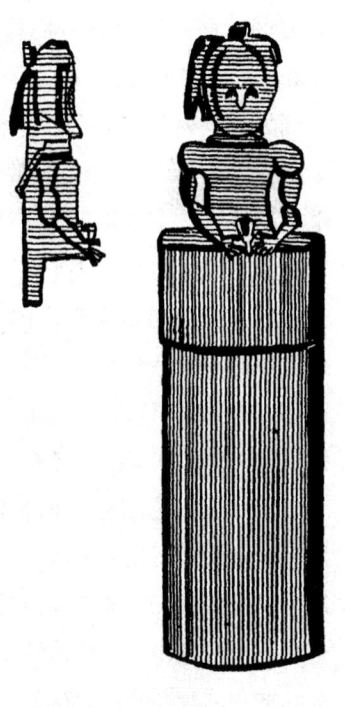

图 285 潘格威人的头骨鼓

美国新英格兰的阿尔衮琴部落杀死死者珍爱的狗，这样它们可以在他之前到达另外的世界。不治的病人甚至自己发表葬前演说，"列举他的得意之事，给家族一些指导，最后表示告别"。他的朋友把礼物纷纷投给他，以他心爱的食物设宴，并以号啕大哭使他相信他们的痛苦。当最后死去时，他们把死者包裹起来，"膝靠着胃，头靠着膝，像在母亲子宫中一样"地捆扎在皮革中，并且就像这样把他埋掉，随葬着他所有的一切——袋子、弓、箭、狗和哀悼的人们提供的另外礼物。

农民许多木制祖先像，表现出死者典型的屈肢姿态，而且许多史前的遗骨也发现有这样的情况。霍皮人用一种丝兰纤维的调和物洗死者的头发，之后便把尸体固定成一种坐着的姿态，假如需要的话膝和臂用丝兰捆扎起来，然后用"祈祷羽毛"（prayer feather）来装饰死者——头发中一根，每只脚下一根（"把遗体带到另一世界"），每只手中一根，肚脐眼上一根（"那是人类呼吸所在之处"）。墓穴挖得很深，人埋入其中，面向西方。据贝格里霍勒报道，"墓穴被迅速用沙子填起来，在墓上插一根随便什么材料做的棍棒，作为'呼吸'前往西方的阶梯"。

新几内亚习俗表现出同一观念，即灵魂可能离开或回转坟墓。他们在被埋葬者头部放一根竹杖。虽然祖先和图腾动物在人死后立即来接灵魂，把他带到较好地方去，而灵魂仍喜欢时常回到坟墓中来，恢复他的老样子。

与屈肢葬密切联系的是使用大瓮、篮子或其他类似物作为棺具。南美的图皮人部落，把死者放在大的陶瓮中，使他们避开泥土，并可保证亡灵不会回转。以后时常把骨头洗净上漆，并保存在特制的篮中。巴西博罗罗人把羽毛贴在死者遗骨上，并且以精心准备的宴会来纪念他们。死者的个性由演员们戏剧性再现出来，用以抚慰亡灵。在奇里瓜诺人之中和其他地方，瓮棺作为一次葬或二次葬（在遗骨洗净之后）的葬具也是常见的。

探险者斯塔尔曾经描述婆罗洲的杜孙人把死者放入瓮棺方法的有趣细节，他看到死者死后立即在其尸体上竖起了竹制框架的小屋：

> 小屋周围和屋顶上，放着黄铜器、装饰品和珍贵的衣服。朋友们哭忠实的朋友，邻居哭诚实的邻居，说他很能喝酒，但就在饮酒时也不是爱打架的人。夜间，两个男子守卫，以打锣使自己不至于入睡，而且以痛饮他们的"香槟酒"来鼓起勇气。第三天，尸体要放入罐内了。当看到这罐子时，人们会惊诧于这世界上如何可能把一个大人放入其

中。罐的顶部在最大径处以锋利的刀子切开，先把足放入，膝弯曲着，把身体压下去。头弯曲到膝上或两腿之间，再把罐的顶部放上去。并用树脂之类和黏土密封。女祭司在这棺具上摇晃一块燃烧的冒着烟的木头，念着她那难懂的隐语。这是为了防止任何旁观者的灵魂进入死者的容器。

当月圆时或新月之前不能进行埋葬，瓮棺要放在房中一个长的时期。人们对"讨厌的空气"和苍蝇毫不介意，照样在这里吃喝、聊天和睡觉，直到最后瓮棺可以埋入土中这一天的到来。

非洲吉尔人（Djur）仅仅对那些"和人或兽"作战而死的人，才进行屈肢葬。孩子们和那些死在床上的人是直肢埋葬的。坟墓围以篱笆并小心照管，"直至为白蚁吃掉为止，随后坟墓及其遮盖的死人都被忘却"。

与瓮棺葬或罐棺葬相联系的是美洲密西西比河上游和别处印第安人的土墩墓。但这种墓的年代不早，因为在罐棺或石棺内死者周围成千件文化遗物中，有些显然是来自白人。基廷（W. H. Keating）说："这种类型墓葬无疑是为了在大草原中取得高耸的地位，否则是易于淹没的。"

想使死者免受土壤、水、冷的不好影响，以及免于自身的腐烂，引导出处理尸体的活动，这样遗体不会进一步改变或毁坏。这就是木乃伊的观念。木乃伊最早形式是把尸体干却或烟熏，如早期收获者之中所实行的那样。在太平洋的吉尔伯特群岛，木乃伊要留在家庭之内很长时期，木乃伊参加人们的跳舞，被带到各处，并受到贵宾似的侍奉。

曼克（E. Manker）描述比属刚果的巴布温迪人（Babwende）对死者的处理，是如何制造木乃伊的最佳例证。巴布温迪人为重要的人或首领准备葬礼就是把他变成"尼奥姆博"（niombo），这要在死后立即完成。哀悼者穿戴树皮帽和破旧衣服，脸画成红色和黑色，把尸体悬在死者房屋的屋顶的吊索上，日夜用火来烤。看守尸体和尸体干却过程要进行几个月之久，直至尸体最后一点水分消失为止。

同时，从亲友们收集来的树皮席、棉质衣服和类似之物，堆积如山。"这样，死者就不必像一个穷困的和无人照管的贫民那样进入'另一地区'了。"

专门做"尼奥姆博"的主持人现被召进屋来，他带来"尼奥姆博"的头，是从人死后就已在做着的。那是一件艺术品，用红色棉布缝成的，内填草之类，"像活的一样，下巴柔软而圆整，厚唇的嘴张开着，露出成排的牙齿，眼睛被有效地画成红色和黑色圆圈，英俊的胡须装饰着双颊。现在死者黑色的干尸由'尼奥姆博'主持人用上百码的布料包裹成巨大的一捆。臂、腿和足都是后加的，由内部一种东西很巧妙地支撑着。人像的胸部画着死者的文身。当一切做好，'尼奥姆博'就比一座房子还要大些"。

在埋葬之日，全村参加一次巨大的宴会。宴会后，一群人带着"尼奥姆博"举行埋葬舞。舞蹈中"尼奥姆博"到处旋转着，高过屋顶。突然，旋转停止了，寂静笼罩着哀悼者，埋葬行列离开了村庄，行列之前就是那画成红色的巨像，在抬者之上摇晃着。当"尼奥姆博"以站的姿势下到墓穴时，在场每个人向空中跳，哪个人不跳或不能跳，会很快跟着"尼奥姆博"去的。所有的人都来帮助把那巨大的墓填起来，墓顶上以死者工具和器物作为装饰。最后要把死者的房子烧掉。

他到哪里去了？是作为一个受尊敬的有影响的人到极乐世界去了。他的朋友和家族如此隆重为他送别，无疑会给予灵魂所在之处他的那些同伴以深刻的印象。

在农业民族信仰中，灵魂死后旅行所去那遥远的国土，绝非是一个恐怖区域。灵魂的生活条件，可与他在尘世生存条件相比，但却不会有经常的忧愁和不幸。死者生活的社会是模仿他们已离开的社会的。他们种植和收获，作战和恋爱——一切都在理想的条件下进行。农业民族知道来生可以期望，这对他们来说是没有任何怀疑的。

在牧人和玻利尼西亚人之中，死的概念又有所不同。两者把个人主义的观念发展到很大限度，比农民强调集体联系

图286　西非巴布温迪人葬仪中的人像——"尼奥姆博"
（内装有人的尸体）

的社会中的个人主义要厉害得多，他们很少强调死者灵魂的普遍存在。他们对阶级和等级的强调，支配着他们死后观念。贵族和首领可望继续享受他们在尘世所享受的特权，而一部分平民则被否认有任何灵魂的存在。

汤加岛的玻利尼西亚人仅有统治者才是不朽的，普通人一旦死亡即停止存在。许多非洲牧人仅对首领和巫师才赋予死后有灵魂的存在，普通人特别是妇女不能希望有一个继续生活下去的灵魂。一般来说，死亡就意味着毁灭，以其他形式生存下来只能是例外。

在收获者之中，这种态度的痕迹也是明显的。像澳大利亚的阿龙塔人和洛里察人，灵魂到死者去的地方是短时期的，不久以

后即要毁灭。伊斯兰教以前的阿拉伯部落和古代犹太人，关于死后生活的观念是很有限的。他们非常强调活着的人的重要性，似乎已形成一种观点，即死亡是个人活动不可避免的终结。

　　太阳崇拜是父权文化的典型特征，它引导出对平台墓和高架墓的特别重视。这样，死者就发现自己可以尽可能长久地暴露在神圣光芒照射之下。为此理由，许多美洲印第安人让死者在树上或高架上休息。密西西比河流域东面和西面的森林地区，内有许多排列规整的墓地。在那里，死者尸体被小心地包在席子、兽皮或桦树皮中，高放在树上或高架上，用作牺牲的动物头骨，作为礼物的烟草、弓和箭，装饰这高耸的坟墓。甚至在基督教影响下，许多古老部落仍然坚持他们这种古代埋葬方法。他们遵循着部族首领"斑尾"的愿望，"不去白种人去的地方，去红种人去的地方"。

　　埋葬的类型时常是由死者死的方式所决定的。例如，米西索加人（Missisauga）把在狩猎中死的人葬在很高的高架上；对

图287　克罗－印第安人埋葬首领"疯狼"的高架

那些战争中被杀死的人举行火葬，把他们的骨灰带到村庄附近的墓地去。北美舍安内人（Cheyenne）把死者盛在橇篮中放在高架上，这种习俗是游荡的平原部落生活方式和死亡方式的合适象征。

平台葬和高架葬，曾经深深地影响了发达文化民族的习俗，特别是印度的祆教徒。他们的拜火教观念引导出尸体不得接触土壤的观念。死者在"寂静的高塔"中，被暴露在群鹰之前，尸体变成了骨架，以免肌肉腐烂。同时，免得再用受崇拜的火焰来消灭人体不洁之物。

与此类似的是亚述人所谓"吞食尸体"的食肉石，普林尼[1]描述它"在四十天内吃掉死者尸体"。这种石头仍然保存在小亚细亚阿苏斯城。现代科学证明，它们是以含铝的石灰石排列而成的，没有密封到可以防止绿头苍蝇和蛆虫从小的裂缝中钻进去，而林内（Linné）说过这些昆虫："一匹倒下的马被三个绿头苍蝇的后代吞食，比被一匹狮子吞食要快得多。"

死尸作为一种没有意义和没有用处的废弃躯壳而遭到漠视，导致出许多牧人部落和有关社会的习俗，即在哪里死就把尸体简单地丢在哪里。这种习俗特别在东非多有发现。与此有关的是玻利尼西亚人把死者尸体放在洞中，不加任何特殊的照管。

这些民族很少利用死者的尸体。虽然如此，却时常试图把他们的统治者和贵族那易朽之躯以永久方式保存下来。保存这些遗体，不是起源于把尸体作为不朽灵魂的外壳而加以崇拜的愿望，它意味着把尸体变为纪念碑，用来扩展他个人生前享有的社会影响。这种保存是通过木乃伊化实现的。

在父系家长制文化的较晚类型中，偏爱火葬日益明显。它又

---

1 普林尼（Gaius Plinius，23—79），罗马自然科学家和作家。——译者

代表死亡是最后结局的观念。在许多地区，例如在玻利尼西亚，仅有贵族和卓越人物才给予这样的葬法，火葬堆类型因人的等级而异。印度和东亚把这种处理尸体方法作为自己宗教仪式的一部分，特别在恒河沿岸，死者的公开火葬是神圣不可侵犯的印度教习俗。

美洲和亚洲的北极民族文化，由许多种不同影响混合而成。他们和农民万物有灵世界的关系，比起和父权民族封建观念的关系更为密切。对他们来说，不仅人和兽，而且还有树、云、石头和河流，都是由精灵的力量所支持配有生命之物，而死者尸体也是活的，有能够危害或有益于活人的巫术力量。因为这种混合文化的发展，北极民族采取了差不多其他社会所有的埋葬方法，包括埋葬后石头压住坟墓，简单地弃尸于野让动物来吃，火烧和葬于高架。吉雅克人和楚克奇人把死者火葬，收集骨灰，建造小屋于其上，那个地方受到亲人们的崇拜。另一方面，蒙古人却坐视狗撕碎一个几小时前还活着的人。

高度发展的文化的葬俗，有必要简略地谈一下。例如纳切兹人，这些不寻常的人一度定居在密西西比河下游，现在灭绝了。他们那些低下等级或"臭人"等级的死者，以什么特殊方式来处理，古代作者未予注意。但一个"太阳"等级高贵首领的埋葬，肯定是一次引人注目的事件。耶稣会神父格雷维尔（Père J. Gravier）和彭尼考特（Pénicaut）对这种埋葬提供了令人难过的描述。当埋葬时，许多无辜的活人为死者的光荣而失去了生命，不仅厨师和熟练的侍者必须在来世继续服务，而且还有父母们献出来的小孩。

1704年，一个伟大的女"太阳"死了，她那来自"臭人"等级的丈夫立即被绞死，这样他便能陪伴她到"伟大的死者之村"去。两人被安置在灵车中，各有自己的小房间。在公共广场中建造了十四个高架，每个高架由一个在她生前抵押给她的男子（称为"穆里特斯"）侍候。这十四个人都穿节日的盛装，每人编织着绳子，那是为绞死他自己用的。每人的脸画成朱红色，各有五个奴仆侍奉。古代作者报道说："在第四天末尾，他们开始举行尸体出行仪式。有十二个三岁的小孩，由其父母亲手绞死，向死者表示敬意，并以这些小尸体来'装饰'高贵的灵车，殡葬行列就以带着死孩子的父亲为前导。最后，十四个抵押来的男子由死去首领的亲属唱着歌绞死。"

杀死活人以"安慰"死者的习俗，是发达文化中特别易于遇到的现象。它是从把来世描绘为和尘世类似的习惯中产生的。中国人的天堂和地狱，有"政府"官吏的整套系统，正如尘世一样。事实上，没有人能想象出一个"伟大的死后世界"是其基本条件和命运与尘世理想的模式不相适应的。如教皇在册封圣徒的仪式中，就要向"天上法庭所有的人"发出呼吁。

在农民万物有灵观念中，关于死后生活的概念以及后来加上的道德评价特别发展。牧人的阶级和等级概念，则表现为想把那些到另一世界长途旅行的高贵旅客尽可能完善地装备起来。

对死者的禁锢和死亡现象本身同样古老。史前坟墓多有阻止死者逃跑和再次出现的预防措施。时常把有些骨头移开，再加上其他的骨头，使尸体"混杂"。头扭转向后，面向土地，或者实行有目的性的毁伤。与此相同的是今天原始人把尸体的手系在颈上；用石头压着坟墓，或把它围起来；在葬前斩断头颅；筑造欺骗性的引向村外的小径；把死者很牢固地捆在棺中，使他不能离开限定的地方。

古代埃及人在这方面特别小心。他们对回来的死人（称为"阿丘"或"丘"）的害怕，引起许多种预防方法。当祭司把来世描绘为光荣的地方时，没有人能相信那里的快乐能和埃及人的快乐相比，故要竭尽全力防止"阿丘"回来。死者被杀掉头颅，要害器官如心和腿用各种诡计移开。由用联结的绳子禁锢尸体，发展出用许多码的绷带技巧地包扎木乃伊的遗体，绷带末端用复杂的结相连，并时常印上神像，用以恐吓灵魂，从而抑制其旅游的嗜好。埃及人棺材则用灵巧的锁封闭起来，使死者不可能从里面打开。此外，这些棺材上还有许多铭文，如此生动地赞美来世的舒适，使计划逃跑的死者也会被说服而愿留在棺材之中。

秘鲁的印加人把他们的统治者做成木乃伊，将他们以一种充分体现王权的蹲屈姿态埋葬。他们时常被牢固地捆成方形的一束，有时这一束之中包含几个遗体，其上安放一个人造的头，造成一种它只是一个木乃伊的印象。这些保存下来的死者尸体，据说有巫术性质，在战争中为了获得好运到处携带着它。有些印加统治者的木乃伊，装饰有黄金面具、珍贵的手镯和豪华的发饰，坐在金椅上，围着库斯科（Cuzco）太阳神庙的图画坐成一圈。

阿兹蒂克人也把他们最高贵的死者、战争中被杀死的战士和分娩时死去的妇女做成木乃伊。只有这些人在阳光中获得了精神上的重生。

奇布查人死去的统治者，被葬在隐藏的坟墓中，里面备有很多盛着可可的袋子和装有"奇查"（chicha）酒的瓶，周围有被杀殉的妻子和奴隶的尸体。

埃及金字塔有许多迷惑人的入口和歧路，也具有同样的目的，即把有巫术的木乃伊隐藏起来，防止闯入者偷取遗体和宝物，并从遗体神秘力量中获得好处。

在西藏，我们发现父权制典型的双重埋葬方法。普通人尸体完全毁掉，而贵族（特别是喇嘛）的尸体则做成木乃伊保存。圣体保存在神秘的木乃伊匣中，它时常有小庙的形状。普通人尸体则奉献于野生动物：假如鸟啄他们并把他们带走，灵魂即可上天；假如猪和狗吞食他们，就表明将在世间托生。假如死人迅速被吞食，意味着他是一个好人；假如不是这样，就说明他是一个坏人，他必定会受到压力和惩罚。神圣的喇嘛们用的喇叭和鼓，是用人肢骨或头骨做的，这表明发达文化的宗教中万物有灵信仰的古远；而向死者灵魂致辞的习俗，则是从死者能听而不能回答这一古老观念中发生出来的。

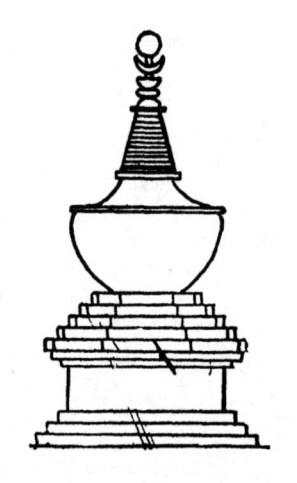

图288　西藏人的塔
（内有喇嘛的骨灰）

借助外部象征表明一种哀悼状态的习俗，同样是古老的。把脸画成白色和黑色，据推想是诱使死者相信哀悼者是一个魔鬼，而不是值得羡慕的有生命之物。活人把他们自己禁锢起来，意味着平息死人的痛苦和嫉妒。

死亡时常冷不防地打击我们，就像它突然落到丛林中为"妖术"所害的人身上一样。我们对"人人难逃一死"的常识乐意或不乐意，是由我们认为灵魂是存在还是不存在所决定的。无论我们信仰什么，确定无疑的是只有"空房间里来的空虚"（西藏古文书中语），而且只有相信这一点的人才是快乐的。我们的信仰形式不是那么重要，只需将信仰长期完整地和虔诚地加以贯彻。无论我们把"伟大的来世"描绘为个人不朽的一种形式，还是描绘为进入灵魂所在地的一种解脱，无论我们希望死后乘着鸟飞上太阳，还是像芦苇一样无忧无虑和天真无邪；假如我们的生活听从造物主的指导（只有他才懂得紧张奋斗和幸福的意义，懂得生和死的意义，懂得一切事物的起源），我们的去世将是平静的。

参考文献

第一章
家和家具

AYMARD, CAPITAINE A.: *Les Touareg* (Paris, 1911).
BASTIAN, A.: *Die Vorstellungen von Wasser und Feuer* (Berlin, 1869).
BEHN, F.: *Das Haus in vorrömischer Zeit* (Mainz, 1928).
BENT, J. T.: *The Ruined Cities of Mashonaland* (London, 1892).
BEST, E.: "Maori Store-houses and Kindred Structures," in *New Zealand Dominion Museum Bulletin*, 5 (Wellington, 1916).
BIASUTTI, R.: "Abitazione," in *Encyclopedia Italiana* (1929).
BIRKET-SMITH, K.: *The Caribou Eskimos, Report V* (Copenhagen, 1929).
BOUYSSONIE, J., and DELSOL, H.: "Station préhistorique de la 'Coumba' du Pré-Neuf à Noailles (Corrèze)," in *Revue d'anthropologie*, xxx (Paris, 1920).
BROWN, A. R.: *The Andaman Islanders* (Cambridge, 1932).
BUSCHAN, G.: "Australien und Ozeanien," in *Illustrierte Völkerkunde*, ii (Georg Buschan, Stuttgart, 1923).
BUSHNELL, D. J., Jr.: "Native Villages and Village Sites East of the Mississippi," in *Bureau of American Ethnology Bulletin*, 69 (Washington, 1919).
CAVALIER, Z. S.: "Parsee Women," in *India*, in "The British Empire Series," i (London, 1899).
CHILDE, V. G.: *The Danube in Prehistory* (Oxford, 1929).
CODRINGTON, R. H.: *The Melanesians: Studies in their Anthropology and Folk-lore* (Oxford, 1891).
CRAWLEY: "Fire, Firegods," in *Encyclopædia of Religion and Ethics*, vi (New York, Edinburgh, 1913).
CURR, E. M.: *The Australian Race* (4 vols., Melbourne, 1886–87).
DAIGRE, Rev.: "Les Bandas de l'Oubangui-Chari (Afrique Équatoriale Française)," in *Anthropos*, xxvi (Vienna, 1931).
DECORSE, J.: "L'Habitation et le village au Congo et au Chari," in *L'Anthropologie*, xvi (Paris, 1905).
EVANS, A.: *The Palace of Minos* (London, 1921).
FERGUSSON, J.: *History of Indian and Eastern Architecture* (2 vols., London, 1910).
FEWKES, J. W.: "The Cave Dwellings of the Old and New Worlds," in *Smithsonian Report for 1910* (Washington, 1911).
FORNANDER, A.: *An Account of the Polynesian Race, its Origin and Migrations, and the Ancient History of the Hawaiian People* (3 vols., London, 1877–85).

FORRER, R.: "Rhinocéros de Marck et outillage de bois découverts dans un abri paléolithique ancien à Spichern près Forbach," in *Cahiers d'archéologie et d'histoire d'Alsace*, xviii (Strassbourg, 1927).
GENNEP, A. VAN.: *Mythes et légendes d'Australie* (Paris, 1905).
GIFFORD, E. W.: "The Kamia of Imperial Valley," in *Bureau of American Ethnology Bulletin*, 97 (Washington, 1931).
GIRAUD, E.: "Une Station précampignienne de la forêt de Montmorency," in *Institut International d'Anthropologie* (III session, Amsterdam) (Paris, 1928).
GRAEBNER, F.: "Ethnologie," in *Die Kultur der Gegenwart* (Paul Hinneberg: Leipzig, Berlin, 1923).
GUSINDE, M.: "Das Feuerland und seine Bewohner," in *Hochland, Monatsschrift für alle Gebiete des Wissens, der Literatur und Kunst (Karl Muth, Heft* 2: Munich and Kempten, 1929).
HADDON, A. H.: "The Kabiri or Girara District, Fly River, Papua," in *The Journal of the Royal Anthropological Institute of Great Britain and Ireland*, xlvi: July–September (London, 1916).
HALL, H. R., and WOOLLEY, C. L.: *Ur Excavations*, i (Oxford, 1927).
HELLWALD, F. VON: *Haus und Hof in ihrer Entwicklung mit Bezug auf die Wohnsitten der Völker* (Leipzig, 1888).
HOERNES, M.: "The Earliest Forms of Human Habitation and their Relation to the General Development of Civilization," in *Smithsonian Report for 1913* (Washington, 1914).
IRLE, J.: *Die Herero* (Gütersloh, 1906).
KRICKEBERG, W.: "Mexikanisch-Peruanische Parallelen," in *Festschrift für P. W. Schmidt* (Vienna, 1928).
KRIEGER, H. W.: "Indian Villages of South-east Alaska," in *Smithsonian Report for 1927* (Washington, 1928).
LEHMANN, O.: "Die Pfahlbauten der Gegenwart," in *Mitteilungen der Anthropologischen Gesellschaft in Wien*, xxxix (Vienna, 1904).
LEHNER, H.: "Der Festungsbau der jüngeren Steinzeit," in *Prähistorische Zeitschrift*, ii (Berlin, 1910).
LIPS, J. E.: *Die Geschichte der Völker ohne geschriebene Geschichte* (textbook for the new German High Schools, introduced in the British and French Zones of Occupation: Berlin, Stockholm, 1946).
Einleitung in die Vergleichende Völkerkunde (Leipzig, 1928).
Naskapi Law (Philadelphia, 1947).
MACIVER, D. R.: *Medieval Rhodesia* (London, 1906).
MAHLER: "Siedlungsgebiet und Siedlungsplätze in Ozeanien," in *Internationales Archiv für Ethnographie*, ii (Leiden, 1898).
MATHIASSEN, T.: "Archæology of the Central Eskimos," in *Report on the Fifth Thule Expedition*, iv (Copenhagen, 1927).
MENGHIN, O.: *Weltgeschichte der Steinzeit* (Vienna, 1931).
MESSIKOMMER, H.: *Die Pfahlbauten von Robenhausen* (Zürich, 1913).
MÜLLER, P. F.: "Beiträge zur Ethnographie der Guarani-Indianer im östlichen Waldgebiet von Paraguay," in *Anthropos*, xxix, xxx (1934-35).

PASSARGE, S.: "Die Buschmänner der Kalahari," in *Mitteilungen aus den deutschen Schutzgebieten* (Berlin, 1905).
REAGAN, A. B.: "Notes on the Indians of the Fort Apache Region," in *Anthropological Papers of the American Museum of Natural History*, xxxi, Part V (New York, 1930).
ROTH, W. E.: "North Queensland Ethnography," in *Records of the Australian Museum Bulletins*, 1-12 (Brisbane, 1899-1909).
SANDSCHEJEW, G.: "Weltanschauung und Schamanismus der Alaren-Burjaten" (translated from the Russian), in *Anthropos*, xviii (1928).
SARFERT, E.: "Haus und Dorf bei den Eingeborenen Nordamerikas," in *Archiv für Anthropologie*, xxxv (1909).
SCHACHTZABEL, A.: "Die Siedlungsverhältnisse der Bantuneger," in *Internationales Archiv für Ethnographie*, Suppl.-Band, xx (Leiden, 1912).
SCHLITZ, A.: "Der Bau vorgeschichtlicher Wohnanlagen," in *Mitteilungen der Anthropologischen Gesellschaft Wien*, xxxiii (Vienna, 1903).
SCHMIDT, M.: *Völkerkunde* (Berlin, 1924).
SCHMIDT, P. J.: "Die Ethnographie der Nor-Papua (Murik-Kapu-Karau) bei Dallmannhafen, Neu-Guinea," in *Anthropos*, xviii-xix, xxi (1923-24, 1926).
SCHMIDT, W., and KOPPERS, W.: *Völker und Kulturen*. Part I: *Gesellschaft und Wirtschaft der Völker* (Regensburg, 1924).
SPEISER, F.: "Schlange, Phallus, und Feuer in der Mythologie Australiens und Melanesiens," in *Verhandlungen der Naturforschenden Gesellschaft in Basel*, xxxviii (Basel, 1927).
STEFANSSON, V.: *My Life with the Eskimo* (New York, 1929).
STOW, G. W.: *The Native Races of South Africa* (London, 1905).
TESSMANN, G.: *Die Pangwe* (2 vols., Berlin-Leipzig, 1913).
THOMAS, N. W.: *The Natives of Australia* (London, 1906).
WATERMAN, T. T.: "Native Houses of Western North America," in *Indian Notes and Monographs*, xi (New York, 1921).
"North American Indian Dwellings," in *Smithsonian Report for 1924* (Washington, 1925).
WAUTERS, A. D.: *L'État indépendant du Congo* (Brussels, 1899).
WEGNER, R. N.: "Ostbolivianische Urwaldstämme," in *Ethnologischer Anzeiger*, Band ii, Heft 8 (Berlin, 1932).
WEULE, K.: *Leitfaden der Völkerkunde* (Leipzig and Vienna, 1912).
WOOLLEY, C. L.: "Asia Minor, Syria, and the Ægean," in *Liverpool Annals* (Liverpool, 1922).
"Excavations at Ur of the Chaldees," in *The Antiquity Journal*, iii (Liverpool, 1923).
The Sumerians (Oxford, 1928).

第二章
迷人的装饰

ADAIR, JAMES: *The History of the American Indians* (London, 1775).
AHLFELD, F., and WEGNER, R. N.: "Über die Herkunft der im Bereich altperuanischer Kulturen gefundenen Schmuckstücke aus Sodalith," in *Zeitschrift für Ethnologie*, 63. Jahrgang (Berlin).
BALFOUR, HENRY: "Some Ethnological Suggestions in Regard to Easter Island," in *Folk-lore* (Oxford, 1917).
BEAGLEHOLE, E. and P.: "Hopi of the Second Mesa," in *Memoirs of the American Anthropological Association*, 44 (Menasha, Wisconsin, 1935).
BERNATZIK, H. A.: *Gari-Gari* (Vienna, 1930).
BEST, E.: "The Whare Kohanga and its Lore," in *Dominion Museum Bulletin*, 13 (Wellington, 1929).
CONZEMIUS, E.: "Ethnological Survey of the Miskito and Sumu Indians of Honduras and Nicaragua," in *Bureau of American Ethnology Bulletin*, 106 (Washington, 1932).
DAIGRE, Rev.: "Les Bandas de l'Oubangui-Chari (Afrique Équatoriale Française)," in *Anthropos*, xxvi, 5, 6.
DANZEL, TH. W.: "Codex Hammaburgenses, eine neuentdeckte Bilderhandschrift des Hamburgischen Museums für Völkerkunde," in *Mitteilungen aus dem Museum für Völkerkunde in Hamburg*, xi (Hamburg, 1926).
DÉCHELETTE, J.: *Manuel d'archéologie préhistorique, celtique, et gallo-romaine* (5 vols., Paris, 1908–31).
DIVATIA, K. B.: "Hindu Women," in *India*, in "The British Empire Series" (London, 1899).
FOY, W.: "Schemelartige Kokosnussschaber," in *Mitteilungen der Anthropologischen Gesellschaft in Wien*, xxxiv (Vienna, 1904).
GIFFORD, E. W.: "The Kamia of Imperial Valley," in *Bureau of American Ethnology Bulletin*, 97 (Washington, 1931).
GUSINDE, M.: "Das Feuerland und seine Bewohner," in *Hochland*, ii Heft, August 1929 (Munich and Kempten, 1929).
HADDON, A. H.: "The Kabiri or Girara District, Fly River, Papua," in *The Journal of the Royal Anthropological Institute of Great Britain and Ireland*, xlvi, July-September (London, 1916).
HARRISON, J. E.: "Fragments of a Vase presumably by Euphronios," in *Journal of Hellenic Studies* (London, 1888).
HORNBOSTEL, E. M. VON: "Chinesische Ideogramme," in *Anthropos*, xxv (1930).
KARSTEN, R.: "Body-painting and Tattooing in South America," in *Ipek* (Leipzig, 1925).
KRIEGER, H. W.: "Indian Villages of South-east Alaska," in *Smithsonian Report for 1927* (Washington, 1928).

LINDBLOM, G.: "Kamba Tales of Supernatural Beings and Adventures," in *Archives d'Études orientales*, 2 (J. A. Lundell: Leipzig and Lund, 1935).
LIPS, J. E.: *The Savage hits back* (translated by V. Benson; London and New Haven, 1937).
LUSCHAN, F. VON: "Alterthümer von Benin," in *Verhandlungen der Berliner Anthropologischen Gesellschaft* (Sitzung vom 19 März 1898).
MCCARTHY, F. D.: *Australian Aboriginal Decorative Art* (Australian Museum, Sydney, 1938).
MÖTEFINDT, H.: "Studien über die Geschichte und Verbreitung der Barttracht," in *Anthropos*, xxiii (1928).
MOUNTFORD, C. P., and HARVEY, ALISON: "A Survey of Australian Aboriginal Pearl and Baler Shell Ornaments," in *Records of the South Australian Museum*, vi, 2 (Adelaide, 1938).
NIMUENDAJU, K.: "Wortliste der Sipaia-Sprache," in *Anthropos*, xxiv (1929).
O'CONNELL, J. F.: *A Residence of Eleven Years in New Holland and the Caroline Islands: being the Adventures of James F. O'Connell, edited from his Verbal Narration* (Boston, 1836).
PLISCHKE, H.: "Die technisch-wirtschaftliche Ausnutzung des Bodens bei den Naturvölkern," in *Handbuch der Bodenlehre*, Band x (Berlin, 1932).
REAGAN, A. B.: "Notes on the Indians of the Fort Apache Region," in *Anthropological Papers of the American Museum of National History*, xxxi, Part V (New York, 1930).
ROSS, WILLIAM: "Ethnological Notes on Mt Hagen Tribes (Mandated Territory of New Guinea)," in *Anthropos*, xxxi (1936).
ST PÉRIER, COMTE DE: "Les Œuvres d'art paléolithique de la vallée de la cave à Lespugue (Haute-Garonne)," in *Ipek* (Leipzig, 1925).
SCHMIDT, J.: "Die Ethnographie der Nor-Papua (Murik-Kaup-Karau) bei Dallmannhafen, Neu-Guinea," in *Anthropos*, xviii-xix (1923-24); xxviii (1926).
"Neue Beiträge zur Ethnographie der Nor-Papua (Neu-Guinea)," in *Anthropos*, xxviii (1933).
SCHMIDT, W., and KOPPERS, W.: *Völker und Kulturen* (Regensburg, 1924).
SCHULIEN, P. M.: "Kleidung und Schmuck bei den Atchwabo in Portugiesisch-Ostafrika," in *Anthropos*, xxi (1926).
SPENCER, W. B., and GILLEN, F. J.: *The Native Tribes of Central Australia* (London, 1899).
The Northern Tribes of Central Australia (London, 1904).
STAAL, J.: "The Dusuns of North Borneo," in *Anthropos*, xviii-xix (1923-24); xx (1925).
STREIT, C.: "Unbewegliche Körperzier in vorgeschichtlicher Zeit," in *Anthropos*, xxx (1935).
SWANTON, J. R.: "Social Organization and Social Usages of the Indians of the Creek Confederacy," in *Forty-second Annual Report of the Bureau of American Ethnology*, 1924-25 (Washington, 1928).

TEIT, J. A.: "Tattooing and Face and Body Painting of the Thompson Indians, British Columbia," in *Forty-fifth Annual Report of the Bureau of American Ethnology*, 1927-28 (Washington, 1930).
TESSMANN, G.: *Die Pangwe* (2 vols., Berlin, Leipzig, 1913).
VOEGELIN, E. W.: "Tübatulabal Ethnography," in *Anthropological Records*, ii, 1 (University of California Press, Berkeley, 1928).
WEGNER, R. N.: "Ostbolivianische Urwaldstämme," in *Ethnologischer Anzeiger*, Band ii, Heft 8 (Berlin, 1932).
WEULE, K.: *Negerleben in Ostafrika* (Leipzig, 1909).

第三章
最早的机器人

ALCALDE DEL RIO, H., BREUIL, H., and SIERRA, L.: *Les Cavernes de la région cantabrique (Espagne)* (Monaco, 1911).
AVELOT, R., and GRITTY, H.: "La Chasse et la pêche dans les forêts de l'Ogoué (Congo Français)," in *L'Anthropologie*, 23 (Paris, 1913).
BOAS, F.: "The Central Eskimo," in *Sixth Annual Report of the Bureau of American Ethnology*, 1884-85 (Washington, 1888).
BOGORAS, W.: "The Chukchee," in *Memoirs of the American Museum of Natural History*, vii (New York, 1904-5).
BREUIL, H., OBERMAIER, H., and VERNIER, W.: *La Pileta* (Monaco, 1915).
CABRÉ, J.: *El arte rupestra en España* (Madrid, 1915).
CAPITAN, L., BREUIL, H., and PEYRONY, D.: *La Caverne de Font-de-Gaume* (Monaco, 1910).
CARTAILHAC, E., and BREUIL, H.: *La Caverne d'Altamira* (Monaco, 1906). "Les Peintures et gravures murales des cavernes pyrénéennes," in *L'Anthropologie*, 19 (Paris, 1908).
DÉCHELETTE, J.: *Manuel d'archéologie préhistorique et Gallo-Romaine* (Paris, 1924).
HAUSER, O.: *Der Mensch vor 100,000 Jahren* (Leipzig, 1917).
HOFFMAN, W. J.: "The Menomini Indians," in *Fourteenth Annual Report of the Bureau of American Ethnology*, 1892-93 (Washington, 1896).
HORWITZ, H. TH.: "Die Armbrust in Ostasien," in *Zeitschrift für historische Waffenkunde*.
HOSE, C., and MACDOUGALL, W.: *The Pagan Tribes of Borneo* (London, 1912).
HULSIUS, L.: *Siebende Schiffahrt. In das goldreiche Königreich Guineam, in Afrika gelegen* (Frankfurt am Main, 1628).
KAPART, J.: *Primitive Art in Egypt* (translated by A. S. Griffith, London, 1905).
KOCH-GRÜNBERG, TH.: *Zwei Jahre unter den Indianern* (2 vols., Berlin, 1909).
KOLB, P.: *Beschreibung des Vorgebürges der Guten Hoffnung und derer darauf wohnenden Hottentotten* (Frankfurt, Leipzig, 1745).

KRAUSS, H.: "Tierfang bei den Wasaramo," in *Globus*, Band xcii (Braunschweig, 1927).
LINDBLOM, G.: *Jakt-och-Fängstmetoder bland Afrikanska Folk*, Del i (Stockholm, 1925).
"The Spiked Wheel Trap and its Distribution," in *Georgrafiska Annaler* (Stockholm, 1935).
LIPS, J. E.: *Fallensysteme der Naturvölker* (Leipzig, 1927).
"Notes on Some Ojibway-Traps (Metagama Band)," in *Ethnos*, 1937, 6 (Statens Etnografiska Museum, Stockholm, 1937).
"Paläolithische Fallenzeichnungen und das ethnologische Vergleichsmaterial," in *Tagungsberichte der Deutschen Anthropologischen Gesellschaft* (Leipzig, 1928).
"Trap Systems among the Montagnais-Naskapi Indians of Labrador Peninsula," in *Statens Etnografiska Museum. Smärre Meddelanden* No. 13 (Stockholm, 1936).
MASON, O. T.: "Traps of the Amerinds. A Study in Psychology and Invention," in *American Association for the Advancement of Science Proceedings*, 49 (Washington, 1900).
MIDDENDORFF, A. VON: *Sibirische Reise*, Band iv. *Ubersicht über die Natur Nord- und Ostsibiriens*, Teil II, *Die Eingeborenen Sibiriens* (St Petersburg, 1875).
MODIGLIANI, E.: *Un viaggio a Nias* (Milano, 1890).
NELSON, E. W.: "The Eskimo about Bering Strait," in *Eighteenth Report of the Bureau of American Ethnology*, Part I, 1896-97 (Washington, 1899).
OBERMAIER, H.: "Trampas cuaternarias para espíritus Malignos," in *Boletín de la Real Sociedad española de Historia natural* (Madrid, 1908).
PALLAS, P. S.: "*Reise durch verschiedene Provinzen des Russischen Reiches*," Zweiter Teil, erstes Buch vom Jahr 1770 (St Petersburg, 1773).
PAYNE-GALLWEY, R.: *Projectile-throwing Engines* (New York, Bombay, Calcutta, 1907).
ROTH, W. E.: "An Introductory Study of the Arts, Crafts and Customs of the Guiana Indians," in *Thirty-eighth Annual Report of the Bureau of American Ethnology*, 1916-17 (Washington, 1924).
SCHÄFER: "Altägyptischer Vogelfang," in *Amtliche Berichte aus den preussischen Kunstsammlungen*, 40. Jahrgang (Berlin, 1918-19).
SÖRGEL: *Die Jagd der Vorzeit* (Jena, 1922).
TORDAY-JOYCE: "Notes ethnographiques sur les peuples communément appelés Balluba, ainsi que sur les peuples apparentés les Bushongo," in *Annales du Musée du Congo Belge*, Série iii, Tome ii, Fasc. i (Brussels, 1919).
VINACCIA, G.: "Les Signes d'obscure signification dans l'art paléolithique," in *L'Anthropologie*, xxxvi, Nos. 1-2 (Paris, 1926).
WILKINSON, I. G.: *The Manners and Customs of the Ancient Egyptians* (2 vols., London, 1878.)

第四章
友好的大地

ANUCIN, D. N.: "Über die Hunderassen der Steinzeit an den Ufern des Ladogasees," in *Anthropological Congress in Tiflis* (1881).
ARNDT, P. P.: "Die Religion der Nad'a," in *Anthropos*, xxvi (1931).
BÉGOUIN, COMTE, and BREUIL, H.: "Les Ours déguisés de la caverne Trois Frères (Ariège)," in *Festschrift für P. W. Schmidt* (Vienna, 1928).
BEST, E.: "Maori Store-houses and Kindred Structures," in *New Zealand Dominion Museum Bulletin*, 5 (Wellington, 1916).
BOULE, M.: *Les Hommes fossiles* (Masson, 1921).
BROUGH SMYTHE, R.: *The Aborigines of Victoria* (London, 1878).
BRUNTON, G.: "The Beginnings of Egyptian Civilization," in *Antiquity* (London, 1929).
BÜCHER, K.: *Die Wirtschaft der Naturvölker* (Dresden, 1898).
BUCKLAND, A. W.: "Primitive Agriculture," in *The Journal of the Anthropological Institute of Great Britain and Ireland*, viii (London, 1877).
BURNS, M. L. (Acting Superintendent, Consolidated Chippewa Agency, Duluth, Minnesota, U.S.A.): Unpublished remarks about "Wild Rice."
DRAKE, FRANCIS S. (editor): *The Indian Tribes of the United States* (London, Philadelphia, 1885).
GIFFORD, E. W.: "The Kamia of Imperial Valley," in *Bureau of American Ethnology Bulletin*, 97 (Washington, 1931).
GILMORE, M. R.: "Uses of Plants by the Indians of the Missouri River Region," in *Thirty-third Annual Report of the Bureau of American Ethnology* (Washington, 1919).
GROSSE, E.: *Die Formen der Familie und die Formen der Wirtschaft* (Leipzig, 1896).
GRUBB, W. B.: *An Unknown People in an Unknown Land* (London, 1911).
HAHN, E.: "Die Wirtschaftsformen der Erde," in *Petermann's Geographischen Mitteilungen*, Band xxxviii (Gotha, 1892).
Von der Hacke zum Pflug (Leipzig, 1914).
HARSHBERGER, J. W.: "The Use of Plants among Ancient Peruvians," in *Free Museum of Science and Art. University of Pennsylvania Bulletin*, i (Philadelphia, 1897).
KOCH-GRÜNBERG, TH.: *Zwei Jahre unter den Indianern* (2 vols., Berlin, 1909).
KROMER, B.: *Vom neuen Afrika* (Düsseldorf, 1931).
LIPS, J. E.: "Die Anfänge des Rechts an Grund und Boden bei den Naturvölkern und der Begriff der Erntevölker," in *Festschrift für P. W. Schmidt* (Vienna, 1928).
LOEW, O.: "Züge aus dem Seelen- und Familienleben der nord-amerikanischen Indianer," in *Zeitschrift für Ethnologie*, Band 9 (Berlin, 1877).

LUMHOLTZ, K.: *Unter Menschenfressern. Eine vierjährige Reise in Australien* (Hamburg, 1892).
MARSHALL, W. E.: *A Phrenologist amongst the Todas, or the Study of a Primitive Tribe in South India* (London, 1873).
MENGHIN, O.: *Weltgeschichte der Steinzeit* (Vienna, 1931).
MEYER, P. H.: "Wunekau, oder Sonnenverehrung in Neuguinea," in *Anthropos*, xxviii, i, 2 (Vienna, 1933).
MORTILLET, G. DE: *Origines de la chasse, de la pêche, et de l'agriculture* (Paris, 1890).
MUCH, M.: "Vorgeschichtliche Nähr- und Nutzpflanzen Europas," in *Mitteilungen der Anthropologischen Gesellschaft Wien*, xxxviii, 4 (Vienna, 1904).
NORDENSKIÖLD, E.: *Indianerleben* (Leipzig, 1913).
Indianer und Weisse in Nordostbolivien (Stuttgart, 1922).
PETERMANN, A., and HASSENSTEIN, B.: "*Inner-Afrika*," *1: Abteilung; II: Theodor Kotschy's Reise nach Kordofan, 1839 (Nach des Reisenden unveröffentlichen Tagebüchern)* (Ergänzungsheft 7 zu Petermann's Geographischen Mitteilungen) (Gotha, 1867).
PIETTE, E.: "Études d'ethnographie préhistoriques, ii. Les Plantes cultivées de la période de transition au Mas d'Azil," in *L'Anthropologie*, vii (1896).
PUMPELLY, R.: *Explorations in Turkestan* (Washington, 1908).
RADIN, P.: "The Winnebago Tribe," in *Thirty-seventh Annual Report of the Bureau of American Ethnology*, 1915–16 (Washington, 1923).
ROSEN, GRAF ERIC VON: *Vom Kap nach Kairo (Forschungen und Abenteuer der Schwedischen Rhodesia–Kongo Expedition)* (Stuttgart, 1924).
SCHEBESTA, P. P.: "Erste Mitteilungen über die Ergebnisse meiner Forschungsreise bei den Pygmäen in Belgisch-Kongo," in *Anthropos*, xxvi (1931).
SCHMIDT, MAX: *Völkerkunde* (Berlin, 1924).
SCHÜTT, O.: *Reisen im südwestlichen Becken des Congo* (Berlin, 1881).
SCHWEINFURTH, G.: "Über wild gesammelte Arten von Reis in Afrika," in *Berichte der Deutschen Botanischen Gesellschaft*, 44. Jahrgang, xliv (Berlin, Dahlem, 1926).
SEIWERT, P. J.: "Die Bagielli, ein Pygmäenstamm des Kameruner Urwaldes," in *Anthropos*, xxi (1926).
SELIGMANN, C. G., and SELIGMANN, BRENDA Z.: *The Veddas* (Cambridge, 1911).
SMITH, ADAM: *An Inquiry into the Nature and Causes of the Wealth of Nations* (2 vols., London, 1776).
SPENCER, W. B.: *Native Tribes of the Northern Territory of Australia* (London, 1914).
SPENCER, W. B., and GILLEN, F. J.: *The Native Tribes of Central Australia* (London, 1899).
TEIT, J.: "The Thompson Indians of British Columbia," in *Memoirs of the American Museum of Natural History*, ii (Publications of the Jessup North Pacific Expedition: New York, 1900).

U.S. DEPARTMENT OF THE INTERIOR: *Indians at Work* (a News Sheet for Indians and the Indian Service), vii, October 1939, No. 2 (Washington, 1939).
VANOVERBERGH, M.: "Negritos of Northern Luzon (Conclusion)," in *Anthropos*, xx (1925).
VOEGELIN, E. W.: "Tübatulabal Ethnography," in *Anthropological Records*, 2:1 (University of California Press, Berkeley, 1938).
VON DEN STEINEN, K.: *Durch Zentralbrasilien* (Berlin, 1894).
WERTH, W.: "Zur Naturgeschichte und Kulturgeschichte der Banane," in *Festschrift für Eduard Hahn* (Berlin, 1919).
WESTGARTH, W.: *Australia Felix* (Edinburgh, 1848).

第五章
发明和早期手工业

ANDREE, R.: *Die Metalle bei den Naturvölkern, mit Berücksichtigung prähistorischer Verhältnisse* (Leipzig, 1884).
BARBA, A.: *Arte de los metales* (Madrid, 1640).
BARBEAU, M.: "Assomption Sash," in *National Museum of Canada* (*Department of Mines and Resources*) *Bulletin*, 93, in "Anthropological Series No. 24" (Ottawa).
BECK, L.: *Die Geschichte des Eisens* (3 vols., Braunschweig, 1891-97).
BELCK, W.: "The Discoveries in the Art of Iron Manufacture," in *Smithsonian Report for 1911* (Washington, 1912).
BEST, E.: "The Whare Kohanga and its Lore," in *New Zealand Dominion Museum Bulletin*, 13 (Wellington, 1929).
BLÜMNER, H.: *Technologie und Terminologie der Gewerbe und Künste bei den Griechen und Römern* (1912).
BRIGHAM, W. T.: "Mat and Basket Weaving of the Ancient Hawaiians described and compared with the basketry of the other Pacific Islands," in *Memoirs of the Bernice Pauahi Bishop Museum* (Honolulu, 1906).
CHAPPLE, E. D., and COON, CARLETON STEVENS: *Principles of Anthropology* (New York, 1942).
CLINE, W.: *Mining and Metallurgy in Negro Africa* (Menasha, 1937).
CRÉQUI-MONTFORT, F. DE, and RIVET, P.: "Contribution à l'étude de l'archéologie et de la métallurgie colombienne," in *Journal de la Société des Américanistes de Paris*, ii (Paris, 1919).
DAVID, J.: "Notizen über die Pygmäen des Ituriwaldes," in *Globus*, Band lxxxvi (Braunschweig, 1904).
DIXON, R. B.: "Basketry Designs of the Indians of Northern California," in *Bulletin of the American Museum of Natural History*, xvii (Washington, New York, 1902).
"Basketry Designs of the Maidu Indians of California," in the *American Anthropologist*, ii (Washington, New York, 1902).

DUTT, R.: "Bengal," in *India*, in "The British Empire Series" (London, 1899).
EPHRAIM, H.: "Über die Entwicklung der Webetechnik und ihre Verbreitung ausserhalb Europas," in *Mitteilungen des Städtischen Museums für Völkerkunde in Leipzig*, i, 1 (Leipzig, 1905).
FERGUSON, J. C.: "An Examination of Chinese Bronzes (Translation of an Account written in 1767 by Liang T'ung-shu)," in *Smithsonian Report for 1914* (Washington, 1915).
FLINDERS PETRIE, W. M.: "History in Tools," in *Smithsonian Report for 1918* (Washington, 1920).
FORSTMANN, C.: *Himatschal* (Berlin, 1926).
FOY, W.: "Fadenstern und Fadenkreuz," in *Ethnologica*, ii, 1 (Leipzig, 1913).
"Zur Geschichte der Eisentechnik, insbesondere des Gebläses," in *Ethnologica*, i (Leipzig, 1909).
"Zur Geschichte der Tanzkeulen von den Santa-Cruz Inseln," in *Ethnologica*, ii, 2 (Leipzig, 1916).
"Zur Geschichte des Gebläses und zur Herkunft der Eisentechnik," in *Globus*, Band xcvii, 9 (Braunschweig, 1910).
FRANCHET, L.: *Céramique primitive* (Paris, 1911).
FRIEND, J. N.: *Iron in Antiquity* (London, 1926).
GALLARDO, C. R.: *Tierra del Fuego: Los Onas* (Buenos Aires, 1910).
GENNEP, A. VAN: "Netting without a Knot," in *Man* (London, 1909).
GOWLAND, W.: "The Metals in Antiquity," in *The Journal of the Anthropological Institute of Great Britain and Ireland*, vol. xlii (London, 1912).
GRAEBNER, F.: "Gewirkte Taschen und Spiralwulstkorbe in der Südsee," in *Ethnologica*, ii, 1 (Leipzig, 1913).
"Völkerkunde der Santa-Cruz Inseln," in *Ethnologica*, i (Leipzig, 1909).
"Zur Kulturgeschichte der Melville-Insel," in *Ethnologica*, ii, 1 (Leipzig, 1913).
HABERLANDT, A.: "Afrika," in *Illustrierte Völkerkunde*, i (Georg Buschan, Stuttgart, 1922).
HARRISON, H. S.: "Analysis and Factors of Inventions," in *Man* (1927).
"Inventions: Obtrusive, Directional, and Independent," in *Man*, xxvi, No. 7 (July 1926).
HIROA, TE RANGI: "Samoan Material Culture," in *Bernice P. Bishop Museum Bulletin*, 75 (Honolulu, 1930).
HOOPER, L.: "The Loom and Spindle, Past, Present, and Future," in *Smithsonian Report for 1914* (Washington, 1915).
HORWITZ, H. T.: "Beiträge zur Geschichte der aussereuropäischen Technik," in *Jahrbuch des Vereins Deutscher Ingenieure*, xv (C. Matschoss, Berlin, 1926).
"Systematik und Ökonomie bei technisch-geschichtlicher Forschung," in *Geschichteblätter für Technik und Industrie*, xi, 1 (Berlin, 1927).
"Über den Gebrauch von Werkzeugen im Tierreich," in *Geschichteblätter für Technik und Industrie*, xi, 1 (Berlin, 1927).

KANDT, R.: "Gewerbe in Ruanda," in *Zeitschrift für Ethnologie*, xxxvi (Berlin, 1904).
KIMAKOWICZ-WINNICKI, M. VON: *Spinn- und Webewerkzeuge* (Würzburg, 1910).
KRICKEBERG, W.: "Amerika," in *Illustrierte Völkerkunde*, i (Georg Buschan, Stuttgart, 1922).
KROEBER, A. L.: "Handbook of the Indians of California," in *Bureau of American Ethnology Bulletin*, 78 (Washington, 1925).
KROMER, B.: *Vom neuen Afrika* (Düsseldorf, 1931).
LIPS, J. E.: *Einleitung in die Vergleichende Völkerkunde* (Leipzig, 1928).
Führer durch das Rautenstrauch-Joest-Museum der Stadt Köln (Cologne, 1927).
LOTHROP, S. K.: "The Indians of Tierra del Fuego," in *Museum of the American Indian, Heye Foundation* (New York, 1928).
LUSCHAN, F. VON: "Eisentechnik in Afrika," in *Zeitschrift für Ethnologie*, v, 41 (Berlin, 1909).
MCCARTHY, F. D.: *Australian Aboriginal Decorative Art* (the Australian Museum, Sydney, 1938).
MAES, J.: "La Métallurgie chez les populations du Lac Léopold II, Lukenie," in *Ethnologica*, iv (Leipzig, 1930).
MARKWITH, C.: "Farewell to Bikini," in *National Geographic Magazine*, xc, No. 1 (Washington, July 1946).
MARTIN, R.: *Die Inlandstämme der Malayischen Halbinsel* (Jena, 1905).
MASON, O. T.: "Aboriginal American Basketry," in *Report of the U.S. National Museum* (Washington, 1902).
"Aboriginal Skin Dressing," in *Report of the U.S. National Museum*, 1889 (Washington, 1891).
MEINHOF, K.: "Die afrikanischen Religionen," in *Archiv für Religionswissenschaft*, viii, xi (Jena, 1904, 1908).
MENGHIN, O.: *Weltgeschichte der Steinzeit* (Vienna, 1931).
MONTANDON, C.: "La Vannerie de la civilisation aïnou," in *L'Ethnographie* (Paris, 1933).
Traité d'ethnologie culturelle (Paris, 1934).
MORGAN, J. DE: "Observations sur les origines des arts céramiques dans le bassin méditerranéen," in *Revue de l'École d'Anthropologie* (Paris, 1907).
MYRES, J. L.: "The Early Pot Fabrics of Asia Minor," in *The Journal of the Anthropological Institute of Great Britain and Ireland* (London, 1903).
NOIRÉ, L.: *Das Werkzeug und seine Bedeutung* (Mainz, 1880).
NORDENSKIÖLD, E. VON: *Modifications in Indian Culture through Inventions and Loans* (Göteborg, 1930).
"The Copper and Bronze Ages in South America," vol. iv in *Comparative Ethnographical Studies* (translated by G. E. Fuhrken an G. M. E. Leijer, Göteborg and Oxford, 1921).
PFEIFFER, L.: "Beitrag zur steinzeitlichen Fellbearbeitung," in *Zeitschrift für Ethnologie* (Berlin, 1910).

PISTORIUS, E.: "Frühformen der Gerbtechnik," in *Ledertechnische Rundschau*, 12. Jahrgang, Nr. 22 (Berlin, 1920).
PLISCHKE, H.: "Die technisch-wirtschaftliche Ausnutzung des Bodens bei den Naturvölkern," in *Handbuch der Bodenlehre*, 10 (Berlin, 1932).
PÖCH, R.: "Südafrikanische Steinwerkzeuge aus verschiedenen Perioden," in *Sitzungsberichte der Anthropologischen Gesellschaft Wien* (Vienna, 1912).
REAGAN, A. B.: "Notes on the Indians of the Fort Apache Region," in *Anthropological Papers of the American Museum of Natural History*, xxxi, Part V (New York, 1930).
RICKARD, T. A.: *Man and Metals* (New York and London, 1932).
SANDSCHEJEW, G.: "Weltanschauung und Schamanismus der Alaren-Burjaten" (translated from the Russian), in *Anthropos*, xxii, xxiii (1927, 1928).
SCHMIDT, W., and KOPPERS, W.: *Völker und Kulturen. Erster Teil: Gesellschaft und Wirtschaft der Völker* (Regensburg, 1925).
SCHURTZ, H.: *Das afrikanische Gewerbe* (Leipzig, 1900).
"Wertvernichtung durch den Totenkult," in *Zeitschrift für Sozialwissenschaft*, i (Berlin, 1898).
SPEISER, F.: "Völkerkundliches von den Santa-Cruz-Inseln (mit Beiträgen von W. Foy)," in *Ethnologica*, ii, 2 (Leipzig, 1916).
STUHLMANN, F.: "Handwerk und Industrie in Ostafrika," in *Abhandlungen des Hamburgischen Kolonialinstituts*, i (Hamburg, 1910).
TESSMANN, G.: *Die Pangwe* (2 vols., Berlin, Leipzig, 1913).
THORBECKE, F.: "Im Hochland von Mittel-Kamerun (3. Teil)," in *Abhandlungen des Hamburgischen Kolonialinstituts*, xli (Hamburg, 1919).
WEGNER, R. N.: *Altperuanische Bildweberei und Ziergewebe in vorcolumbischer Zeit* (Frankfurt, 1932).
"Ostbolivianische Urwaldstämme," in *Ethnologischer Anzeiger*, ii, 8 (1932).
WILLIAMS, M. O.: "Bahrein: Port of Pearls and Petroleum," in *National Geographic Magazine*, lxxxix, 2 (Washington, February 1946).
WRAY, L.: "The Malayan Pottery of Perak," in *The Journal of the Anthropological Institute of Great Britain and Ireland* (London, 1903).

第六章
生活愉快

ANGULO, J. DE, and BENSON, W. R.: "The Creation Myth of the Pomo Indians," in *Anthropos*, xxvii (1932).
BANCROFT, H. H.: *History of Mexico* (New York, 1914).
BARRUFFALDI, G.: *La Tabaccheide* (Ferrara, 1716).
BERNATZIK, H. A.: *Gari-Gari* (Vienna, 1930).
BIRKET-SMITH, K.: "Drinking Tube and Tobacco Pipe in North America," in *Ethnologische Studien* (Leipzig, 1929).

BLÉGNY, G. DE.: *Le bon Usage du thé, du café, et du chocolat pour la préservation et pour la guérison des maladies* (Lyons, 1687).
BLONDEL, S.: *Le Tabac. Le Livre des fumeurs et priseurs* (Paris, 1891).
BREITKOPF, P. E.: "Beiträge zur Ethnographie der Kpando-Leute (Togo)," in *Anthropos*, xxii (1927).
BROOKS, J. E.: *Tobacco: its History, illustrated by the Books, Manuscripts, and Engravings in the Library of George Arents, Jr., 1698–1783* (4 vols., New York, 1937, 1943).
CÉSARD, R. P.: "Proverbes et contes Haya," in *Anthropos*, xxiii (1928).
CORTES, DON FERNANDO: *Drei Berichte an Kaiser Karl V* (translated from the Spanish by C. W. Koppe. Berlin, 1834).
CORTI, CONTE E. C.: *Die trockene Trunkenheit* (Leipzig, 1930).
CULIN, S.: "Games of the North American Indians," in *Annual Report of the Bureau of American Ethnology*, vol. 24 (Washington, 1907).
DENSMORE, F.: "Papago Music," in *Bureau of American Ethnology Bulletin*, 90 (Washington, 1929).
FORTSMANN, C.: *Himatschal* (Berlin, 1926).
FOY, W.: "Schemelartige Kokosnussschaber," in *Mitteilungen der Anthropologischen Gesellschaft Wien*, xxxiv (Vienna, 1904).
GIFFORD, E. W.: "The Kamia of Imperial Valley," in *Bureau of American Ethnology Bulletin*, 97 (Washington, 1931).
GOMARA, F. L. DE: *Historia de las conquistas de Hernando Cortés* (Mexico, 1826).
GUSINDE, M.: "Das Feuerland und seine Bewohner," in *Hochland*, 11 (München, Kempten, 1929).
HARTWICH, C.: *Die menschlichen Genussmittel* (Leipzig, 1911).
HÖLTKER, G.: "Das Sündenbewusstsein bei den Azteken im alter Mexiko," in *Anthropos*, xxxi (1936).
"Einige Metaphern im Aztekischen des P. Sahagun," in *Anthropos*, xxvii (1932).
HORWITZ, H. T.: "Geschichte der Schokolade und der Schokoladenindustrie," in *Beiträge zur Geschichte der Technik und Industrie, Jahrbuch des Vereins deutscher Ingenieure*, xiii (Berlin, 1923).
KARSTEN, R.: "Ceremonial Games of the South American Indians," in the *Societas Scientiarum Fennica: Commentationes Humanorum Litterarum*, iii, 2 (Helsingfors, 1930).
KAYSER, P. A.: "Spiel und Sport auf Náoero," in *Anthropos*, xviii–xix (1923–24).
KOCH-GRÜNBERG, TH.: *Zwei Jahre unter den Indianern* (2 vols., Berlin, 1909).
KRÄMER-BANNOW, E.: *Beikunstsinnigen Kannibalen der Südsee* (Berlin, 1916).
KRIEGER, H. W.: "Indian Villages of South-east Alaska," in *Smithsonian Report for 1927* (Washington, 1928).
KROEBER, A. L.: "Handbook of the Indians of California," in *Bureau of American Ethnology Bulletin*, 78 (Washington, 1925).
LANDA, D. DE: *Relation de choses de Yucatan* (Paris, 1864).

LEWIN: *Über Areca Catechu, Chavuca Betel, und das Betelkauen* (1889).
LEYDER, J.: *Le Jeu des dés chez les Bwaka (Ubangi)* (Brussels, 1933).
LINDBLOM, G.: *Tubular Smoking Pipes, especially in Africa.*
LUMHOLTZ, K.: *Unter Menschenfressern. Eine vierjährige Reise in Australien* (Hamburg, 1892).
McGUIRE, J. D.: "Pipes and Smoking Customs of the American Aborigines, based on Material in the U.S. Museum," in *Annual Report of the Bureau of American Ethnology*, 1 (Washington, 1899).
MAIER, H. W.: *Der Kokainismus* (1926).
MASON, J. A.: "Use of Tobacco in Mexico and South America," in *Field Museum of Natural History Anthropological Leaflet*, 16 (Chicago, 1924).
MÉTRAUX, A.: *La Civilisation matérielle des tribus Tupi-Guarani* (Paris, 1928).
MOREL-FATIO, A.: *Comer Barro* (Berlin, 1912).
MÜLLER, P. F.: "Beiträge zur Ethnographie der Guarani-Indianer im östlichen Waldgebiet von Paraguay," in *Anthropos*, xix, xxx (1934, 1935).
NORDENSKIÖLD, E. VON: *Modifications in Indian Culture through Inventions and Loans* (Göteborg, 1930).
"The American Indian as an Inventor," in *Journal of the Royal Anthropological Institute of Great Britain and Ireland*, lix (London, 1929).
"Von Chorotiindianerinnen in Ton modellierte Tier- und Menschenfiguren," in *Ymer* (Stockholm, 1910).
PIETTE, L.: *Speise und Trank der Eingeborenen im tropischen Afrika* (Cologne, 1927).
PLISCHKE, H.: "Die technisch-wirtschaftliche Ausnutzung des Bodens bei den Naturvölkern," in *Handbuch der Bodenlehre*, 10 (Berlin, 1932).
PREUSS, K. TH.: "Der Feuergott als Ausgangspunkt zum Verständnis der mexikanischen Religion in ihrem Zusammenhange," in *Mitteilungen der Anthropologischen Gesellschaft Wien*, 33 (Wien, 1903).
REAGAN, A. B.: "Notes on the Indians of the Fort Apache Region," in *Anthropological Papers of the American Museum of Natural History*, xxxi, Part V (New York, 1930).
REDLICH, F.: *Rauschgifte und Suchten* (1929).
ROSSILLON, P.: "Mœurs et coutumes du peuple Kui, Indes Anglaises," in *Anthropos*, vi (1911).
SAFFORD, W. E.: "Daturas of the Old World and New," in *Smithsonian Report for 1920* (Washington, 1922).
"Narcotic Plants and Stimulants of the Ancient Americans," in *Smithsonian Report for 1916* (Washington, 1917).
SCHWEITZER, A.: *Zwischen Wasser und Urwald* (Munich, 1926).
SELER, E.: *Gesammelte Abhandlungen zur amerikanischen Sprach- und Altertumskunde* (Berlin, 1902).
STAAL, J.: "Dusun Drinking and Love Songs," in *Anthropos*, xxi (1926).
"The Dusuns of North Borneo," in *Anthropos*, xvii, xix, xx, xxi (1923-24, 1925, 1926).

STAHL, G.: "Zigarre, Wort und Sache," in *Zeitschrift für Ethnologie* (Berlin, 1930).
"Zur Frage des Ursprungs des Tabakrauchens," in *Anthropos*, xxvi (1931).
STEFANSSON, V.: *My Life with the Eskimo* (New York, 1929).
STEPHENS, J. L.: *Incidents of Travel in Central America, Chiapas, and Yucatan* (London, 1841).
SWANTON, J. R.: "Contributions to the Ethnography of the Haida," in *Memoirs of the American Museum of Natural History* (V. Leyden, New York, 1905-9).
"Social Organization and Social Usages of the Indians of the Creek Confederacy," in *Forty-second Report of the Bureau of American Ethnology* (Washington, 1928).
TESSMANN, G.: *Die Pangwe* (2 vols., Berlin, Leipzig, 1913).
THOMAS, H.: *Betäubungsmittel und Rauschgifte* (1929).
VOGEL, H.: *Eine Forschungsreise im Bismarckarchipel* (Hamburg, 1911).
WAGNER, G.: *Entwicklung und Verbreitung des Peyote-Kultes* (Hamburg, 1931).
WIEDEMANN, A.: "Das Spiel im alten Ägypten," in *Zeitschrift des Vereins für Rheinische und Westfälische Volkskunde*, 9. Jahrgang, Drittes Heft (1912).
WILDEMANN, E. DE: *Les Plantes tropicales* (Brussels, 1902).
ZIEGLER, J. J.: *Tabak oder von dem gar heilsamen Wunderkraute Nicotiana* (Zürich, 1616).

第七章
陆路和水路交通

ALEXANDER, A. B.: "Notes on the Boats, etc., of the South Sea Islands," in *U.S. Commission of Fish and Fisheries*. Part xxvii: *Report of the Commissioner for 1901* (Washington, 1902).
BÄRTHOLD, A.: "Eine Wohnstätte bei Halberstadt mit einfacher Bandkeramik," in *Prähistorische Zeitschrift*, iv (Berlin, 1912).
BOAS, F.: "Invention," in *General Anthropology* (edited by Franz Boas: Boston, 1938).
BUSHNELL, D. I., Jr.: "The Choctaw of Bayou Lacomb, St Tammany Parish, Louisiana," in *Bureau of American Ethnology Bulletin*, 48 (Washington, 1909).
BYHAN, A.: "Nord-, Mittel-, und Westasien," in *Illustrierte Völkerkunde* ii (Georg Buschan, Stuttgart, 1923).
CHAPPLE, E. D., and COON, C. S.: *Principles of Anthropology* (New York, 1942).
DES NOËTTES, L.: *La Force motrice à travers les âges* (Paris, 1924).
FORESTIER, G.: *La Roue* (Paris, 1900).
GIFFORD, E. W.: "The Kamia of Imperial Valley," in *Bureau of American Ethnology Bulletin*, 97 (Washington, 1931).

GUSINDE, M.: "Das Feuerland und seine Bewohner," in *Hochland*, 11 (München, Kempten, 1929).
HABERLANDT, M.: "Ostasien," in *Illustrierte Völkerkunde*, ii (Georg Buschan, Stuttgart, 1923).
HADDON, A. C.: "The Outrigger Canoes of Torres Straits and North Queensland," in *Essays and Studies presented to William Ridgeway* (Cambridge, 1913).
"The Outriggers of Indonesian Canoes," in *The Journal of the Royal Anthropological Institute of Great Britain and Ireland* (reprint (n.d.), London).
HAHN, E.: *Die Haustiere und ihre Bedeutung zur Wirtschaft des Menschen* (1896).
HAMBRUCH, P.: "Die Schiffahrt der Südsee," in *Der Erdball* (reprint (n. d.)).
HATT, G.: "Notes on Reindeer Nomadism," in *Memoirs of the American Anthropological Association*, vi (1919).
HEINE-GELDERN, R.: "Südostasien," in *Illustrierte Völkerkunde*, ii (Georg Buschan, Stuttgart, 1923).
HERSEY, J.: "Ricksha No. 34," in *Life Magazine* (New York, June 3, 1946).
HORNELL, J.: "South American Balanced Canoes," in *Man*, 102 (London, 1928).
"The Origins and Ethnological Significance of Indian Boat Designs," in *Memoirs of the Asiatic Society of Bengal*, vii (Calcutta, 1920).
HORWITZ, H. T.: "Die Entwicklung der Drehbewegung: Beiträge zur Geschichte der Technik und Industrie," in *Jahrbuch des Vereins Deutscher Ingenieure*, 10 (Berlin, 1920).
KRICKEBERG, W.: "Amerika," in *Illustrierte Völkerkunde*, i (Georg Buschan, Stuttgart, 1922).
KRIEGER, H. W.: "Indian Villages of South-east Alaska," in *Smithsonian Report for 1927* (Washington, 1928).
LA PÉROUSE, J. F.: *Atlas du voyage de la Pérouse* (London, 1798).
LIPS, J. E.: *Naskapi Law* (Philadelphia, 1947).
LUTHER, C. J.: "Geschichte des Eissports," in *Geschichte des Sports aller Völker und Zeiten*, ii (Bogeng, 1927).
MAGER, H.: *Le Monde polynésien* (Paris, 1902).
MAN, E. H.: "Aboriginal Inhabitants of the Andaman Islands," in *The Journal of the Royal Anthropological Institute of Great Britain and Ireland* (London, 1932).
MANNINEN, I.: "Zur Ethnologie des Einbaumes," in *Eurasia Septentrionalis. Antiqua*, i (1927).
MASON, O. T.: "Primitive Travel and Transportation," in *Report of the United States Museum of Natural History for 1894* (Washington, 1896).
"The Human Beast of Burden," in *Report of the United States National Museum for 1886-87* (Washington, 1888).
MIDDENDORFF, A. TH.: *Reise in den äussersten Norden und Osten Sibiriens während der Jahre 1843 und 1844* (4 vols., St Petersburg, 1847-75).
MILLS, L.A.: *Britain and Ceylon* (British Information Services: London, New York, 1946).

MONTANDON, G.: *Traité d'ethnologie culturelle* (Paris, 1934).
MÖTEFINDT, H.: "Entstehung des Wagens und des Wagenrades," in *Mannus*, 10 (Berlin, 1918).
NORDENSKIÖLD, E. VON: *Modifications in Indian Culture through Inventions and Loans* (Göteborg, 1930).
"The American Indian as an Inventor," in *Journal of the Anthropological Institute of Great Britain and Ireland*, lix (London, 1929).
REINHARDT, L.: *Kulturgeschichte der Nutztiere* (1912).
SCHÜCK, A.: *Die Stabkarten der Marshall-Insulaner* (Hamburg, 1902).
SIRELIUS, O.: "Über einige Prototype des Schlittens," in *Journal de la Société Finno-Ougrienne*, xxx (Paris, 1913-18).
SIRELIUS, U. T.: "Zur Geschichte des prähistorischen Schlittens," in *Festschrift für P. W. Schmidt* (Vienna, 1928).
SMITH, V. A.: *The Early History of India* (third edition, Oxford, 1914).
VOEGELIN, E. W.: "Tubatulabal Ethnography," in *Anthropological Records*, ii, 1 (University of California Press, Berkeley, 1938).
VOJNICH, O.: *The Island World of the Pacific* (Budapest, 1909).
VOLZ, W.: "Süd- und Ostasien," in *Illustrierte Völkerkunde*, ii (Georg Buschan, Stuttgart, 1923).
WEISSE VÄTER: "Die Fischerei bei Utinta am Tanganyka," in *Anthropos*, xxviii (Vienna, 1933).
WEULE, K.: *Leitfaden der Völkerkunde* (Leipzig, Vienna, 1922).

第八章
丛林中的华尔街

ANDREE, R.: "Aggriperlen," in *Zeitschrift für Ethnologie* (Berlin, 1895).
ARMSTRONG: "Shell Money from Rossel Island," in *Man*, xxiv (London, 1924).
CATLIN, G.: *Illustrations of the Manners, Customs, and Condition of the North American Indians* (eighth edition, 2 vols., London, 1851; Edinburgh, 1903).
CHAPPLE, E. D., and COON, C. S.: *Principles of Anthropology* (New York, 1942).
CHEVALIER, F.: *L'Afrique Centrale Française* (Paris, 1908).
CODRINGTON, R. H.: *The Melanesians: Studies in their Anthropology and Folk-lore* (Oxford, 1891).
COOTE, W.: *The Western Pacific. Being a Description of the Groups of Islands to the North and East of the Australian Continent* (London, 1883).
FINSCH: *Samoafahrten* (Leipzig, 1888).
HADDON, A. H.: "The Kabiri or Girara District, Fly River, Papua," in *The Journal of the Anthropological Institute of Great Britain and Ireland*, xlvi (London, July-December, 1916).

HEINE-GELDERN, R.: "Urheimat und früheste Wanderungen der Austronesier," in *Anthropos*, xxvii (1932).
JOHNSTON, H. H.: *British Central Africa* (London, 1897).
LEENHARDT: *Notes d'ethnologie néo-calédonienne* (Paris, 1930).
LETOURNEAU, C.: *L'Évolution du commerce* (Paris, 1897).
LUSCHAN, F. VON: *Beiträge zur Ethnographie von Neuguinea* (Berlin, 1899).
"Eisentechnik in Afrika," in *Zeitschrift für Ethnologie*, xli (Berlin, 1909).
"Ethnographisches aus der Südsee,". in *Mitteilungen der Berliner Anthropologischen Gesellschaft* (Berlin, 1892).
MALINOWSKI, B.: *Argonauts of the Western Pacific* (London, 1922).
MEINICKE, K. E.: *Die Inseln des Stillen Ozeans* (Leipzig, 1875).
MÜLLER-WISMA, Z. W.: "Yap," in *Hamburger Wissenschaftliche Stiftung*, 1 Halbband, Band 2 (Hamburg, 1917).
MÜNSTERBERG, O.: *Chinesische Kunstgeschichte* (2 vols., Esslingen, 1910, 1912).
MURRAY, SIR JOHN P.: *The Papua of British New Guinea* (London, 1912).
Netherlands News: v. V. January 11, January 25, 1943 (New York, 1943).
O'FERRAL: "Native Stories from Santa Cruz and Reefs Islands," in *The Journal of the Royal Anthropological Institute of Great Britain and Ireland*, xxxiv (London, 1904).
PETRI, H.: "Die Geldformen der Südsee," in *Anthropos*, xxxi (1936).
PFEIFFER, L.: *Die steinzeitliche Muscheltechnik und ihre Beziehungen zur Gegenwart* (Jena, 1914).
POLO, MARCO (1254-1325): *Marco Polo, il Milione* (edited by Luigi Foscolo Benedetto, Milano, 1932).
RIVERS, W. H. R.: *The History of the Melanesian Society* (2 vols., Cambridge, 1914).
SCHMELTZ, J. D. E.: *Schnecken und Muscheln im Leben der Völker Indonesiens und Ozeaniens* (Leyden, 1894).
SCHMIDT, P. JOSEPH: "Die Ethnographie der Nor-Papua (Murik-Kaup-Karau) bei Dallmannhafen, Neu-Guinea," in *Anthropos*, xviii-xix, xxi (1923-24, 1926).
SCHURTZ, H.: *Grundriss einer Entstehungsgeschichte des Geldes* (Weimar, 1898).
SCHWEITZER, A.: *Zwischen Wasser und Urwald* (Munich, 1926).
SENFFT: "Das Geld der Yaper," in *Deutsches Kolonialblatt* (Berlin, 1901).
SPEISER, F.: "Völkerkundliches von den Santa-Cruz-Inseln," in *Ethnologica*, ii (Leipzig, 1916).
STOKES, J. F. G.: "Notes on Polynesian Featherwork," in *Journal of the Polynesian Society* (London, 1925).
TEMPLE, SIR R.: "The Beginnings of Currency," in *The Journal of the Royal Anthropological Institute of Great Britain and Ireland* (London, 1899).
TESSMANN, G.: *Die Pangwe* (2 vols., Berlin, Leipzig, 1913).
THILENIUS, G.: "Primitives Geld," in *Archiv für Anthropologie* (Berlin, 1920).

THURNWALD, R.: *Forschungen auf den Salomoninseln und im Bismarckarchipel* (Berlin, 1912).
WEULE, K.: *Die Urgesellschaft und ihre Lebensfürsorge* (Stuttgart, 1912).
WILLIAMS and CALVERT: *Fiji and the Fijians* (London, 1870).
WIRZ, P.: *Résultats des expéditions scientifiques à la Nouvelle Guinée* (Leyden, 1924).
WOODFORD, A.: "Notes on the Manufacture of the Malaita Shell-bead Money," in *Man*, viii (London, 1908).

第九章
从信号鼓到报纸

ADAIR, J.: *The History of the American Indians* (London, 1775).
ANDREE, R.: "Merkzeichen und Knotenschrift," in *Ethnographische Parallelen und Vergleiche*, i (Stuttgart, 1878).
BYHAN, A.: "Nord-, Mittel-, und Westasien," in *Illustrierte Völkerkunde*, ii (Georg Buchan, Stuttgart, 1923).
CHAPPLE, E. D., and COON, C. S.: *Principles of Anthropology* (New York, 1942).
CORBETT, J.: *Man-eaters of Kumaon* (Bombay, New York, 1944).
DAHL, A.: *Geschichte des Buches* (1928).
DAIGRE, Rev.: "Les Bandas de l'Oubangi-Chari (Afrique Équatoriale Française)," in *Anthropos*, xxvi (1931).
Études de la Société Royale Egyptienne de Papyrologie (Cairo, 1922, *et seq.*).
DANZEL, T. W.: *Die Anfänge der Schrift* (Leipzig, 1912).
EVANS, A. J.: "Die europäische Verbreitung primitiver Schriftmalerei und ihre Bedeutung für den Ursprung der Schreibschrift," in *Die Anthropologie und die Klassiker* (Heidelberg, 1910).
HIVES, F., and LUMLEY, GASCOIGNE: *Ju-Ju and Justice in Nigeria*.
HOFFMAN, W. J.: "The Graphic Art of the Eskimo," in *Report of the U.S. National Museum* (Washington, 1897).
KARMARSCH: *Geschichte der Technologie seit der Mitte des 18 Jahrhunderts* (1872).
KOCH-GRÜNBERG, TH.: *Vom Roroima zum Orinoco* (Berlin, 1916, 1917).
Zwei Jahre unter den Indianern (2 Bände, Berlin, 1909).
KRICKEBERG, W.: "Amerika," in *Illustrierte Völkerkunde*, i (Georg Buschan, Stuttgart, 1922).
LIPS, J. E.: "Public Opinion and Mutual Assistance among the Montagnais-Naskapi," in *American Anthropologist*, vol. xxxix, No. 2 (1937).
MALLERY, G.: "Pictographs of the North American Indians," in *Fourth Annual Report of the Bureau of American Ethnology* (Washington, 1893).
MITTEIS, L., and WILCKEN, U.: *Grundzüge und Chrestomanthie der Payruskunde* (2 vols., 1912).

OBERMAIER, H.: "Der Mensch der Vorzeit," in *Der Mensch aller Zeiten*, i (Berlin, 1912).
REAGAN, A. B.: "Notes on the Indians of the Fort Apache Region," in *Anthropological Papers of the American Museum of Natural History*, xxxi, Part V (New York, 1930).
SCHMIDT, M.: *Völkerkunde* (Berlin, 1924).
SCHMIDT, P. JOSEPH: "Die Ethnographie der Nor-Papua (Murik-Kaup-Karau) bei Dallmannhafen, Neu-Guinea," in *Anthropos*, xviii–xix (1923–24), *Anthropos*, xxi (1926).
"Neue Beiträge zur Ethnographie der Nor-Papua (Neu-Guinea)," in *Anthropos*, xxviii (1933).
SCHNEIDER, H.: *Der kretische Ursprung des 'phönikischen' Alphabets* (Leipzig, 1913)...
STEINDORFF, G.: "Ägypten," in *Amtlicher Führer durch die Halle der Kultur der Internationalen Ausstellung für Buchgewerbe und Graphik* (Leipzig, 1914).
STÜBE, R.: "Grundlinien zu einer Entwicklungsgeschichte der Schrift," in *Graphologische* (Munich, 1907).
SWANTON, J. R.: "Social Organization and Social Usages of the Indians of the Creek Confederacy," in *Forty-second Annual Report of the Bureau of American Ethnology*, 1924–25 (Washington, 1928).
VANOVERBERGH, M.: "Negritos of Northern Luzon," in *Anthropos*, xx, xxiv (1925, 1929).
VERWORN, M.: "Die Technik der paläolithischen Knochen- und Steinzeichnungen," in *Korrespondenzblatt der deutschen Gesellschaft für Anthropologie, Ethnographie, und Urgeschichte* (Berlin, 1914).
WEISS: "Der Weg der tausendjährigen Papiermacherei," in *Archiv für Buchgewerbe* (Leipzig, 1926).
WEULE, K.: *Vom Kerbstock zum Alphabet* (Stuttgart, 1915).
WUNDT, W.: *Völkerpsychologie* (Leipzig, 1905–17).
WUTTKE, H.: *Die Entstehung der Schrift, die verschiedenen Schriftsysteme, und das Schrifttum der nichtalphabetisch schreibenden Völker* (Leipzig, 1872).

第十章
无书的教育

BERNATZIK, H. A.: *Gari-Gari* (Vienna, 1930).
BREITKOPF, P. E.: "Beiträge zur Ethnographie der Kpando-Leute (Togo)," in *Anthropos*, xxii (1927).
BUNZEL, R. L.: "Introduction to Zuñi Ceremonialism," in *Forty-seventh Annual Report of the Bureau of American Ethnology* (Washington, 1932).
"Zuñi Katcinas," in *Forty-seventh Annual Report of the Bureau of American Ethnology* (Washington, 1932).
CATLIN, G.: *The O-kee-pa Ceremony of the Pawnee* (London, 1867).

CLAVIGERO, D. F. X.: *Geschichte von Mexiko, aus spanischen und mexikanischen Geschichtsschreibern, Handschriften, Gemälden der Indianer zusammengetragen, und durch Charten und Kupferstiche erläutert, nebst einigen kritischen Abhandlungen über die Beschaffenheit des Landes, der Tiere und Einwohner von Mexiko (aus dem Italienischen des Abts Franz Xaver Clavigero durch Ritter Carl Cullen ins Englische, und aus diesem ins Deutsche übersetzt)* (Leipzig, 1789).
CONZEMIUS, E.: "Ethnological Survey of the Miskito and Sumu Indians of Honduras and Nicaragua," in *Bureau of American Ethnology Bulletin*, 106 (Washington, 1932).
DENSMORE, F.: "Chippewa Customs," in *Bureau of American Ethnology Bulletin*, 86 (Washington, 1929).
DURAN, DIEGO (died 1588): *Historia de las Indias de Nueva España y Islas de Tierra Firme. La Publia con un atlas de estampas, notas e illustraciones* (José F. Ramirez, México, 1867).
FROBENIUS, L.: *Die Masken und Geheimbünde Afrikas* (Halle, 1898).
GUSINDE, M.: "Männerzeremonien auf Feuerland und deren kulturhistorische Wertung," in *Zeitschrift für Ethnologie*, Jahrgang 1926, Heft 3–4 (Berlin, 1926).
HÖLTKER, P. G.: "Die Familie bei den Azteken in Altmexiko," in *Anthropos*, xxv (1930).
HOWITT, A. W.: *The Native Tribes of South-east Australia* (London, 1904).
KROMER, B.: *Vom neuen Afrika* (Düsseldorf, 1931).
MACLEOD, W. C.: "The Nature, Origin, and Linkages of the Rite of Hook-swinging: with Special References to North America," in *Anthropos*, xxix (1934).
MÜLLER, P. F.: "Beiträge zur Ethnographie der Guarani-Indianer im östlichen Waldgebiet von Paraguay," in *Anthropos*, xxix (1934).
MÜLLER, W.: *Die ältesten amerikanischen Sintfluterzählungen* (Bonn, 1930).
PARKER, K. LANGLOH: *The Euahlayi Tribe* (London, 1905).
REAGAN, A. B.: "Notes on the Indians of the Fort Apache Region," in *Anthropological Papers of the American Museum of Natural History* (New York, 1930).
SAHAGUN, FRAY BERNARDINO DE: *Einige Kapitel aus dem Geschichtswerk des Fray Bernardino de Sahagun (aus dem Aztekischen übersetzt von Eduard Seler, herausgegeben von Cäcilie Seler-Sachs)* (Stuttgart, 1927).
SCHMIDT, P. J.: "Die Ethnographie der Nor-Papua (Murik-Kaup-Karau) bei Dallmannhafen, Neu-Guinea," in *Anthropos*, xxi (1926).
SPEISER, F.: "Die eleusinischen Mysterien als primitive Initiation," in *Zeitschrift für Ethnologie*, 60. Jahrgang, Heft 4–6.
"Schlange, Phallus, und Feuer in der Mythologie Australiens und Melanesiens," in *Verhandlungen der Naturforschenden Gesellschaft in Basel*, xxxviii (Basel, 1927).
"Über die Initiationen in Australien und Melanesien," in *Verhandlungen der Naturforschenden Gesellschaft in Basel* (Basel, 1929).
STEFANSSON, V.: *My Life with the Eskimo* (New York, 1929).

SWANTON, J. R.: "Social Organization and Social Usages of the Indians of the Creek Confederacy," in *Forty-second Annual Report of the Bureau of American Ethnology*, 1924-25 (Washington, 1928).
TESSMANN, G.: *Die Pangwe* (2 vols., Berlin, Leipzig, 1913).
TURQUETIL, A.: "Notes sur les Esquimaux de la Baie Hudson," in *Anthropos*, xxiii (1928).
VOEGELIN, E. W.: "Tübatulabal Ethnography," in *Anthropological Records*, ii, 1 (University of California Press, Berkeley, 1938).

第十一章
表演开始

ADEMOLLO, A.: *Corilla Olimpica* (1887).
ARBESMANN, R.: *Das Fasten bei den Griechen und Römern* (Giessen, 1929).
BÉGOUIN, COMTE H., and BREUIL, H.: "Les Ours déguisés de la caverne Trois Frères (Ariège)," in *Festschrift für P. W. Schmidt* (Vienna, 1928).
BERNATZIK, H. A.: *Gari-Gari* (Vienna, 1930).
BUNZEL, R. L.: "Introduction to Zuñi Ceremonialism," in *Forty-seventh Annual Report of the Bureau of American Ethnology* (Washington, 1932).
"Zuñi Katcinas," in *Forty-seventh Annual Report of the Bureau of American Ethnology* (Washington, 1932).
CAPELLO, H., and IVENS, R.: *From Benguella to the Territory of Yacca: Description of a Journey into Central and West Africa* (translated by A. Elwes; London, 1882).
CATLIN, G.: *Illustration of the Manners, Customs, and Condition of the North American Indians* (2 vols., London, 1851).
CÉSARD, E.: "Les Muhaya (L'Afrique Orientale)," in *Anthropos*, xxxi (1936).
CHRIST, W. VON: "Geschichte der griechischen Literatur," in J. von Müller's *Handbuch der klassischen Altertumswissenschaft* (W. Schmidt und O. Stählin, 1912-29).
CRUSIUS, O.: *Untersuchungen zu den Mimiamben des Herondas* (Berlin, 1892).
DAIGRE, Rev.: "Les Bandas de l'Oubangui-Chari (Afrique Équatoriale Française)," in *Anthropos*, xxvi (1931).
DENSMORE, F.: "Papago Music," in *Bureau of American Ethnology Bulletin*, 90 (Washington, 1929).
"Yuman and Yaqui Music," in *Bureau of American Ethnology Bulletin*, 110 (Washington, 1932).
FEWKES, J. W.: "Fire Worship of the Hopi Indians," in *Smithsonian Report for 1920* (Washington, 1922).
"The Katcina Altars Hopi Worship," in *Smithsonian Report for 1920* (Washington, 1922).
FORSTMANN, C.: *Himatschal* (Berlin, 1926).
FROBENIUS, L.: *Die Masken und Geheimbunde Afrikas* (Halle, 1898).

GÉNIN, A.: "Notes on the Dances, Music, and Songs of the Ancient and Modern Mexicans," in *Smithsonian Report for 1920* (Washington, 1922).
GIFFORD, E. W.: "The Kamia of Imperial Valley," in *Bureau of American Ethnology Bulletin*, 97 (Washington, 1931).
HASTINGS, M.: "Shangri-la Invaded by Paratroop Rescuers" (International News Special Service, New York, 1945).
HERZOG, R.: *Herondea* (Leipzig, 1926).
HORNBOSTEL, E. M. VON: "Musik," in G. Tessmann's *Die Pangwe*, vol. ii (Berlin, Leipzig, 1913).
JULLEVILLE, P. DE.: *Les Comédiens av France en moyen âge* (Paris, 1885).
KERN, F.: *Die griechischen Mysterien der klassischen Zeit* (Berlin, 1927).
KOPPERS, W.: *Unter Feuerland-Indianern* (Stuttgart, 1924).
LEO, F.: *Geschichte der römischen Literatur*, i (Leipzig, 1913).
LINDBLOM, G.: "The Use of Stilts, especially in Africa and America," in *Riksmuseets Etnografiska Avelning Smärre Meddelanden*, No. 3 (Stockholm, 1927).
LIPS, J. E.: "Die Anfänge des Theaters bei den Naturvölkern," in *Tagungsberichte der Deutschen Anthropologischen Gesellschaft* (Leipzig, 1928).
MEYER, P. H.: "Wunekau, oder Sonnenverehrung in Neuguinea," in *Anthropos*, xxvii (1932), xxviii (1933).
MOUNTFORD, C. P., and HARVEY, ALISON: "A Survey of Australian Aboriginal Pearl and Baler Shell Ornaments," in *Records of the South Australian Museum*, vi, No.'2 (Adelaide, 1938).
PASTOR, W.: "The Music of Primitive Peoples and the Beginning of European Music," in *Smithsonian Report for 1912* (Washington, 1913).
PREUSS, K. TH.: "Der Unterbau des Dramas," in *Vorträge der Bibliothek Warburg*, vii, 1927–28 (Leipzig, 1930).
REAGAN, A. B.: "Notes on the Indians of the Fort Apache Region," in *Anthropological Papers of the American Museum of Natural History*, xxxi, Part V (New York, 1930).
REICH, H.: *Der Mimus* (Berlin, 1903).
SACHS, C.: *The Rise of Music in the Ancient World, East and West* (New York, 1943).
World History of the Dance (New York, 1937).
SCHMIDT, P. J.: "Neue Beiträge zur Ethnographie der Nor-Papua (Neuguinea)," in *Anthropos*, xxviii (1933).
SCHÜTT, O.: *Reisen im südwestlichen Becken des Congo* (Berlin, 1881).
SPEISER, F.: "Die eleusinischen Mysterien als primitive Initiation," in *Zeitschrift für Ethnologie*, 60. Jahrgang, Heft 4–6.
"Über die Initiationen in Australien und Melanesien," in *Verhandlungen der Naturforschenden Gesellschaft in Basel* (Basel, 1929).
STEFANSSON, V.: *My Life with the Eskimo* (New York, 1929).
TESSMANN, G.: *Die Pangwe* (2 vols., Leipzig, Berlin, 1913).
VESELOVSKY, A. N.: *Works* (St Petersburg, 1913).

第十二章
生命、自由和追求幸福

AMUNSDEN, R.: *The North-west Passage* (2 vols., London, 1908).
BASTIAN, A.: *Der Fetisch an der Küste Guineas* (Berlin, 1884).
BIEBER, F. J.: *Kaffa* (1923).
BINDING, K.: *Die Normen und ihre Übertretung* (Leipzig, 1890).
BISCHOFS, P. J.: "Die Niol-Niol, ein Eingeborenenstamm Nordwest-Australiens," in *Anthropos*, iii (Vienna, 1908).
BOAS, F.: "Property Marks of Alaskan Eskimo," in *American Anthropologist*, i (Washington, New York, 1899).
"The Central Eskimo," in *Annual Report of the Bureau of American Ethnology*, vi (Washington, 1888).
BOGORAS, W.: "The Chukchee," in *Jessup Expedition*, vii (1904-9).
BONWICK, J.: *Daily Life and Origin of the Tasmanians* (London, 1870).
BUCHHOLZ, R.: *Land und Leute in Westafrika* (Berlin, 1876).
BUCHNER, M.: *Kamerun* (Leipzig, 1887).
BYHAN, A.: *Die Polarvölker* (Leipzig, 1909).
CONSTEN, H.: *Weideplätze der Mongolen* (Berlin, 1920).
Das Eingeborenenrecht. Sitten und Gewohnheitsrechte der Eingeborenen der ehemaligen deutschen Kolonien in Afrika und in der Südsee (Herausgegeben von E. Schultz-Ewerth und L. Adam) (2 vols., Stuttgart, 1929-30).
DAWSON, J.: *Australian Aborigines* (Melbourne, 1881).
DENSMORE, F.: "Uses of Plants by the Chippewa Indians," in *Annual Report of the Bureau of American Ethnology*, xliv (Washington, 1928).
ELLIS: "Fifty-four Years' Recollections of Men and Events in Wisconsin," in *Wisconsin Historical Collections*, xxxvii (1923).
FRASER, J.: *The Aborigines of New South Wales* (Sydney, 1892).
GRAEBNER, F.: *Das Weltbild der Primitiven* (Munich, 1924).
GROSSE, E.: *Die Formen der Familie und die Formen der Wirtschaft* (Freiburg, Leipzig, 1896).
GUTMANN, B.: *Das Recht der Dschagga* (Munich, 1926).
"Handbook of the American Indians North of Mexico," in *Bureau of American Ethnology*, xxx (Washington, 1910).
HOFFMAN, W. J.: "The Menomini Indians," in *Annual Report of the Bureau of American Ethnology*, xiv (Washington, 1896).
HOGBIN, H. I.: *Law and Order in Polynesia: a Study of Primitive Legal Institutions* (London, 1934).
HOWITT, A. W.: *The Native Tribes of South-east Australia* (London, 1904).
HOWITT, F. G. S.: "Notes on Australian Message Sticks and Messengers," in *The Journal of the Royal Anthropological Institute of Great Britain and Ireland*, xviii (London, 1888).

JENKS, A. E.: "The Wild-rice Gatherers of the Upper Lakes: a Study in American Primitive Economics," in *Annual Report of the Bureau of American Ethnology*, xix (Washington, 1900).
JENNESS, D.: "The Life of the Copper Eskimo," in *Report of the Arctic Expedition, 1913–18* (Ottawa, 1922).
KARUTZ, R.: *Unter Kirgisen und Turkmenen* (Leipzig, 1911).
KRAFFT, M.: "Die Rechtsverhältnisse der Ovakuanjama und der Ovandonga," in *Mitteilungen aus den deutschen Schutzgebieten*, xxvii (Berlin, 1914).
LEUSCHNER, S., and STEINMETZ, R.: *Rechtsverhältnisse von eingeborenen Völkern in Afrika und Ozeanien* (Berlin, 1903).
LING ROTH, H.: *The Aboriginals of Tasmania* (Halifax, 1899).
LIPS, J. E.: "Die Anfänge des Rechts an Grund und Boden bei den Naturvölkern und der Begriff der Erntevölker," in *Festschrift für P. W. Schmidt* (Vienna, 1928).
Einleitung in die Vergleichende Völkerkunde (Leipzig, 1928).
"Ethnopolitics and the Indians," in *Commonweal* (New York, March 15, 1935).
"Government," in *General Anthropology* (edited by Franz Boas, Boston, 1938).
"Kamerun," in *Das Eingeborenenrecht*, ii (Stuttgart, 1930).
Naskapi Law (Philadelphia, 1947).
"Public Opinion and Mutual Assistance among the Montagnais-Naskapi," in *American Anthropologist*, xxxix, No. 2 (1937).
LOWIE, R. H.: *Primitive Society* (New York, 1920).
MALINOWSKI, B.: *Crime and Custom in Savage Society* (London, 1926).
MANSFELD, A.: *Urwalddokumente* (Berlin, 1908).
MATHEW, J.: *Two Representative Tribes of Queensland (The Kabi and Wakka Tribes). With an Inquiry concerning the Origin of the Australian Race* (London, Leipzig, 1910).
MENGHIN, O.: "Die weltgeschichtliche Rolle der uraltaischen Völker," in *Archæologiai Ertesitö*, xlii (Budapest, 1928).
MORGAN, L. H.: *League of the Ho-de-no-sau-nee, or Iroquois* (New York, 1904).
NACHTIGAL, G.: *Sahara und Sudan* (Berlin, 1879–89).
NELSON, N. C.: "The Eskimo about Bering Strait," in *Annual Report of the Bureau of American Ethnology*, xviii (Washington, 1899).
NORDENSKIÖLD, E. VON: *Indianerleben. El Gran Chaco* (Leipzig, 1913).
OPPENHEIMER, R. H.: *System der Soziologie* (Jena, 1929).
PALMER, E.: "Notes on Some Australian Tribes," in *The Journal of the Royal Anthropological Institute of Great Britain and Ireland*, xiii (London, 1883).
PASSARGE, S.: *Adamaua* (Berlin, 1895).
Die Buschmänner der Kalahari (Berlin, 1907).
PERON D'ARC, H.: *Aventures d'un voyageur en Australie* (Paris, 1870).
RADCLIFFE-BROWN, A. R.: "Primitive Law," in *Encyclopædia of the Social Sciences*, ix (New York, 1933).

"Three Tribes of Western Australia," in *Journal of the Royal Anthropological Institute of Great Britain and Ireland*, xliii (London, 1913).
RIDLEY, W.: *Kamilaroi and Other Australian Languages* (Sydney, 1875).
ROTH, W. E.: *Ethnological Studies among North-west-Central-Queensland Aborigines* (Brisbane, 1897).
SARASIN, O. and F.: *Die Weddas von Ceylon* (Wiesbaden, 1893).
SCHMIDT, W., and KOPPERS, W.: *Völker und Kulturen: Erster Teil: Wirtschaft und Gesellschaft der Völker* (Regensburg, 1924).
SCHRENCK, L. VON: *Reisen und Forschungen im Amur-Lande* (St Petersburg, 1891).
SELIGMANN, C. G. and B. Z.: *The Veddas* (Cambridge, 1911).
SPENCER, W. B., and GILLEN, F. J.: *Across Australia* (London, 1912).
STOW, G. W.: *The Native Races of South Africa* (edited by G. M. Theal; London, 1905).
STREHLOW, C.: "Die Aranda- und Loritjastämme in Zentralaustralien," in *Veröffentlichungen aus dem städtischen Völkermuseum* (Frankfurt, 1907, 1915).
STRUEMPELL, K.: "Die Geschichte Adamauas nach mündlichen Überlieferungen," in *Mitteilungen der Geographischen Gesellschaft in Hamburg*, xxvi (Hamburg, 1912).
SWANTON, J. R.: "The Indian Tribes of the Lower Mississippi and Adjacent Coasts of the Gulf of Mexico," in *Bureau of American Ethnology*, xliii (Washington, 1911).
TAPLIN, G.: *The Folk-lore, Manners, Customs, and Language of the South Australian Aborigines* (Adelaide, 1898).
TRENK.: "Die Buschleute der Namib," in *Mitteilungen aus den deutschen Schutzgebieten*, xxiii (1910).
VINOGRADOFF, SIR PAUL: *Outlines of Historical Jurisprudence* (2 vols., London, New York, 1920-22).
WEST, J.: *The History of Tasmania* (Launceston, Tasmania, 1852).
WESTGARTH, W.: *Australia Felix* (Edinburgh, 1848).
WHEELER, G. C.: *The Tribe and Intertribal Relations in Australia* (London, 1910).
WIED, M. PRINZIZU: *Reise nach Brasilien* (Frankfurt, 1821).
WIGMORE, J.: "Jottings on Comparative Legal Ideas and Institutions," in *Tulane Law Review*, vi (New Orleans, 1931).
WOLLASTON, A. F. R.: *Pygmies and Papuans. The Stone Age to-day in Dutch New Guinea* (London, 1912).
WUNDT, W.: *Völkerpsychologie*, Band 9, "*Das Recht*" (Leipzig, 1918).

第十三章
巫术和不可知的力量

BAYER, W.: "Die Religion der ältesten ägyptischen Inschriften," in *Anthropos*, xxiii (1928).

BEAGLEHOLE, E. and P.: "Hopi of the Second Mesa," in *Memoirs of the American Anthropological Association*, 44 (Menasha, Wisconsin, 1935).
BENEDICT, R.: "Religion," in *General Anthropology* (edited by Franz Boas; Boston, 1938).
Berosi Chaldæorum fragmenta (from 260 B.C.). (*Herausgegeben von Richter*) (Leipzig, 1825).
BUCK, P. H.: Te Rangi Hiroa. *Anthropology and Religion* (New Haven, 1939).
CODRINGTON, R. H.: *The Melanesians: Studies in their Anthropology and Folk-lore* (Oxford, 1891).
EHRENREICH, P.: *Die allgemeine Mythologie und ihre ethnologischen Grundlagen* (Leipzig, 1910).
FRAZER, J. G.: *The Belief in Immortality and the Worship of the Dead* (London, 1913).
The Golden Bough (3 vols., London, 1907–15).
Totemism and Exogamy (London, 1910).
FROBENIUS, L.: *Das Zeitalter des Sonnengottes*, i (Berlin, 1904).
GRAEBNER, F.: *Das Weltbild der Primitiven* (Munich, 1924).
HOBLEY, C. W.: *Bantu Beliefs and Magic* (London, 1922).
HOWITT, A. W.: *Native Tribes of South-east Australia* (London, 1904).
LÉVY-BRUHL: *L'Ame primitive* (Paris, 1927).
La Mentalité primitive (Paris, 1922).
La Mythologie primitive (Paris, 1935).
L'Expérience mystique et les symboles chez les primitifs (Paris, 1938).
LOWIE, R. H.: *Primitive Religion* (New York, 1924).
MCCARTHY, F. D.: "Australian Aboriginal Decorative Art," in *Australian Museum Bulletin* (Sydney, 1938).
NUOFFER, O.: "Ahnenfiguren von der Geelvinkbai, Holländisch Neuguinea," in *Abhandlungen und Berichte des Zoologischen und Anthropologisch-Ethnographischen Museums zu Dresden*, No. 2.
PEEKEL, P. G.: "Die Ahnenbilder von Nord-Neumecklenburg," in *Anthropos*, xxi (1926).
PETITOT, ABBÉ: *Monographie des Dènè-Dindjié* (Paris, 1876).
PREUSS, K. TH.: "Der Ursprung der Menschenopfer in Mexico," in *Globus*, Band lxxxvi (Braunschweig, 1904).
"Der Ursprung der Religion und Kunst," in *Globus*, Band lxxxvi (Braunschweig, 1904).
"Die Schicksalsbücher der alten Mexikaner," in *Globus*, Band lxxix Braunschweig, 1901).
SCHMIDT, P. W.: *The Origin and Growth of Religion* (New York, 1930).
SPENCER, W. B., and GILLEN, F. J.: *The Native Tribes of Central Australia* (London, 1899).
STEFANSSON, V.: *My Life with the Eskimo* (New York, 1929).
STREHLOW, C.: "Die Aranda- und Loritjastämme in Zentralaustralien," in *Veröffentlichungen aus dem städtischen Völkermuseum* (Frankfurt, 1907, 1915).

TURNER, S.: *S. Turner's Gesandschaftsreise an den Hof des Teschoo Lama* (Hamburg, 1801).
TYLOR, E. B.: *Primitive Culture* (2 vols., London, 1903).
VIERKANDT, A.: "Die Anfänge der Religion und Zauberei," in *Globus*, Band xcii (Braunschweig, 1907).
WIEDEMANN, A.: "Der Geisterglaube im alten Ägypten," in *Anthropos*, xxi (1926).

第十四章
每件事物都有自己的故事

ANDREE, R.: *Die Flutsagen* (Braunschweig, 1891).
ANGULO, J. DE, and BENSON, W. R.: "The Creation Myth of the Pomo Indians," in *Anthropos*, xxvii (1932).
BENEDICT, R.: "Tales of the Cochiti Indians," in *Bureau of American Ethnology Bulletin*, 98 (Washington, 1931).
BRANDEIS, A.: Article in *Ethnologisches Notizblatt*, iii, 3 (Berlin, 1904).
BRANDSTETTER, R.: *Die Kunst des Erzählens bei den Dayaken* (1930).
BRUTZER: *Der Geisterglaube bei den Kamba* (Leipzig, 1905).
BUNZEL, R. L.: "Introduction to Zuñi Ceremonialism," in *Forty-seventh Annual Report of the Bureau of American Ethnology* (Washington, 1932).
BUSHNELL, D. I., Jr.: "The Choctaw of Bayou Lacomb, St Tammany Parish, Louisiana," in *Bureau of American Ethnology Bulletin*, 48 (Washington, 1909).
CONZEMIUS, E.: "Ethnographical Survey of the Miskito, and Sumu Indians of Honduras and Nicaragua," in *Bureau of American Ethnology Bulletin*, 106 (Washington, 1932).
DENNETT, R. E.: *Notes on the Folk-lore of the Fjort (French Congo)* (London, 1898).
FRACHTENBERG, L. J.: "Alsea Texts and Myths," in *Bureau of American Ethnology Bulletin*, 67 (Washington, 1920).
FROBENIUS, L.: *Erlebte Erdteile*, Band vi, in *Monumenta Africana* (Frankfurt, 1929).
HAMBRUCH, P.: *Nauru, I, II* (Hamburg, 1914, 1915).
HARRINGTON, J. P.: "Karuk Indian Myths," in *Bureau of American Ethnology Bulletin*, 107 (Washington, 1932).
HARRINGTON, J. P., and ROBERTS, HELEN H.: "Picuris Children's Stories, with Texts and Songs," in *Forty-third Annual Report of the Bureau of American Ethnology*, 1925-26 (Washington, 1928).
HEWITT, J. N. B.: "Iroquoian Cosmology," in *Forty-third Annual Report of the Bureau of American Ethnology*, 1925-26 (Washington, 1928).
JENNESS, D.: "Myths of the Carrier Indians of British Columbia," in *The Journal of American Folk-lore*, xlvii, Nos. 184-185 (New York, 1934).
KARUTZ, R.: "Aus amerikanischer Mysteriensprache," in *Die Drei* (Jahrgang vi, Stuttgart, 1926).
"Mensch und Tier," in *Das Goetheanum*, v, No. 27 (Stuttgart, 1926).

KOCH-GRÜNBERG, TH.: *Indianermärchen aus Südamerika* (Jena, 1920).
KRICKEBERG, W.: *Indianermärchen aus Nordamerika* (Jena, 1924).
KROEBER, A. L.: "Yuki Myths," in *Anthropos*, xxvii (1932).
LINDBLOM, G.: "Kamba Tales of Supernatural Beings and Adventures," in *Archives d'études orientales*, xx, 2 (J. A. Lundell; Leipzig, Lund, 1935).
LIPS, J. E.: *Tents in the Wilderness: the Story of a Labrador Indian Boy*, (London, 1944).
MEIER, P. J.: *Mythen und Erzählungen der Küstenbewohner der Gazelle-Halbinsel (Neu-Pommern)* (Münster, 1906).
MEYER, P. H.: "Wunekau, oder Sonnenverehrung in Neuguinea," in *Anthropos*, xxvii, xxviii (1932, 1933).
MÜLLER, W.: *Die ältesten amerikanischen Sintfluterzählungen* (Bonn, 1930).
NEUHAUSS, RICHARD G.: *Deutsch-Neuguinea*, iii (Berlin, 1911).
PARKER, K. LANGLOH: *More Australian Legendary Tales, collected from Various Tribes* (London, 1898).
PETITOT, E.: *Traditions indiennes du Canada Nord-ouest* (Paris, 1886).
REAGAN, A. B., and WALTERS, L. V. W.: "Tales from the Hoh and Quileute," in *The Journal of American Folk-lore*, xlvi, No. 182 (New York, 1934).
REITER, P. F.: "Trois récits Tongiens," in *Anthropos*, xxviii (1933).
SPEISER, F.: "Schlange, Phallus, und Feuer in der Mythologie Australiens und Melanesiens," in *Verhandlungen der Naturforschenden Gesellschaft in Basel*, Band xxxviii (Basel, 1927).
SWANTON, J. R.: "Haida Texts and Myths," in *Bureau of American Ethnology Bulletin*, 29 (Washington, 1905).
"Myths and Tales of the South-eastern Indians," in *Bureau of American Ethnology Bulletin*, 88 (Washington, 1929).
"Tlingit Myths and Texts," in *Bureau of American Ethnology Bulletin*, 39 (Washington, 1909).
TARDY, L.: "Contribution à l'étude du folk-lore Bantou," in *Anthropos*, xxviii (1933).
TATTEVIN, S. M.: "Mythes et légendes du sud de l'île Pentecôte (Nouvelles Hébrides)," in *Anthropos*, xxiv (1929).
TESSMANN, G.: *Die Pangwe* (2 vols., Berlin, Leipzig, 1913).
THORBECKE, F.: "Im Hochland von Mittel-Kamerun, 3. Teil," in *Abhandlungen des Hamburgischen Kolonialinstituts*, xli (Hamburg, 1919).
WASSÉN, H.: "The Frog in Indian Mythology and Imaginative World," in *Anthropos*, xxix (1934).
WESSELSKI, A.: *Versuch einer Theorie des Märchens* (1932).

第十五章
人生旅途的终结

BEAGLEHOLE, E. and P.: "Hopi of the Second Mesa," in *Memoirs of the American Anthropological Association*, 44 (Menasha, Wisconsin, 1935).
BENINGER, E.: "Die Leichenzerstückelung als vor- und frühgeschichtliche Bestattungssittee," in *Anthropos*, xxvi (1931).
BERNATZIK, H. A.: *Gari-Gari* (Vienna, 1930).
BIARD, PÈRE P.: "Relation of New France, 1616," in *Jesuit Relations and Allied Documents*, iii (Cleveland, 1897).
BUSHNELL, S. I., Jr.: "Burials of the Algonquian, Siouan, and Caddoan Tribes west of the Mississippi," in *Bureau of American Ethnology Bulletin*, 83 (Washington, 1927).
BUSHNELL, D. I.: "Native Cemeteries and Forms of Burial East of the Mississippi," in *Bureau of American Ethnology Bulletin*, 71 (Washington, 1920).
CHARLEVOIX, P. F. X. DE: *Journal of a Voyage to North America* (2 vols., London, 1761).
CONSTEN, H.: *Weideplätze der Mongolen* (Berlin, 1920).
DOERR, E.: "Bestattungsformen in Ozeanien," in *Anthropos*, xxx (1935).
GLEED, C. S.: *Eugene Fitch Ware: Address before the State Historical Society, at Topeka* (Topeka, Kansas, 1915).
GRAVIER, PÈRE J.: "Journal of the Voyage of 1799," in *Jesuit Relations and Allied Documents*, lxv (Cleveland, 1900).
HADDON, A. C.: "Stuffed Human Heads from New Guinea," in *Man*, Nos. 18, 19, 20 (London, 1923).
KEATING, W. H.: *Narrative of an Expedition to the Sources of St Peter's River* (2 vols., Philadelphia, 1824).
KRICKEBERG, W.: "Amerika," in *Illustrierte Völkerkunde*, i (Georg Buschan, Stuttgart, 1922).
MANKER, E.: "Niombo. Die Totenbestattung der Babwende," in *Zeitschrift für Ethnologie*, 64. Jahrgang.
MOORE, V.: *Ho for Heaven!* (New York, 1946).
OBERMAIER, H.: "Leichennagelung in Altspanien," in *Festschrift für P. W. Schmidt* (Vienna, 1928).
PALAVEČINOK, E.: "Von den Pilagá-Indianern im Norden Argentiniens," in *Anthropos*, xxviii (1933).
PEEKEL, P. G.: "Die Ahnenbilder von Neumecklenburg," in *Anthropos*, xxi (1926).
PÉNICAUT IN MARGRY, P.: *Découvertes et établissements des Français dans l'ouest et dans le sud de l'Amérique Septentrionale: 1614-1754. Mémoires et documents originaux* (6 vols., Paris, 1875-86).
PREUSS, K. TH.: *Religion der Uitoto* (Göttingen, 1921-23).
"Tod und Unsterblichkeit im Glauben der Naturvölker," in *Sammlung gemeinverständlicher Vorträge und Schriften aus dem Gebiet der Theologie und Religionsgeschichte*, No. 146 (Tübingen, 1930).

RADIN, P.: *The Road of Life and Death* (New York, 1946).
REAGAN, A. B.: "Notes on the Indians of the Fort Apache Region," in *Anthropological Papers of the American Museum of Natural History*, xxxi, Part V (New York, 1930).
SCHMIDT, P. J.: "Neue Beiträge zur Ethnographie der Nor-Papua (Neuguinea)," in *Anthropos*, xxviii (1933).
STAAL, J.: "The Dusuns of North Borneo," in *Anthropos*, xviii, xix, xx (1923-24, 1925).
STÜLPNER, K.: *Der Tote im Brauch und Glauben der Madagassen* (Leipzig, 1929).
SWANTON, J. R.: "The Indian Tribes of the Lower Mississippi and Adjacent Coasts of the Gulf of Mexico," in *Bureau of American Ethnology*, xliii (Washington, 1911).
TESSMANN, G.: *Die Pangwe* (2 vols., Berlin, Leipzig, 1913).
UP DE GRAFF, F. W.: *Bei den Kopfjägern des Amazonas* (Leipzig, 1924).
WEGNER, R. N.: "Ostbolivianische Urwaldstämme," in *Ethnologischer Anzeiger*, ii, Heft 8 (Berlin, 1932).
WESTERMANN, D.: *Die Kapelle* (Göttingen, 1921).
WIEDEMANN, A.: "Der Geisterglaube im alten Ägypten," in *Anthropos*, xxi (1926).

再版后记

《事物的起源》一书出版至今已有五十年了。这五十年来文化人类学和考古学积累了大量新的资料。在此基础上人们对人类史前史和古代文化史形成了不少新的认识。这些都是作者 J. E. 利普斯在写作此书时所不及见的。因此，此书某些章节的内容及论点，难免显得陈旧和过时。

下面是几个例子：

第一章介绍的是早期人类房屋、用火及各种家具的情况。作者纠正了当时流行的洞穴是早期人类唯一住所的说法，指出在平地游荡的狩猎者和采集者曾建造风篱为家，而且正是风篱导致了各种形式房屋的产生。作者正确指出各种住宅的材料和形式都是由当地气候及地理条件所决定的。在最后部分，作者对各地原始人的家所做的描述，更使读者如身临其境。但假如作者今天来写这一章，一定会补充更多新颖的资料和有趣的内容。例如，现已查明，桩上房屋（干栏式建筑）是热带或温带地区为了防止潮湿的一种普遍建筑形式，而在濒水地区这种建筑建造在水中或岸边，是为了取水方便。这类古代水上房屋遗址已在很多地区（如中国南部的广东高要、云南剑川、湖北蕲春）发现，不再限于作者所举的瑞士"湖居文化",而且这样的房屋在今日老挝、泰国等地仍普遍存在。

关于多人共居的"大房子"(或称"长房")也分布在世界范围。它可以是干栏式房屋,也可以是平房或其他形式的建筑。[1]共居者可以是一个家族、一个氏族甚至一个没有亲属关系的地域性组织(这一点作者已经觉察,他说:"整个农村公社住在两座或三座大房子之中……"),这是早期人类居住模式的一个重要现象。对这样的问题,作者本应以较多篇幅加以介绍,而不应仅仅附在桩上建筑之后一笔带过。

关于原始取火方法,作者介绍也嫌简略,而且至少漏掉了"带锯"一项,即以藤条与竹木片相锯得火。此法在东南亚及太平洋岛屿地区曾普遍流行。[2]

第四章用作者的话来说讲述的是"经济的故事",介绍了人类自古至今所采用的各种生计(谋食手段)。在作者写作此书的时候,当然不会知道李奇夫妇(L. S. B. Leakey 和 Mary Leakey)及其子理查德·李奇(R. L. Leakey)在东非一系列关于从猿到人过程及最早人类谋食手段的重要发现。现在已有充分证据表明,人类最早生计虽然习惯上称为狩猎-采集阶段,把狩猎放在首位,实际上采集的重要性远远超过狩猎。最早人类是以植物性食物为主,而在取得肉食方面,食腐(即拣取已被杀死或自然死亡动物尸体)比狩猎更为重要。在后来的发展中狩猎才逐渐变得重要起来。[3]关于狩猎-采集者的具体生活方式乃至社会组织等问题,

---

1　戴裔煊:《干栏——西南中国原始住宅的研究》,岭南大学西南社会经济研究所,1948年。安志敏:《干栏式建筑的考古研究》,《考古学报》1963年2期。汪宁生:《中国考古发现中的"大房子"》,《考古学报》1983年3期。
2　R. J. Forbes, *Studies in Ancient Technology*, Vol. VI, London, 1958.
3　B. M. 费根:《地球上的人们——世界史前史导论》(中译本),文物出版社,1991年,115页。

通过理查德·李（R. B. Lee）对布须曼人的一支昆－桑人（Kung San）的调查，现在我们比利普斯也有更多的了解。[1]关于农业发明时间，本书作者说农业开始于"公元前5000年"，当然也是一个过时的说法。新的发现表明，至少在公元前7000年，泰国已有明显的稻谷种植。与此大约同时，在近东也开始种植麦类。[2]中国湖南、江西最近几年也发现了年代很早的人工栽培稻谷。以上仅是指谷物的开始种植而言，而薯芋类植物因其种植技术更为简单，某些研究者认为，其种植甚至应早于谷物栽培，虽然还没有找到直接的证据。

关于农业的发展，作者把犁耕以前农业统统称为"锄文化"或"锄耕文化"，是采用当时流行的看法。今天人们已不再把农业简单地分为"锄耕""犁耕"两个阶段。现在一般认为，在用犁以前，早期农业由于气候及地理条件不同，共分为"刀耕火种"农业、已有固定耕地的旱地农业、种植薯芋或果树的园艺农业等多种类型。而"刀耕火种"农业之中，按选地、清除土地、焚烧、下种、锄草等方面技术之不同，又可分为很多种。[3]

关于农业起源，现在还有许多问题尚待解决。但利普斯指出农业不能直接导源于采集，随摘随吃（所谓"从手到嘴"）的采集者不会有从事农业的思想准备，在简单采集和农业之间还有一个"收获经济"阶段，却是一个创见，至今尚未失去其科学价值。在本章中利普斯从民族志收集了大量有关材料，中国古代文献中也有收获"天生谷"的记载[4]，是值得今后研究农业起源问题

1　R. B. Lee, *The Kung San*, Cambridge University Press, 1979. R. B. Lee and I. DeVore (eds), *Kalahari Hunter-Gatherers*, Harvard University Press, 1976.
2　见《地球上的人们——世界史前史导论》，283—286、332—333页。
3　J. E. Spencer, *Shifting Cultivation in Southeastern Asia*, Berkeley: U. C. Press, 1977.
4　例如明代朱孟震《西南夷风土记》云：今滇西地区有"野生嘉禾，不待播种耘耨而自黍实，谓之天生谷，每季一收，夷人利之"。

者认真考虑的。

第五章讲述各种手工技艺的发明,作者认为石器时代之前还有一个"木器时代",这当然是错误的。尽管竹木工具在早期人类工具中一直占有很大比重,但要制成竹木器仍有赖于坚硬的石工具。故在比直立人(Homo erectus)更早的能人(Homo habilies)阶段,已有打制石器与人骨共出,这就是近年新发现的著名的东非奥杜韦文化,距今已有约二百万年之久了。[1] "木器时代"说法在利普斯的时代虽有人提出,从不曾得到学术界普遍承认。奇怪的是今天中国学术界还有人重弹此调,竟作为一项新发现,似有必要在此略加辩明。

关于制陶术,作者说"在人类进入农业阶段以前的物质文化中不可能出现",当然这也是一个过时的说法。日本发现了距今一万年以上的陶器,当时还没有农业,这陶器是狩猎-采集者留下来的。[2] 作者还说陶轮出现以前的制陶方法都属于"原始人",也是不正确的表述。愈来愈多的民族志材料表明,处于手制阶段以前的制陶业在美洲、亚洲、非洲仍然普遍存在,其制作者有些仍处于简单社会,有些(如在印度、东南亚大陆、南美)则早已进入文明。秘鲁从印加帝国以后已是文明社会,而直到今天制陶业仍停留在印加帝国以前的水平。[3]

关于人类各种金属开始冶炼的时间和地点,作者说尚难确定最早出现地区。新的研究表明,巴尔干半岛是一个值得注意的地区。这里发现了最早的矿山、青铜器和金器,其时代属公元前5000年。[4] 当然金属的利用可以是一项"独立的发明",世界上早

---

1 吴汝康:《古人类学》,文物出版社,1989年,126—128页。
2 《地球上的人们——世界史前史导论》,279页。
3 A. O. Shepard, *Ceramics for the Archaeologist*, Ann Arbor: Braun-Brumfield, 1980.
4 《地球上的人们——世界史前史导论》,523页。

期冶炼中心可以不止一个，这是一个仍要不断探索的难题。

第八章介绍原始贸易，特别是货币的历史。近五十年来，人类学家对于简单社会中交换和贸易、货币和商品等采用经济学原理以新角度加以研究，已形成了经济人类学这一人类学的分支，出现了大量的论文和专著。[1]可惜本书作者未及看到这方面的成果，否则本章一定会包含更多有趣的资料和精辟的论述。

第九章论述从原始纪事和表意方法到文字的产生。这一领域五十年来也有不少重大的发现。最重要的是马歇克（A. Marshack）对欧洲旧石器时代晚期骨器上的刻划符号的研究。这批遗物多年置放在博物馆仓库中，网结尘封，今经研究表明，其上的线条并不是随意刻划的，实是一种记事符号，可能是猎人对时间的记录。[2]这就证明人类古老的通讯系统中，视觉方法与听觉方法是同样的古老，而在视觉方法中"线条化的抽象符号"并非如作者所说由"写实的图形"发展而来，而是很早即已出现。但作者对文字界定，即认为"真正的文字"一定要是"任何识字的读者都能把它复原为语言"的"意义不变的符号"，是一个正确的论点。特别对中国读者而说，还有其现实意义。中国学术界至今风行把陶器上符号附会为古文字，有人与彝文相比附，甚至认为彝文早在仰韶文化即已出现，读者看了本章不能不引起深思。

第十章介绍原始人如何教育自己的后代，从婴儿的养育直至男女青年的成丁礼，充满着许多生动有趣的情节。当今人类学文献中在这方面有许多重要著作，例如米德（M. Mead）关于萨摩亚人、新几内亚人的儿童教育方面的著作[3]，作者未曾或没有来得

---

1 K. Polanyi, et al. (ed.), *Trade and Market in the Early Empires*, N.Y.: The Free Press, 1957. M. Sahlins, *Stone Age Economics*, Chicago: Aldine-Atherton, Inc., 1972.

2 A. Marshack, *The Roots of Civilization*, N.Y.: McGraw-Hill, Inc., 1972.

3 M. Mead, *Coming of Age in Samoa*, N.Y.: Morrow Quill Paperbacks, 1961; *Growing Up in New Guinea*, N.Y.: William Morrow and Co., 1975.

及加以参考，总是美中不足。

关于成丁礼的分析，作者认为其"深刻意义在于共享部落的重要食物"，也未必妥当。现在研究表明，成丁礼实是人生从一个阶段到另一阶段过渡的礼仪（passage）之一，它标志着一个人青少年阶段的结束和成年生活的开始。任何过渡礼仪都要经过分离—隔离—融合三个步骤，作者描述成丁礼中从死亡到再生，实际上便是这三个步骤的体现。[1] 青年人一旦完成了成丁礼，便可享有部落成员的一切权利，包括共享部落重要食物。共享食物是成丁礼的必然结果，而不是成丁礼的重要动机。

第十二章介绍了原始人的习惯法、政治组织的演化及早期政权的形成等问题。在原始法律方面，现在有了霍贝尔（E. A. Hoebel）的专著。[2] 在政治组织及早期政权形式方面，现在有塞维斯（E. R. Service）、弗利德（M. Fried）等人一系列著作。[3] 假如作者写作此章时能看到这些著作，一定会写得更加精彩动人。

顺便说说，在此章和他章中作者经常使用"母权"一词，此词在今天已被人类学界所扬弃。即使实行母系和母方居住的社会中（典型的如易洛魁-印第安人），也不存在由妇女统治一切的情况。妇女在家庭事务方面有较多决定权，而社会政治活动主要参与者仍是男子。这种社会中男女地位大体是平等的。[4]

第十五章介绍各种葬俗。作者正确指出有"一根红线贯穿于

---

[1] A. van Gennep, *The Rites of Passage*, translated by M. B. Vizedon, et. al, University of Chicago Press, 1961.

[2] E. A. Hoebel, *The Law of Primitive Man*, Harvard University Press, 1954.

[3] E. R. Service, *Origins of the State and Civilization: The Process of Cultural Evolution*, N.Y.: W. W. Norton & Company, Inc, 1975; *Primitive Social Organization: An Evolutionary Perspective*, N.Y.: Random House, 1971. M. H. Fried, *The Evolution of Political Society: An Essay in Political Anthropology*, N.Y.: Random House, 1967. R. L. Carneiro, *A Theory of the Origin of the State*, *Science* 169, 1970.

[4] 汪宁生：《易洛魁人的今昔》，《社会科学战线》1994年1期。

所有人类葬俗之中",这就是它们都为了防止死者"设法回来,以恐吓或伤害那些比他们长命的人"。就这一点来说他的见解比今天中国一些讨论远古葬俗文字仍大谈"亲情""孝道"要高明得多。这从一个侧面也反映出中国社会科学界当前的水平。

而这五十年人类学界在葬俗研究方面又积累了更多的材料,人们调查和发现了许多民族新的葬俗,如印尼托拉加人的崖葬、新几内亚的各种奇异葬俗,以及可能属于人类最早埋葬方法的室内葬、弃尸葬等。在此基础上甚至出现了丧葬人类学的专门研究。[1] 这些都是利普斯所未及见的,否则,本章对原始葬俗的描述一定大为改观。

总之,如上所述,本书部分章节现在读来已有过时之感,但仍包含不少精辟的见解,具有参考价值。特别是贯穿全书的中心思想是通过追溯一些重要制度、习俗、生活方式之起源,强调了人与自然之间的和谐发展之重要性,强调了不同民族和文化之间应该相互了解相互尊重,而这些正是人类学的永恒主题,是永远不会过时的。在研究方法方面,尽管当时还没有"民族考古学"这门学科,他已知把考古学和民族志两方面资料有机地结合起来,对史前时期及文明时代初期的人类社会一些重要方面进行复原,提出了不少令人叹服的真知灼见。这对五十年后的今天,几乎所有考古学教科书都有"民族考古学"的专章[2],而中国考古学界却仍有少数人如张忠培反对"民族考古学"的存在(见《中国文物报》1995年7月30日的文章),本书实有振聋发聩的作用。

1　R. Huntington and P. Metcalf, *Celebrations of Death: The Anthropology of Mortuary Ritual*, Cambridge University Press, 1979.
2　例如: D. H. Thomas, et. al., *Archaeology*, N.Y.: Holt, Rinehart and Winston, 1979. C. Renfrew and P. Bahn, *Archaeology: Theories, Methods, and Practice*, N.Y.: Thames and Hudson, 1991.

更难能可贵的是作者能以有限的篇幅把人类学上的重要问题，做简明扼要的论述并使一般公众易于了解，而且文字风趣幽默，读来仿佛在欣赏一篇篇优美的散文。在同类著作中，仅有 R. 罗维的《文明与野蛮》（已有吕叔湘中译本）可与此书媲美。我认为，直到今天还尚未出现比这两本书更好的深入浅出的人类学著作。今天大家都同意人类学应成为人民大众的人类学，人类学亦必须贴近现代生活，假如永远像今天中外新潮人类学著作那样缺乏新鲜材料，却拼命构架自己一套理论体系或模式，整篇堆砌别人莫知所云、自己也未必能说出确切含义的新名词，连同行都不能卒读，人类学又如何能为人民大众所了解呢？

基于以上原因，当拙译本问世近二十年之后，本书能再次出版，我非常高兴，并在百忙之中抽出时间对旧译本重加修订。

我在自己来日无多还有许多未竟工作尚待完成的情况下，仍愿意费力从事这项工作，还因为此书于我有一种纪念的意义。作者利普斯是非犹太裔人类学家中第一个站出来反对希特勒暴政的。他因此而被迫出走最后移居美国。他在书中不时歌颂简单社会中民主平等的自由自在的社会生活，实际上是在谴责当代一切暴力和专制。对七十年代初正在被迫下放劳动的我而言，此书很有吸引力，颇能引起我思想上的共鸣。实际上，当时手边除了此书外也别无他书可看。我翻译此书时从未想到有一天能够出版，实不过作为无聊生活中唯一的慰藉和寄托。回忆当时两个孩子也曾随我们夫妇先后发配到农村，无幼儿园和小学可进，无玩具和儿童读物伴随他们的童年，遇阴雨天气全家蛰伏在破陋的小屋之中，我便为他们讲述本书第十四章中"原始人"那些神话故事，和他们一起消磨时日，居然也能带给他们一些欢乐（浅化民族思维原和孩子相通）。故这本书在当时又成为我们全家的精神食粮。幸运的是我们全家终于熬过了那十年黑暗岁月，两个孩子终于长大成人，到大洋彼岸闯荡去了。

这次对旧译本的修订工作，除了改正个别误排、误译之处，还补入旧译本未曾付印的几幅插图，并请出版社将原书中参考书目按原样排印，不加翻译，附于书后。这份参考书目对于那些有外文阅读能力、希望对某些问题再做深入研究的人们，原是极为有用的。

旧译本出版之后，得到学术界不少前辈和朋友的鼓励。特别应提到的是已故著名考古学家夏鼐先生，曾就此书数次来信，说他和石兴邦先生曾打算翻译此书，现此书译成中文他感到很高兴。针对本书特点，他又提到考古学和民族学结合为一"很有前途之途径"。他对拙译有些地方采取意译不以为然，认为我费力很大而未必"讨好"，不如全部采取直译法，这次修订中我已遵从他的意见改了数处，但已不可能做大的改动。

此新译本得以问世，中国佛教协会《法音》编辑部的桑吉扎西先生为我联系出版单位，花费心血不少，谨在此表示谢意。

汪宁生
2000 年 1 月

第三版后记

《事物的起源》拙译本自 1982 年以来，已先后出版两次（四川民族出版社 1982 年版，敦煌文艺出版社 2000 年版），现在第三版又将问世。要感谢贵州教育出版社和郑利强先生，这一版的编排似更为合理易读，又使我有机会改正了一些错误。

在三十年间，此书在中国竟出版三次，说明它已为中国广大读者所接受和欣赏。作者 J. E. 利普斯为"一般公众"而写的这本人类学著作确实写得深入浅出，趣味盎然，能满足"各行各业男女"的"好奇心"（作者序言）。

作者指出，人类学应为促进"各个民族和文化之间更好了解"和"相互合作"而工作（见作者序言），这一点可说是人类学（这里当然指的是文化人类学即民族学）永恒的主题，过去是、今天仍然是人类学研究工作最重要的目的。为此，首先要做到人类学著作能为人们所理解。假如都像今天充斥书肆的一些所谓人类学论著那样，或者不能提出任何新鲜资料和自己见解，只是一味生搬硬套来自国外自己还未必正确了解的新潮理论和时尚名词；或者长篇累牍大谈人类学如何为当今经济发展服务，如利用民族文化开展旅游之类，仿佛人类学只是经济工作甚至只是旅游业的附庸。这样它们如何能使人们对人类学有正确理解和产生兴趣呢？这类著作的命运已经注定，尽管它们能得到当今社会的鼓励和各种基金的支持，无论它们印刷得多么精美，无论作者的身价地位如何显赫，不久必将灰飞烟灭。而能够长久存在的只有那些包含大量可靠资料，能够启人心智丰富人类知识宝库的作品。

当今之中国，一本书只要市场需要有利有图，都难免遭到抄袭、剽窃或盗版的命运。《事物的起源》拙译本大概还不能算是非常畅销之书，竟也未逃此厄。最近出现一本所谓"李敏译"的由陕西师范大学出版社出版的《事物的起源》，略加翻阅，即可发现它是据拙译本胡编而成。拙译本（2000年版）一些排印错误之处，如英文字母K、P等小写误为大写，或大写误为小写，所谓"李敏译本"中也无一不错；又拙译本有两处字句漏译，李敏先生也照样缺失。若非未看原书尽抄已有译本，岂能如此巧合？

据说学术界前辈启功先生（他去世前不久曾为拙作合集题写书名，在此顺致谢意），对于假冒或模仿他的书法卖钱，从不计较追究，认为必是生活困难有此需要。李敏先生无非也是为了获得微少稿费申报职称或申请基金之需要。在这方面，我们应该学习启先生的宽容和大度。

这里只想提醒广大读者，请注意一下《事物的起源》一书有"李逵"和"李鬼"的区别，谨防上当而已。

汪宁生
2010年1月

（收入《汪宁生集》前承谢国先教授校正后提出意见，谨致谢意。）

新版后记

数日前，欣闻后浪出版公司宋希於先生来函商询《事物的起源》译本再版事宜。我记得汪宁生先生翻译的《事物的起源》自1982年出版以来，除《汪宁生集》收录该书外，其单独印刷出版这应该是第四次，足足过了四十年。

汪宁生先生去世已有十年了。不由让我忆起往事，情景历历在目，实在难忘。那是1969—1972年，我和先生按照"五七道路走全程"的口号，从五七干校下放农村与农民同吃同住同劳动。我们住在生产队一间被没收的地主家的厢房，约十平方米，长年荒废。房屋用土坯砌墙，没有柱子，墙与墙的缝隙让太阳光天天照进来。雨季房子漏水，我把所有能盛水的容器都动员起来，包括吃饭的搪瓷碗，放在帐子顶上接雨水。

城里人当农民确实很辛苦。但是先生平时白天干完农活，晚上还要看书。农村电力不足，25瓦的灯亮度犹如"鬼火灯"，实在太暗。先生和生产队商量换了60瓦的大灯泡，室内光线总算有所改善。先生将就着坚持每晚看书翻译。遇到雨季常常不能出工，先生便撩起床上的褥子，露出平坦的木床板，用两个草墩摞起当椅子，便在床板上翻译起来。屈就在小屋里，徜徉在古代人们的生活中，探索古代人们生活的美妙。闲来，先生还把书中的故事情节讲给孩子听。

先生是位有志趣的人，尽管别的事情消磨了他的许多宝贵时光，然而他的大脑并未休息。多年来他善于安排，既给别人干活，又不失于钻研思索自己感兴趣的学术问题。经过几年长期的深思熟虑，他探讨和积蓄了许多学术问题，厚积薄发，译书，写书，发表有影响的学术论文，和国外学者进行交流，开拓了视野，不断完善自己的学术生涯。他的确做到了不虚此生。

《事物的起源》英文版一书，是早年林耀华教授向汪宁生先生推荐的，先生看到后爱不释手，随后借阅并翻译之。而林耀华教授的藏书亦是傅乐焕教授赠送的。感谢历史学、人类学先辈们对后辈的提携和厚爱，如今该书已为大众所喜爱。

最后，特别感谢陈星灿所长、孔令远教授、冷雪梅女士的关心和帮助，感谢后浪出版公司青睐此书，予以再版。

谨以此文纪念汪宁生先生逝世十周年。

王云慧

2023 年 12 月 10 日于旧金山

出版后记

《事物的起源》（The Origin of Things）是德国人类学家尤里乌斯·E.利普斯（Julius E. Lips）所写的科普著作，自德文原版 1939 年问世以来，此书就因其平易通达的行文风格、丰富精彩的材料征引和妙趣横生的插图赢得全球读者的青睐。时至今日，对"事物的起源"怀有好奇的读者们仍能从这本兼具学术价值和人文关怀的人类学经典科普作品中受益良多。

本书由我国著名民族考古学家汪宁生先生自英译本译为中文。汪先生自 20 世纪 60 年代起即开始翻译本书，十余年来尽管工作繁忙、环境艰苦，始终寄志于此，终以严谨的态度、极大的热忱完成了这一工作。历经诸多波折，1982 年，《事物的起源》汪宁生译本由四川民族出版社首次出版，此后又多次再版。

汪宁生先生的译笔精炼、细致，其译本的一大特色是注释。翻译中他结合中国读者的阅读需求，通过注释加强对人类学、民族学等知识的普及，这与利普斯的著述目标是一致的。汪先生还结合自身治学心得和田野考察经验，在《再版后记》中对原作观点进行了简明扼要的补充与阐发，对原书因学科快速发展而略显过时的内容做了系统补充，使本书对于读者更具参考价值。

此次再版，我们以 2014 年学苑出版社版《汪宁生集》中的《事物的起源》文本为基础（这是汪先生生前校阅认可的最后版本），参照 1949 年英国乔治·G. 哈拉普公司（George G. Harrap & Co. Ltd）出版的英译本又做了编辑加工：

1. 本书为近半个世纪前的译本，部分专名、译名与今日通行者略有出入。我们尊重汪先生的译法，在文中括注英文原文，仅对极个别易滋误解的译名做了必要的更动，对过去出版时前后文未能统一的译名做了订正。

2. 修正了译文及脚注中存在的个别知识性误差或专名瑕疵。如过去印本曾将"鹳"误排作"鹤"，又如"鲁珀特皇太子"应作"鲁珀特亲王"，"哈夫·胡姆莱"应为"哈夫（Hives）和拉姆利（Lumley）"等，都做了必要的订正。另外，译文对于各宗教神职人员的称呼稍显紊乱，我们亦按照习惯提法进行了调整。

3. 按照现行语言文字规范，调整了极个别异形字词及相关提法。如将"报导"改为"报道"，"硫磺"改为"硫黄"，"公元前第三千年代"改为"公元前 3 千纪"，等等。

4. 对个别涉及国家、地区、民族、计量单位的表述，我们补充了编者注，如"帛琉群岛""葡属东非""汉姆人""加仑"等，以便读者更好地理解相关内容。

5. 全书图片及图注，参考英译本原图做了修订和提升。

《事物的起源》此次再版，承汪先生夫人王云慧女士特为撰写《新版后记》，谨致谢忱！

尽管我们力求严谨细致，但因编者水平有限，编辑中如有疏漏之处，敬请广大读者不吝指正。

服务热线：133-6631-2326　188-1142-1266

读者信箱：reader@hinabook.com

后浪出版公司
2025 年 2 月